出土文獻譯注研析叢刊

殷契新詮引言注

魯實先　著
王永誠　注

魯實先教授照

魯實先教授與本書注者王永誠合照

殷契新詮引言（一）

殷虛甲骨及殷周古器，其文字有有體與合意有諧音與定筆，有緐文與複體。較之籀篆，或初為象形，而後世蛻易為形聲者。或初為形聲，而後世假它文以構字者。或其本字遄傳，而後世假它字以代之者。或有籀篆譌變，而說文誤釋形義者。或有獨體象形，而說文誤釋為二文者。或有一文異體，而說文析為數字者。或以一文緐省，而說文分為二文者。或以二文同音各有本義，而說文誤以為重文者。觀殷契者，未會觀卜辭之義蘊，未墒知文字之變遷，與夫彝銘及經傳之文義，而徒素拘許書，旁徵後起俗字以臆為曲說，固不勝殫計也。其或誤釋卜人姓氏，與帝子之號，以為一人之名者，此非唯圉通辭義，亦且不知殷制皆以生日為名卜人之名若穀、宾、爭、嚴、大、㱿、出、行、之屬，帝子之名若帚好、帚娥、子商、子漁、之屬，很為因方而氏。古之官司，累代相仍，其於貞卜之人，亦皆世祿之氏。乃讀以同氏者為一人，因之資以分期斷代，進而臆補文字，譄其月日，繫其紀年，若斯之比，無裨考古有類傅奇，是尤智者童愉，見哂明達者矣。

卜辭有體，若祝或作㫗，則無異於父兄之兄。歸或作㱦，則無異於它辭之婦。登或作㲯，則無異於共手之㓦。史或作中，則疑其為仲

魯實先教授原稿

目次

魯教授實先先生生平事略

　　魯教授實先，譜名佑昌，以字行，晚年更號瀞廔，湖南寧鄉
縣人，民國二年三月十二日生於寧鄉傅家灣。民國六十六年十二
月十九日逝世於臺灣大學附設醫院，壽年六十有五，卜葬臺北南
港墓園。

　　先生秉質殊異，讀書過目成誦，齠齔能文章，情采高妙，動
驚宿老。十二歲時曾能首批《荀子》，二十六歲完成《史記會注考
證駁議》一書，震驚士林，名學者楊樹達教授親為作序，並譽其
立說若「雲中天馬，破空而來」，又推贊其曆學為「獨步古今」。
因薦先生入川就聘國立復旦大學教授，時年僅二十八歲。日寇敗
降，東下江西應聘國立中正大學文史講席，三十七年回湘，邑人
推聘靳江中學校長。旋經香江來臺，舊友芮君延入嘉義中學課讀，
因而移居臺中，先後就聘國立臺中農學院，及東海大學教授，居
處安定，乃掇輯舊撰曆術文字並益以新作，名為《殷曆譜糾譑》、
《曆術卮言甲集》，後更有《十四史曆志疏正》、《劉歆三統曆譜證
舛》等諸作。民國五十年應國立台灣師範大學教授聘，遷居臺北，
益勤治文字之學，箸有《殷栔新詮》、《卜辭姓氏通釋》、《周金疏
證》、《說文正補》、《轉注釋義》、《假借遡原》與《文字析義》等
書，而《殷栔新詮引言》則為最後之遺箸。

　　先生天才卓絕，好學不倦，宏識孤懷，當代罕見，精通經史
百家，尤長於古今曆法，甲骨鐘鼎，文字訓詁之學，先生學術成
就，超邁前賢，獨步學界。

殷栔新詮引言注前言

《殷栔新詮引言》一書，是先師魯實先教授未完之遺著。約在四十多年前，先師將《殷栔新詮》手稿交授永誠繕寫時，并謂日後將為《殷栔新詮》寫一篇〈長序〉。

繕寫影印出書方式，依已於 1973 年出書之《假借遡原》樣式為之，而繕寫近尾聲時，先師見之未逮，已先行離世，永誠努力不及，痛恨未已！

今《殷栔新詮》已由黎明文化事業公司分下上兩冊，於民國九十二年一月出版，距先師於六十六底仙逝，已二十六年矣。所謂書分下上者，乃未依書稿之先後順序為之也。

《殷栔新詮》出版多年，但所謂之〈長序〉，尚未謀面，而無意間，於《書目季刊》讀到署名魯實先師遺著之《殷栔新詮引言》摘要，而《殷栔新詮引言》殆即個人所思之所謂長序矣。

2014 年一月，先師遺著《文字析義注》上冊出版後之半年，忽接先師長嗣傳先師弟從長沙來電話，詢及先師遺著出書情形，因順便探詢，可有先師《殷栔新詮引言》手稿，并懇請影印一份寄來分享。

2014 年，《文字析義注》下冊工作結束，因得開拜讀《殷栔新詮引言》，並進而計畫為出書作準備。全書論點有三，首論文字變遷，次說方國繁文，末述卜人姓氏。

所謂文字變遷者，殷虛甲骨及殷周古器，其文字有省體與合書、有識音及冗筆、有繁文與複體。尤以古文冗筆之字，前人皆未發現，先師據以探索初形，詳加鉤稽，作有系統之敘述。而後之肈卜辭彝銘者，未會觀卜辭義蘊，未確知文字之變遷，與夫彝銘及經傳文義，而徒豢拘許書，旁徵後起俗字以臆為曲說，固不勝殫計也。

方國繁文，分八類敘述，古之氏族，皆因方立氏，凡諸方名之繁文，亦卽氏族之本字。字從山水土阜，或艸木林𣏟者，以示其為方國之專名。字從田糸禾秝，或宀广厂口者，以示其為農桑土箸。字從攴殳又収，或行止彳辵者，則示其為遷徙行國。字從人女㫃戈者，則示其為氏族。而字從玉皿京丙者，從玉示貴玉帛，從皿示重齍盛，從京示邑居高敞，從丙示錄其旗常。肈古文者，未知方國之繁文，未諳古文義恉，昧於釋字通規，妄說文字初形，亂

真越理者，多不勝舉。

　　所謂卜人姓氏，皆為方名，徵之彞器，有其姓氏，是皆為因方而氏者也。書中列卜人姓氏，凡六十四名，有所述說者，僅二十六氏，是所謂未完之遺著也。

　　先師於本書所譔，對學術貢獻甚夥，其釋字說義，必綜合甲骨、鐘鼎、刀布、古璽，及經傳有關之資料，俾學者能於古物及載籍，得溝通互證之效。茲將在《書目季刊》第三十三卷第三期刊載《殷栔新詮引言》摘要中之研究之目的、文獻檢討及成果貢獻，臚列如下：

　　一、研究之目的：

　　　（甲）解釋所有甲骨、金文未經解釋，或解釋不正確之文字。

　　　（乙）在探討文字之初形本義，及文字之孳乳，與字形之演變。

　　　（丙）由明文字之初形，以糾正《說文》釋形之誤。

　　　（丁）由明文字之本義，以糾正《說文》義訓之誤。

（戊）由明文字之本義與引伸義，以糾正前人釋經之誤。庶於<u>殷周</u>古史有一正確之認識。

（己）由文字之構形，考其本義，可以考見古人重實證，尚人本之思想。

二、與本論文有關研究文獻之檢討：

（甲）凡先秦載籍，前人注釋有誤，而於本文有關者，必具引條駁之。

（乙）《說文詁林》及近人一切釋字之書，凡其所釋形義有誤，而於本文有關者，本文必具引條駁之。

（丙）凡一切解釋甲骨金文之箸作，其釋字釋義有誤者，本文必徵引條駁之。

三、研究成果對學術之貢獻有五：

（甲）本文所釋<u>殷</u>、<u>周</u>疑難之字，估計在三百字以上，凡其所釋之字，無不義證通明，決非任情臆測，亦決非拾人牙慧。此為近七十年以來，釋字最多之作，此為本文之貢獻者一也。

（乙）本文糾正《說文》釋形釋義之誤者，凡

百二十餘字，別釋本義者凡八十餘字。蓋於文字之探索初形本義，自宋至今，以本書所得為多。其運用之法，或求之殷、周文字，或證之彝銘與經傳之文義，或證之文字之孳乳，其方法遠較前人為密，此為本文之貢獻者二也。

（丙）轉注、假借，自古至今，無一通解。本文則謂二者皆造字之法，多舉實例說明。解說甚詳，一掃千古闇昧之惑，此為本文之貢獻者三也。

（丁）本文於經傳，多有新解，其證明漢、唐諸儒之誤解者，無一而足。俾學者於經傳及殷、周古史，有一正確之認識，此為本文之貢獻者四也。

（戊）自宋迄今之解釋彝銘者，自晚清迄今之解釋甲骨者，其誤釋文字，誤解文字者，不勝摟數。本文所釋甲骨彝銘，約六百條，及駁正前人與近人誤解者，其數與此相埒。俾後之學者不致誤解文義，而濫于徵引，此為本文之貢獻者五也。

　　先師學養深厚，識見高遠，有所論述，理真證實，為文典雅暢達，易讀可誦，惜乎！天不假年，不能見其心血凝成之著作，成書傳世，誠有所憾焉。今先師遠去，四十年矣，而所有遺著，亦已陸續成書出版，而《殷栔新詮引言》當亦隨後及列，至此先師未曾親睹之著作，皆將成書傳世。新著《殷栔新詮》為手稿外，《甲骨文考釋》、《周金疏證》，兩書乃據講授筆記編輯而成，《文字析義注》上下兩冊，與即將出書之《殷栔新詮引言注》，則據先師手稿影印而為之。諸遺著先後完滿成書傳世，望能足慰先師在天之靈也。

　　永誠能為先師遺著成書，垂傳後世，成全先師出書心願。當感謝家人支持；而耿慶梅教授，及二子安确碩士、安碩博士，不時關心，貢獻意見，協助校正，尤為有功焉。永誠蓋豈有幸哉！

　　　　　　王永誠謹識 2017 年 5 月 30 日（丁酉端午）

殷栔新詮引言注

魯實先 著
王永誠 注

一、概　論

　　殷虛甲骨及殷周古器，其文字有省體與合書，有識音與宂筆，有緐文與複體。覈之籀篆，或初為象形，而後世蛻變為形聲者。或初為形聲，而後世假它文以構字者。或其本字逸傳，而後世假它字以代之者。或有籀篆譌變，而《說文》謬釋形義者。或有獨體象形，而《說文》誤釋為二文者。或有一文異體，而《說文》析為數字者。或以一文緐省，而《說文》分為二文者。或以二文同音各有本義，而《說文》誤為重文者。挈殷栔者，未曾觀卜辭之義蘊，未塙知文字之變遷，與夫彝銘及經傳之文義，而徒耒拘許書，【注】耒音ㄐㄩㄢ丶、juan丶，纏縛也。耒趺拘，謂纏縛拘限也。旁徵後起俗字，以臆為曲說，固不勝殫計也。其或誤釋卜人姓氏，與帝子之號，以為一人之名者。此非唯罔通詞義，亦且不知殷制皆以生日為名。卜人之名若𢀛、𠬝、爭、籫、大、卯、出、行之屬，帝子之名若帝好、帝姘、子商、子漁

之屬，俱為因方而氏。古之官司，繇世相仍，其於
貞卜之人，亦皆世祿之氏。乃誤同氏者為一人，因
之資以分期斷代，進而臆補文字，譜其月日，繫其
紀年。若斯之比，無裨考古，有類傳奇，是尤智等
童惛，見哂明達者矣。【注】哂音ㄒㄧˇ，xi，嗤笑也。見哂
明達者，謂被明確透徹者所嗤笑也。

省體之例

卜辭省體，若祝或作ㄕ，則無異於父兄之兄。
歸或作ㄓ，則無異於它辭之婦。登或作ㄕ，則無異
於竦手之ㄕ。史或作ㄓ，則疑其為仲。寧或作ㄩ，
則無異於皿。眾或作ㄇ，則無異於昆。咎或作ㄣ，
則無異於力。伐或作ㄣ，从或作ㄣ，則形同於方姒。
非或作ㄗ，寅或作ㄣ，則形同於亥矢。益以日之與
丁，俎之與宜，ㄓ之與生，月之與夕，山之與火，
七之與甲，結體無殊，是當審文義，而定厥從違也。
卜辭云「□未貞，王令<u>塱</u>乘ㄓ，其告祖□一牛，<u>父
丁</u>一□」《粹編》506 片，義謂王令<u>塱</u>、乘歸，卜以告
祀先祖也。卜辭云「叶王ㄓ」《戩壽》36.3 片，「叶朕
ㄓ」《林氏》1.7.6 片，「立ㄓ于<u>北土</u>」《續存下》803 片，

屮俱史之省，并讀如事，此卜是否協力於王事，及
隶祭於<u>北社</u>也。說者乃釋屮為婦見《粹編考釋》74葉，
是未通考卜辭之文例也。或釋屮為中見《戩壽考釋》<u>王
國維</u>釋文，則於「叶王屮」及「叶朕屮」之辭義，不
可通矣。卜辭云「甲戌卜貞，<u>武祖乙</u>宗日，其牢絲
用，　丙子卜貞，<u>康祖丁</u>日，其牢羊絲用」《前編》
1.10.3片，「甲子卜貞，<u>武祖乙</u>升日，其牢絲用」《前
編》1.10.4片，「丙子卜貞，<u>康祖丁</u>日，其牢羊絲用」
《前編》1.12.7片，「丙戌卜貞，<u>康祖丁</u>日，其牢羊絲
用」《前編》1.12.8片，「丙戌卜貞，<u>武丁</u>日，其牢」《前
編》1.17.3片，「丙午卜貞，<u>文武丁</u>升日，其牢」《前編》
1.18.1片，「癸巳卜貞，<u>祖甲</u>日，其牢絲用」《前編》1.19.6
片，「甲寅卜貞，<u>武乙</u>日，其牢絲用，　丙辰卜貞，
<u>康祖丁</u>日，其牢絲用，　　甲子卜貞，<u>武乙</u>日，其牢
絲用」《前編》1.21.1片，「甲戌卜貞，<u>武乙</u>宗日，其牢」
《前編》1.21.3片，「丙辰卜貞，<u>康祖丁</u>日，其牢」《前
編》1.21.4片，「甲寅卜貞，<u>武祖乙</u>宗日，其牢絲用，
　丙辰卜貞，<u>武丁</u>日，其牢」《前編》1.22.3片，凡此
皆于祭祀先祖之前一日卜牲之典，【注】日祭乃生日之祭。
祭之前一日卜牲以備次日之祭，因當日之祭時需獻毛血，故必須

先一日選定也。其云日，或曰宗日與升日者，皆謂祭日，惟以諸辭字體率小，其日字虛中而無橫畫，故說栔者并釋為丁。或曰丁疑亦祭名<u>王國維</u>《戩壽考釋》14 葉，或曰丁為用牢之日<u>葉玉森</u>《前編集釋》一卷 60 葉，此未通考<u>殷</u>之祭日，其非合祭多祖者，必與先祖之名相協，而於祭前則有卜牲之典，故臆為之說。曾不悟釋日為丁，無所取義也。

合書之例

𡉭日卜辭合書作𡉭，弘吉於卜辭作𤔔，於〈富子登〉作𤔔《綴遺》二十五卷 8 葉，走馬於鼎銘作🔲《三代》三卷 44 葉，案走馬之合文，即驪之古文。百世於〈師遽彝〉作🔲《三代》十一卷 37 葉，於〈黃尊〉作🔲《攈古》二之二卷 27 葉，需穌於〈井㝬鐘〉作🔲《三代》一卷 3 葉，於〈克鼎〉作🔲《三代》四卷 41 葉，〈井㝬鐘〉所云「乍需鐘」，即〈秦公鐘〉所云「乍盄穌鐘」《薛氏款識》七卷 72 葉，皆謂音節穌美。卜辭𡉭龍作🔲，𠙻龍作🔲，其龍作🔲，龍并讀如恫，皆卜有無裁咎。此俱審之文義，而知其為二文合書也。而說者釋𡉭為時<u>高田忠周</u>《古籀篇》二十三卷 10 葉，釋卜辭之𤔔為佶《古籀篇》三

十一卷 27 葉，釋〈富子登〉之☐為倨《古籀篇》三十一卷 29 葉，又釋為寶《古籀篇》七十一卷 40 葉，釋☐為遇《古籀篇》六十六卷 5 葉，釋☐為世《愙齋》十三冊 9 葉，或釋為朕《古籀篇》四十一卷 28 葉，釋☐為靈之異文，《綴遺》二卷 1 葉，或釋為蘇之別體《古籀篇》五十卷 23 葉，釋☐為龍，而謂殆假為寵郭沫若《通纂別錄二考釋》4 葉，又謂☐當假為隴郭沫若《粹編考釋》206 葉，釋☐為龍唐蘭《殷虛文字記》34 葉，或釋為葬金祥恆《續文編》，或釋☐為龐李孝定《甲骨文字集釋》，是皆未悟「屮龍」與「凵龍」為相對之名。卜辭多見「屮龍」、「不龍」、或「不其龍」，而其文未嘗合書，斯可證諸辭之龍，義并如《尚書盤庚》「乃奉其恫」之恫。【注】龍假借為恫，恫，痛也；引伸為災害之義。〈盤庚上〉云「乃既先惡于民，乃奉其恫，汝悔身何及」。乃，汝也，奉，承受也。義謂你們既已先用壞話向人們說，那你們將承受痛苦，再自悔恨已來不及。說者乃釋為寵與隴，或釋為龍與龐，是皆不考文義，而誤以合字為一字，亦若釋☐為時，釋☐為佶之比矣。又若西單於壺銘作☐《三代》十二卷 2 葉，斝銘作☐《三代》十三卷 48 葉，觚銘作☐《三代》十四卷 20 葉，觶銘作☐《三代》十四卷 43 葉，爵銘作☐《三代》十五卷 39 葉，〈父丙

爵〉作✦《三代》十六卷 7 葉，北單於鼎銘作✦《三代》二卷 52 葉，殷銘作✦《三代》六卷 1 葉，觶銘作✦《三代》十四卷 32 葉，爵銘作✦《三代》十五卷 3 葉，38 葉，盤銘作✦《錄遺》484 圖，須句於殷銘作✦《三代》六卷 4 葉，子亞於〈父丁殷〉作✦《三代》七卷 47 葉，卜辭於✦之外，復有子其作✦《後編下》21.14 片，子克作 ✦《粹編》1583 片，子豕作✦《遺珠》279 片，子萬作✦《佚存》799 片，子舟作✦《佚存》136 片，是皆姓氏之合文。西單、北單蓋單氏之別族，猶宮之有南宮、北宮南宮毛見《尚書顧命》，北宮括見《春秋成十七年》，【注】〈顧命〉云「太保命仲桓、南宮毛俾爰齊侯呂伋，以二干戈，虎賁百人，逆子釗於南門之外」。〈成十七年〉云「十有七年春，衛北宮括帥師侵鄭」。門之有東門、西門見〈格白殷〉、〈師酉殷〉，而為宮門二氏之別族。須句乃因須句國而氏須句見《左傳僖二十一年》。【注】《左傳僖二十一年》云「任、宿、須句、顓臾、風姓也」。杜預注「須句在東平須昌縣西北」。地望在今山東省東平縣東南。亞於卜辭作✦，與其、克、豕、萬、舟俱為方名說見下文，是皆子姓之封邑，以姓氏連儷，故有子亞諸名。其作✦者，✦乃子之繇文，此固殷世方名繇文之一例說詳下文。說者乃釋✦為箕《擄古》

一之二卷 62 葉，釋🐕為狗《古籀篇》九十卷 3 葉，釋🐦為師吳大澂《說文古籀補》，或釋為仔《古籀篇》三十二卷 19 葉，釋🐦為棄羅振玉《增訂殷契考釋中》47 業，於🐦🐦🐦諸名，則不識其文，是皆誤以姓氏之合文為一字也。或釋🐦為子單子《攗古》一之二卷 10 葉，則又誤二字為三文也。其若〈妣辛殷〉之🐦《三代》六卷 22 葉，與卜辭之🐦🐦，并為稀之古文說詳釋豙。〈父丁尊〉之🐦《三代》十一卷 30 葉，與卜辭之🐦🐦，并為犂之古文。而說者釋🐦為子豕二文《攗古》一之二卷 51 葉，或釋為大豕二文《綴遺》二十三卷 38 葉，釋🐦為麗焱二文《古籀篇》九十卷 25 葉、九十三卷 11 葉，是又誤析一字為二文矣。卜辭云「囗壱🐦🐦」《後編下》8.18 篇片，🐦🐦讀如在山，乃記所卜之地。而說者釋🐦🐦為茲余永梁《殷虛文字考》，是又誤以二文為一字矣。

增益聲文之例

卜辭彝銘亦有增益聲文以識音讀者。若卜辭之翌作🐦🐦，亦從立聲作🐦。蒦作🐦🐦，亦從吅聲作🐦。主作🐦🐦，亦從丶聲作🐦。晶作🐦🐦，亦從生聲作🐦案晶乃曐之初文。風作🐦🐦，亦從凡聲作🐦。畢

作🗛🗛，亦從匕聲作🗛。旨作🗛🗛，亦從矢聲作🗛《佚存》426。迦作🗛🗛，亦從克聲作🗛《續編》6.24.13片。魚作🗛🗛，亦從虍聲作🗛《前編》6.50.3片。戉作🗛🗛，亦從月聲作🗛🗛。辥作🗛🗛，亦從月聲作🗛。其於彞器，則有古於殷銘從夫聲作🗛《三代》七卷34葉，【注】〈枯衍段〉云「枯衍乍寶段其萬年子=孫=永寶用」。古從夫作枯，葢姓氏之繁文。世於〈陳庚午鐘〉從立聲作🗛《三代》八卷42葉，【注】鐘銘云「永🗛毋忘」。龏於〈秦公段〉從兄聲作🗛《三代》九卷33葉，【注】段銘云「嚴🗛夤天命」。義謂尊重恭敬上天之意旨也。粤於爵銘從并聲作🗛《三代》十五卷17葉，旨於鼎銘觶銘并從二聲作🗛或🗛《三代》三卷36葉、十四卷55葉，其於爵銘，則從日聲作🗛《三代》十六卷36葉，鼎於〈褱鼎〉從它聲作🗛《三代》三卷33葉，【注】鼎銘云「褱自乍飤碬鮀」。碬鮀謂大鼎也。矣於段銘觶銘，并從牛聲作🗛與🗛《三代》七卷47葉、十四卷54葉，兄於〈王孫鐘〉從坒聲作🗛，《三代》一卷64，於段銘從光聲作🗛《三代》六卷43葉，【注】鐘銘云「用樂嘉賓父㸸及我朋友」。段銘云「兟乍障段，其壽考寶用」。段銘之兟葢其姓氏。頁於卣銘從克聲作🗛《三代》十二卷12葉，【注】卣銘云「趞乍寶障彞」。趞亦作器者之

姓氏。凡此所增聲文，非唯俾識音讀，俾合語言，兼之以明義恉。所以知者，考旨從匕聲，然<u>商</u>人已讀旨為舌音，故於卜辭別益矢聲而作𦣞，於彝銘則從二聲與日聲而作𣅀與𣅀，此增聲文，以明音讀者也旨與矢二日古音同屬衣攝舌音。鼎它同屬舌音鼎屬嬰攝端紐，它屬阿攝透紐。，方言音變，故〈襄鼎〉別益它聲而作𪔂。其銘曰「<u>襄</u>自乍飤碩𪔂」者，碩𪔂與〈鐘白侵鼎〉之石沱《三代》四卷3葉，并讀如碩它，義謂大鼎，此增聲文，以合語言者也。卜辭之𢓶𢓻，其形似永與辰，別益克聲作𢓻，因知𢓶𢓻乃遘之古文，此增聲文以明義恉者也。

別益點畫宂筆之例

　卜辭彝銘復有別益點畫之宂筆，若卜辭之帝作𥅀，從不以示華蔕，文亦作𥅀。示象籌算縱橫而作丁，文亦作亍示義說詳下文。王從一土作𡈼，土者社之初文，以示一統眾社之主，文亦作𡈼土義說見下文。賓從人宀作𡩬，以示嘉賓竦止，文亦作𡩬。方從人冂作𠂤，以示人居冂中，文亦作𠂤方義說詳下文。長象髮長作𠄌，文亦作𠄌長義說詳下文。雨象降水作𠕋

，文亦作🀅。丙象磐石而作🀅，文亦作🀅丙義說詳下文。辛象剖劂作🀅，文亦作🀅紀日之辛乃辛之省體，說詳下文。。辰象大蛤作🀅，文亦作🀅。逮乎彝銘，則帝多作🀅，示多作🀅，王并作王。從田之農於〈散盤〉作🀅，鑽器之彔於〈彔白毀〉作🀅彔義說詳下文。從辛之章於〈頌毀〉作🀅章義說詳下文，童於〈毛公鼎〉作🀅，辛於〈中白壺〉作🀅，宰於〈頌鼎〉作🀅，辟於〈禹鼎〉作🀅，辭於〈克鼎〉作🀅，辛於彝銘作🀅，長於〈窝長鼎〉作🀅，從雨之需雱二文，彝銘悉作🀅或🀅，辰於彝銘多作🀅，亥於彝銘多作🀅，是皆宂一橫畫，於西周之前已然。逮乎東周，若福於〈宗婦盤〉作🀅，正於〈龜大宰簠〉作🀅，可於〈蔡大師鼎〉作🀅，不於〈王孫鐘〉作🀅，酉於〈國差罎〉作🀅，余於〈鑾書缶〉作🀅，季於〈酈侯毀〉作🀅，壬於彝銘作壬，是皆於宂書橫筆之外，復有宂書衰畫及點形者。葢以文有宂筆，彝銘多於殷栔，東周過於鎬京。良以世歷彌永，譌變益觡，篆文遵循勿革，是以《說文》釋義有悖於初形者，有誤析一文為二字者。若帝、示、正、辛、辰、亥，《說文》并釋為從古文之上，此其據宂筆而誤釋字

形者一也。秊於卜辭及西周彝器，并從禾人聲，逮東周之〈曾姬壺〉作🐟，〈曾白簠〉作🐟。壬於卜辭作工，乃象儋物之木，西周之〈趞曹鼎〉作工，〈無叀毀〉作工，篆文則自點形衍為橫畫而作壬。以是《說文》釋秊從千聲，釋壬象人褢妊之形，此其據完筆而誤釋字形者二也王義說詳下文。保於彝銘作🧍，〈父丁毀〉作🧍《三代》七卷3葉，於卜辭作🧍，并象褢子之形，而為保與褱襄之初文，彝銘作🧍或㑧者，乃其完筆。斴於卜辭作斴，於彝銘作斴引詳下文，并從舟余聲，〈不嬰毀〉作斴〈魯白斴父盤〉作斴，亦其完筆。而《說文》釋保從呆省聲，釋斴從厶巜斴義說詳下文，此其據完筆而誤釋字形者三也。庶於〈盂鼎〉作庶〈毛公鼎〉作庶，從火石聲，以示焚石說詳下文。唯〈黿公夆鐘〉作庶，〈子仲匜〉作庶，斯乃東周完筆。而《說文》釋庶從广炗，此其據完筆而誤釋字形者四也。帀於彝銘作帀，象合布帛二卷，以示布帛二端說詳下文。〈圅皇父毀〉作帀，〈齊侯壺〉作帀，乃其完筆。而《說文》析帀兩為二文，此非唯誤其形義，且據完筆而誤以一文為二字矣。說彝銘者，乃疑識音之帣為甹并二文《擴

古》一之二卷 26 葉載<u>許瀚</u>說，或釋占為冶《積古齋》四卷 9 葉，或釋為卲《古籀篇》二十五卷 33 葉，或釋占為咎《攈古》二之一卷 6 葉，或釋為召《綴遺》二十四卷 16 葉，或釋為沼《古籀篇》五卷 38 葉，或釋占為稽《筠清》二卷 48 葉，或疑為占《綴遺》二十二卷 25 葉，或釋為脂《古籀篇》四十一卷 26 葉，其於《襄鼎》之，或釋為獻，疑卽獻字<u>吳闓生</u>《吉金文錄》卷一，是皆臆為揣度，無一應理。其於篆文完筆之字，則多據以曲說形義，悖謬叢稠，不勝鬜抉。是皆闇於文字之構形，因而各執異詮，以考古文者一也。

二、古方名繇文有從山川土自者

考之古器及卜辭，其於方國之名，益多繇文之例。蓋以示異它義，故爾別增形文，以見為方域與姓氏之嫥字。筐舉數耑，俾知崖略，其繇文有從山、水、土、自者。若汃於〈克鼎〉作□《三代》四卷 41 葉，陽於〈成陽戈〉作□《三代》十九卷 44 葉，阿於〈平阿戈〉作□《周金文存》六卷 31 葉，矢於〈沃白寺設〉作□《三代》八卷 13 葉，穆於〈穆父鼎〉作□《三代》三卷 15 葉，印於〈父丁尊〉作□《三代》十一卷 30 葉，用於〈用夜軍鼎〉作□《三代》三卷 11 葉，蟲於〈子癸觶〉作□《三代》十四卷 49 葉，陳於〈陳医午設〉作□《三代》八卷 42 葉，〈陳曼簠〉作□《三代》十卷 19 葉，〈陳子戟〉作□《三代》二十卷 10 葉，〈陳医因咨戟〉作□《三代》二十卷 13 葉，陽於〈平陽戈〉作□《三代》十九卷 44 葉，共及陰陽於古璽作□□見丁佛言《說文古籀補補》，丁氏誤釋□為基之省，言於〈白言設〉作□《三代》六卷 18 葉，曼於〈曼仲鼎〉作□《三代》三卷 9 葉 10 葉，凡四器，〈曼仲孝設〉作□《三代》六卷 47 葉，專於〈克鼎〉作□《三代》四卷 41 葉，美於〈散盤〉作□《三代》十七卷 21 葉，夷於〈京夷盤〉作□《三代》十七卷 4

葉，耳於〈子耳殷〉作✦《錄遺》140圖，其於卜辭，則有示之作✦，斲之作✦，尹之作✦，目之作✦，羌之作✦，簸之作✦，兮之作✦，主之作✦，今之作✦，向之作✦，复之作✦，先之作✦，旬之作✦，鼠之作✦，牽之作✦，不之作✦，斤之作✦，子之作✦，中之作✦，余之作✦，口之作✦，商之作✦，史之作✦，目之作✦，爻之作✦，隻之作✦，雀之作✦，羌之作✦，爰之作✦，曲之作✦，豈之作✦，彭之作✦，罘之作✦，井之作✦，爵之作✦，麥之作✦，鼻之作✦，臭之作✦，才之作✦，屮之作✦，囚之作✦，面之作✦，白之作✦，北之作✦，執之作✦，龍之作✦，西之作✦，龜之作✦，黃之作✦，亞之作✦，羌之作✦，耒之作✦，其之作✦，乎之作✦，鹿之作✦，光之作✦，耳之作✦，蟲之作✦，車之作✦，每之作✦，余之作✦，口之作✦，辛之作✦，隹之作✦，由之作✦，矢之作✦，貝之作✦，禾之作✦，求之作✦，夷之作✦，非之作✦，女之作✦，斤之作✦。別有矢之作✦，蠪之作✦，啚於〈啚父盤〉作✦《三代》十七卷3葉，孟於〈白家父殷〉作✦《三代》七卷36葉，是猶篆文之✦✦，象水半見

之形，斯亦矢蠡昌孟之緐文，與從水者同義。【注】
《說文口部》云「𡧊，山閒陷泥地，从口，从水敗皃」。《說文
酉部》云「酋，繹酒也，从酉，水半見於上」。觀夫卜辭漁亦
作𤉹，霾亦作𤊾，可知𣅀𣅀之上體，乃水之省變，
無可致疑。霾於卜辭從雨作𩄈，而亦作𤊾者，以雨
水同類，故爾相通。猶久雨之滈，於卜辭從雨龜聲
而作𩃋《粹編》1550片郭沫若誤釋為雨龜二文，是亦雨水相
通之證也。說者釋𤊾為豕，而謂為隊之假借孫詒讓《契
文舉例下》，或釋為八虎二文王襄《殷契徵文雜事考釋》15
葉，或謂當讀為象，而曰蓋卜者得兆後之緐詞唐蘭《天
壤閣甲骨文存考釋》14葉，或釋彝銘之𣅀為品阮氏《積古》
八卷1葉，或釋為圖，而謂從八即口之省《古籀篇》十
九卷24葉，復疑𣅀為從矢八聲，謂為發之異文《古籀
篇》三十九卷30葉，是皆悖於形義，未知形文通變之
理者也。

古器方名不從山川土阜為緐文者

凡諸方名，其非緐文而見於古器者，則有共、
易、曼、美、兮、中、商、目、爻、冊、井、臿、
北、龍、龜、黃、亞、光、非、蠡諸名。

　　於共有〈🝑父癸𣪘〉《三代》六卷 18 葉、〈🝑祖乙父己卣〉《三代》十三卷 9 葉、〈🝑覃父甲鼎〉《續殷上》20 葉、〈🝑覃父乙𣪘〉《三代》六卷 20 葉、〈🝑𤔲父丁角〉《三代》十六卷 46 葉、〈🝑父丁爵〉《三代》十六卷 10 葉、〈牧🝑父丁𣪘〉《三代》七卷 18 葉、〈🝑鈞〉《綴遺》二十九卷 27 葉、〈印〉《十鐘山房印舉》一冊 12 葉凡四品、〈印〉《匋齋藏印》第四集,原書倒置,〈印〉《匋齋藏印》第二集,原書倒置,〈圓泉〉《奇觚》十四卷 23 葉凡二品,二十卷 1 葉,凡五品、〈戈〉《三代》十九卷 29 葉,共當即共伯和之國,亦即漢河內郡之共縣見《漢書地理志》。春秋時晉有共華《左傳僖十年》,鄭有共仲《左傳成七年》,魯有共劉《左傳哀三年》,蓋因共邑而氏也。【注】《左傳僖十年》云「左行共華,右行賈華、叔堅、騅歂、纍虎、特宮、山祁皆里、㔻之黨也」。《左傳成七年》云「秋,楚師重伐鄭,師於氾,諸侯救鄭,鄭共仲、侯羽軍楚師」。《左傳哀三年》云「南氏生男,康子請退,公使共劉視之」。審共於彝銘作🝑,卜辭作🝑🝑《續編》5.5.3 片,《外編》219 片,乃從口廾聲,示二手之指相交如口,而為拱之初文,當以交手度物為本義。口者圍之初文,古者以手度物,伸指度之曰圍,屈指握之

曰把，二手相交曰拱，連臂相交曰抱。其曰拱把與
圍者，《莊子人閒世》云「宋有荊氏者，宜楸柏桑，
其拱把而上者，求狙猴之杙者斬之。三圍四圍，求
高名之麗者斬之。七圍八圍，求禪旁者斬之」。《管
子山國軌》云「握以下者為柴楂，把以上者為室奉，
三圍以上為棺槨之奉」。《孟子告子上》云「拱把
之桐梓」，《左傳僖三十二年》云「中壽爾墓之木
拱矣」，《國語晉語八》云「拱木不生危」，《淮
南子繆稱篇》云「交拱之木，無把之枝」，《韓詩
外傳卷五》云「盈把之木，無合拱之枝」，《左傳
襄二十八年》云「與我其拱璧」，【注】拱璧，大璧也。
〈襄二十八年〉云「與我其拱璧，吾獻其枢」。孔穎達疏「拱，
謂合兩手也，此璧兩手拱抱之，故為大璧」。〈三十一年〉
云「叔仲帶竊其拱璧」，《老子》云「雖有拱璧，
以先駟馬」，凡此皆以手度物之名。惟以共假借為
供給之義，故自共而孳乳為拱，乃以別於借義之轉
注字。共既從𠁥，而復從手作拱者，是猶舁之孳乳
為舉說見《說文舁部》，巩之孳乳為㧬說見《說文丮部》，
皆為轉注之字，增益形文之例。《說文》訓共為同，
訓拱為斂手者，斯并共之引伸義。以共義為交手，

交手以示肅敬，故自共而孳乳為恭。復孳乳為兩手同械之恭，其作拲者見《說文手部》，亦如拱之為重形俗字也。或謂共者拱璧，而曰《商頌長發》受小共大共，卽言大璧小璧郭沫若《金文叢考釋共》。是未知〈長發〉之「小共大共」，義如《左傳》「共其職貢」之貢見〈襄二十八年，昭三十年〉，謂受小國之職貢，及大國之職貢，非如鄭箋所謂「猶小球大球」。知者以球為美玉之統名，此詩之上章云「受小球大球」，固已兼言圭璧，不宜復有拱璧之屬，以增贅複。矧夫璧之大者，則名拱璧，豈有小拱之名。乃循鄭氏之說，曲為傅合，非唯謬釋字形，且亦乖於詩義矣。《說文共部》云「共，同也，从廿卄，𢍜，古文共」。是據東周譌變之文，誤以口為廿，而未知從廿無所取義，且又誤以諧聲為會意矣。或曰二十人皆竦手，是為同《說文段注》。或曰𢍜具四手，兩人之手相連，是共為一事之狀王筠《說文釋例》。或曰據彝銘之𦥑，而曰兩手奉器，象共具之形《綴遺》二十六卷22葉。此皆悖於初義之誤解。《說文》所載古文之𢍜，形同古璽之共，乃晚周譌變，益不足據言共之朔義也。

於彝有〈爐未樊鼎〉作𣏌《三代》四卷6葉、【注】

〈𤭖未樊鼎〉云「𤭖未樊乍昜姚寶鼎」。〈昜兒鼎〉作昜《三代》二卷 45 葉、〈昜未盨〉作昜《三代》十卷 32 葉，昜葢即春秋時之陽國《春秋閔二年》、《禮記坊記》有陽侯，或為宋、鄭閒之錫邑見《左傳哀十二年》。【注】《春秋閔二年》云「二年春，王正月，齊人遷陽」。杜注「陽，國名」。在今山東省沂水縣西南。〈哀十二年〉云「宋鄭之間有隙地焉，曰彌作、頃丘、玉暢、嵒、戈、錫」。錫邑在河南省杞縣附近。篆文之昜與彝銘同體，乃從旦從勿會意，以示日出旗上，而為暘之初文。猶軛之從旦㫃聲，示日出旗中，俱以日出為本義，引伸為開眽之名。《說文勿部》云「昜，開也，从日一勿，一曰飛揚，一曰長也，一曰彊者眾皃」。是誤以二文為三文，誤以引伸為本義。其曰「長及彊者眾皃」者，乃以昜與長彊攔壯，古音同部同屬央攝，斯并昜之假借義，而非昜之引伸義也。

於曼有〈𤬓龏父盨〉《三代》十卷 39 葉，鄭人有曼伯《左傳隱五年》，【注】〈隱五年〉云「鄭祭足、原繁泄駕以三軍，三軍其前，使曼伯與子原潛軍其後」。漢印有〈曼善〉《秦漢印統》七卷 26 葉，當因鄾邑而氏見《左傳成三年》。【注】〈成三年〉云「鄭公子偃帥師禦之，使東鄙覆諸鄾」。

於美有〈美爵〉《三代》十六卷 40 葉、〈美印〉商
承祚《栔齋古印存》，蓋因美山或美溝而氏美山見《山海
經中山經》、美溝見《水經注淇水注》。

於兮有〈兮仲鐘〉《三代》一卷 12 葉至 15 葉凡六器、
〈兮仲段〉《三代》七卷 31 葉、32 葉凡五器、〈兮爵〉《三
代》十五卷 15 葉、〈兮塤〉《鄴羽三集下》22 葉，原文倒置。。

於中有〈中白盨〉《三代》十卷 27 葉、〈中白壺〉
《三代》十二卷 18 葉、〈中父丁盂〉《三代》十四卷 9 葉、
〈中父辛爵〉《三代》十六卷 18 葉、〈中子化盤〉《三
代》十七卷 13 葉、〈中鐃〉《三代》十八卷 5 葉、〈中爵〉
《錄遺》378 圖。

於商有〈商婦甗〉《三代》五卷 6 葉、〈商卡簋〉
《三代》十卷 12 葉、〈商父丁尊〉《三代》十八卷 5 葉，
殷有商容《史記殷本紀》，春秋時齊有商子車、商子游
《左傳襄二十三年》，楚有商陽《禮記檀弓下》，【注】商容，
商紂時大夫，以直諫為紂所貶，周武王克商表其閭。《史記殷本
紀》云「商容賢者，百姓愛之，紂廢之」。又云「周武王遂斬紂
頭，表商容之閭」。〈襄二十三年〉云「肱商子車御，大殿商子
游御」。蓋因商丘而氏商丘見《左傳襄九年》。【注】商丘
屬河南省，陶唐時閼伯之墟曰商丘。〈襄九年〉云「陶唐氏之火

正闕伯居商丘」。彝器有〈子𢼄甗〉《續殷上》30 葉，是
與卜辭之子商為同族。商於卜辭作𢼄𢼄，乃從丙章
省聲。其作𢼄者，以示對再之美，此亦方名絲文之
一例說詳下文。丙者插旗之磐石，章者文錦之一端說
詳下文，章樹磐石之上，是商當以旗常為本義。古之
旗物，天子、諸侯、孤卿、大夫、州里、氏族，文
幟俱異，從章聲者，以示旗為錦製，且以彰示尊卑
與名號。《周禮春官司常》云「官府各象其事，州
里各象其名，家各象其號」，此其制也。《國語周
語上》云「司商協名姓」黃氏覆宋明道本名作民，證以韋
注，知其非是，茲從明金李校本。，義謂司商之官，主給
州里之名，及氏族之姓，俾能文之旗物，非謂一人
之名姓。蓋以古之鄉里多有同名，氏族因鄉里為號，
亦必多有同字，故由司商協定，以示區別也。司商
卽《周禮》之〈司常〉，此為商之本義僅見載籍者。
其作司常、大常大常見《春官巾車》、《夏官大司馬》，或
曰旗章見《禮記月令》、《國語周語上》，或曰章旗見《管
子君臣下》，或曰章見《國語晉語一》、《管子兵法篇》，或
曰常見《周禮大行人》、《國語吳語》，【注】《禮記月令》
云「季夏之月，命婦官染采，以為旗章，以別貴賤等級之度」。

《國語周語上》云「為車服旗章以旌之」。章旗，《管子君臣下》云「選為都佼，冒之以衣服，旌之以章旗，所以重其威也」。《國語晉語一》云「變非聲章，弗能移也」《周禮大行人》云「日月為常」。《國語吳語》云「十旌一將軍，再常建鼓，挾經秉枹」。是皆商之假借。此徵諸商之古文，及司商之名，可知商之本義為旗常者一也。賞於彝銘作𧶠𧶠，從貝示賜財物，從商示賜官祿。官祿高卑，旗服異等，故賞之古文從商為聲。〈䣄羌鐘〉作賞，〈㠱鼎〉作賞，所從尚聲為商之假借。𧶠賞古本一字，其訓為行賈者，乃𧶠之假借義。《說文貝部》別賞𧶠為二文，而以行賈訓𧶠，失其初義矣。此徵諸𠬞所孳乳之𧶠，可知商之本義為旗常者二也。<u>韋昭</u>注《國語》曰「司商掌賜族姓之官，商金聲清，謂人始生，吹律合之，定其姓名」。是不明司商之義，而謬為之說。案《易是類謀》云「<u>黃帝</u>吹律以定姓」《御覽》三百六十二引，《白虎通姓名篇》云「古者聖人吹律定姓」，此乃後世讖記之言，而術數之徒<u>京房</u>者，始據以定氏見《漢書本傳》，固未可資以考古制。藉如其說，則五聲之首曰宮見《管子地員篇》，祭祀之樂無商見《周禮春官大司樂》，是不應主聲之官，而以司商

為名。且也古無官祿，則無姓氏，故俶百官為百姓，俶庶民為黎民或兆民見《尚書堯典》、《國語楚語下》。【注】〈堯典〉云「黎民於變時雍」。〈楚語下〉云「百姓千品，萬官億醜，兆民經入畡數以奉之」。豈有官司為億兆蒼生，吹律以定姓之理。後人乃援〈是類謀〉、及《白虎通》，以實其謬見汪遠孫《國語發正》，而無或悟其非者，皆以未知商之本義而然也。以商為方名，故卜辭有從口作啇或啇者。彝銘有從重口而作𠴟者，則與卜辭之𠴟《佚存》518片，及籀文之𠴟相同，是皆商之繇文。非如《左傳》所謂「三辰旂旗」《桓二年》，亦非《周禮司常》所謂「日月為常」也。或以〈傳卣〉之𠴟所益之⁙為星之象形，而謂商即心宿見郭沫若《殷周青銅器銘文研究》125葉，此未悟商之初文作𠴟𠴟，則其本義必非星名。乃以不悉方國之繇文，而妄為揣度，故亦難期幸中者矣。《說文商部》云「商從外知內也，從商章省聲」，此誤繇文為本字之謬說。《釋名釋兵》云「九旗之名日月為常，畫日月於其端，天子所建，言常明也」，此誤以假借為本義之謬說，是俱失之望文生義。或曰商疑從言省，從內會意朱駿聲《說文通訓定聲》，則亦據《說文》之釋義，而曲

為之說也。

於目有〈囧🜚爵〉《錄遺》335 圖、〈🜚囧父癸爵〉《三代》十六卷 30 葉，斯為<u>目方主氏</u>，<u>卢方目氏</u>之器，🜚者主之古文也_{說詳下文}。

於爻有〈爻父乙𣪘〉《三代》六卷 11 葉、〈爻父丁𣪘〉《三代》六卷 14 葉、〈爻父乙𣪘〉《三代》七卷 3 葉、〈爻祖丁罍〉《三代》十三卷 50 葉、〈爻盉〉《三代》十四卷 1 葉、〈爻觶〉《三代》十四卷 34 葉、〈爻父己爵〉《三代》十六卷 14 葉、〈爻姁辛爵〉《三代》十六卷 25 葉，爻爻乃一文之緐省，其於卜辭則與篆文同體，并象文物相交之形。梻之從爻，以示交木為藩，駁之從爻，以示毛色相雜，希於卜辭作爻，以示織文相錯，而為希之古文，是爻當以文物相交為本義。或疑爻為襄之省_{孫氏《栔文舉例下》}，或釋為卒_{孫海波《甲骨文編》}，說并未然。《說文爻部》云「爻，交也，象易六爻頭交也」。夫易以蓍草陳卦，其象橫列，有相交之理，而無相交之形，是爻非取象於六爻也。矧夫易之六爻，肇於<u>周</u>世，而爻之為文，見於卜辭，其非取象六爻，固已不待詞辨。<u>宋</u>人釋爻為世_{《博古圖》九卷 15 葉}，或謂爻亦取象於系_{《攈古》一之二卷 15 葉}

引許瀚說，說尤誕妄矣。

　　於冊有〈卌卣〉《積古》一卷 30 葉、〈卌父乙卣〉《三代》十二卷 48 葉〈卌爵〉《三代》十五卷 8 葉、〈卌父己角〉《三代》十六卷 44 葉。

　　於井有〈井白甗〉《三代》五卷 5 葉、〈井姒段〉《三代》七卷 47 葉、〈奠井赤康盨〉《三代》十卷 33 葉、〈井季㝬尊〉《三代》十一卷 23 葉、〈井季㝬卣〉《三代》十三卷 19 葉、〈囲觶〉《錄遺》361 圖，春秋時虞有井伯《左傳僖五年》，【注】《左傳僖五年》云「虢公師還，襲虞滅之，執虞公及其大夫井伯」。葢因邢亭而氏見《說文邑部》。【注】〈邑部〉云「鄭地有邢亭」。

　　於囷有〈㘝皇父段〉《三代》八卷 40 葉、〈㘝皇父匜〉《三代》十七八卷 31 葉、〈㘝皇父鼎〉《錄遺》82 圖、〈㘝交中簠〉《錄遺》170 圖、囷當即春秋時函氏之邑《左傳襄十六年》。【注】〈襄十六年〉云「齊子帥師，夏六月庚寅伐許，次于函氏」。地在河南葉縣北。囷於卜辭作㘝㘝及㘝，并象貯矢於囊，於文為矢之合體象形，當以矢囊為本義，引伸為緘容納入之義。古盛矢之器名曰箙者，於卜辭作㟢㟢，於彝銘作㟢㟢，其形方正，宜於背負，《荀子議兵篇》所謂「負服矢五

十个」者是也。名曰圅者，形為橢圓，其外之〃乃象縣環，宜繫身側，故亦曰笮與房。《儀禮既夕禮》云「翣干笮革」，《左傳宣十二年》云「每射，抽矢菆，納諸廚子之房」者是也。房者所以容物，在室之旁，故矢囊之在身旁者，亦名曰房。房朋雙聲_{古音同屬並紐}，故自房而孳乳為覆矢之掤。掤有覆葢，彝銘及卜辭之圅似之，是知圅即房與掤。《墨子非儒下》云「君子勝不逐奔，揜函弗射」。《鄭風大叔于田》云「抑釋掤忌，抑鬯弓忌」，謂田獵已畢，解其圅而弢其弓也。《左傳昭十三年》云「奉壺飲冰」，〈二十五年〉云「公徒釋甲，執冰而踞」，〈二十七年〉云「說甲執冰以游」。冰并掤之假借_{冰掤古音同屬應攝脣音}。云「飲冰」者，謂取掤葢以飲。此可證圅為田獵戰陳之資，故有「揜函弗射」，及「釋掤」、「執冰」之文。若箙則無葢以奄矢，不宜名之曰掤也。《周禮考工記》云「函人為甲」，夫俑作甲者曰函人，乃取圅之引伸義而為名也。或謂射時所用者為箙，藏矢所用者為函_{王國維〈不嬰敦葢銘考釋〉}，亦若圅非臨陳之用，《儀禮》鄭注云「笮矢箙也」，說俱未諦。或曰金文之圅象藏矢箙中工

山〈說文闕義箋〉，則又誤以圅箙為一物矣。《釋名釋兵》云「矢受之器以皮曰箙，謂柔服用之」。《漢書五行志下之上》云「檿弧萁服，劉向以為其服蓋以萁草為箭服」，是箙乃編艸為之。或織竹為之，因亦從竹作箙，而有籠箙之名見《周禮夏官弓矢、繕人》，《國語鄭語》作箕服，箕蓋萁之譌變，韋昭注曰「箕本名」，說異劉向，然覈之文義，皆知其非皮作也。惟箙亦有皮製者，《小雅采薇》云「象弭魚服」，謂以魚皮為矢箙。《周禮夏官弓矢》注云「箙以獸皮為之」，可徵箙固有皮製。此猶矢器之蘭，字亦作韊見《史記魏公子傳》，俱非取柔服之義。《釋名》云然，是徒皮傳音訓之妄說。而未知音讀如服者，乃取背負之義也箙背負古音同屬噫攝脣音。《說文弓部》云「圅，舌也，舌體弓弓，從弓象形，弓亦聲，肣，俗圅，從肉今」，所釋形義俱非。蓋以圅於經傳無矢囊之義，又誤以圅之俗字從今聲作肣，音同牛舌病之䏖，圅之下體作囗，形近所釋舌兒之𠆣，故以舌釋圅也。

於北有〈𠂤白鼎〉《三代》二卷 41 葉、〈𠂤白鬲〉《三代》五卷 14 葉、〈𠂤子段〉《三代》六卷 42 葉、〈𠂤

白尊〉《三代》十一卷 26 葉、〈 ⿰亻白卣 〉《三代》十三卷 26 葉，北當卽商之邶邑見《說文邑部》，蓋因北水而氏者也見《水經洛水注》。【注】《說文邑部》云「邶，故商邑，自河內朝歌以北是也」。

於龍有〈 鼎 〉《三代》二卷 3 葉、〈 殷 〉《三代》六卷 2 葉、〈 子 觚 〉《錄遺》341 圖、〈 母尊 〉《三代》十一卷 19 葉、〈 白戟 〉《積古》八卷 18 葉、〈 爵 〉《錄遺》426 圖、〈 爵 〉《三代》十五卷 5 葉，魏有龍賈《史記秦本紀》，【注】〈秦本記〉云「惠文君七年，公子卬與魏戰，虜其將龍賈」。蓋因龍山或魯之龍邑而氏龍山見《山海經中山經》、龍邑見《左傳成二年》。【注】《左傳成二年》云「二年春，齊侯伐我北鄙，圍龍」。杜注「龍，魯邑，在博縣西南」。其作 者乃從⿴囗⿱己聲，⿴囗⿱己為囵之古文，龍從囵聲，兼象頭冠。是猶狼於〈父戊卣〉作 《三代》十三卷 24 葉，所從貝聲，兼象狼尾也。其作 者，與卜辭之 同體，乃象頭冠張口，及身尾宛曲之形。頭冠之作⿱平⿱平者，與卜辭之 同體，亦象鳳之頭冠，非從辛辛與羊。篆文作 乃 之變體，并象其貝鰭也。《說文龍部》云「龍，從肉 肉飛之形，童省聲」。是誤以張口為從肉，誤以頭冠為諧聲，乖刺

之甚矣。

於龜有〈◯父丙鼎〉《三代》二卷 21 葉、〈◯爵〉《嚴窟吉金圖錄》48 圖，葢因<u>宋</u>之<u>龜邑</u>，或<u>魯</u>之<u>龜山</u>而氏見《<u>春秋桓十二年、定十年</u>》。【注】〈<u>桓十二年</u>〉云「<u>冬十有一月，公會宋公于龜</u>」。箋曰「<u>龜疑在今河南睢州境</u>」。〈<u>定十年</u>〉云「<u>齊人來歸鄆、讙、龜陰田</u>」。<u>杜注</u>「<u>泰山博縣北有龜山</u>」。

於黃有〈◯君殷〉《三代》八卷 21 葉，<u>羅振玉誤釋君為同</u>。、〈◯韋舲父盤〉《三代》十七卷 13 葉、〈<u>黃仲</u>匜〉《三代》十七卷 29 葉，是皆<u>黃邑</u>與<u>黃氏</u>之器。若〈◯殷〉《三代》六卷 41 葉，<u>阮氏誤釋黃為庚</u>。，則為<u>日方</u><u>黃氏</u>之器。卜辭有卜人<u>黃氏</u>，是與彝銘之黃為同族_{說詳下文}。《說文黃部》云「黃，地之色也，从田从茨，茨亦聲，茨，古文光，炗，古文黃」。此謂黃乃從古文之茨以諧聲也。《說文广部》云「庶，屋下眾也，從广茨，茨古文光字」，此謂庶乃從古文之光以會意也。又《說文火部》載光之古文作◯，考光於卜辭作◯◯，彝銘作◯◯，并從火在人女之上，其形無與◯炗相近。是◯炗葢晚周俗體，而<u>許氏</u>據以釋文字初形，此其未可任信者一也。庶於〈盂

鼎〉作𤈦，〈白庶父𣪘〉作𤈦，乃從火石聲，而以
焚石為本義。石庶同音古音同屬烏攝舌音，古相通作，
故拓之或體作摭見《說文手部》，蔗樜之或體作柘《史
記司馬相如傳》云「諸蔗猼且」，《漢書》作柘，《說文木部》
之樜，《山海經北山經》作柘，焚石之性辛烈，可殺蟲魚，
《周禮秋官壺涿氏》云「掌除水蟲，以焚石投之」，
此其證也。壺涿讀如庶𣪘，乃以庶殺水蟲，因以為
名，與掌除毒蠱之〈庶氏〉相同。【注】《周禮秋官庶
氏》云「庶氏，掌除毒蠱」。惟以所司互異，葢避名義溷
殽，故爾假壺為庶。此證之〈庶氏〉及〈壺涿氏〉
之職，因知庶為焚石，殆無可疑。焚石經水化或風
化則成灰，故曰石灰。《後漢書楊璇傳》云「以排
囊盛石灰於車上，順風鼓灰，賊不得視」，張華《博
物志》卷二云「燒白石作白灰」，《抱朴子道意篇》
云「洛西有古墓，穿壞多水，墓中多石灰，石灰汁
主治瘡」，此以石灰上遡焚石與庶，固知其為同物
而異名。非夫《政和證類本草》之焚石，與《本草
經》之石灰也。石炭可供然燒，然庶非石炭之義。
所以知者，考石炭用之冶鐵，創見東漢之時 1959 年
河南鞏縣鐵生溝，發見漢代鍊鐵遺址，規模之大，在漢代其它鍊

廠之上。其然料有木柴，原煤，及煤餅三種，見《文物1959年第二期》。此為石炭用之然燒，肇於東漢之證。。徵之載籍，用之炊爨，始見宋雷次宗《豫章記》《御覽》八百七十一引。用之冶鐵，始見《釋氏西域記》《水經注》卷二河水注引。魏晉之閒用之書寫，故名石墨，始見晉陸雲家書《陸士龍文集》卷八〈與平原書〉，及顧微《廣州記》、戴延之《西征記》《御覽》六百五引。【注】〈與平原書〉云「一日上三臺，曹公藏石墨數十萬斤，云燒此消腹可用，然煙中人不知，兄頗見之不，今送二螺」。〈廣州記〉云「懷化郡掘塹，得石墨甚多，精好寫書」。可徵石炭於魏晉之時，猶未溥用然燒，則其表暴，當不在嬴秦以前。以是而知卜辭之庶，決非宋齊之石炭。《越絕書地傳篇》云「練塘者，句踐時采錫山為炭」，義謂采錫山之木為炭《吳越春秋》云「句踐練冶銅錫之處，采炭於南山」引見《水經漸江水》注，今本無。，義亦視此，皆非石炭也。且也《證類本草》之焚石，《本草經》之石灰，與夫石炭，舉非可殺蟲魚。惟庶與《周禮》之焚石，楊璇、張華所見之石灰，則固纘述相仍，物類無異。此可徵庶為〈壺涿〉之焚石，其義甚審。《周禮》鄭注曰「焚石投之，使驚去」，是未知焚

石之義，而謬為之說矣。庶於〈龜公筭鐘〉作庌，〈子仲匜〉作庌，斯乃<u>東周</u>之器，而於文上宂書橫畫，固亦古文恆見，此卽篆文之所本，非從广也。<u>許氏</u>誤以庶為從广，故以屋下眾釋之，是誤以假借為本義。云「庶从广荽」者，則又誤以形聲為會意，此<u>許氏</u>之說，未可信任者二也。黃於卜辭作 東 東，〈師敾段〉作 東，斯乃黃之初文。以黃有方國之義，而於古文之方名有從口之例_{說詳下文}，故彝銘亦從口作 黃，其作 黃者，則又 黃之譌變。東 乃珩之象形，其中之 θ 象二璜相合，上下之 ↥ 象貫珩之組，此徵之字形，而知黃乃璜與珩之初文。書傳有<u>夏后氏</u>之璜見《左傳定四年》，【注】〈定四年〉云「昔<u>武王</u>克商，<u>成王</u>定之，<u>周公</u>相王室，以尹天下，分<u>魯公</u>以大路大旂、<u>夏后氏</u>之璜」。是知璜制由來已古，此卜辭所以有象形之 東 也。案〈毛公鼎〉《三代》四卷 48 葉、〈番生段〉《三代》九卷37 葉并云「朱市恖黃」，〈康鼎〉云「幽黃鋚革」《三代》四卷 25 葉，〈南公柳鼎〉《錄遺》98 圖、〈伊段〉《三代》九卷 20 葉、〈旨壺〉《三代》十二卷 29 葉并云「朱市幽黃」，〈趞曹鼎〉《三代》四卷 24 葉、〈師奎父鼎〉《三代》四卷 34 葉、〈趞尊〉《三代》十一卷 38 葉、

〈兔旦〉《三代》十三卷 43 葉并云「載市同黃」，〈師
虘𣪘〉云「叔市金黃」《三代》九卷 35 葉，〈頌鼎〉《三
代》四卷 37 葉、〈師艅𣪘〉《三代》九卷 19 葉、〈師酉
𣪘〉《三代》九卷 21 葉、〈休盤〉、〈寰盤〉并云「赤
市朱黃」《三代》十七卷 18 葉，所謂悤黃，卽《小雅采
芑》之蔥珩，亦卽《禮記玉藻》之蔥衡。所謂幽黃，
卽〈玉藻〉之幽衡，同讀如鞵，猶從圭聲之烓讀如
同見《說文火部》，從圭聲之趌，於《荀子》作頣見〈勸
學篇、王霸篇、解蔽篇〉，《禮記祭義》作頃。，并為對轉相
通同頃古音屬嬰攝，圭屬益攝，對轉相通。。同黃亦卽〈師
虘𣪘〉之金黃，凡此皆謂貫珩之組色。其云「朱黃」
者，乃朱組所貫之珩，〈玉藻〉所謂「公侯佩山玄
玉，而朱組綬」者是也。此徵之彝銘，而知黃為珩
之本字，〈采芑〉作珩者，為後起之字，〈玉藻〉
作衡者，為假借之字。惟諸器之黃，多作𤎅黃，〈趞
曹鼎〉作𤎅，〈休盤〉作𤎅，并假方國從囗之字，
以為佩玉之名，是亦非其初文也。要之黃之初文作
𤎅，文為獨體象形，非如《說文》所謂「从田炗聲」。
其從囗作𤎅者，乃方國之本字，非如《說文》所謂
「地色」，此<u>許氏</u>之說未可信者三也。若夫《說文》

所載黃之古文作灸，與先秦⊠印之文相近《昔則廬印
存三集》，是當晚周謬體，不足論矣。其有戲陳彝銘，
疑黃為珩之本字者見郭沫若《金文叢考釋黃》，其說近是
矣。然未知黃為方國之絲文，其作更者，則為珩與
璜之初文，非以黃為初文也。說者復釋卜辭之會更，
及彝銘之肅為黃。又謂〈趠曹鼎〉之同當讀為鶊而
為褐色之玉《金文叢考》170葉、172葉。則誤以鶊為黃，
誤以組色為玉色，此皆考之未審者也。其以黃為狀
色之名者，於卜辭有更牛《續篇》1.53.1片、2.18.8片，
《乙編》7120片，其名多見，此不備舉。，於彝銘有黃耇見
〈師器父鼎〉、〈買𣪘〉、〈白家父𣪘〉、〈師艅𣪘〉、〈曾白
簠〉，斯乃黃之假借義。【注】〈師器父鼎〉《三代》四卷
16葉、〈白家父𣪘〉《三代》八卷43葉、〈師艅𣪘〉《三代》九
卷19葉，并云「黌壽黃耇」。黌即《說文》久長之黮。黌字或作
黌、黌、黌、頮。黌壽，詩作眉壽，「黌壽黃耇」者，義謂長壽
年老髮黃面垢也。〈買𣪘〉云「用賜黃耇霩壽」《三代》八卷39
葉，〈曾白簠〉云「黃耇萬年黌壽無彊」《三代》十卷26葉。葢
以地晐五色，故赤土曰赭，黑土曰壚見《說文赤部土部》，
白土曰墿《一切經音義》卷五十二引《蒼頡篇》云墿白土也。，
《周禮草人》有「騂剛用牛，赤緹用羊」之文。【注】

駍剛謂赤色之堅土。〈地官草人〉云「凡糞種，駍剛用牛。」鄭玄注「謂地色赤而土堅強也」。鄭司農云「用牛，以牛骨汁漬其種也，謂之糞種」。赤緹，謂淺紅色也。〈禹貢〉亦云「冀州厥土白壤，兗州厥土黑墳，徐州厥土赤埴墳，厥貢惟土五色」。審此則土色多品，不宜專有一文，而僅示一色也。或據〈弭仲簋〉之黃而曰「米象禾穀可收形，禾之色黃」林義光《文源》，是據叔世之變體，以求文字之朔義，已屬言之悖理。矧夫黃非從禾，而曰「象禾穀可收」，益為任情妄說矣。

　　於亞有〈□父辛簋〉《三代》六卷 16 葉、〈□父乙簋〉《三代》七卷 11 葉、〈亞父乙盂〉《三代》十四卷 10 葉、〈□父癸觶〉《三代》十四卷 48 葉、〈亞祖丁爵〉《三代》十六卷 1 葉、〈亞父乙爵〉《三代》十六卷 4 葉，是皆亞氏之器，當與卜人亞為同族說詳下文。亞於卜辭作亞亞，與彝銘同體，并為墓室之象形，當以墓室為本義，考殷虛古墓，其墓道率成亞形，墓道之中，則有木室，其形如亞見中央研究院史語所出版〈侯家莊〉1001 號大墓插圖八，圖版壹肆，案此墓之木室，地版木痕完整，它若 1002 號大墓、1004 號大墓，則地版浸於水中。1003 號大墓，則以疊經前代盜掘，未能亞知原形。。亞中之口，乃

象措棺之所，與瓹銘之 ✠《錄遺》322 圖，〈石鼓文〉之亞，形尤宛肖。此徵之殷墓，而知亞之本義為墓室者一也。《周禮冢人》云「凡爭墓地者，聽其獄訟，帥其屬而巡墓屬，居其中之室以守之」，【注】墓屬謂塋地周圍界域之標志。鄭玄注「屬，塋限遮列處」。此古者墓中有室之證也。守喪者居於堲室，倚墓為廬，則曰倚廬。《史記孔子世家》云「孔子卒，子貢廬於冢上，凡六年後去」，是卽倚廬之制。《禮記雜記上》云「大夫居廬，士居堲室」。〈雜記下〉云「三年之喪廬堲室之中，疏衰皆居堲室，不廬，廬嚴者也」。〈閒傳〉云「父母之喪居倚廬，齊衰之喪居堲室」。【注】齊衰，音ㄗ ㄘㄨㄟ、zi cui。喪服名。為五服之一。以粗麻布製成，以其緝邊縫齊，故稱齊衰。又云「父母之喪，期而小祥居堲室」。葢堲之初文作亞，喪居亞室，當為殷制，別為倚廬，則為周制。周時二制并行，厥後乃以為隆殺之異，非初義也。【注】隆殺，猶尊卑、厚薄、高下。《禮記鄉飲酒義》云「至於眾賓，升受，坐制，立飲，不酢而降，隆殺之義別矣」。鄭玄注「尊者禮隆，卑者禮殺，尊卑別也」。《白虎通喪服篇》云「孝子不欲居故處，居中門之外，倚木為廬」。《孟子滕

文公上》趙岐注云「居倚廬於中門之內」，言復異撰，是皆季世之說，益乖古義矣。此考之居喪之禮，而知亞之本義為墓室者二也。死者人所憎忌，故自亞而孳乳為惡。喪事以縞素為資，故自亞而孳乳為白土之皀。《呂覽察微篇》云「若白皀之與黑漆」，《史記司馬相如傳》云「其土則丹青赭皀」，《山海經西山經》云「大次之山多皀」，〈中山經〉云「常烝之山多皀」，又云「高梁之山多皀，蛇山多皀，皮山多皀」，是皆皀之本義。引伸則以白色涂飾而曰皀，《管子輕重丁》云「表稱貸之家皆皀白其門」，《爾雅釋宮》云「牆謂之皀」，是乃皀之引伸義。《山海經北山經、中山經》并有「黃皀」，及「黑青黃皀」之名，則取其質之似皀者而名，非皀之本義也。此證以文字之孳乳，可知亞之本義為墓室者三也。卜辭云「戊午卜兄亞，用十束龜」《乙編》8852 片，「兄亞三束龜」《乙編》8723 片，「兄亞束龜」《乙編》8804 片，兄束乃祝剌之初文，此卜行祝祭于亞室，剌龜為牲，祝之以祓不祥也。亞於卜辭亦有方名之義，然方域山川之祭，無云祝者。殷之先祖有亞祖乙《前編》5.2.5 片、《栔卜》253 片，而無

僅名亞者。則諸辭所云「兄亞」義為祝祭亞室，蓋無可疑。考之周制，塋壙初穿，卽有祭事見《周禮春官冢人》，大喪臨窆，則毆方良見《周禮夏官方相氏》，【注】方良，傳說中之山精鬼怪名。〈方相氏〉云「大喪，先柩，及墓，入壙。以戈擊四隅，毆方良」。鄭玄注「方良，罔兩也」。陸德明釋文「方良，上音罔，下音兩」。是知墓室而有祝禳之典，固殷周所同。卜辭云「甲午卜王馬𣇃駍，其祢于父甲亞」《文錄》312 片，𣇃乃𣇃𣇃之緐文，𣇃𣇃并搯之古文，駍為駕之初文，此辭謂王馬宿昔善奔，欲禦祭用于父甲之亞室，卜以問其宜否也。或謂父甲亞猶父甲宮孫海波《文錄考釋》，宋人之說曰亞室者廟室《博古圖》一卷 18 葉，是皆臆說，無庸具駁。此證以卜辭之「兄亞」及「父甲亞」之文，而知亞之本義為墓室者四也。《說文心部》云「惡，過也」，〈土部〉云「堊，白涂也」，是俱誤以引伸為本義。書傳訓亞為次者，乃與上為相對之名，斯為下之假借亞下古音同部。《說文亞部》云「亞，醜也，象人局背之形，賈侍中說以為次弟也」。二說形義俱非，賈逵以為次弟者，乃據《爾雅釋言》，而臆增弟字，益乖於本義及引伸義矣。【注】《爾雅釋言》云「亞，次

也」。或曰亞古塈字，象朽者縱橫涂飾之狀周伯琦《六書正譌》卷五，是未知白土之塈，實承縞素之義而孳乳。說者乃據塈之引伸義，而索其初文為亞，適見本末顛易，且以象形說之，尤為悖理。蓋涂者所以濺塵垢而增光輝，有色可觀，無形可象。是以訓涂之墍、塓、墐、墍，訓飾之厰、彗、賁、修，胥以形聲或會意構字，乃以象形而釋朽涂，已屬有乖矩矱，且曰「象朽者涂飾之狀」，則是以象形之文，而示動作之義，益為妄謬無藝矣。或曰亞乃古黻字，兩己相背，取黻冕相繼之義《積古》一卷40葉引錢坫說。案《漢書韋賢傳》顏師古注曰「朱紱為朱裳，畫為亞文，亞古弗字，故因謂之紱，字又作黻」，是即釋亞為古黻字之所本。然《玉篇》載弗之古文作亞，與亞之形聲固殊，顏師古乃視亞為弗之古文，斯亦謬為比合也。或以亞象宮中道之㘡，而謂亞當為庌之古文林義光《文源》。是未知㘡乃從束口行會意，㘡從行者，所以示交道之義行義說詳下文。㘡非從亞，庌非象亞，未可曲為牽合。或謂亞為火塘之象形，今西南諸族，遺俗尚存朱芳圃《殷周文字釋叢》卷上，此未知殷時禮制備臻，略如經傳所載。爾時形聲之字，

亦開後世規模。其去結繩之時，必逾萬載以上。徵
之禮典有祀竈之文見《禮記祭法》，無拜火之俗，何有
草昧風尚，存於中夏文字之中。而今之說者，未諳
古文義恉，昧於釋字通規，輒徵蠻貉異俗，妄說文
字初形，亦徒見其為不學之為戇言而已。

　　於光有〈⚹鼎〉《三代》二卷4葉、〈⚹殷〉《三
代》六卷24葉、〈⚹母辛觶〉《三代》十四卷52葉、〈⚹
爵〉《錄遺》394圖、〈⚹錔〉《錄遺》517圖、〈⚹觚〉
錄遺》303圖，是皆光氏之器。〈⚹父爵〉《三代》十五
卷37葉，則為光方父氏之器。光葢因光山而氏光山見
《山海經中山經》，父卽《逸周書商誓篇》「伊舊何父」
之父，因父城而氏《漢志》潁川郡有父城縣。漢印有〈光
道〉《雙虞壺齋藏印》、〈父兄涂〉《十鐘》五冊24葉，
晉人有光逸《晉書本傳》、父環《晉書五行志上》，當為
二氏之遺胤。

　　於非有〈⚹鼎〉《三代》三卷7葉、〈⚹余鼎〉《三
代》四卷7葉、〈⚹布〉、〈⚹布〉《古錢大辭典上》807
圖、808圖、〈⚹布〉《善齋泉錄》一卷49葉、〈⚹刀〉
《善齋泉錄》三卷59葉、〈⚹刀〉《奇觚》十四卷18葉凡四
品，文皆倒置。，漢人有非調見《漢書百官公卿表永光二年》，

漢印有〈非當〉《十鐘》九冊 47 葉、〈非常幸〉胡石查
《秦漢印譜》，蓋因鄭之裴邑，或非山水而氏裴見《春
秋文十三年》、非山水見《水經甘水注》。【注】《春秋文十三
年》云「鄭伯會公于裴」。杜注「裴，鄭地也」。楊伯峻注「地
在今河南省新鄭縣東南二十五里」。說者乃謂非調為名見《漢
書溝洫志》顏師古注，其說固非。《廣韻》非字下云「非
亦姓，《風俗通》有非子，伯益之後」今本《風俗通》
無此文，說亦未足徵信。良以非子氏趙見《史記秦本記》，
不必以非為氏。或據《廣韻》而譏前人之誤，是亦
昧其本柢者矣。

　　於蟖有〈□𧰨爵〉《三代》十六卷 26 葉、〈□𧰨爵〉
《續殷下》十六卷 20 葉案二器非同物。，乃亞方蟖氏之器，
冖為椊禁之象形，所以示其為酒器也說詳釋興。𧰨與
卜辭之𧰨𧰨，并蟖之象形，其於姓氏當為庶之初文。
周有〈庶鬲〉《三代》五卷 28 葉，【注】〈庶鬲〉云「庶乍
寶鬲，其萬季子孫永寶用」。是庶有姓氏之義。是周時已自蟖
而貿遷為庶，故周代彝器，古璽刀布，舉未一見蟖
方與蟖氏。卜辭之蟖於方國之外，尚有四義。其一
為蝨蝗之名，其二為旱暵之暑，其三為郊祭司暑之
神，其四為紀時之名，卽《淮南子人閒篇》「暑以

強耘」之暑。或釋卜辭之𦥑為蝛《古籀篇》九十七卷 18 葉，或釋為蟬，而謂假為夏<u>葉玉森</u>《殷契鉤沈》，或釋為萬象名義訓虯之鼅<u>唐蘭</u>《殷虛文字記》6 葉，或謂𦥑卽蟋蟀之類，借以名所鳴之節季曰秋<u>郭沫若</u>《粹編考釋》2 葉。審其形義，說并非然。葢以蝛蟬皆為小蟲，不應觸角若此之長。鼅則無翼，不應卜辭象其翼而作𦥑，蟬與蟋蟀，夏秋皆為鳴蟲，詎能假以紀時。且卜辭有「帝𦥑」及「罘𦥑」之文，又豈蝛蟬鼅與蟋蟀之所宜。是皆皮傅形似，以謬釋古文者矣_{說詳釋蠅}。若卜辭之𦥑𦥑《後編下》41.1 片、《栔卜》124 片，則為方名蟓之緐文，於卜辭亦不多見。或釋𦥑為蟲《古籀篇》八十九卷 26 葉，非為字形乖越，且亦音義未詳，是不知有緐文之例者也。凡此諸器，其文胥不從山水土𠂤，與卜辭方名之不益形文者同揆。可證從山水土𠂤者，乃其緐文。

方名緐文非籀篆

凡為緐文，不可據籀篆為釋。是以古泉之𡉚陵非訓牆之垣，古璽之𣇃，非祭神道之場，卜辭之𤰔𤰔非涌縣之沖，𣲚非雨流之瀗，𣲚非絕小水之濘，

□非積水池之潢，□非雨兒之瀧，□非訓滌之洒，□非履石渡水之砅，□非水澤多之涌，□非水小聲之瀏，□非牆始之基，□非遠邊之垂，□非揚土之塵，□非殿陛之除，□非阪隅之陬，□非隓隗之隓，而說者乃牽合<u>許</u>書以為訓釋。或疑□為嶇與隗《古籀篇》十三卷 12 葉，或疑為堰<u>余永梁</u>《殷虛文字考》，或釋□為妻<u>羅振玉</u>《增訂考釋中》50 葉，釋□為羔，釋□為冀<u>羅振玉</u>《增訂考釋中》28 葉、47 葉，疑□為洌<u>商承祚</u>《殷虛文字類編》，或釋為肖<u>陳邦懷</u>《殷契考釋小箋》7 葉，疑□為汳<u>楊樹達</u>《卜辭求義》21 葉，或釋為涼<u>李孝定</u>《甲骨文字集釋》3387 葉，釋□為阱《古籀篇》八卷 26 葉，釋□為甈《古籀篇》八十二卷 44 葉，釋□為淒，釋□為羡《古籀篇》四卷 36 葉、二十五卷 24 葉，釋□為渤《陳氏小箋》5 葉，釋□為洋<u>葉氏</u>《前編集釋》二卷 38 葉，釋□為炙《古籀篇》十四卷 15 葉，釋□為陵《契文舉例下》葉，或釋為郊<u>王襄</u>《類纂正編》第六，或釋□為阝之別體《古籀篇》十五卷 36 葉，或援《尚書偽孔傳》「水北曰汭」，而釋□為汭，復據卜辭牡牝諸字而釋□為牡《增訂考釋中》10 葉、27 葉，亦有釋□為兆者<u>唐蘭</u>《天壤考釋》8 葉，是皆未知方國之縣文，以考卜辭者二也。

三、古方名緐文有從艸木林茻者

古方名之緐文，有從艸、木、林、茻者。若旬於〈白旬鼎〉作茍《三代》三卷 32 葉，案從竹與從艸同意、〈白旬父盨〉作茍《三代》十卷 27 葉、〈旬白大父盨〉作茍《三代》十卷 35 葉。車於殷銘作葷《錄遺》149 圖，臣於〈父乙壺〉作葲《三代》十二卷 6 葉、豆銘作葐《綴遺》二十五卷 5 葉，瓦豆二器。，刀於殷銘作葤《三代》六卷 4 葉，大於〈大氏壺〉作茨《三代》十二卷 27 葉，虎於〈白櫨殷〉作虉《三代》六卷 52 葉、〈父丁角〉作虉《三代》十六卷 48 葉，旁於〈寓鼎〉作茡《三代》三卷 51 葉、〈戒鬲〉作茡《三代》五卷 19 葉，案〈井鼎〉、〈奢殷〉、〈靜殷〉、〈遹殷〉、〈史懋壺〉、〈靜卣〉、〈臣辰卣〉、〈臣辰盉〉并有茡字。，乃於〈姬茻母鬲〉作茻《三代》五卷 16 葉、〈白茻殷〉作茻《三代》七卷 30 葉，矢於〈父辛爵〉作茻《三代》十六卷 40 葉，仲於〈仲侯殷〉作茻《三代》七卷 13 葉，其於卜辭，則有辛之作茻，壴之作茻，因之作茻，余之作茻，牛之作茻，臣之作茻，鳳之作茻，其之作茻，虎之作茻，向之作茻，貝之作茻，方之作茻，任之作茻，凡之作茻，斲之作茻，敝之作茻，乃之作茻，西之作茻，隹之作茻，幽之

作🜨，矢之作🜨，言之作🜨，衣之作🜨，萬之作🜨，庚之作🜨，白之作🜨亦作🜨，高之作🜨亦作🜨，丂而從未作🜨者，猶果於〈父辛爵〉從未作🜨《三代》十六卷20葉，以木未形音俱近木未古音同屬明紐，故相通作也。

古器方名不從艸木林㯥為絲文者

凡諸方名，其非絲文而見於彝銘者，則有旬、臣、刀、乃、中、辛、牛、其、貝、白、虍、高、隹、言、萬、庚諸名。

於旬有〈🜨鼎〉《錄遺》76圖。

於臣有〈🜨辰先壺〉《三代》十二卷6葉、〈🜨辰先父乙鼎〉《三代》二卷46葉、〈🜨辰先父乙殷〉《三代》七卷9葉、〈🜨辰先父乙卣〉《三代》十三卷9葉、〈🜨辰先父乙爵〉《三代》十六卷33葉、〈🜨辰先父癸鼎〉《三代》三卷8葉、〈🜨辰先父癸殷〉《三代》七卷16葉、〈🜨辰先父癸卣〉《三代》十三卷44葉、〈🜨辰先父癸盂〉《三代》十四卷8葉，是皆<u>臣方辰氏</u>之器，<u>先</u>者<u>乃鑄工之氏</u>。【注】案彝器於銘文之末，多見銘刻工匠姓氏，即《禮記月令》所謂「物勒工名，以考其誠」者是也。<u>臣</u>

方當即篆文之邡，彝器有〈⊙父乙爵〉《三代》十六
卷 33 葉，34 葉，凡二器。，商有臣扈見《尚書君奭》，是
皆因臣方而氏。【注】《尚書君奭》云「在太戊，時則有若
伊陟、臣扈，格於上帝」。義謂太戊時，有像伊陟，臣扈等人，
都能以精誠感召上帝降臨。考之古印，非兩面有文，而以
臣為氏者，多不勝數。若漢印之〈茞夫人〉《秦漢印
統》六卷 33 葉，《印統》誤釋為苣。、〈佴乙〉《印統》八
卷 31 葉，葢以別於君臣之義，而孳乳為茞佴。或以
支裔別傳，故爾增其形文，以示異於本族。二者雖
未可審知，然以從艸從人，為姓氏之緣文，則固遵
循前軌，無異殷周也。臣於卜辭作𦣞𦣝，與彝銘之
臣，俱象舉目以視，而為頤之初文，於六書為目之
變體象形。故望於卜辭作𦣝𦣝，以示挺身遠視之義，
月滿之望，則為從月𦣞聲。既望之名，始見《尚書
召誥》，是當肇於姬周，以故從月之望，不見於卜
辭及殷器。【注】既望，既，已也。既望，謂月之十五日十六
日也。〈召誥〉云「惟二月既望，越六日乙未，王朝步自周，則
至于豐」。唯〈無叀鼎〉於紀日之名，乃從凵聲而作
既望《三代》四卷 34 葉，斯為省形益聲之後起字，非
取出凵之義也。載籍以臣僕連偶者，始見《尚書微

子》，蓋以僕役執事，須瞻面使，故名曰臣，斯為臣之引伸義。【注】臣僕，古之戰勝者，常以被征服者為奴隸。《左傳僖十七年》卜招父曰「男為人臣，女為人妾」。〈微子〉云「商其淪喪，我罔為臣僕」。義謂商朝將滅亡，周人不容我輩淪為其奴隸。從臣之臥，則為夗所形變之後起字，其於古音對轉相通夗屬安攝，臥屬阿攝。監臨而從臥者，則為見之變體，監於〈頌鼎〉作𥄗，臨於〈孟鼎〉作𥄗，猶存見之原形，是其明證。【注】〈頌鼎〉云「監嗣新廟」《三代》四卷 37 葉。廟為造之古文，義謂督察主守此新建之都邑也。〈孟鼎〉云「古天異臨子」《三代》四卷 42 葉。古，故也。異，翼也。義謂故上天翼護監臨也。監從見皿會意，以示觀於盆水而察頌儀，〈酒誥〉云「人無於水監，當於民監」，是為監之本義。【注】水監，謂以水為鏡。民監，謂以民情為鑒戒。〈酒誥〉云「人無於水監，當於民監」。孔傳云「視水見己形，視民行事見吉凶」。臨於〈毛公鼎〉作𥄗，〈夨臨父殷〉作𥄗，字從見品會意，以視下視巖谷。《小雅小旻》云「如臨深淵」，〈小宛〉云「如臨于谷」，是為臨之本義。以監引伸有臨下之義，故自監而孳乳為瞰覽及鑑，乃所以示別於引伸義之轉注字也。猶之臣引伸而為臣僕，故自臣而

孳乳而為頤，亦所以示別於引伸義之轉注字也。或
曰臥當從人目，臥則目合楊樹達《小學述林》卷三。然
案凡從五官以會意者，胥為使用五官。其非使用之
義者，若口閉之嘁，坐寐之睡，翕目之瞑，蔽不相
見之覒，無聞之聳，訓聾之聭，皆為諧聲構字。藉
令臥從人目會意，則當與見同義。乃曰「臥則合目」，
是亦強為之說矣。《說文臣部》云「臣，牽也，事
君者，象屈服之形」。〈壬部〉云「朢，月滿也，
與日相望，似朝君，從月從臣從壬，壬朝廷也，朢
古文朢省」。〈臥部〉云「監，臨下也，從臥䧹省
聲」。又云「臨，監臨也，從臥品聲」。〈亾部〉
云「望，出亾在外，望其還也，從朢省聲」。是誤
以引伸之義釋臣，誤以形聲釋監臨，而復曲解後起
之望字，斯并謬其形義矣。乃釋古文之朢為朢之省，
是猶以尋為得之省見《說文彳部》，以互為笠之省《說
文竹部》，以甘為箕之省《說文箕部》，以康為穅之省
《說文禾部》，以殸為磬之省《說文石部》，以云為雲之
省，以霝為靈之省《說文雲部》，以妣為姚之省《說文
女部》，以畕為疇之省《說文田部》，以亞為錏之省《說
文金部》，并誤以初文為省體。或曰臣從匕良會意《古

籀篇》三十三卷 33 葉，則非唯於字形不肖，且於義訓亦不相承。是猶釋長從兵老會意《古籀篇》三十三卷 25 葉，釋克從尸古聲《古籀篇》三十六卷 27 葉，皆亂真越理之甚者也。

於刀有〈⟮尊〉《三代》十一卷 6 葉、〈⟮卣〉《三代》十二卷 45 葉、〈⟮觚〉《三代》十四卷 23 葉、〈⟮爵〉《三代》十五卷 10 葉、〈⟮父辛卣〉《三代》十二卷 53 葉、〈子⟮父辛鼎〉《三代》二卷 39 葉、〈子⟮毀〉《三代》六卷 8 葉、〈子⟮父乙爵〉《三代》十六卷 28 葉、〈子⟮盤〉《三代》十七卷 1 葉、〈子⟮父壬爵〉《錄遺》472 圖、〈⟮父己尊〉《三代》十一卷 14 葉，戰國時有齊有刁勃《說苑奉使篇》、【注】〈奉使篇〉云「秦使聘齊，秦使問梧宮之大如何？王曰『陳先生對之』，陳子曰『臣不如刁勃』。王曰『刁先生應之』」。漢有刁閒《史記貨殖傳》、【注】〈貨殖傳〉云「齊俗賤奴虜，而刁閒獨貴愛之。桀黠奴，人之所患也，唯刁閒收取，使之逐漁鹽商賈之利」。桀黠，謂凶悍狡黠。刁護《漢書凶奴傳下》、【注】〈凶奴傳下〉云「陳良等聞凶奴欲大侵，恐并死，即謀劫略吏卒數百人，共殺戊己校尉刁護」。漢印有〈刀琜〉《印統》四卷 6 葉，案琜為璽之古文，原書誤釋為珍。、〈刀何〉、〈刀籍〉《十鐘》五冊 52 葉、〈刀閔〉

《十鐘》十冊 21 葉、〈刀澤〉《二百蘭亭古銅印存》卷四、
〈刀年〉《昔則廬印存三集》、〈刀虔〉胡石查《秦漢印譜》、
〈芀任〉《十鐘》八冊 49 葉、〈刀信都〉《十鐘》八冊 23
葉、〈刀右車〉《齊魯古印攈》第四，〈楊震碑陰〉有
刀仲凱《隸釋》卷十二，其作芀者乃刀之繇文，其作刁
者，乃刀之俗體。卜辭云「庚戌貞，叀王自正刀方」
《粹編》1184 片、1185 片，刀郭沫若誤釋為尸。，【注】正為征
之初文，此乃卜王準備親自征討刀方之宜否也。「辛亥貞，王
正刀方」《粹編》1186 片，「癸卯卜刀方其出」《粹編》
1188 片，【注】此卜刀方是否出兵也。此可證彝銘古璽之
刀，乃因刀方而氏。《廣韻蕭三》云「刁姓出渤海，
《通俗風》所云『齊大夫豎刁之後』，俗作刀」。
是反以古文為俗體，斯誠悖謬之甚。《通俗風》所
云「　豎刁之後」者，與《潛夫論》所記氏姓之出，
多為傅合之說。後世之言姓氏者，妄誕益甚，尤不
待論矣。彝銘之𠧪乃子刀之合書，二刀駢列，猶剛
於爵銘作𠧪《三代》十六卷 36 葉，蓋古姓氏之旗，多有
對文相耦，或複文相重，以示別於君旅之旗。記姓
氏者，因寫旌旗之文識，故有對文與複文之例。說
者乃釋𠧪為總角形《愙齋》十八冊 8 葉，或釋為雙角形

《奇觚》五卷 4 葉，或釋為鼠鼠，而謂與子二孫二同例《古籀篇》四十六冊 20 葉。未於彝銘有作⟨⟩者《三代》十二卷 44 葉，說者釋拱《西清古鑑》十六卷 15 葉，或釋為奉《筠清》四卷 51 葉，或釋為舁《奇觚》八卷 29 葉。朱於彝銘有作韚者《三代》六卷 20 葉，說者釋虤《筠清》二卷 9 葉，或釋為孖《攗古》一之二卷 56 葉。戰於彝銘有作𤡔者《三代》十六卷 31 葉，說者釋為中兩虎相向《攗古》一之三卷 17 葉，或釋為雙龍捧簡《愙齋》二十二冊 14 葉，是未知古之姓氏有駢列之例者也說詳下文。

　　於乃有〈孑孫鼎〉《三代》三卷 21 葉，斯為乃氏之孫，或為乃方孫氏之器。乃者仍之初文，是即有仍氏之仍見《左傳昭二十八年》。周有仍叔《春秋桓五年》，蓋其苗裔也。【注】〈昭二十八年〉云「昔有仍氏生女，黰黑，而甚美光可以鑑，名曰玄妻，樂正后夔取之」。杜注「有仍古諸侯也」。《春秋桓五年》云「夏，天王使仍叔之子來聘」。杜注「仍叔天子之大夫也」。

　　於中有〈中鼎〉《三代》二卷 34 葉、〈中甗〉《三代》五卷 5 葉、〈中殷〉《三代》七卷 8 葉、〈中卣〉《三代》十三卷 13 葉、〈中鐘〉《三代》十八卷 19 葉、〈中姞鬲〉《三代》五卷 16 葉、17 葉凡九器、〈中再殷〉《三代》

六卷 45 葉、〈中競段〉《三代》七卷 28 葉、〈中鑠盨〉《三代》十卷 31 葉、〈中攸卣〉、〈中繳卣〉《三代》十三卷 18 葉、〈中義父鼎〉《三代》三卷 38 葉、39 葉凡五器、〈中義父盨〉《三代》十卷 29 葉、〈中義父鱪〉《三代》十八卷 15、〈中官父鼎〉《三代》三卷 23 葉、〈中殷父鼎〉《三代》三卷 29 葉、〈中殷父段〉《三代》八卷 3 葉至 5 葉凡四器、〈中師父鼎〉《三代》四卷 19 葉、〈中自父段〉、〈中隻父段〉《三代》七卷 13 葉、〈中追父段〉《三代》六卷 35 葉、〈中自父段〉、〈中五父段〉《三代》七卷 22 葉、〈中叀父段〉《三代》八卷 6 葉、〈中辛父段〉《三代》八卷 31 葉、〈中虘父段〉《三代》八卷 32 葉、〈中虘父盤〉《三代》十七卷 10 葉。中之初文作中，彝器有〈中鼎〉《三代》二卷 42 葉，示射夬中臬，於文為從矢之合體象形，當以射中為本義。其作中者乃中之省，引伸為凡適合與傷害之義，假借為伯仲之仲。從人作仲者，乃方國之繇文，即姓氏之本字，而經傳用為伯仲之義，是亦假借也。其作中者，乃旗之象形，當以中旗為本義。蓋以古之大祭祀、大饗燕、會同、田獵，皆立中旗以識方位。《周禮地官山虞》云「若大田獵，及弊田，植虞旗

於中」，是🔶之本義而見於載籍者。【注】虞旗，虞人在彙集所獲獵物時用之旗幟，〈地官山虞〉云「若大田獵，則萊山田之野，及弊田，植虞旗於中，致禽而珥焉」。鄭玄注「植猶樹也。田上樹旗令獲者皆致其禽而校其耳，以知獲數也」。卜辭云「庚寅卜彘貞，王宙🔶立若，十一月」《前編》7.22.1片，「己亥卜爭貞，王勿立🔶」《粹編》1218片，「囗卜爭貞，王立🔶」《京都》972片，「辛亥貞，出月乙亥絲立🔶」《粹編》398片，「壬申卜殼貞，我立🔶弡壬申卜亞貞，勿立🔶勺」《丙編》311片，「庚寅卜彘貞，王宙🔶立若，弡辛卯卜彘貞，王宙🔶立若」《明氏後編》1167AB二面，「貞不隹祖丁、勿立🔶」《乙編》219片，「甲寅卜立🔶」《明氏後編》427片，「貞勿立🔶、弡貞立🔶」《林氏》2.12.1片，「囗貞來甲辰立🔶」《前編》7.16.1片，「囗亥囗立🔶」《佚存》252片，「貞立🔶」《金璋》604片，「丙子其立🔶凵風，八月」《續存下》88片，「貞立🔶允凵風」《續編》4.4.5片，凡此諸辭之立中，猶它辭云「比其立从」《粹編》4片，皆卜立旌旗之宜否。此🔶之字形，徵之文義與辭例，擧可知中之本義為中央之旗，引伸為凡中央與中外之義。彝器多見🔶廷，蓋以古之外廷，必豎中旗，

因以為名，其後內廷亦曰中廷，乃其引伸之義。《說文丨部》云「中，內也，從口丨」依段注本訂，是失之形義俱非。以𣎆中俱為姓氏，而載籍溷為一字，以是二氏亦殽亂而無從審辨。殷初有仲伯見《史記殷本紀》，【注】《史記殷本紀》云「湯遂伐三㚇，俘厥寶玉，義伯、仲伯作《典寶》」。是即仲氏之始見書傳者。漢印有〈𦥑恁〉《十鐘》九冊 39 葉，𦥑與彝銘之𣎆，并以繇文為姓氏之本字，蓋以別於𣎆中二文也。說彝銘者釋中為束《積古》四卷 4 葉，是未知束於盤銘作𣎆《錄遺》480 圖，〈𦥑鼎〉作𣎆《三代》四卷 45 葉，〈召白殷〉作𣎆《攈古》三之二卷 26 葉，〈戴殷〉作束《錄遺》160 圖，并象繩索縛物之形，與中形乖遠，未可視為一文也。或曰𣎆正也，兩旗之中，立必正吳大澂《說文古籀補》。是未知𣎆之本義為中央之旗，引伸為正中之義，不待兩旗而有正義也。或曰中訓內，內即入，故有射中之義章炳麟《文始》，或曰𣎆从中从𠃊，合以為字《古籀篇》二十三卷 5 葉，或曰𣎆本義當為射中的之中，〇象正鵠，𠃊象矢有繳形林義光《文源》，是皆誤合中𣎆二文為一義。其云「𠃊象矢有繳形」者，說益誕妄。良以既云「〇象正鵠」，則是射侯中臬，

所用必非矰矢，何至有繳形。藉如所言，則隿射之
繳，縣繫四縷於鏃羽之閒，又豈符於理實。惛惑如
斯，乃欲掎摭古文，侈陳義訓，亦徒見其愚而自用
者矣。【注】掎摭，音ㄐㄧˇㄓˊ、jiˇzhíˊ，指摘也。

　　於辛有〈𠂤鼎〉《三代》二卷6葉，載籍無辛氏，
蓋以蛻變為它文，故其姓氏之初文，後世無徵也。
辛於卜辭作号号，乃象曲刀側視之形，篆文作辛，
乃象曲刀正視之形。律以象形孳乳為諧聲之例，是
辛當以剞劂為本義。蓋自辛雙聲孳乳為剞劂與刻辛
奇屈刻古音并歸溪紐，其後連類并偁，則曰剞劂，《淮
南子齊俗篇》、《楚辭哀時命》并作剞劂者，乃以
劂劂同屬牙音，皆為辛所孳乳之肖聲制字，故唯取
其音近，而不拘於形同。《左氏》與《穀梁》之厥
貉與厥慭，於《公羊》作屈貉、屈銀見《春秋文十年、
昭十一年》，亦以厥屈同音，故相通作。此叕之形聲，
而知剞劂為辛之本義也。以辛之本義為剞劂，故凡
從辛之字，靡不承剞劂之義而孳乳。若從辛之言，
乃示刀筆記詞，〈楚王領鐘〉云「其聿其言」《三代》
一卷10葉，正謂以刀筆栔詞於木模刀筆卽〈考工記築氏〉
之削。良言之從辛，猶書之從聿，皆以示載詞之義。

《抱朴子喻蔽篇》云「書者所以代言，言者所以書事」，可徵書之與言，義無二致。或曰言從舌二，自舌上而出者言也_{鄭樵《六書略指事第二》}，斯乃悖理之臆言。蓋以口主發聲為詞，此言曰告命之所以從口。舌主歠食知味，此舐鍻甜猛之所以從舌。乃謂言從舌上，則是言詞之气，胥出舌音。然而從舌之字，無一而有言辭之義，足徵異於《小爾雅》及《淮南子》所記，此亦古今異制，南北殊科者也。考之經傳，兩乃匹之異名，而《小爾雅》區為二名，且非同度，是必有衍文者矣_{劉承琪《小爾雅義證》云「誤衍一倍字」，其說甚允。}。純韋同音，故字亦作綧或湻。《管子君臣上篇》云「丈尺一綧制」，《周禮天官內宰》云「出其度量湻制」，〈地官質人〉云「壹其湻制」，凡此之綧與湻，乃章之借字。其所言之制，亦匹之異名，《韓非外儲說右上》云「終歲布帛取二制焉」，《淮南子天文篇》云「一匹而為制」，是卽匹亦名制之證也。〈秦策〉<u>高誘</u>注曰「純，束也」，《管子》<u>房玄齡</u>注曰「綧，古准字，謂丈尺各有准制」，《周禮內宰》注曰「故書湻為敦，<u>杜子春</u>讀敦為純，純謂幅廣，制謂匹長」，其云「制

謂匹長」，得其義之一偏，而於綧淳二名，則說俱
乖剌。或曰「蓋一匹分兩端，相對相合故曰兩，亦
曰純」惠士奇《禮說》，是誤別端純為二義，且又誤合
兩與純為一名也。或曰「純者廣長完全之正法，制
者廣長裁減之別法，《戰國策》之純，與純制義不
相涉」孫詒讓《周禮正義》卷十三。是又牽合〈曲禮〉之
量幣，與〈地官媒氏〉之純帛而言。然未知〈內宰〉
及〈質人〉之淳制，乃與度量連文，非純全之義也。
考之載籍，自漢訖晉，俱儷錦帛之度曰端見《後漢書
馬皇后紀、郭皇后紀、王烈傳、左慈傳、匈奴傳》、《吳志孫權
傳》注引〈吳歷〉、《晉書王戎傳、桓伊傳》，【注】〈吳歷〉
云「蜀致馬二百匹，錦千端」。北聲重濁，故名曰鈍見上文
所引《論衡》。自後魏始名曰段見《魏書孝靜帝紀、景穆十
三王傳、李平傳、甄琛傳、張普惠傳、胡國珍傳》，是亦承濁
音而言。引伸凡布帛之不中度者，及它物之截斷者，
亦名曰段，則為南北通名。若《晉書張軌傳》云「裂
匹以為段數」，《宋書袁淑傳》云「取錦三尺為一
段」，《晉書鄧遐傳》云「截蛟數段而出」，《魏
書太武五王傳》云「日給肉一段」，《天象志》卷
三云「東北有流星一，大如太白，北流破為三段」，

是皆章段之引伸義。逮乎<u>唐</u>時 ，則段端雜用，或曰端匹與段匹見《舊唐書憲宗紀》，亦若端之與匹長度無別。或曰端段見《舊唐書桓彥範傳》，而未知段之與端為南北異名。是<u>唐</u>人不明端段俱出於章，故其名偶贅複。<u>漢</u>人未悉純淳俱出於章，故其解詁多岐。《五代會要》云「<u>長興</u>元年敕太常禮院，凡賻匹帛，言段不言端匹，二丈為段，四丈為匹，五丈為端」，則又析段端為二義，差譌益甚。是以延越千年，而於《國策》之千純，及《周禮》之淳制，靡有得其塙解者，皆以未知純淳為章之借字，且又不名章之本義而然也。以章之本義為斷文錦，故引伸有文采章明之義，與法度等別之義。半珪曰璋，樂之一闋為章，歷術以至朔同日為章，是皆取章斷之義。《大雅假樂》云「率由舊章」，《左傳襄三十年》云「<u>子產</u>使都鄙有章」，是乃取法度等別之義。以章為文采章明，故孳乳為彰，及旗幟之商說見上文。<u>漢</u>之官印或曰章者，亦取章明之義也。若夫《史記貨殖傳云》云「木千章」，章乃株之借字株屬知紐，古音與章同屬端紐，或據<u>漢</u>之官名，而以大材釋之見《史記集解》引《漢書音義》，及《漢書百官公卿表》<u>如淳</u>注。，非夫木千

章之義矣。或曰言義當為獄辭，與辭字同意。又曰章義當為法，从辛，辛罪也，以日束之，法以約束有罪林義光《文源》，是從許氏釋辛辛之說，而釋言章二文。顧未悟辛辛非以皐為義，則其所釋言章之義，亦失其所據也。或曰章從十聲，〈史頌設〉之奉馬，謂童馬馬敘倫《說文疏證》卷五。然彝銘之章無一從十，乃謂章從十聲，是據許氏之誤，而增飾譌言。考〈史頌設〉《三代》九卷7葉、〈頌鼎〉《三代》四卷37葉、〈祖丁設〉《三代》七卷34葉、〈萬設〉《三代》八卷50葉、〈大設〉《三代》九卷25葉、〈師遽彝〉《三代》十一卷37葉、〈競卣〉《三代》十三卷44葉，諸器之章，并為從辛象形，而為璋之初文。彝器之童見於〈毛公鼎〉與〈番生設〉，俱從東聲，與章形大異。乃謂章馬為童馬，是不識文字之構體，不明彝銘之文義，而妄說字形矣。從辛之童於〈毛公鼎〉作𡘳，〈番生設〉作𡘳，字并從東為聲，其作𡘳者，乃東之絲文。從辛之妾於〈克鼎〉作𡚉，〈伊設〉作𡚉，字俱從辛者，示剞刻其面，涂墨為黥，以懲奴婢之逃亡。猶臧之從戕聲，以示戕傷亡奴，《方言》卷三云「亡奴謂之臧」，斯乃臧之本義也。《御覽》

引〈晉令〉曰「奴婢凶，加銅青若墨黥，黥兩眼後，再凶黥兩頰上，三凶橫點目下，皆長一寸，廣五分」《御覽》六百四十八，是蓋古之遺制，故童於彞銘從目，以示黥之近目。黥從京聲，是亦辛之假借京辛同屬牙音。以示剠刻施墨，卽《國語周語上》所謂「刀墨之民」。【注】《國語周語上》云「有斧鉞、刀墨之民」。韋昭注「刀墨，謂以刀刻其額而墨涅之」。彞器有〈𡘋鼎〉《三代》二卷 1 葉，從辛大聲，以示墨刑加額，而為童之古文大童同屬定紐，東屬端紐。，《白虎通》云「墨其額」引見《御覽》六百四十八，今本無。，卽其遺制。審其構體，當為因潼水而氏之殷器潼水見《水經睢水注》、《漢書地理志》臨淮郡有僮縣。。其後謀合語言變遷，故自大聲之𡘋，孳乳為東聲之童。以其重在諧聲，無以見墨刑加額之義，故爾彞銘復從目構字。載籍而有童子之名者，以男奴不冠，故引伸偁年幼未冠者曰童。篆文之僮則為童之絲文，以示姓氏之義，非如《說文》釋為未冠之名也。山無草木曰童者見《管子侈靡篇、揆度篇》、《荀子王制篇》、《莊子徐無鬼篇》，乃以禿義擬之禿屬謳攝透紐、童屬邑攝定紐，音近相通。。【注】《管子侈靡篇》云「山不童而用贍，澤無幣而養足」。《荀子王制篇》

云「斬伐養長不失其時，故山林不童，而百姓有餘材也」。楊倞注「山無草木曰童」。《淮南子道應篇》云「禿山不游麋鹿」，此其明證，非取黥面為童之義也。屖於卜辭作𡥉，於〈縣改𣪘〉作𡥉，〈競卣〉作𡥉，字從辛人會意，示受刀墨之刑，隸定宜為倖，當以刑人為本義，引伸為衺辟之義，亦卽僻之初文。自倖而孳乳為僻，則為後起重形之字。受刀墨之刑，而復繫之圜土，故自倖而孳乳為從○之辟，以示施法之義辟非從言食之口，說見下文。。【注】圜土，牢獄也。《周禮地官比長》云「若無授無節，則唯圜土內之」。鄭玄注「圜土者，獄城也」。刑辟人所回離，故自辟而孳乳為避。避於卜辭作𢌳𢌳，彝銘作𨖌𨖌，斯正避之本字，亦卽籀文之遅。字不從○者，乃示辠人未受拘禁，宜留意離絕。《禮記王制》云「公家不畜刑人，大夫弗養，士遇之塗，弗與言也」。是卽古文之避，所以從倖，而不從○之義也。從○之辟於〈䚗羌鐘〉作𨖌，從辟之帶，於〈毛公鼎〉作𨖌，〈番生𣪘〉作𨖌，可證倖辟同音，故相通作。《說文辵部》以籀文之遅，列為遲之重文。《說文尸部》云「屖，屖遲也，从尸辛聲」。斯并誤以假借為本義，其於屖

則又誤以會意為諧聲，是皆昧其初義矣。犀辟同音，
而犀讀為齒音者，是猶從非聲之罪，亦自脣音而轉
齒音。籀文之遟而讀舌音者，是猶從包聲之詢，從
匕聲之旨，從勹聲之匌，從卑聲之騁，亦自脣音而
轉舌音。若斯聲類縣絕，葢以古者華戎錯處，或雜
夷狄方言。是猶濆泉，或曰直泉與失台見昭五年公羊
傳、穀梁傳，【注】濆泉，地下噴出之泉水。《公羊傳昭五年》
云「濆泉者何，直泉也；直泉者何，涌泉也」。徐彥疏「謂此泉
直上而出」。《穀梁傳昭五年》云「秋七月戊辰，叔弓帥師敗莒
師于貴泉，狄人謂貴泉失台，號從中國，名從主人」。亦為狄
人之言，自脣音而轉為舌音也貴於古音屬幫並二紐，直屬
定紐，失屬透紐。。遟徎為一字之異體，而《說文》區
為二字，如斯之比，固許書所多有。若趨躍、越迖、
趑徐、趕迬、趉踣、趈蹎、逾踰、遺捐、邁覲、迷
勼、退敗、懼躍、跟跋、謵惛、訢欣、託侂、評譚、
詍呭、綦忌、譎憰、奉捧、斁釋。敊㪷、錗捨、梀
藩、睆覕、瞟覯、瞭察、眽覛、箑箖、巺簨、䧏瓴、
缸項、槃杚、孛䒌、癘痒、僄嫖、歡懽、嵬隗、峨
峞、僻壁、廎磏、阢碙、磁隊、磽墩、悢惕、惏婪、
恐悑、洿污、霽霎、抒斜、探撢、攄挐、嫗姁、姝

妿、戰鐳、坡陂，以及後之與衛踐、迪之與徎道、
譃之與訧忱、譸之與訕訕、崔之與陮崔、斫之與礴
楮、扴之與搗搆、媕之與婉媿，凡此皆一字之異體，
不得視為轉注。【注】《說文敘》云「轉注者，建類一首，
同意相受，考老是也」。要而言之，轉注必為形通、音近、義同，
而異體則形異、音近、義同者是也。而《說文》析為二字或
三字，是又許氏之一蔽也。僕於〈史僕壺〉作𨡔、
〈呂仲僕爵〉作𨡔，并從仳畀會意，示刀墨之人奉
缶以給役。〈甘誓〉、〈湯誓〉并云「予則孥戮汝」，
謂皋其妻子以為僕妾也。〈微子〉云「商其淪喪，
我罔為臣僕」，謂商於亡國之後，周人不能容我等
為臣僕也。此可證古之僕妾，皆出於坐皋與虜獲。
宜施刀墨，以戒逋逃，此所以僕與童妾字皆從辛也。
僕於〈旂鼎〉作𨡔，〈趞毀〉作𨡔，字皆從言者，
乃以辛言同音，故爾假言為辛，猶獄之從言，亦假
言為辛也。僕於卜辭從言奉箕作𨡔《後編下》20.10 片，
示供洒埽之義。於鼎銘作𨡔《三代》二卷 9 葉，示載由
執箕奉尊，以供侍御之義，凡此胥與從畀之義相同，
決非如《說文》所謂從業也。或曰僕從辛人，辛人
者皋人，從畀舉缶，僕役之事林義光《文源》。云從

鼻者，其說得之。云從辛人，而謂「辛人者皋人」，是未知辛乃辛省，辛之本義為刻木說見下文，非訓皋也。考之彝銘，宰辟辭辪，字階從辛，非從辛也。藉令僕本從辛，然辛言聲韻不諧，則僕不當復有從言之𧪢與𧮁，是知僕之構字，決非從辛。乃謂僕從辛人，是未知辛辛之本義而謬為之說矣。憲於尊銘作𢨠《三代》十一卷 20 葉，卣銘作𢨠《三代》十三卷 12 葉，是皆憲氏之器。書傳未見憲氏，唯漢有質氏《漢書貨殖傳》，漢印有〈質敞〉《印統》八卷 8 葉，〈質嵩〉《十鐘》五冊 6 葉，〈質忠〉《十鐘》九冊 27 葉，蓋即憲之蛻變。彝銘之憲，從辛從止，田象足上所箸鐵鉗之形。從辛示受刀墨之義，是憲乃釱之古文，於文乃會意兼象形，當以足械為本義。引伸而為躓礙之義，故自憲同音孳乳為躓，雙聲孳乳為釱。憲於〈曲禮〉假為瓜當之蒂憲躓古音同屬衣攝端紐，雙聲通借則為蒂，蒂即帝之後起字，憲釱同屬舌音。，【注】《禮記曲禮上》云「為天子削瓜者，副之巾以絺，為國君者，華之巾以絺，為大夫累之，士憲之」。，卜辭作𤽅𤽅者，上體之𠂤乃辛之變體，非承瓜當之義而從巾，益非從更也。或曰憲合從車《說文繫傳袪妄篇袪》引李陽冰說，或曰憲從足辠省聲戴侗《六

書故》，或曰惠叀疊韻，古亦以叀為惠，更卽叀之或體_{林義光《文源》}，疊之古文，說并非是。且叀與罨惠聲韻隔越_{罨於古音屬威攝為紐，會屬威攝匣紐}，乃謂叀從罨聲，或謂惠叀疊韻，是皆荒幼之妄言。〈井人鐘〉云「妄叀聖趣，叀處宗室」_{《愙齋》一冊 19 葉 20 葉}，叀讀如端，義謂妄校法祖考賢聖謇諤之德，而端居宗室也。【注】謇諤，亦作謇鄂與謇愕，謂正直敢言也。《後漢書陳蕃傳》云「忠孝之美，得冠本朝；謇愕之操，華首彌固」。說者釋趣為喪，而以叀字絕句，因曰〈井人鐘〉聖叀喪叀，卽顯聖爽德_{林義光《文源》}，是據謬釋之文義，而謂「古以叀為惠」也。卜辭彝銘於更叀二文，形義迥別，乃謂「更卽叀之或體」，說尤乖剌。〈晉姜鼎〉云「乍叀為亟」_{《博古圖》二卷 6 葉}，〈秦公設〉云「眈叀在天」_{《三代》九卷 34 葉}，叀并讀如祉_{叀止同屬端紐}，「乍叀為亟」者，義謂速作福祉。「眈叀在天」者，義謂長有福祉在天。宋人釋叀為惠_{見《博古圖》二卷釋文}，故後之說彝銘者，率承其誤。乃據前人謬說，以索文字初義，斯尤妄苟之甚矣。考之古文，知從辛之字，於《說文》所釋辠言童妾之外，復有章辠僕叀四文。自餘從辛之字，而《說文》誤

釋為從辛者，尚有羌宰豪皋章辭辟辡八字說詳下文。
凡字諸字所從之辛，皆取剞劂之義，審其義訓，無
可致疑。卜辭於辛作号者，乃上象刀柄，下象刀鋒。
言妾於卜辭作呂臣，章於彝銘作軍軍，柄嵩皆平，
與箸錄之曲刃書刀，其形密合，此為辛之正體古之書
刀皆曲刃平頂，其一見《博古圖》二十七卷 40 葉，又二柄見馬昂
《貨布文字考》四卷 24 葉、25 葉。。自辛而孳乳為羌，省
之則為辛說詳下文，辛於卜辭作卒，於彝銘作卒卒卒
卒，是亦辛之正體。章於〈頌鼎〉作軍、〈大段〉
作軍，新於〈頌鼎〉作新、〈師遽段〉作新，辛於
卜辭作卒卒，并於柄嵩施一橫畫，乃古文之宂筆，
非從古文之上也。《說文辛部》云「辛，皋也，從
干二，二古文上字」。〈音部〉云「章，樂曲竟為
一章，從音十」。〈菐部〉云「僕，給事者，從人
菐，菐亦聲」。〈臣部〉云「臧，善也，從臣戕聲」。
〈叀部〉云「叀，礙不行也，從叀引而止之也，叀
者如叀馬之鼻，從冂此與牽同意」。是於辛章二文，
并誤以象形為會意。於僕則誤以會意為形聲。釋辛
為皋者，乃據辛愆同音，及童妾之從辛而言。釋章
為樂曲者，乃據篆文之譌體，及詩之章數而言。釋

臧為善，釋臺為礙不行者，乃據《爾雅》及詩傳而言。舉非本義也。【注】《爾雅釋詁》云「臧，善也」。《爾雅釋言》云「臺，跆也」。《詩邶風雄雉》云「不忮不求，何用不臧」。毛傳「臧，善也」。《詩豳風狼跋》云「狼跋其胡，載臺其尾」。毛傳「臺，跆也。老狼有胡，進則躐其胡，退則跆其尾」。且夫臧於籀文作臧依段注本訂，字從臣一，一者下之古文，示其次於臣僕。以是凡登仕版者，仕於公曰臣，仕於家曰僕見《禮記禮運》，而未有名臧者。此考之字形，徵之經傳，亦知臧之卑賤在臣之下。臧獲之名，婁見墨翟見《墨子大取篇、小取篇》、荀卿《荀子王霸篇》，及韓非之書《韓非子喻老篇、外儲說右上篇、難一篇、難勢篇、顯學篇》，然則名奴曰臧，固亦古之通語。【注】臧，奴隸，僕婢。臧獲，古代對奴婢之賤稱。〈大取篇〉云「愛獲之愛人也，生于慮獲之利。慮獲之利，非慮臧之利也。而愛臧之愛人，乃愛獲之愛人也」。〈小取篇〉云「臧，人也；愛臧，愛人也」。《荀子王霸篇》云「大有天下，小有一國，必自為之然後可，則勞苦耗悴莫甚焉；如是，則雖臧獲不肯與天子易執業」。《韓非子喻老篇》云「豐年大禾，臧獲不能惡也。以一人之力，則后稷不足，隨自然，則臧獲有餘」。《說文》以假借訓之，其失彌甚矣。二徐本《說文》載臧之

籀文從土作臧，斯葢臧之譌易，或為方國之緐文。說者乃曰籀文从戕从壬，壬乃壬之譌王國維《史籀篇疏證》。是未知臧而從壬，無所取義也。

　　於牛有〈🐂鼎〉見《侯家莊 1004 號大墓》128 葉、〈🐂鼎〉《三代》二卷 2 葉、〈𤰐刀〉《奇觚》十三卷 6 葉，宋有牛父《左傳文十一年》、巢有牛臣《左傳襄二十五年》、晉有牛談《國語晉語九》，其先因齊之牛山而氏牛山見《孟子告子上篇》。【注】〈文十一年〉云「司寇牛父駟乘，以敗狄于長丘」。〈襄二十五年〉云「巢牛臣曰『吳王勇而輕，啟之將親門』」。〈晉語九〉云「少室周為趙簡子之右，聞牛談有力，請與之戲」。〈告子上〉云「孟子曰牛山之木嘗美矣，以其郊於大國也，斧斤伐之，可以為美乎」？牛於卜辭作𤰃，羊於卜辭作𦫳，并象牛羊頭角之形，鼎銘之🐂，乃其詳體，是猶麋鹿於卜辭作𤉡𤉡，虎於篆文作𧆞，皆舉其首以晐全形。🐂非鄭邑之牛首見《左傳桓十四年》，猶〈父丁爵〉之𦫳《三代》十六卷 8 葉，非衞邑之羊角也羊角見《左傳襄二十六年》。【注】〈桓十四年〉云「宋人以諸侯伐鄭。伐東郊取牛首」。〈襄二十六年〉云「齊烏餘以廩正奔晉，襲衞羊角取之」。案《左傳》之牛首、羊角乃地名，彝銘之牛首、羊角乃文字。《說文牛部》云「牛，象角頭三，

封尾之形也」，是亦誤釋字形矣。

　　於其有〈🔲🔲🔲〉《三代》十二卷 43 葉、〈🔲🔲🔲〉《三代》十三卷 15 葉、16 葉凡三器、〈🔲🔲父乙殷〉《三代》七卷 9 葉、〈🔲🔲母辛尊〉《三代》十一卷 29 葉、〈🔲🔲母癸鼎〉《錄遺》65 圖、〈🔲🔲母癸尊〉《錄遺》201圖、〈🔲🔲母癸卣〉《錄遺》262 圖、〈🔲🔲母癸斝〉《錄遺》288 圖、〈🔲🔲父己殷〉《三代》六卷 27 葉、〈🔲🔲父乙殷〉《三代》六卷 32 葉、〈🔲父丁尊〉《三代》十一卷 27 葉、〈🔲🔲祖丁卣〉《三代》十三卷 34 葉、〈🔲🔲父乙盂〉《三代》十四卷 10 葉、〈🔲中壺〉《三代》十二卷 13 葉、〈🔲甫人匜〉《三代》十七卷 35 葉、〈🔲白子窒父盨〉《錄遺》176 圖至 179 圖凡四器，是皆<u>其方</u>或<u>其氏</u>之器。從己作𠔻者，斯乃其之識音字，而非己之識音字。知者，以🔲🔲亦作🔲🔲，🔲厌亦作🔲厌者，省厥聲文則作其，故知𠔻為其之識音字也。諦審其🔲🔲與🔲厌𠔻諸器，別有姓氏，則知所云其🔲🔲與🔲厌𠔻者，其為厌國之名，俌邑則曰其或𠔻，兼俌其爵，則曰其厌或𠔻厌，🔲𠔻并疑之古文，乃鑄工之氏，異乎〈𠔻仲壺〉為有器家之氏。<u>虞舜</u>之後有<u>箕伯</u>見《左傳昭三年》，<u>商</u>有<u>箕子</u>見《尚書洪範》，

蓋因<u>淇水</u>而氏<u>淇水</u>見《鄘風桑中》。【注】〈昭三年〉云「<u>箕</u><u>伯</u>、<u>直柄</u>、<u>虞遂</u>、<u>伯戲</u>，其相<u>胡公大姬</u>已在<u>齊</u>矣」。<u>杜預</u>注云「四人皆<u>舜</u>後，<u>陳氏</u>之先也」。〈洪範〉云「惟十有三祀，王訪於<u>箕</u><u>子</u>」。〈桑中〉云「期我乎<u>桑中</u>，要我乎<u>上宮</u>，送我乎<u>淇</u>之上矣」。《衛風氓篇》云「<u>淇水</u>湯湯，漸車帷裳」。<u>淇水</u>在<u>河南省</u>北部，古為<u>黃河</u>支流，南流至今<u>汲縣</u>東北<u>淇門鎮</u>入河。篆文從竹作箕者，乃以其假為語詞，故別益形文而作箕。猶之聿假為語詞，故別益形文而作筆。此皆<u>周</u>季所孳乳之轉注字，所以示明形義者也。

於貝有〈⊌祖乙爵〉《殷續下》22葉、〈⊟母辛鼎〉《三代》三卷9葉、〈⊎父己爵〉《三代》十六卷16葉、〈⊞隹易爵〉《三代》十六卷39葉、〈貝布〉《辭典上》661圖至663圖，皆因<u>貝丘</u>而氏見《左傳莊八年》。【注】〈莊八年〉云「冬十二月，<u>齊侯</u>游于<u>姑棼</u>，遂田于<u>貝丘</u>」。<u>杜預</u>注「<u>博昌縣</u>南有地名<u>貝丘</u>」。<u>貝丘</u>，在<u>山東博興縣</u>南。

於白有〈白鼎〉《三代》二卷33葉、43葉、44葉、《錄遺》59圖、〈白甀〉《三代》五卷3葉、〈白段〉《三代》六卷18葉、23葉、24葉、25葉、26葉、七卷4葉、8葉9葉13葉24葉、〈白尊〉《三代》十一卷17葉、31葉、〈白觶〉《三代》十四一卷49葉、〈白盉〉《三代》十八卷12葉、

〈⊕乍希姬尊〉《三代》十一卷 32 葉、〈⊕乍大公卣〉《三代》十三卷 39 葉、〈⊕乍父癸爵〉《三代》十六卷 30 葉、〈⊕矩鼎〉《三代》三卷 23 葉、〈⊕矩段〉《三代》六卷 33 葉、七卷 12 葉、〈⊕矩簋〉《三代》十卷 7 葉、〈⊕矩尊〉《三代》十一卷 23 葉、〈⊕矩卣〉《三代》十三卷 17 葉、〈⊕矩盂〉《三代》十四卷 9 葉、〈⊕魚鼎〉《三代》三卷 3 葉、〈⊕魚段〉《三代》六卷 28 葉、35 葉、七卷 12 葉、〈⊕魚卣〉《三代》十三卷 17 葉、〈⊕魚父壺〉《錄遺》229 圖、〈⊕旂鼎〉《三代》二卷 49 葉、〈⊕誊段〉《三代》七卷 41 葉、〈⊕富甗〉《三代》五卷 6 葉、〈⊕富盂〉《三代》十四卷 9 葉、〈⊕貉尊〉《三代》十一卷 22 葉、〈⊕貉卣〉《三代》十三卷 8 葉、〈⊕卿鼎〉《三代》三卷 3 葉、〈⊕姜鼎〉《三代》三卷 21 葉、〈⊕匕鼎〉《三代》三卷 22 葉凡四器、〈⊕貞甗〉《三代》五卷 5 葉、〈⊕滕段〉、〈⊕丙段〉《三代》六卷 35 葉、〈⊕梳段〉《三代》六卷 52 葉、〈⊕姬段〉《三代》七卷 8 葉、〈⊕侄段〉、〈⊕劉段〉《三代》七卷 10 葉、〈⊕要段〉《三代》七卷 12 葉、〈⊕康段〉《三代》八卷 45 葉、〈⊕觳卣〉《三代》十三卷 24 葉、〈⊕彭盂〉《三代》十四卷 5 葉、〈⊕定盂〉、〈⊕春盂〉《三代》十四卷 8 葉、〈⊕窜盂〉

《三代》十四卷 9 葉、〈白家父鬲〉《三代》五卷 30 葉、〈白家父簋〉《三代》七卷 36 葉、八卷 43 葉、〈白嬰父鬲〉《三代》五卷 41 葉凡六器。案嬰即卜辭之員，乃顯之古文，從女者，示其為姓氏也。、〈白嬰父甗〉《三代》十八卷 16 葉、〈白庶父盨〉《三代》十卷 34 葉、〈白庶父匜〉《三代》十七卷 26 葉、〈白朝父鼎〉《三代》三卷 30 葉、〈白考父鼎〉《三代》三卷 32 葉、〈白頵父鼎〉《三代》四卷 1 葉、〈白遲父鼎〉《錄遺》69 圖、〈白狟父鬲〉《三代》五卷 26 葉、〈白上帀鬲〉《三代》五卷 16 葉、〈白上父鬲〉《三代》五卷 28 葉、〈白言父簋〉《三代》六卷 35 葉、〈白喬父簋〉《三代》七卷 27 葉、〈白疑父簋〉、〈白田父簋〉《三代》七卷 47 葉、〈白薂父簋〉《三代》八卷 19 葉、〈白其父簠〉《三代》十卷 18 葉、〈白大師盨〉《三代》十卷 30 葉、〈白多父盨〉《三代》十卷 34 葉、〈白正父匜〉《三代》十七卷 32 葉、〈白公父盉〉《三代》十八卷 12 葉，是皆白方或白氏之器。若〈白汎其盨〉《錄遺》180 圖、〈祖己簋〉《三代》六卷 26 葉，則為白方汎氏與白方單氏之器。若〈白布、白布〉《辭典上》640 圖至 642 圖，則為白邑之貨。文作白白者，與白同體，乃象形文緐省之通例也。白當即春秋之

柏國見《左傳僖五年》，【注】〈僖五年〉云「於是江、黃、道、柏方睦於齊，皆姻親也」。杜預注「柏，國名，汝南西平縣有柏亭也」。葢因白溝而名白溝見《水經汝水注》非《漾水注》之白水也。其作柏者，乃以絲文為方國之本字，其作泲者，乃梁之初文。帝堯之時有伯與見《尚書堯典》、虞舜之後有伯戲、見《左傳昭三年》夏有伯因見《左傳襄四年》、秦有白乙《左傳僖三十二年》、周有白圭《孟子告子下篇》，【注】〈堯典〉云「垂拜稽首，讓于殳斨暨伯與」。〈昭三年〉云「箕伯、直柄、虞遂、伯戲，其相胡公大姬已在齊矣」。杜預注云「四人皆舜後，陳氏之先也」。〈襄四年〉云「棄武羅、伯因、熊髡、尨圉」。杜預注「四子皆羿之賢臣」。〈僖三十二年〉云「召孟明、西乞、白乙使出師于東門之外」。〈告子下篇〉白圭曰「吾欲二十而取一，如何」？是皆因白方而氏。白於卜辭作⊖⊖，〈白戾父盤〉作𢆶《錄遺》491圖，并為擘之象形。擘者拇指之名，《爾雅釋魚》云「蝮虺首大如擘」，《孟子》偁陳仲子為巨擘〈滕文公下〉，是其明證。作⊖⊖或𢆶者，象指中之文理，𢆶則兼象指甲。此審之形聲，而知白為擘之初文者一也。拊於〈拊尊〉作𢱦《三代》十一卷33葉，掌指相連，故從手白聲，以示二掌相拊，《韓非子功名篇》

云「一手讀拍，雖疾無聲」，斯正拍所以從白之義。白百同音，故篆文假百為拍。此徵之拍從白聲，而知白為擘之初文者二也。　通考五色之名，唯赤青黑為其本義，白黃為假借之義。此非為索之字形，可以塙知，卽求之物象，凡黃白之色，其類滋饒，未可專據一名，以示采色。此所以知黃為璜珩之初文說見上文，亦知白為擘之初文也。<u>許氏</u>乃附會五行之說，而以青赤白黃為五方色名，說尤非是。良以方色之名，始見<u>孔子</u>及<u>子服惠伯</u>之言見《禮記曾子問》、《左傳昭十二年》，【注】方色，五行家將東南西北中與青赤白黑黃相配，一方一色，簡稱方色。〈曾子問〉「<u>孔子</u>曰『如諸侯皆在而日食，則從天子救日，各以其方色與其兵』。」<u>鄭玄</u>注「方色者，東方衣青，南方衣赤，西方衣白，北方衣黑」。〈昭十二年〉<u>子服惠伯</u>曰「黃裳元吉，黃中之色也」。五方之色亦見《儀禮覲禮》、《周禮考工記》、《逸周書作雒篇》、《管子幼官篇》及《墨子貴義篇》，而於<u>西周</u>典記，絕無所徵，是葢<u>東周</u>之制，而盛行於<u>戰國</u>之時。自此以前，固無五方之說，則不當有五方之色也。所以知者，考四於卜辭以訖<u>春秋</u>時之〈國差罎〉《三代》十八卷 17 葉，<u>戰國</u>時之〈陳灰午鐘〉《三代》八卷 42 葉，

文并積畫作三。唯〈鄦孝子鼎〉作☒《三代》三卷 36
葉，乃象四合五方之形，於文為獨體指事。〈邵鐘〉
作☒《三代》一卷 54 葉，〈梁司寇鼎〉作☒《三代》三卷
43 葉，〈徐王子旃鐘〉作☒《錄遺》4 圖葉，〈石鼓文〉
作☒，皆☒之省變。察其字體胥出戰國，而文獨取
五方之義以作☒，蓋據當時俗尚以構字，非其夏殷
舊制，不容疑辨。而卜辭已有白赤黃三文，審其構
形，非因方色而作。且也黑者煙囪之色，而陰陽家
以為北方水行之色，則何以字乃從炎，顧與水行相
反，是知五方之色，非造字之本恉。許氏不得其解，
故於黑下不以北方色釋之，此固未能自圓其說。注
《說文》者，乃妄補「北方色也」四字見《說文》段
注，此尤悖於字形，而亦乖於許氏之意矣。所以知
青之本義為色名者，考靜於〈克鼎〉作☒，〈免盤〉
作☒，所從之青，并為從生井聲。從生者示其如艸
木之青蔥，從井聲者，示其掘地而出，猶丹於篆文
作☒，以象采丹之井，是丹當以曾青為本義。《周
禮秋官職金》云「掌凡金玉錫石丹青之戒令」，《逸
周書王會篇》云「正西昆侖狗國，請令以丹青為獻」，
《管子小稱篇》云「丹青在山，民知而取之」，〈山

至數篇、揆度篇〉并云「秦明山之曾青一策也」，《荀子王制篇》云「南海則有曾青丹干焉」，〈正論篇〉云「加之以丹青矸，重之以曾青」，《史記李斯傳》云「西蜀丹青不為采」，此皆曾青之見於書傳者。其名或曰空青見《說文石部》礐字下，《周禮職金注》，或曰碧青見《南齊書李珪傳》，要皆銅英所化，故亦曰銅青見《抱朴子金丹篇》，《淮南子說林篇》云「銅英青」，是卽青之本義，非因東方木行而作青字也。惟以井丹形近，故於〈吳尊〉作凿《三代》六卷 56 葉，是卽篆文之所本。考之卜辭有白兕《佚存》457 片、白麋《粹編》958 片、白犰《粹編》956 片、白馬《乙編》5305 片、白牛《粹編》548 片、白犬《京津》4200 片，卜辭紀數之名有作⊖者，無異於⊖，其作⊖⊖⊖者，乃一白之合書，猶二白之作⊟，三白之作⊟，五白之作⊟，是皆白之假借義。古之〈刀銘〉曰「⊬十⊖」《辭典上》1182 圖至 1185 圖，義謂凡方之貨，其值十百。【注】刀銘，古代文體之一，刻於刀上之銘文也。是知數名之百乃一白之合書，故有不合書而作⊖者，此假白為百之塙證也。蓋假大指之白以為數名，猶假蟲名之萬，及訓分之兆以為數名，皆為無本字之用

字假借。數名之千而從人聲，則無本字之造字假借。若意而用為數名，亦當為用字假借。良以紀數之名，自并四十為卌以上，殊艱實造本字卜辭及〈𠂤鼎〉、〈敔𣪘〉，俱有并四之卌字，《廣韻》二十六緝云「卌《說文》云數名，而今本《說文》奪此字」。，故皆出之假借。《說文心部》云「意，一曰十萬曰意」，是乃誤以假借為本義也。以白為大指之名，故引伸為凡長大之義。經傳作伯者，乃假借方國之緐文，以為引伸義之白也。以白借為狀色之名，及紀數之名，故自白而孳乳為擘，此別於假借之轉注字也。以白引伸有長大之義，而為君長之名，白辟同為脣音，故辟亦有君長之義，此白所以引伸之假借字也。《說文青部》云「青，東方色也，木生火，从生丹」，〈白部〉云「白，西方色也，会用事，物色白，从入合二，𦥑，古文白」，〈𦣻部〉云，「百，十十也，从一白」。是皆失之形義俱非，其於百則又誤以所從之白，為自之異體，乖舛尤甚。《說文手部》云「擘，撝也」，則又誤以八劈之義而釋擘矣。或曰白魚胞也鄭樵《六略書》象形第一，然魚胞上大下長，中如束縷，非若𦥑之銳上方下也。或曰白目無精之形元楊恆

《六書統》，然目於卜辭作▱，彞銘作▱▱，其形橫列，非若⊖之直立也。或曰白从日加丨，謂日光上出<u>孔廣居</u>《說文疑疑》，然卜辭彞銘之白皆非從丨，《說文》所載古文之⊖，於古器無徵，蓋季世之譌體也。或曰白卽⊖之上體，⊖象米粒<u>徐灝</u>《說文注箋》，然⊖乃簋之象形，義非穀之馨香說詳下文，其上體非從白也。或曰白卽皃所從之⊖，當訓人面色<u>謝彥華</u>《說文閩載》，然皃之上體乃象面形，非示面色。律以它字，若人色白曰皙，老人白皤，可證膚色皎白，非人所同然，以故別創皙皤二字，則不應以人面之色，而為狀白之名也。或曰白與罜同字，象物遇溼，魄然虛起之形<u>林義光</u>《文源》，是尤彊合同音之妄說。或曰依明白之義孳乳為百<u>章炳麟</u>《文始》，則是據日光之說，而釋合文之百。若此之比，舉無一有當於白之初義。或曰白日一字而聲轉，枭實白之異文<u>馬敍倫</u>《說文疏證》卷十四，又曰青為丹之轉注字《說文疏證》卷十，則非唯誤釋形義，且又妄附聲同，荒謬之甚矣。

　　於戲有〈◎鐘〉《三代》一卷 17 葉、〈◎父戊尊〉《三代》十一卷 27 葉、〈◎父辛壺〉《三代》十二卷 9 葉、〈◎戊爵〉《三代》十六卷 25 葉、〈◎皆妊殷〉《三代》

七卷 26 葉，<u>虘方</u>當即《春秋襄十年》之<u>柤</u>，【注】〈襄十年〉云「十年春，公會<u>吳</u>于<u>柤</u>」。<u>杜預</u>注「<u>柤</u>，<u>楚</u>地也」。亦即《說文》之<u>鄌</u>，在今<u>河南永城</u>，地近<u>淮水</u>，恆見侵軼<u>中夏</u>。故〈彔卣〉云「<u>虘淮夷</u>敢伐內國」《三代》十三卷 43 葉，〈小臣謎設〉云「<u>虘東夷</u>大反」《三代》九卷 12 葉，皆其明證。【注】以<u>虘方</u>在<u>淮水</u>流域，<u>淮水</u>之附近，古曰「<u>淮夷</u>」，因稱<u>淮水</u>流域之<u>虘方</u>為<u>虘淮夷</u>。<u>淮水</u>在<u>中國</u>之東，故<u>虘方</u>亦有<u>虘東夷</u>之名。或謂二器之<u>虘</u>亦如〈縣改設〉之<u>虘</u>，俱為發語詞<u>郭沫若</u>《兩周金文辭大系攷釋》23 葉、61 葉。是未通考卜辭彝銘之謬說也。【注】〈縣改設〉云「<u>虘</u>！乃任<u>縣</u>白室，賜女婦昏」。義謂吁！乃當<u>縣</u>伯室，賜汝行婚禮也。又如〈沈子它設〉云「<u>虘</u>！吾考克淵克夷」。義謂吁！吾父沈潛其德，能平易其行也。此二器之<u>虘</u>，義為語詞，同《尚書》之吁、於、都之義。

　　於高有〈▨▨父癸設〉《三代》六卷 39 葉、〈▨羖父丁罍〉《三代》十一卷 41 葉、〈▨父乙觶〉《三代》十四卷 52 葉，<u>高</u>蓋即<u>鄭</u>之<u>高氏</u>見《左傳成十七年》。【注】〈成十七年〉云「十七年春正月，<u>衛北宮括</u>救<u>晉</u>侵<u>鄭</u>至于<u>高氏</u>」。<u>杜預</u>注「<u>高氏</u>在<u>陽翟縣</u>西南」。高上象頂闠，下象門牆，與舍、倉、亯、回，并為獨體象形。《說文高部》

云「高，崇也，象觀高之形，从冂口」，〈厸部〉云「舍，市居曰舍，从厸屮口，中象屋也，口象築也」，〈亯部〉云「亯从入从回，象屋形」，乃以象形與會意钭毃相錯，皆以見理未瑩，故有此骩頗之說也。

於隹有〈㪥父己毁〉《三代》六卷 41 葉、〈㪥罛〉《三代》十三卷 49 葉，㪥象以水灑地之形，而為氾之古文。義如《禮記郊特牲》「氾埽反道」，《漢書王襃傳》「彗氾畫塗」之氾。【注】反道，古代帝王行祭天之禮，事先修整道路，把新土翻於路面，稱為反道。〈郊特牲〉云「祭之日，王皮弁以聽祭報，示民嚴上也。喪者不哭，不敢凶服，氾埽反道，鄉為田燭」。陳澔集說「反道，夋道路之土反之，令新者在上也」。鄭玄注「田燭，田首為燭也」。孔穎達疏「六鄉之民，各於田首設燭照路，恐王祭郊之早」。〈王襃傳〉云「彗氾畫塗」。顏師古注「塗泥也。如以帚埽氾灑之地，如刀畫泥中，言其易也」。《說文》訓氾為濫者，斯為疊韻連語二字古音屬奄攝，非氾之本義也。隹㪥者，乃隹方氾氏之器，蓋因淮氾二水而氏淮水見《尚書禹貢》，氾水見《左傳襄二十六年》，鄭有氾邑見《左傳僖二十四年》。。【注】〈禹貢篇〉云「海岱及淮惟徐州」。淮水源出河南桐柏縣

桐柏山。〈襄二十六年〉云「楚子伐鄭…涉于氾而歸」。〈僖二十四年〉云「鄭伯與孔將鉏、石甲父、侯宣多、省視官，具于氾」。杜預注「氾，鄭地，在襄城縣南」。漢人有維氾見《後漢書臧宮傳》及氾勝之見《漢書藝文志》，當即隹氾二氏之後昆也。

於宣有〈畬殷〉《三代》七卷 1 葉、〈⌂父丁觶〉《三代》十四卷 43 葉、〈畬父己鼎〉《三代》二卷 24 葉、〈畬父己尊〉《三代》十一卷 9 葉、〈畬父己觶〉《三代》十四卷 44 葉、〈畬父丁爵〉《三代》十六卷 10 葉、〈畬尊〉《錄遺》184 圖、〈畬觚〉《錄遺》294 圖、〈畬觚〉《三代》十四卷 16 葉凡四器、〈畬爵〉《三代》十五卷 9 葉二器、〈畬鐃〉《三代》十八卷 9 葉 10 葉凡六器、〈畬戈〉《三代》十九卷 6 葉、〈畬父丁觚〉《三代》十四卷 25 葉、〈畬祖己觶〉《三代》十四卷 50 葉，是皆宣氏之器。漢印有〈宣忌〉《十鐘》九冊 43 葉，乃宣氏之見於後世者。宣於卜辭作畬畬，與彝銘俱象屋宇之形，當以廟中大室為本義。《周禮考工記匠人》云「夏后氏世室，殷人重屋，周人明堂」，三者同實異名。其曰重屋者，《漢書五行志中之上》云「前堂曰太廟，中央曰太室，屋其上重屋，尊高者也」，此謂太室

之屋，其甍重疊，因此為名。以故霹銘之亯，亦象重屋之形，而作𠅗或𠅘。此徵之殷制，可知𠅗𠅘即亯之詳體也。又案從亯之𠅩，於霹器有〈𠅩鼎〉《三代》二卷13葉、〈𠅩殷〉《三代》六卷8葉、〈𠅩觚〉《三代》十四卷21葉、〈𠅩爵〉《三代》十五卷35葉、〈𠅩錡〉《三代》十八卷21葉、〈𠅩鼎〉《三代》二卷31葉，是皆𠅩氏之器。此證之𠅩亦作𠅩𠅩，而知𠅗𠅘即亯之詳體，其為大室之義，斷無可疑。古之獻祭、冊封、賓燕，皆於大室行之，【注】冊封，古代帝王以封爵受給皇貴妃、貴妃、親王、親王世子、藩國等。賓燕，謂宴請賓客也。《小雅鹿鳴》云「我有旨酒，嘉賓式燕以敖」是也。故引伸為凡奉獻、饗燕，與承受之義。《說文亯部》云「亯，獻也，從高省，𠙴象孰物之形」，是誤以引伸為本義，誤以象形為指事矣。或曰亯當以亯飪為正義，象鬴鬵之形，中一指所孰之物 孔廣居《說文疑疑》。或曰亯象孰物於廟寢之形，合即廟寢，𠙴即古文肉字 饒炯《說文部首訂》。或曰亯象薦物器形，人其葢，皀即亯字 林義光《文源》。是皆依許氏之說，而臆解字形，固無一有當於初形朔義。或曰𠅓象宗廟之形 吳大澂《說文古籀補》，其說近之，而未密合。或疑𠅩與亯為一

字羅氏《增訂考釋中》26葉，則唯引伸《說文》之釋義，而未考其聲韻互殊。或釋𠆢為臺門形《綴遺》六卷2葉，或釋𠆢𠆢與卜辭之𠆢為室《古籀篇》七十一卷9葉至13葉，是皆恣為臆說。且亯室於卜辭彝銘并與篆文同體，二字音義互殊，靡有通借。乃以亯為室，此非唯不能辨識字形，且亦不知文義矣。彝器有〈𠆢𠂇殷〉《三代》六卷8葉，〈🔲瓬〉《三代》十八卷19葉，乃亯方辛氏與髮方亯氏之器。若〈🔻𠆢父乙殷〉《三代》六卷20葉，則為戌方亯氏之器。它器有〈🔲父癸鼎〉《三代》二卷40葉，〈🔻冊父己殷〉《三代》六卷41葉，〈🔻冊祖乙卣〉《三代》十三卷1葉，文皆象無柲之戌，亦戌之異體。戌而省其柲者，是猶殳於〈父乙卣〉作🔻《三代》十二卷48葉，於〈季良父壺〉省其柲鐏而作🔻《三代》十二卷28葉，亦猶癸於〈父己鼎〉作十《三代》三卷2葉，於它器則多變作乂也引詳下文。

於萬有〈🔻卣〉《三代》十二卷38葉，〈🔻觶〉《三代》十四卷32葉，〈🔻爵〉《三代》十五卷6葉二器，〈🔻父己爵〉《三代》十六卷13葉，〈🔲父己鏡〉《續殷上》2葉，〈🔻瓿〉《續殷上》29葉，〈🔻戈〉《三代》十九卷3葉，〈🔻庚爵〉《錄遺》422圖，周有萬章《孟子萬

章篇》，【注】萬章，戰國時齊人，孟子弟子。《史記孟子傳》云「孟軻所如者不合，退而與萬章之徒序《詩》、《書》，述仲尼之意，作《孟子》七篇」。其先乃因萬方而氏。萬於卜□□，與彝銘同為蠆之象形，《莊子天運篇》釋文引《通俗文》云「長尾為蠆，短尾為蠍」者是也。通考古之方名，有從又之例說詳下文，故彝銘於「萬季」之字多從又作□□，斯乃假方國之緐文，以為紀數之名。而《說文内部》云「萬从内」，是許氏未知篆文之萬，非蟲名之本字，故以為從獸迹之内，失之形義未協矣。考禽於〈大祝鼎〉作□《三代》二卷41葉，〈禽鼎〉作□《三代》四卷2葉，〈禽段〉作□《三代》六卷50葉，并為從□今聲。□與卜辭之□□，皆畢之初文。〈不娶段〉作□《三代》九卷48葉，則與篆文同體，所從之□，是亦從又而為畢之緐文。審此則禽乃從畢今聲，當以網獲鳥獸為本義。葢網獲者統名曰禽，猶狩獲者統名曰獸說詳釋獸，禽獸之初義，固為羽毛二屬之通名。《白虎通》云「禽者鳥獸之總名，以其小獸可擒，故通名禽」引見《爾雅釋鳥》邢昺疏，今本無。，《周禮大司馬》云「大獸公之，小禽私之」，是皆以禽獸為通名。唯以大小為

別，說并得之。《說文内部》云「禽，走獸總名，從内象形今聲」，《說文釋鳥》云「二足而羽謂之禽，四足而毛謂之獸」，此皆妄為區別之謬說。《爾雅釋蟲》「有足謂之蟲，無足謂之豸」，是亦謬為區別，與釋禽獸同科。許氏未知禽所從之㘝為𠃏之緐文，故亦如釋萬之例，而誤以為從内。或謂禽假借為擒朱氏《說文通訓定聲》，則亦未明禽之初怡。推類而言，若禹於〈秦公段〉作禼《三代》九卷 33 葉，字從虫又會意，而《說文》釋為從内象形，是皆悖其字形者也。

於庚有〈🔲鼎〉《三代》二卷 6 葉、〈🔲冊父癸鼎〉《三代》二卷 48 葉、〈🔲父辛段〉《三代》六卷 15 葉、〈🔲觚〉《三代》十四卷 18 葉、〈🔲冊父庚觚〉《三代》十四卷 30 葉、〈🔲爵〉《三代》十五卷 130 葉、〈🔲父戊爵〉《三代》十六卷 12 葉、〈🔲冊父丁爵〉《三代》十六卷 29 葉、〈🔲冊父丙爵〉《三代》十六卷 34 葉、〈🔲冊父乙觚〉《錄遺》354 圖、〈🔲冊變母觚〉《錄遺》355 圖、〈🔲冊父乙觶〉《錄遺》369 圖、〈🔲兄癸爵〉《錄遺》460 圖，是皆庚氏之器。若〈🔲戈罍〉《續殷下》64 葉、〈🔲父癸爵〉《三代》十六卷 30 葉、則為庚方戈氏，及庚

方壴氏之器。〈娍寐婦毁〉《三代》七卷 23 葉、〈盧父辛壺〉《三代》十二卷 9 葉、〈宰槐角〉《三代》十六卷 48 葉，并有🔲冊之文，斯乃鑄工之姓氏，而非有器家之氏，是皆因<u>庚水</u>而氏者也<u>庚水</u>見《水經襃鮑水丘水注》。庚於卜辭作🔲🔲，與彝銘之庚并為旂之象形。上體之🔲所以象幅鈴䄛鐓，下之體🔲🔲，猶商於卜辭作🔲，單於〈交鼎〉作🔲《三代》三卷 23 葉，并象插旗之磐石，而為丙之古文說詳下文。此審之字形，而知庚為旂之初文者一也。旂所以主戎事，其幅小如匹布，故星之形似，而長於此者，則曰長庚見《史記天官書》。【注】長庚，星名，慧星之屬，古代以為主兵戈。〈天官書〉云「長庚如一匹布著天，此星見，兵起」。此證以星名，而知庚為旂之初文者二也。卜辭有🔲🔲諸文，乃從庚片聲，而為旛之古文。片者槃之象形，故般庚於卜辭多有合書作🔲或🔲者，般番同音古音同屬安攝𦙶音，故自🔲𡐩而蛻易為旛。卜辭云「丙辰卜叀舊🔲用，王受又」《粹編》494 片，「叀玆🔲用，　比玆🔲用，　叀<u>小乙</u>乍美🔲用」《粹編》282 片，是皆卜祭祀所用之旛也。卜辭亦假為訓還之般，如云「🔲在<u>八</u>，又夕其衣」《粹編》518 片，衣者衣之繇文，而讀

如殷。此卜醫氏還至八方，行又夕之祭，是否用盛樂也。【注】八有方名之義，彝器有〈子八父丁爵〉《三代》十六卷 7 葉、〈駛八父己卣〉云「王賜駛八貝一具，用乍父己障彝」《三代》十三卷 36 葉。此證以旛之古文作<unclear>𩵋</unclear>，而知庚之為旅之初文者三也。說者謂<unclear>𩵋</unclear>假為殷，而以為合祭之名王國維〈殷禮徵文〉，或釋為虜商承祚《殷虛文字類編》，或釋為虜屈萬里《甲編考釋》131 片，而皆不知音義，是俱未能諦知形義者也。《說文庚部》云「庚，位西方，象秋時萬物庚庚有實也，庚承己，象人齋」。是如甲乙之比，強合陰陽家之說，悖其初義矣。或曰庚從半<unclear>𠂤</unclear>，象人兩手把干立，庚庚然《說文繫傳袪妄篇》引李陽冰說，或曰庚鬲之類，故亦有三足《六書略象形第一》，或曰庚蓋鐘類，故庸從之戴侗《六書故》弟二十九，或曰庚鐘虡也，象形周伯琦《六書正譌》卷二，或曰庚疑古更字孔廣居《說文疑疑》，或曰庚絡絲柎也，從干象形朱駿聲《通訓定聲》，或曰庚即兵之古文饒炯《說文部首訂》，或曰庚為橫之古文林義光《文源》，或曰庚當即鉦郭沫若《甲骨文字研究》，是皆勇於陸故，而未能知新。考更於卜辭作<unclear>𩰫</unclear>《乙編》7680 片、《鄴羽三集》50.6 片、《摭佚續》128 片、《京津》2311 片。，兵於卜辭作

[字]《佚存》129 片、《後編下》29.6 片，橫之古文作衡說詳
下文，是更兵與橫，於<u>西周</u>之前皆有本字，未可臆
說庚為更兵與橫之古文也。庚之與鉦聲韻互異庚於古
音屬央攝見紐，鉦屬嬰攝端紐。，乃謂庚卽鉦之初文，說
益妄謬矣。以庚假為紀日之名，故自庚而雙聲孳乳
為旂。彝器有〈[字]父鼎〉《三代》三卷 5 葉、〈[字]父乙
鼎〉《三代》四卷 3 葉、〈[字]毀〉《三代》七卷 6 葉、〈白
[字]鼎〉《三代》二卷 49 葉，是皆<u>旂氏</u>之器，蓋與庚同
出一宗。惟以時有先後，故文有貿遷。猶<u>陳完</u>之後
而氏<u>田</u>，<u>吳仲</u>之後而氏<u>虞</u>，皆為後世之同音通借也
吳於姓氏為虞之初文，說見下文。【注】《史記田敬仲世家》云
「<u>陳完</u>者，<u>陳厲公他</u>之子也。<u>完</u>卒，諡為<u>敬仲</u>。<u>敬仲</u>之如<u>齊</u>，以
<u>陳字為田氏</u>」。審諸氏之器，無一而從艸木舛林，與卜
辭方名之不益形文者相合，可徵從艸木舛林者，乃
其繇文。然則[字]非竹胎之筍，[字]非艸名之苩，[字]非
車席之茵，[字]非薄蠶之箕，[字]非弱兒之葆，[字]非艸
盛之芇，[字][字][字]非艸名之荼茞蘄，[字][字][字]非木名之
楓柏虢，[字]非蒩與葅，[字]非芳與杤，[字]非蒿與槀，
[字]非茜與栖，[字]非萑與椎，而說者舉比傅形似釋之，
故無一得其義蘊。或釋[字]為鼓《古籀篇》二十五卷 7 葉，

或釋🦴為相唐蘭《天壤考釋》40 葉，或釋🦴為冀羅氏《增訂考釋中》47 葉，或釋🦴為志，釋🦴為㞢《古籀篇》四十三卷 3 葉、八十六卷 24 葉，或疑🦴為楨馬氏《說文疏證》十一卷 56 葉，釋🦴為康《古籀篇》八十二卷 17 葉，八十二卷 17 葉，釋🦴為稼《古籀篇》八十二卷 3 葉，或釋為老商氏《類編》，或釋為考孫海波《甲骨文編》，釋🦴為葅《增訂考釋中》8 葉，或釋為櫨王襄《類纂正編》28 葉，或釋為苴商氏《類編》，斯尤形體乖違，益不待論。或釋🦴為《集韻》之梖商氏《類編》，則出後世字書，不足上索古文。是皆未知方國之𦌟文，以考卜辭者三也。

四、古方名緐文有從田糸禾秝者

古方名之緐文，有從田、糸、禾、秝者。若𨑃於鼎銘作▣《三代》二卷 2 葉，單於〈畢𦍒殷〉作▣《三代》八卷 26 葉，〈叚殷〉作▣《三代》八卷 54 葉，奚於〈朵奚殷〉作▣《三代》七卷 11 葉、〈乍冊奚卣〉作▣《三代》十三卷 39 葉、〈白奚盉〉作▣《錄遺》292 圖，魚於〈祖乙鼎〉作▣《三代》三卷 29 葉，羗於〈魚羗鼎〉作▣《三代》二卷 39 葉、〈乙羗爵〉作▣《三代》十五卷 26 葉、〈父己尊〉作▣《續殷上》59 葉，令於爵銘作▣《三代》十五卷 3 葉，辛於〈父甲觿〉作▣《三代》七卷 22 葉，言於卣銘作▣《三代》十二卷 37 葉，任於〈父丁尊〉作▣《三代》十一卷 25 葉，立於鼎銘作▣《三代》二卷 44 葉，其於卜辭，則有隹之作▣，虎之作▣，栗之作▣，尹之作▣，羗之作▣，令之作▣，鬼之作▣，丘之作▣，兄之作▣，瑁之作▣，辛之作▣，曹之作▣，尼之作▣，虫之作▣，言之作▣，倆之作▣

古器方名不從田糸禾秝為緐文者

凡諸方名，其非緐文而見於彝銘者，則有𨑃、

茻、魚、令、虎、羌、鬼、虫諸名。

　　於▢有〈▢祖辛觶〉《三代》十四卷 40 葉、〈▢
瓵〉《錄遺》322 圖、〈▢父癸爵〉《錄遺》456 圖，于省
吾釋門非是，卜辭作▢▢《續編》5.7.4 片、《乙編》1277 片，
象二人戴筓相對之形，亦▢之異體。▢▢音義相同，
故於姓氏亦作▢或▢。彝器有〈▢父己甗〉《三代》
五卷 3 葉、〈▢殷〉《三代》六卷 1 葉、〈▢尊〉《三代》
十一卷 26 葉、〈▢壺〉《三代》十二卷 1 葉、〈▢卣〉《三
代》十三卷 20 葉、〈▢瓵〉《三代》十四卷 13 葉、〈▢爵〉、
〈▢爵〉《三代》十五卷 3 葉、〈▢鼎〉《錄遺》72 圖、
〈▢爵〉《錄遺》444 圖、〈▢父乙鼎〉《錄遺》54 圖、
〈▢父乙瓵〉《三代》十四卷 30 葉、〈▢父乙爵〉《三
代》十六卷 28 葉、〈▢父癸爵〉《三代》十六卷 30 葉、〈白
▢鼎〉《三代》三卷 3 葉、〈己▢瓵〉《三代》十四卷 20
葉、〈辛▢瓵〉《錄遺》353 圖葉，是皆▢氏之器。下
作▢者，乃椳禁之象形，所以示陳酒饌之物說詳釋興。

【注】〈釋興〉云「興以歟椳禁為本義。椳禁者所以陳犧牲，《儀
　　禮特牲饋食禮》云『椳在其南，實獸于其上』者是也。《說文》
　　無椳字，《玉篇木部》云『椳，於據切』，與陸德明《禮記》釋
　　文相合。是椳乃從木於聲。於互古音同屬烏攝，以故椳亦作互，

《周禮第官牛人》云『凡祭祀共其牛牲之互』者是也」。見魯教授《殷絜新詮》下冊 69 葉。或釋舟，謂即鄭司農《周禮注》之尊下臺《積古》二卷 3 葉，或釋為宁《奇觚》七卷 31 葉，說并非是。其作 🔣 者，從亯省 🔣 聲， 示於大室行饗燕之禮，🔣 則從皀 🔣，以示對簋就食。是 🔣 🔣 二文結體雖殊，音義無異。或釋 🔣 為令之別體《古籀篇》二十五卷 31 葉，此未知令以受冊命為義，授命之王與讀冊之內史，皆立而不拜，不至與承冊命者，相對如跽而作 🔣 也。漢有 🔣《衡齋藏印》，蓋鄉氏或鄉邑之印。漢印有〈鄉作〉《十六金符齋印存》卷柒，漢封泥有〈鄉齔〉《續封泥攷略》六卷 9 葉，是皆鄉氏之印。字與篆文同體，而從二邑，此為譌變之鄉氏，而見於後世者。漢印有〈卿明〉《十六金符齋印存》卷拾弍，是當與鄉氏同出一宗。古之鄉方，蓋即淇水所經之鄉邑見《水經淇水篇》。其作 🔣 與 🔣 者，則自秦漢以降，絕無所徵矣。彝銘之 🔣 乃從田卪聲，與篆文之 🔣 俱象二人相對之形，讀如鄉背之鄉。蓋二人相對而為 🔣，猶二人相背而為北。《說文 🔣 部》云「🔣，事之制也，从卩卩闕」，乃誤以人為卩，是以釋義既謬，而又音讀未詳。卜辭之 🔣 與彝銘之 🔣，

所從之〇◆為簋之象形，簋盛黍稷，故其字於彝銘
亦從食作⊕，義為饗燕之饗，引伸而為相對之義，
《禮記祭義》云「鄉之然後能饗」者是也。凡卜辭
彝銘所云饗燕及鄉背之字，皆作相⊕⊕，是其塙證。
鄉里之字篆文作⊕者，乃卜辭⊕⊕之譌變，故卜辭
彝銘無從二邑之⊕，唯多見於漢印，蓋晚周之誤體。
卿士與鄉里并為⊕之假借，以⊕借為卿士與鄉里，
故篆文復從食作饗。是猶從弓之弗，借為非然之義，
故自弗而孳乳為彆見《說文弓部》。從口之或借為或者
之義，故自或而孳乳為國。皆為增益聲文，俾其別
於假借之轉注字也。〇為食器之象形，猶皀於卜辭
作⊕⊕，彝銘作⊕⊕，而為皀器之象形。篆文譌變
為〇⊕，故《說文》所釋二文之構形俱非，其於釋
〇，則又音義乖戾。《廣韻》音皀為許良切者，乃
以鄉音擬之。音彼及切者乃以鵖音擬之。音居立切
者，乃以扱音擬之扱當如《集韻》音訖立切。音彼側切
者，則又鵖之音變。是皆承《說文》之誤，讀皀為
數音，且并無一近是。或曰皀上即古文粒字，同文
備攷粒作日可證。若皀則香之重文，從日從旨省會
意饒炯《說文部首訂》。是乃依許氏之釋義，及後起俗

字，別出臆解，而亦悖於皀之音義也。以篆文謏變，
因之《說文》別 ⿰⿰⿰ 為三字，而以六卿釋⿰，以
國離邑釋⿰，此俱誤以假借為本義。《說文》復以
鄉人飲酒釋⿰，則又失之望文生義。《釋名釋州國》
云「萬二千五百家為鄉，眾所向也」，斯乃牽合同
音而臆為妄說矣。所以知其謬者，考鄉黨鄉里之名，
東周始見載籍《左傳宣十一年》云「鄉取一人焉以歸」，此鄉
字始見春秋時者。鄉黨見《論語鄉黨篇》、《禮記曲禮上、仲尼
燕居》、《孟子公孫丑下篇》。鄉里見《周禮地官黨正、司諫》、
《禮記樂記、祭義、經解》、《墨子尚賢中篇、明鬼下篇、非命
上篇、大取篇》、《莊子達生篇》，西周僅有里名，而無
鄉名。《尚書酒誥》云「越百姓里居，罔敢湎于酒」，
【注】里居乃里君之形謏，義謂百官里君不敢沈湎於酒也。《逸
周書商誓篇》云「命爾百姓里居」，居皆君之謏，
〈史頌段〉云「里君百姓」《三代》九卷䇨葉，文義與
此相若，是卽西周僅有里名之證。里君亦見〈矢彝〉
《三代》六卷 56 葉，及《管子小匡篇》、《逸周書嘗
麥篇》。亦卽《禮記雜記下》之里尹、《周禮地官》
之里宰，與《墨子尚同篇》之里長。葢儕聚居曰鄉，
於西周中葉無徵，《鄘風桑中》云「沬之鄉矣」，

《小雅采芑》云「于此中鄉」，【注】〈桑中〉云「爰采唐矣，沫之鄉矣」。沫之鄉，謂沫邑之鄉，毛傳云「沫，衞邑」。春秋時衞邑，在今河南省淇縣南。中鄉，鄉中也。是并東周之詩，舉不足據以上考𠨍之初義也。葢鄉乃方之假借鄉方古音同屬央攝，良以古之方國，卽後世之鄉里，是以假鄉為方。若夫《禮記月令》云「四方來集，遠鄉皆至」，《管子乘馬篇》云「五聚命之曰鄉，四鄉命之曰方」，則以鄉方并用，斯為季世之制。許氏未知其審，遂誤以假借為本義。復見《儀禮》有鄉飲酒禮，故誤以鄉人飲酒而釋饗也。𠨍所從之田，與卜辭之囲及囲同例，俱象千百縱橫之形。或釋田囲為場《粹編考釋》158葉，或釋為囧，而謂假為磺楊樹達《卜辭求義》9葉，或釋為井《中山大學學報》1955年二期戴裔煊說，或釋為囲李孝定《集釋》4033葉，斯并未知古象形文，俱有詳略之異，亦未審卜辭文義，而謬為之說。或據六書統而釋田為缶《攈古》一之二卷4葉，或釋囲為子承筐《綴遺》五卷20葉，或釋為闔《古籀篇》三十六卷43葉，其謬益甚矣。

於畢有〈畢爵〉《三代》十五卷11葉，畢與卜辭之畢畢，并為畢之古文。其作畢者為畢之象形，其

作畢者則為從匕諧聲畢匕古音同屬衣攝脣音。畢見於彝
器者，於〈倗中鼎〉有畢媿《三代》三卷 23 葉，〈橪
白殷〉有畢公《三代》六卷 53 葉，〈白嬰父鬲〉《三代》
五卷 41 葉，〈白嬰父甗〉《三代》十八卷 16 葉，并有畢
姬。是皆姬周之器，而為畢公高之苗裔見《左傳僖二
十四年》、《史記魏世家》。【注】〈傳二十四年〉云「管、蔡、
郕、霍、魯、毛、衛、聃、郜、雍、曹、滕、畢、原、酆、郇，
文之昭也」。杜預注「十六國皆文王子也。畢國在長安縣西北」。
〈魏世家〉云「魏之先，畢公高之後也。畢公高與周同姓。武王
之伐紂，而封高於畢，於是為畢姓」。文并從田，遂以緐文
為方國之本字，蓋非以田網之義而從田也。卜辭多
見「其畢」，及「弗其畢」，乃卜是否以畢網獸。
是畢固以田網為本義，引伸為網獸之名。此徵之古
義，而知畢為畢之初文也。《玉篇》音畢為俾謐切，
《廣韻》以畢畢同音卑吉切，《集韻》以畢畢同音
壁吉切，此徵之聲音，而知畢畢為一文也。《說文
畢部》云「畢，箕屬，所以推糞之器也，象形」。
又云「畢，田网也，从畢象形，或曰田聲」田聲依段
注本訂。是別畢畢為二文，當非朔義。且田畢聲韻乖
隔，則畢亦不當從田為聲。惟其云「畢所以推糞之

器」，斯乃卑之別一義。猶之眉於卜辭作◎，亦象
麋首而作◎。匕象人項側之形，故自匕而孳乳為期
攱與頃。亦象飯杚之形，故自匕而孳乳為匙。自象
大陸之形，故自自而孳乳為陵隊諸字。亦象階次之
形，故自自而孳乳為除階諸字。是皆以一文而兼二
義，故卑亦有推糞器之義。《廣韻》音卑為北潘切
者，乃為推糞器之音，與畢為雙聲，則亦承畢而音
轉也。卜辭別有◎字，乃羅之古文，與◎義互異。
所以知者，考卜辭云「丁酉卜出貞，◎◎呂方」《文
錄》637 片，◎與它辭之◎并讀如闌說詳釋羉，此卜畢
方是否闌擊呂方，或卜闌擊呂方之吉凶也。其云「庚
寅卜貞，◎弗其◎，凵◎」《後編上》12.11 片，◎乃
從凵凶聲，而為兇之古文，此卜畢方不闌擊，是否
無兇懼也。或并◎◎俱釋為羅商氏《類編》，或并◎
與◎俱釋為罕《古籀篇》十七卷 11 葉，而又釋◎為禽
《古籀篇》六卷 6 葉，釋◎為戕《古籀篇》六十卷 21 葉，釋
◎為捦《古籀篇》五十四卷 17 葉，或疑◎為禼《栔文舉例
下》，是皆未能通觀卜辭文義，故昧於古文之構體
也。

　　於魚有〈魚鼎〉《三代》二卷 3 葉、〈魚父乙鼎〉

《三代》二卷 18 葉、〈魚父丁鼎〉《三代》二卷 21 葉、〈魚父癸鼎〉《三代》二卷 29 葉、〈魚鬲〉《三代》五卷 13 葉、〈魚殷〉《三代》六卷 2 葉、〈魚父庚殷〉《三代》六卷 27 葉、〈魚父庚尊〉《三代》十一卷 18 葉、〈魚父癸尊〉《三代》十一卷 11 葉、〈魚父癸壺〉《三代》十二卷 3 葉、〈魚父癸殷〉《錄遺》127 圖、〈魚父乙卣〉《三代》十二卷 48 葉、《錄遺》248 圖、〈魚父乙觶〉《錄遺》366 圖、〈魚父乙爵〉《錄遺》450 圖、〈魚觚〉《三代》十四卷 16 葉、〈魚爵〉《三代》十五卷 5 葉、〈魚父丙爵〉《三代》十六卷 6 葉、〈魚父丁爵〉《三代》十六卷 8 葉、〈魚盤〉《三代》十七卷 1 葉，是皆魚氏之器。若〈雞魚鼎〉《三代》二卷 13 葉、〈乙魚卣〉《三代》十二卷 41 葉，則為雞方魚氏，及乙方魚氏之器。若〈魚繞鼎〉《三代》二卷 13 葉，則為魚方繞氏之器。若〈魚從鼎〉《三代》二卷 21 葉、〈魚從殷〉《三代》六卷 10 葉、〈魚從尊〉《三代》十一卷 5 葉、〈魚從卣〉《三代》十二卷 43 葉、〈魚從觚〉《三代》十四卷 21 葉、〈魚從盤〉《三代》十七卷 1 葉，其云從者，猶它器之肇與行，乃謂從行之器，即《左傳昭元年》所謂行器。【注】〈昭元年〉云「具行器矣！楚王汰侈而自說其事，必合諸侯。吾往無日矣」。杜預注

「行器，備會」。蓋魚乃因魚水而氏魚水見《山海經北山經》，是以卜辭多見子漁之名。漢印有〈魚容〉明釋自彥《圖書府》二卷1葉、〈魚賢〉《秦漢官私銅印集》，周初有魚辛見《荀子儒效篇》注引《尸子》，蓋皆殷世雲仍。【注】雲仍，謂遠代子孫也。《爾雅釋親》云「晜孫之子為仍孫，仍孫之子為雲孫」。郭璞注「言輕遠如浮雲」。言姓氏者，乃以魚氏為宋微子之後見《潛夫論志氏姓篇》，非其朔矣。

<u>坙坙</u>於令有〈🔲殷〉《三代》六卷1葉、〈🔲父癸殷〉《三代》六卷42葉、〈🔲父辛卣〉《三代》十三卷4葉、〈🔲甗〉《三代》五卷4葉，令蓋卽許或魯之泠邑見《左傳成四年、哀二十五年》，【注】〈成四年〉云「許人敗諸展陂，鄭伯伐許，取鉏任、泠敦之田」。箋曰「鉏任、泠敦亦俱在許州境」。〈哀二十五年〉云「將適泠，彌曰『魯不足與，請適城鉏以鉤越，越有君』。」杜預注「泠近魯邑也」。秦有泠至《左傳僖十年》，韓有泠向《戰國策韓策二》，【注】〈僖十年〉云「冬，秦伯使泠至報問」。杜預注「泠至，秦大夫也」。〈韓策二〉云「泠向謂韓咎曰『幾瑟亡在楚，楚王欲復之』」。漢印有〈令鍾〉《續齋魯古印攈》第十、〈令柘昌〉《十六金符齋存印》卷捌，其氏泠者蓋為多見，殆皆因泠邑而氏。其作命者，卽令之後起字。《風俗通》云「令姓令

尹子文之後」引見《史記孝文本紀》索引，是亦謬為傅合者也。令於卜辭作 𠓞 𠓜，與彝銘之令，并從亯省人聲人令古音同屬因攝舌音，以示行冊命于宗廟之大室亯義說見上文。《尚書顧命》云「御王冊命」，《周易師》云「王三錫命」，是卽令之本義，引伸而為號令、使令，與善美之義。自令孳乳為命，從口以示讀冊，二文義訓相同，是以彝銘多以令為命。《說文卩部》云「令，發號也，從亼卩」，〈口部〉云「命，使也，從口令」。是誤以引伸為本義，且誤以人為卩，誤以亯為亼矣。其誤以人為卩者，以人之古文作 𠂉，卩之古文作 ㇌ 見《三代》六卷 5 葉虡銘，二文形近，易致毃謁，是以御、艮、卿、卽、邑、邵、卸、卯、辟、承諸字，彝之古文皆從人，而《說文》俱以卩釋之，此誤以人為卩也。《說文音部》云「竟，樂曲盡為竟，從音儿」，夫言樂曲盡，則字當從卩，以示節止之義。而《說文》釋為從儿，此誤以卩為人也。或曰令古鈴字象形王廷鼎《字義新鏡》，是不知古文之謬說，無庸一議。或曰古文令從亼人，集眾人而命之《增訂考釋中》54葉，然令不從丞，無以示眾人之義。若彝器之〈𤔲父癸卣〉《三代》十二卷56葉，

〈册父乙爵〉《三代》十六卷 3 葉，文從亼从會意，示集合多人，而為眾之古文，非令之古文也。或曰令從口在人上，象口發號，人跽伏以聽<u>林義光</u>《文源》，此尤昧於字形之妄說。考古從口之字，有作▽者，若《說文口部》之哲君唐吝虛，〈吅部〉之嚴，〈辵部〉之造，〈茍部〉之茍，所載古文。〈吅部〉之嚚，〈言部〉之詢誕，〈革部〉之鞀，〈刀部〉之刉，〈日部〉之昌，所載籀文，形皆作▽，而未有以亼為口者。乃謂令所從之亼為口，是於文字之構體一無所知。而輒馮其謬見，釋食為從口象食之形，釋僉為二兄合一口，釋侖為从口在冊上，釋今為象口含物之形，黶污簡牘，以至如斯，是誠鄙夫之肆無忌憚者矣。或曰令者兩骨之節相合，《荀子》節遇謂之命，此令之本義僅存者<u>馬某</u>《說文疏證》卷十七。然案《荀子正名篇》之節，亦如《左傳僖十二年》「若節春秋」之節。義謂當時所遇此謂之命，非取骨節與符節之義，<u>楊倞</u>注釋，文義通明。【注】〈僖十二年〉云「若節春秋，來承王命，何以禮焉」。<u>杜預</u>注「節，時也」。意謂若以春秋時節<u>國</u>、<u>高</u>二子來聘於周以承奉王室之命，則臣既受上卿之禮，王室又何以禮<u>國</u>、<u>高</u>也。〈正名篇〉云「性

傷為之病，節遇謂之命」。楊倞注「節，時也，當時所遇謂之命」。
則節遇謂偶然之機遇也。而乃曲從《說文》釋卩之誤，
且又誤解苟義，而妄為援附，其為愚陋，又有甚於
說令從口者也。或曰命者令之物也，令出於口，成
而不可易之謂命戴侗《六書故》。或曰令者發號也，君
事也，非君而口使之，是亦令也《六書故》段注。或曰
在事為令，在言為命，令當訓使，命當訓發號朱駿聲
《通訓定聲》。是皆未明令命為一字，而謬為區別者
矣。

　　於虎有〈🐅殷〉《三代》七卷 1 葉三器，又《錄遺》116
圖一器，〈🐅印〉《十鐘》三冊 11 葉，蓋因宋之虘邑而
氏，虘邑亦即卜辭之虎方也。虎於卜辭作🐅🐅，彝
銘作🐅🐅，篆文作🐅，并象虎頭足尾，於文為獨體
象形。其作虍者僅象虎頭，二文音義無異。猶牛於
鼎銘作🐂引見上文，羊於觚銘作🐑《三代》十四卷 20 葉，
麋鹿於卜辭作🦌🦌，皆象其全形，與卜辭之🐂🐂🐏
🐑，僅象其頭角者，音義無異，虎之作虍，亦其比
也。《說文虎部》云「虎從虍從儿」依段注本訂，是
析虎為二文會意，因別立〈虍部〉，而云「虍，虎
文也，象形」。然其構體，非象虎文。虎與眾之古

文作咒，俱象頭足，《說文》乃釋虎咒皆為從儿。
是猶以從匕釋鳥，以從二匕釋麁，以從比釋鹿，并
誤以其象足形者，為別一文矣。此審之字形，而知
其說之非然也。從虍之處虔盧慮，與盧同音之虞虖，
及從盧聲之矍虜虛虜，無一而有虎文之義。此審之
從虍諸字，有以知其說之非然也。虎盧同音，以是
凡從盧聲之字，與虎無異。觀夫從盧之虞，乃象所
飾猛獸之形，從盧之豦，乃示豕虎相鬥之義，此審
之聲音，可知凡從虍者，胥承虎義，非虎文之義也。
若夫虎文之彪，乃彪之雙聲轉注字，是承彪義而孳
乳。所從之虍亦虎義，非示虎文之義也。<u>許氏</u>誤析
虎虍為二文，因別為二部。是猶釋中從口丨，因立
〈丨部〉。釋行從彳亍，因立〈彳部〉。釋聿從聿，
因立〈聿部〉。釋网從𠚎，因列𠚎于〈入部〉。釋
彖彖從彑，因立〈彑部〉。釋乂從丿乀，因立〈丿
部〉。釋冃從冂二，因立〈冂冃〉二部。此皆<u>許氏</u>
誤釋象形，勢為二文或三文者。廷於彝銘作㼌㼌，
以挺立陛下。建於鼎銘作𢀖《三代》二卷52葉，以示
有所述作。延延於卜辭作延延，彝銘作延延，并從
止行省，以示行步連延。而<u>許氏</u>昧其初形，因別出

又延二文。此誤釋形聲及會意之初，而分為數文者。凡此豆剖沙離，妄加聲義，是又許書觠割之蔽也。

於羌有〈奠𠀉白鬲〉《三代》五卷 29 葉，〈羊印〉《昔則盧印存》三集，葢因羌水而氏見《水經羌水篇》。〈子商甗〉有□《續殷上》50 葉，卪卽卜辭之□，此器之乙繞，乃鑄工之氏，【注】彝器於銘末，多冊有鑄工之姓氏，《禮記月令》云「物勒工名，以考其誠」者是也。孔穎達疏「每物之上刻勒工匠之名於後以考其誠信」。異乎〈乙繞爵〉《三代》十五卷 26 葉，為有器家之氏，然為同族，則固無疑。或釋卪為羞《積古》二卷 19 葉，或釋爵銘之□為繕《攈古》一之三卷 16 葉，是皆未識其構體也。

於鬼有〈鬼父丙壺〉《錄遺》225 圖，黃帝時有鬼臾區見《史記封禪書》，周襄王之廢后曰隗氏《左傳僖二十四年》，【注】〈封禪書〉云「黃帝得寶鼎宛朐，問於鬼臾區」。〈僖二十四年〉云「王替隗氏」。杜預注「隗氏王所立狄后也。替，廢也」。〈倗仲鼎〉有畢媿《三代》三卷 23 葉，〈毳虘〉有媿氏《三代》七卷 38 葉，葢皆因槐水，或鄭之騩山而氏槐水見《山海經北山經》、騩山見《國語鄭語》，【注】〈鄭語〉云「主芣、騩而食溱、洧」。韋昭注「騩，山名」。其作隗媿者，皆鬼之緐文也。

　　於虫有〈🦵屵鼎〉《錄遺》68 圖，〈甲🦴爵〉《三代》十五卷 25 葉，斯為<u>虫方屵氏</u>，與<u>甲方虫氏</u>之器，<u>虫方</u>當卽<u>楚之㐭邑</u>見《左傳成十七年》。【注】〈成十七年〉云「道<u>吳</u>人圍<u>巢</u>伐<u>駕</u>，圍<u>釐、㐭</u>」。<u>杜預</u>注「<u>巢、駕、釐、㐭，楚</u>四邑」。屵於〈克鐘〉作屵《三代》一卷 21 葉，〈姑屵母鼎〉作屵《三代》三卷 15 葉，別有〈屵鼎〉《三代》四卷 45 葉，〈屵壺〉《三代》十二卷 29 葉，并為從爪曰聲，〈師害敦〉作屵《三代》八卷 33 葉，則為從爪口會意。皆示以手掩口，而為昏之古文。《說文口部》載篆文作昏，古文作昏，斯乃屵之形誤。《說文》云「昏從口氒省聲」，夫氒為木本，無以示塞口之義，乃因字體之譌，故其釋形亦誤也。<u>隋</u>有屵子馥，見<u>阮景暉</u>等造像碑題名載<u>陸增詳</u>《八瓊室金石補正》卷二十四。《潛夫論志氏姓篇》有屵氏，蓋以後人不識屵字，故誤屵為昏。<u>宋</u>人釋屵為忽《辥氏款識》卷十四，<u>清</u>人釋旾《積古》四卷 36 葉，訖今靡有知屵之音義者，皆以昧於文字之流變，是以不識古文也。

　　審諸氏之器，無一而從從田糸禾秝，與卜辭方名之不益形文者相同，可證從田糸禾秝者為其絫文。說者釋🦴為鸄《古籀篇》九十五卷 21 葉，釋🦴為畎《古籀

篇》五卷 1 葉，或釋為貓陳邦福《殷絜說存》5 葉，釋🅰為
惠孫詒讓《名原上》，或釋為稠《古籀篇》八十二卷 4 葉，
釋🅱為布《古籀篇》七十卷 31 葉，或疑為紐王襄《類纂存
疑》64 葉，釋🅲為羊，而謂象帶索之狀《增訂考釋中》
28 葉，或釋為勺，而謂示狗頸之有索郭沫若《通纂考釋》
36 葉，釋🅳為謹《古籀篇》五十二卷 20 葉，或釋為《釋
名釋采帛》之䇛丁山《殷商氏族方國志》139 葉，釋🅴為
《周禮巾車》之繢陳邦福《殷契辨疑》，釋🅵為稷陳邦懷
《殷契考釋小箋》，或釋為程唐蘭《古文字學導論下》53 葉，
釋🅶為瑞《古籀篇》七卷 18 葉，或釋為琇《通纂考釋》146
葉，釋🅷為櫪余永梁《殷虛文字考》引王國維說，或釋為孽
《古籀篇》八十三卷 5 葉，或釋為釁陳孟家《卜辭綜述》539
葉，是皆未知方國之緐文，以考卜辭者四也。

五、古方名緐文有從攴殳又攵者

古方名之緐文有從攴、殳、又、攵者，若苗於〈父辛鼎〉作🔠《三代》二卷 27 葉，明於鼎銘作🔠《三代》二卷 5 葉、觶銘作🔠《三代》十四卷 34 葉、戈銘作🔠《三代》十九卷 4 葉，鳴於〈士卿尊〉作🔠《三代》十一卷 32 葉，雩於〈雩白鼎〉作🔠《三代》二卷 49 葉，鬼於〈鬼父卣〉作🔠《三代》十三卷 20 葉，夆於盤銘作🔠《錄遺》482 圖、爵銘作🔠《三代》十五卷 36 葉，弓於殳銘作🔠《三代》七卷 4 葉，黃於殳銘作🔠《錄遺》160 圖，陳於〈陳生鼎〉作🔠《三代》三卷 23 葉、〈陳医鼎〉作🔠《三代》三卷 49 葉、〈赤𨟠父甗〉作🔠《三代》五卷 12 葉、〈陳医殷〉作🔠《三代》六卷 47 葉、〈陳医簠〉作🔠《三代》十卷 20 葉、〈陳子匜〉作🔠《三代》十七卷 39 葉，癸於〈父庚殷〉作🔠《三代》六卷 34 葉，單於古印作🔠《昔則廬印存》三集單無印，重於壺銘作🔠《三代》十二卷 1 葉、鏡銘作🔠《三代》十八卷 6 葉三器，刀於〈刀正爵〉作🔠《三代》十五卷 36 葉、〈父辛爵〉作🔠《三代》十六卷 17 葉，未於〈父己鼎〉作🔠《三代》二卷 24 葉、〈父己殷〉作🔠《三代》六卷 21 葉、殳銘作🔠《三代》六卷 3 葉、觶銘作🔠《三代》十四卷 52 葉，壴於〈壴仲殷〉作🔠《三

代》八卷 38 葉，爵於〈父癸卣〉作〔圖〕《三代》十二卷 55
葉，矢於殷銘作〔圖〕《三代》六卷 3 葉、觚銘作〔圖〕《三代》
十四卷 14 葉、爵銘作〔圖〕《三代》十五卷 7 葉、〈父戊觚〉
作〔圖〕《錄遺》345 圖、〈父己觶〉作〔圖〕《三代》十四卷 44
葉、〈父癸觶〉作〔圖〕《三代》十四卷 47 葉、48 葉凡三器、
〈祖己爵〉作〔圖〕《三代》十六卷 2 葉、〈祖壬爵〉作〔圖〕
《錄遺》448 圖、〈父癸爵〉作〔圖〕《三代》十六卷 22 葉，
畐於〈父乙觶〉作〔圖〕《三代》十四卷 51 葉，羅於鼎銘作
〔圖〕《三代》二卷 4 葉，印於〈父壬觶〉作〔圖〕《三代》十四
卷 46 葉，公於〈子公觚〉作〔圖〕《三代》十四卷 21 葉，周
於〈父癸罍〉作〔圖〕《三代》十三卷 51 葉，〈父辛觶〉作
〔圖〕《三代》十四卷 41 葉，其於觚銘作〔圖〕《錄遺》316 圖，
亯於〈父丁爵〉作〔圖〕《攗古》一之二卷 17 葉，家於〈父
乙觶〉作〔圖〕《三代》十四卷 41 葉，袞於〈師袞殷〉作〔圖〕
《三代》九卷 28 葉，奉於殷銘作〔圖〕《三代》六卷 2 葉，卣
銘作〔圖〕《三代》十二卷 35 葉，觶銘作〔圖〕《三代》十四卷 33
葉，爵銘作〔圖〕《三代》十五卷 25 葉，澡於〈父癸鼎〉作
〔圖〕《三代》二卷 40 葉，魚於殷銘作〔圖〕《三代》六卷 2 葉，
卣銘作〔圖〕《三代》十二卷 36 葉，爵銘作〔圖〕《三代》十五卷 6
葉，非於鼎銘作〔圖〕《三代》三卷 7 葉，古布作〔圖〕或〔圖〕《辭

典上》807圖、808圖，車於鼎銘作🔲《錄遺》60圖，亞於
爵銘作🔲《錄遺》391圖，其作🔲者，蓋<u>亞方其氏</u>之器，
異乎文外之🔲也。其作🔲與🔲者，乃從臼受及🔲，
與從🔲者同意。其於卜辭，則有隹之作🔲，朱之作
🔲，果之作🔲，鹿之作🔲，自之作🔲，癸之作🔲，
卯之作🔲，珏之作🔲，辛之作🔲，弭之作🔲，畢之
作🔲，乃之作🔲，于之作🔲，矢之作🔲，屮之作🔲，
中之作🔲，龍之作🔲，我之作🔲，虫之作🔲，庚之
作🔲，㐱之作🔲，其之作🔲，旨之作🔲，皿之作🔲，
犬之作🔲，非之作🔲，午之作🔲，叀之作🔲或🔲，
不之作🔲或🔲，弓之作🔲或🔲，官之作🔲或🔲，子
之作🔲或🔲，角之作🔲或🔲，先之作🔲或🔲，奉之
作🔲或🔲，凡此皆為方國之緐文。

古器方名不從攴殳又奴為緐文者

古器方名不從攴、殳、又、奴為緐文而見於彝
器者則有睂、筝、奉、弓、陳、耒、矢、畐、印、
公、家、盉、果、癸、犬、角諸名。

於睂有〈🔲父癸鼎〉《三代》三卷8葉、〈🔲兒鼎〉
《三代》二卷41葉、〈🔲兒卣〉《三代》十三卷6葉、〈🔲

豕父丁毁〉《三代》六卷 33 葉、〈▢豕父丁觶〉《錄遺》371 圖、〈▢祖癸鼎〉《三代》二卷 37 葉、〈▢戈〉《錄遺》559 圖、〈▢子弓箙壺〉《三代》十二卷 5 葉、〈▢觚〉《三代》十四卷 22 葉，是皆眣氏或眣方所作之器，眣方葢即《水經》之〈濯水〉。【注】《水經》曰「濯水出」汝南吳房縣西北奧山東過其縣北入於汝。其銘眣子弓箙者，眣為其邑，子弓為其氏，箙者鑄工之氏。▢乃▢之異體，上象其游，下象其鐏，異乎▢之俱象游也。觶銘有作▢者《三代》十四卷 49 葉，其游揚於二方，斯乃理所絕無，必為贗品。若《說文》所載籀文之▢見徐鉉本《說文丨部》，段注本無。則為譌文，固不足論矣。【注】案▢以中旗為本義，豎筆以象其杠，中以象幅，上下以象游，游隨風向而飄，以是上下之游當無相反方向而飄之理。別有〈▢▢鼎〉《三代》三卷 5 葉、〈▢▢盤〉《錄遺》490 圖、〈▢渚爵〉《三代》十五卷 37 葉、〈▢渚白▢尊〉《三代》十一卷 31 葉，斯為眣方疑氏、眣方渚氏之器。白疑者，葢渚氏之名也。若〈▢▢卣〉《錄遺》244 圖，▢乃從田丰聲，而為邦之古文，斯為眣方邦氏之器。《說文》載邦之古文作▢，上體之屮乃丰之譌變也。若〈▢乙▢〉《三代》十三卷 48 葉、〈▢觚〉《三代》十

四卷17葉，眲上之⌒，猶羍之作〇，象水半見之形，是亦眲之緐文。其云〇乙者，乃眲方乙氏之器。或疑〇為眉《攈古》一之一卷45葉引許瀚說，或釋〇為善《積古》二卷12葉，是不知古姓氏有緐文之例也。

　　於嶨有〈〇季〇毁〉《三代》七卷 33 葉，〇者噆之古文見《說文口部》，此乃嶨氏季噆之器，或嶨方季噆之器也。又〈仲義父鼎〉五器《三代》三卷38葉、39葉，〈仲姑鬲〉九器《三代》五卷16葉、17葉，并有鑄工〇氏，葢因華邑而氏見《國語鄭語》，【注】《國語鄭語》云「若克二邑，鄢、弊、補、舟、依、䣙、歷、華，君之土也」。韋昭注「言克虢、鄶，此八邑皆可得也」，又云「若前華後河，右洛左濟，主芣騩而食溱、洧」。韋昭注「華，華國也」。春秋時宋有華氏，衞有華龍滑見《左傳桓二年、閔二年》，殆其遺胤也。【注】〈桓二年〉云「為賂故立華氏也」。〈閔二年〉云「狄人囚史華龍滑與禮孔，以逐衞人」。

　　於羍有〈〇父庚鼎〉《三代》二卷 26 葉、〈〇父乙觶〉《三代》十四卷 41 葉、〈〇父丁觶〉《三代》十四卷 43 葉、〈〇爵〉《三代》十五卷 14 葉、〈〇父己爵〉《三代》十六卷 15 葉、〈〇父癸爵〉《三代》十六卷 23 葉、〈〇父丁毁〉《錄遺》125圖、〈〇父戊觚〉《錄遺》246

圖、〈🔣父戊觶〉《三代》十四卷 43 葉、〈🔣父戊爵〉《三代》十六卷 11 葉、〈🔣戊爵〉《三代》十五卷 27 葉，是皆因執邑而氏之器，執邑當卽漢北海郡之執縣《漢書地理志》作瓡，師古注曰瓡卽執字，王念孫謂瓡為執之譌。。彝器有〈🔣爵〉《錄遺》416 圖、〈🔣父己盤〉《三代》十七卷 2 葉，及卜辭之🔣🔣，則為𡉚之後起字，亦卽篆文之執。《逸周書商誓篇》云「幾、耿、肅、執，乃殷之舊官人」，可證執氏為殷代世祿之家，漢印有〈執席〉《匋齋藏印》第四集，蓋其苗裔也。🔣於卜辭作🔣🔣，乃象縶手足之刑具，故自𡉚而孳乳為捕皋人之執，亦自執而孳乳為絆馬足之縶。刑具以繫皋人，故亦自𡉚而孳乳為罪圉報籙諸字。🔣於篆文作𡉚，隸定則形同屰夭之幸諸本《說文》作𡉚，與彝銘之執盩報諸字，及漢印從𡉚之字同體。段本改作𡉚，未可據信。。《左傳宣十六年》云「善人在上，則國無幸民，諺曰民之多幸，國之不幸也」。其云「幸民」及「多幸」之幸字，皆𡉚之譌，而讀如執。義謂善人在上位，則國無拘執之皋人。《管子霸言篇》云「夫兵幸於權，權幸於地」，幸亦𡉚之譌，而讀如執，義謂有兵主於得權，有權主於得地。此為𡉚之本意及

引伸義見於書傳，而皆譌為幸者。《玉篇夲部》云
「夲今作幸」，蓋夲幸二文，自隸定以後卽掍為一
體也。或釋《左傳》之義曰「幸民，僥倖之民」，
又曰「放辟遊食而免，此民之幸也。如是則國以日
瘁，此不幸也」_{竹添光鴻《左傳會箋》}。或釋《管子》
之義曰「幸猶勝也」_{房玄齡注}，是俱未知幸乃夲之譌，
而曲為之說矣。其於姓氏，<u>晉</u>人有<u>幸靈</u>見《晉書藝術
傳》，蓋亦夲之譌變，而與執為同宗也。《說文夲
部》云「夲，所以驚人也，从大从羊，一曰大聲，
一曰讀若瓠，一曰俗語以盜不止為夲，夲讀若籣」。
雜陳數說，而無一形義相合。乃以眛其初形，故亦
未能悉其聲義。或曰夲從屮大_{林義光《文源》}，斯則不
識古文之妄說也。

　　於弓有〈𣪘 父癸鼎〉《三代》二卷 30 葉、〈𣪘 父
庚卣〉《三代》十二卷 53 葉、〈𣪘 父癸觶〉《三代》十六
卷 27 葉、〈𣪘 父癸尊〉《三代》十一卷 15 葉、〈𣪘
祖己爵〉《三代》十六卷 27 葉、〈𣪘 父庚爵〉《三代》
十六卷 30 葉，<u>漢</u>有<u>弓林</u>《後漢書劉玄傳》，【注】《後漢書
劉玄傳》云「<u>平陵</u>人<u>方望</u>謂<u>安陵</u>人<u>弓林</u>等曰『今皆云<u>劉</u>氏真人，
當更受命，欲共定大功，如何？』<u>林</u>等然之」。<u>漢</u>印有〈<u>弓義</u>〉

《十鐘》五冊 34 葉、〈弓丘〉、〈弓弘〉《十鐘》九冊 39
葉，是皆弓氏之見於後世者。

　　於陳有〈陳卯戈〉《三代》十九卷 33 葉，覈其字體，
乃春秋之物，而為宛丘之陳，亦卽敶之本字。異乎
陳完之後所作諸器，必從土作墬。陳卯卽哀公之子
公子留，未得成君而奔于鄭見《左傳昭八年》，【注】〈昭
八年〉云「公子留奔鄭」。《春秋昭八年》云「陳公子留出奔鄭」。
杜預注「留為招所立，未成君故奔」。此戈葢為公子時所作，
位非世子，故亦不偁公子也。陳從𠂤東會意，當以
堂之東階為本義。從𠂤者，猶除階阼陛之從𠂤，所
以示陔次也。東階亦曰阼階，《儀禮士冠禮》云「設
洗置于東榮」，【注】東榮謂正房東邊之廊檐。鄭玄注「榮，
屋翼也」。〈士昏禮〉云「設洗于阼階東南」，又云
「舉鼎入陳于阼階南」，〈鄉飲酒禮〉、〈鄉射禮〉
并云「設洗于阼階東南，水在洗東，籓在洗西南肆」，
〈燕禮〉云「設洗篚于阼階東南，設膳篚在其北西
南」，〈特牲饋食禮〉云「設洗于阼階東南，壺禁
在東序」，〈少牢饋食禮〉云「設洗于阼階東南，
當東榮」，又云「陳鼎于東方，當序南于洗西」，
又云「佐食遷肵俎于阼階西」，又云「祝命佐食徹

阼俎，降設于堂下阼階南」，據此則周之冠昏饗燕，
俱以東階為設盥洗、鼎俎、酒器之所。唯于喪禮，
則設鼎俎於西階，《儀禮士虞禮》云「設洗于西階
西南」，又云「鼎入設于西階前」者是也。葢以周
人殯于西階見《禮記檀弓上》，故以賓禮待之，是以聘
禮亦設飪鼎于西階。然則周前之古制，無論吉凶之
禮，必皆設鼎俎諸器于東階，《禮記檀弓上》云「夏
后氏殯于東階」者是也。以東階為設鼎俎之所，故
引伸有陳列之義，亦有堂塗之義。《小雅何人斯》
傳曰「陳，堂塗也」，【注】〈何人斯〉云「彼何人斯，
胡逝我陳」？意謂他是何人，為何過我前庭？堂塗，《周禮考工
記》鄭玄注「謂階前」，即堂下至門之磚路。《說文攴部》
云「敶，列也」，是皆陳之引伸義。《說文𨸏部》
云「陳，宛丘也，舜後嬀滿之所封，从𨸏木申聲」。
乃誤列陳敶為二字，而以引伸義釋敶，以假借義釋
陳，并悖其初恉，且又誤以會意為形聲矣。彝銘多
見敶墬二字，并為從東，而《說文》載陳之古文作
𨸏，葢為晚周俗體，許氏闇其初形，故誤以形聲釋
之。東本橐之象形，借為方位之名說詳釋橐。【注】案
東於卜辭作𣏟或𣏀，彝銘作𣏟，乃橐之象形，借為方位之名，故

自東而孳乳為橐。猶南於卜辭作𢍽，乃囊之象形，借為方位之名，故自南而孳乳為囊。陳承借義而構字，是猶棘從二東，以示日行一匊，亦承借義而構字。或曰陳之本義謂陳列徐灝《說文注箋》，然陳從𢀜從東，決非以陳列為本義，而乃云然，是亦不能因形得義也。

於耒有〈⟋父己觶〉《三代》十四卷 44 葉、〈⟋父乙爵〉《三代》十六卷 6 葉，⟋象曲柄岐頭，而為耒之古文說詳釋眛。考之載籍及古璽，未見耒氏，近於殷虛之山水邑里，未有耒名。蓋耒即卜辭之𦥑𦥑，隸定為𦥑𦥑，以示羣犬曳耒之形，當即犂之古文耒犂同屬來紐。卜辭多見田𦥑之文，〈父丁尊〉亦云「王由攸田𦥑」《三代》十一卷 30 葉，【注】〈父丁尊〉云「王由攸田𦥑，𦥑乍父丁尊」。義謂王由攸方田狩至于𦥑方，𦥑氏因作父丁尊也。可證𦥑方必去殷虛不遠，蓋即齊或衞之犂邑齊犂見《左傳哀十年》、衞犂見〈哀十一年〉。齊人有犂彌《左傳定十年》，【注】〈哀十年〉云「於是取犂及轅」。杜預注「犂一名隰，濟南有隰陰縣，祝阿縣西有轅城」。〈哀十一年〉云「疾使侍人誘其初妻之娣寘於犂」。杜預注「犂，衞邑也」。〈定九年〉云「齊侯伐晉夷儀⋯東郭書讓登，犂彌從之」。漢印有〈犂真〉《印統》七卷 6 葉、〈犂買〉《澂秋館印存》

第六冊、〈犁佈〉《續齊魯古印攈》第十一、〈犁常生〉、
〈犁座〉《匋齋藏印》第四集，是卽𣟐氏之後昆，其作
耒者又𣟐之初文也。耒者用之插地而耕，故耤於卜
辭作𦔼𦔼，象人執耒以事種埶。〈令鼎〉從耤作𦔼
《三代》四卷27葉，雖為後起識音之字，然其所執之
耒，猶為象形。逮乎篆文從丰作耒，亦若耒之為用，
如耩刈之專以去艸，不足見耕種之義矣。觀夫卜辭
之𣟐𣟐，則知殷人服犬而耕。春秋時有冉耕字伯牛，
司馬耕字子牛《史記仲尼弟子傳》，《新書春秋篇》載
鄒穆公曰「百姓煦牛而耕，暴背而耘」《新序刺奢篇
煦譌作飽》，斯為牛耕之制，始見書傳者，蓋創行於
東周。《山海經海內經》云「后稷之孫曰叔均，始
作牛耕」，此殆後人偽託，不足據信。卜辭多見勿
牛、勿牡，文或作物，乃從牛㓞省聲，義如《戰國
策魏策一》之「驪牛」，【注】〈魏策一〉云「驪牛之黃
也，似虎」。非訓耕之犁也。或釋㓞為物《戩壽考釋》10
葉，或釋〈父丁尊〉之𣟐為麗焱二文《古籀篇》九十卷
25葉、九十三卷11葉，釋毁銘之𣟐為籀《古籀篇》五十五
卷37葉，釋爵銘之𣟐為杈《古籀篇》八十四卷33葉，釋
卣銘之𣟐為刊《古籀篇》二十八卷11葉，是皆失之不辨

形義矣。

於矢有〈[⿱]父乙毁〉《三代》六卷 12 葉、〈⚇白隻卣〉《三代》十三卷 26 葉、〈⚇父癸觶〉《三代》十四卷 47 葉、〈⚇父癸爵〉《三代》十六卷 22 葉、〈⚇戈〉《三代》十九卷 10 葉。

於畐有〈⿱父辛斝〉《三代》十三卷 51 葉、〈⿱父辛爵〉《三代》十六卷 18 葉、〈畐子𣪘〉《綴遺》二十五卷 8 葉、〈畐奠劍〉《錄遺》589 圖、〈畐印〉《十鐘》一冊 4 葉、〈畐布〉《辭典上》803 圖，是皆畐氏之物，與富方之貨。葢與衞之富丘見《水經濟水注引紀年》，俱因富水而氏富水見《水經汝水注》。其作富者，乃畐之絫文。春秋時晉、鄭有富子見《左傳莊二十三年昭十六年》杜注曰「富子二族之富強者」，其說非是。，【注】〈莊二十三年〉「晉桓、莊之族偪，獻公患之，士蒍曰『去富子，則羣公子可謀也已』」。〈昭十六年〉云「富子諫曰『夫大國之人，不可不慎也，幾為之笑而不陵我』」。周有富辰《左傳僖二十二年》，【注】〈僖僖二十二年〉云「晉太子圉於秦，逃歸。富辰言於王曰『請召大叔』」。杜預注「富辰，周大夫也。大叔，王子帶也」。是俱以絫文為姓氏之本字也。畐於〈士父鐘〉作畐，自餘彝銘福所從之畐，形多與此相同。

【注】〈士父鐘〉云「降余魯多畐亾彊」。案〈三代〉一卷 43 葉至 45 葉錄〈士父鐘〉凡四器，第三器福字作畗。羅氏題為〈未氏鐘〉。覈其構體，乃釜鍑之象形，畐與父复同為脣音_{畐父复古音同屬並紐}，故自畐而孳乳為釜與鍑。考釜於〈子禾子釜〉作𨥛，〈陳猷釜〉作𨥛《三代》十八卷 23 葉，文并從缶父聲，可證釜鍑二文，葢東周所孳乳之識音字。從缶而作𨥍者，與象形之畐，并以示無足之器，《召南采蘋》傳曰「無足曰釜」者是也。

〈采蘋〉云「于以湘之？維錡及斧」。湘，烹煮也。毛傳云「湘，亨也。錡，斧屬，有足曰錡，無足曰釜」。篆文從鬲之鬴，則以有足之鬲為其形文，乖於物象矣。鬴鍑皆畐所孳乳，宜其形制相同，惟以方語有殊，故爾收聲略異。《方言》卷五云「釜自關而西或謂之釜，或謂之鍑」，可徵釜鍑乃一物之異名。《說文金部》云「鍑，如釜而大口者」，則以釜鍑異形。是猶李登《聲類》以錠鐙異制_{說詳下文}，并為後世之謬為區別，非初義也。《說文畐部》云「畐，滿也，从高省，象高厚之形」。然彝銘之畐，皆大腹平頂，俱象炊器之釜，惟〈宗婦盤〉作福《三代》十七卷 15 葉，所從之畐，形近篆文之畐，斯為古文之冗筆，《說文》

釋畐從高省，乃據變體之篆文而言，是以乖其初形。
其釋畐為滿者，乃據福富二字推類得之。而未知福
富所從之畐，皆為假借構字，非承畐義而孳乳。猶
之福於〈熾者鼎〉從北聲作 ⿰ 《三代》四卷 2 葉，亦非
承北義而孳乳也。【注】〈熾者鼎〉「熾者乍旅鼎，用匃俶
魯 ⿰ 」。義謂作此養生之鼎，用以祈求大福也。

　　於印有〈⿱鼎〉、〈⿱鼎〉《三代》二卷 7 葉凡三
器、〈⿱甗〉《三代》五卷 1 葉、〈⿱殷〉《三代》六卷 5
葉、〈⿱尊〉《三代》十一卷 3 葉、〈⿱盉〉《三代》十
四卷 1 葉、〈⿱觚〉、〈⿱觚〉《三代》十四卷 18 葉、
〈⿱爵〉、〈⿱爵〉《三代》十五卷 15 葉凡五器、〈⿱
爵〉、〈⿱爵〉《三代》十五卷 14 葉凡三器、〈⿱父丁
鼎〉《三代》二卷 22 葉、〈⿱父戊鼎〉《三代》二卷 23 葉、
〈⿱父丁殷〉《三代》六卷 13 葉凡二器、〈⿱父乙尊〉
《三代》十一卷 7 葉、〈⿱父丁尊〉《三代》十一卷 8 葉，
〈⿱父乙罍〉、〈⿱父丁罍〉《三代》十一卷 40 葉、〈⿱
父己卣〉《三代》十二卷 52 葉、〈⿱祖己斝〉《三代》
十三卷 50、〈⿱祖己觚〉、〈⿱父乙觚〉《三代》十四
卷 24 葉、〈⿱父己觚〉《三代》十四卷 26 葉、〈⿱祖丙
觶〉《三代》十四卷 39 葉、〈⿱祖戊觶〉《三代》十四卷

40 葉、〈 𠬝 父辛觶 〉《三代》十四卷 46 葉、〈 𠃌 祖己爵 〉
《三代》十六卷 2 葉、〈 𠬝 父丁爵 〉《三代》十六卷 10 葉、
〈 𠬝 父丁爵 〉《三代》十六卷 11 葉凡三器、〈 𠬝 父庚爵 〉
《三代》十六卷 17 葉、〈 𠃌 父辛爵 〉、〈 𠬝 父辛爵 〉《三
代》十六卷 20 葉、〈 𠬝 父癸爵 〉《三代》十六卷 22 葉、〈 𠃌
父癸爵 〉《三代》十六卷 24 葉、〈 𠬝 父甲鼎 〉《錄遺》46
圖、〈 𠃌 父丁爵 〉《積古》二卷 5 葉、〈 𠬢 父己爵 〉《三
代》十六卷 15 葉，是皆<u>印氏</u>之器。若〈 𠃌 冑尊 〉《三代》
十一卷 29 葉，乃<u>印方辭氏</u>之器。文作 𠬝𠬝 者，上象印
紐，下象匡郭，仰之而為 𠃌𠃌，音義無別。是猶對
舉之耒其文作 𠬝 《三代》十三卷 52 葉〈父丁卣〉，與 𠬝 《三
代》六卷 21 葉〈父丁毁〉，或上鄉其耒而作 𠬝 《三代》十
一卷 12 葉〈父癸尊〉，亦如卜辭之𤓰作 𤓰，或倒作 𤓰 說
詳釋𤓰，皆音義無異也。古之印鈕有齒如鉤者，名曰
印鉤見《御覽》六百八十三引《夢書》，彝銘象之而作 𠬝。
其鈕突如鼻者，名曰印鼻見《說文金部》鈕字下，彝銘
象之而作 𠬢。𠬢之鼻在下者，猶之 𠬝 亦作 𠃌 也。其
作 𠬝𠬝 者，乃象其窆下成文。考之先秦古印，陰款
陽識俱有之，皆以窆下而顯其文，故肖其形而作 𠬝，
下體之 ▲△ 乃土之古文，所以示受印之塗埴。其文

有倒置而作者，葢以彝器銘文，必先刻木模而塡泥字，泥字既乾，則以插入土型，然後銷金成器，凡其字體不相連者，恆有迻易。若牧於〈父辛鼎〉作《三代》三卷15葉，䧹於〈車䧹觚〉作《錄遺》321圖，般於〈父癸爵〉作《錄遺》473圖，肇於〈衛鼎〉作《三代》三卷15葉，彄於〈父己鼎〉作《三代》二卷47葉，斯其例也。古之印璽，用之封物，《呂覽孟冬紀》、《逸周書月令篇》、《淮南子時則篇》并云「固封璽」《禮記月令》璽作疆，當為漢人臆改。，《墨子備城門篇》云「封以守印」，《商書定分篇》云「封以法令之長印」，又云「封以禁印」，《釋名釋書契》云「璽徙也，封物使可轉徙，而不可發也。印信也，所以封物為信驗也」，是皆以印封物之證。古以泥土封物，而施印於泥土之上，《呂覽適威篇》云「民之於上也，若璽之於塗也，抑之以方則方，抑之以圜則圜」。《淮南子齊俗篇》云「若璽之抑埴，正與之正，傾與之傾」。《抱朴子登涉篇》云「古之入山者，皆佩黃神越章之印，以封泥箸所住之四方，則虎狼不敢近。若有惡神能作福禍者，以印封泥斷其道路，則不復能神」。以其為泥封物，

復施印以昭信，故名封泥封泥見《後漢書百官志》卷三守宮令。此自先秦以訖漢、晉皆然，決非以朱文印記，加於縑緗之上，【注】縑緗，供書寫用之淺黃色細絹。先秦及漢、晉封泥，不愍表暴，此其明證也。蓋自蔡侯紙溥行，【注】東漢蔡倫封龍亭侯，因其首先用樹皮、弊布、破網等作原料造紙，後遂稱以其法造之紙為「蔡侯紙」。而後有朱文之印，《魏書盧同傳》云「黃素朱印，關付吏部」，此為朱印之始見載籍者。考其所言，適當梁武之世，推厥原始，蓋肇於宋明帝以黃紙授官之時見《南史張興世傳》，非先秦之制也。然則印之古文作█者，乃示施印於封泥之上，固已昭箸無疑。考土於卜辭作◊△，填實為▲，則█乃從土█聲，是以亦有不從土而作█者。此徵之字形，而知██為印之古文也。彝器有〈█爵〉《錄遺》388圖，乃從目印聲，而為瞤之古文。從█聲者，以示目之窒窣，印瞤音近相通，故自█而孳乳為瞤印屬因攝影紐，瞤為衣攝影紐，二字音相切近。。此徵之聲音，而知█為印之古文也。考之載籍，印璽通名。然知██為印之古文，非璽之古文者，徵之先秦古璽，其璽字多作鈢坧，亦或僅作尒。所從之尒，皆作█████或██，

審其構形即▢之省變，覈其字體，胥出<u>東周</u>，固在
▢▢諸文之後。然則璽之古文作鈐坅者，乃從古文
之印聲，尒為語詞者，則其假借之義。蓋以尒假借
為語詞，故亦音隨義變，而於古音屬衣攝，與因攝
之印對轉相通。若夫從爾聲之璽，於古印有〈家璽〉
《十鐘》三冊 5 葉，別一方見《碧葭精舍印存》。、〈真璽〉
《十鐘》三冊 4 葉、〈公孫娃璽〉《衡齋藏印》，辨其文
字，決為<u>晚周</u>或<u>嬴秦</u>之物，是篆文之璽又為坅所遷
化。此考之文字，知自▢而孳乳為鈐坅，又自坅而
遷化為璽，是可證▢決為印之古文，而非璽之古文。
《玉篇》、《廣韻》并音璽為心紐者，乃後世之音
變也。《說文八部》云「尒，語之必然也，从入丨
八，八象气之分散，入聲」。是誤以假借為本義，
誤以土為丨，誤以古文之印聲為入，印之與卩判然
二物卩義說見下文，惟其資為信約，固無不同，是自
▢蛻變而為從卩之印。彝器有〈▢鼎〉《三代》二卷 8
葉、〈▢父乙卣〉《綴遺》十卷 28 葉，字從又卩會意，
是亦<u>印氏</u>之器，而為<u>周初</u>之物。印於〈毛公鼎〉作
▢《三代》四卷 47 葉、〈曾白簠〉作▢《三代》十卷 26 葉，
則與篆文同體，又在▢▢諸文之後矣。若鈐坅諸文

僅見<u>東周</u>諸璽，非若印之古文，自<u>殷</u>至<u>周</u>，疊見彝
器。此索之文字，而知印為鈢之古名斷然無疑。說
彝器者，釋 ㄩ ㄇ 為舉《博古圖》十卷 17 葉，十四卷 26 葉，
釋 ㄩ 為丁亥《西清古鑑》八卷 24 葉，釋 ㄇ 為縣弓形《筠
清》一卷 29 葉，或釋 ㄇ 為人，釋 ㄇ 為入，釋 ㄇ 為匕邕，
釋 ㄩ ㄩ 為兕《憲齋》十三冊 2 葉、19 葉、十八冊 10 葉、二十
二冊 8 葉、二十三冊 16 葉，或疑 ㄇ 為角，釋 ㄇ ㄇ 為覆爵，
釋 ㄩ ㄩ 為舉爵《綴遺》十卷 27 葉、十九卷 8 葉、二十一卷 11
葉、13 葉、二十三卷 25 葉，或釋 ㄩ 為兕，釋 ㄇ 為宀《奇
觚》五卷 10 葉、六卷 17 葉，或釋 ㄟ 為右《筠清》二卷 6 葉，
或釋 ㄩ ㄇ 為畢《古籀篇》二十二卷 49 葉，釋 ㄩ ㄩ 為伷《古
籀篇》三十二卷 1 葉，釋 ㄩ 為瓚《古籀篇》七卷 4 葉，釋 ㄟ
為厷《古籀篇》五十六卷 10 葉，要皆悖於形義。或釋卜
辭之 ㄟ 為抑，而曰「印抑古為一字，後世之印信，
古謂之璽節，印之本訓為按抑，後世執政以印施治，
乃假按印之印字為之」《增定考釋中》54 葉。此未知 ㄟ
乃艮之異體，又未知印之古文作 ㄇ ㄇ，而謬為之說。
印璽非必執政者所有，故<u>先秦</u>古印，屬一家者文曰
「家鈢」，屬一人者文曰「私鈢」。於<u>秦漢</u>則曰「家
印」，或曰「私印」，緜夥多見，不勝摟數。<u>殷周</u>

秦漢之璽，僅有一字者，率為一氏之印，其姓名兼
具者，則為一人之印，可徵古之璽印，非執政者所
專。古有其物，亦有其文，印之見於載籍者，則有
《管子》、《墨子》、《韓非子》、《戰國策》及
《商君書》見《管子君臣上篇》、《墨子備城門篇、號令篇》、
《韓非子外儲說右》、《戰國策秦策一、秦策三、齊策三、楚策
四、趙策三、燕策一、衛策》、《商君書》引見上文。春秋時
鄭有印氏《左傳襄二十六年》，葢與彝銘之印，俱因坰
邑而氏坰見《廣韻》二十四職，《集韻》作坰。是知其名相
承已古。乃囿於《周禮》一書，而曰「後世之印信，
古謂之璽節」，此非唯不識古文，亦且未省典記。
印之為物，以抑下為用，是其引伸卽有抑按之義，
非初有抑按之義，後有印信之義，而乃云然，尤為
本末顛亂矣。古有〈⊞印〉《古鈢集林》卷三，其文密
合卜辭之⊻，決為殷代羅氏之印。或曰殷商無印，
其時亦無封泥〈臨淄封泥文字〉王獻唐敘。是未知殷有羅
氏之印，且不識印之古文作⊿，正象加印於封泥。
凡⊿⊼諸文之器，制作華飾，胥與殷器相同，足徵
⊿⊼為殷之古文。乃曰「殷商無印」，斯亦考之未
審也。《說文印部》云「印，執政所持信也，從爪

ㄗ」。〈土部〉云「璽，王者印也，所以主土」。是皆乖於本義，且未知璽於先秦為上下通偁。此非唯徵之古璽可以知之，卽求之書傳，亦有成證。《左傳襄二十九年》云「公還及方城，季武子使公冶問，璽書追而與之」，此大夫印而名璽也。【注】杜預注「璽，印也」。《國語魯語下》韋昭注「璽書，印封書也」。璽書，謂古代以封泥加印之文書也。《韓非子外儲說左》云「西門豹為鄴令，居期年上計，君收其璽」，〈外儲說右〉云「燕王收吏璽，自三百石以上，皆效之子之」，此縣令與屬吏亦名璽也。漢之官印，自列侯以至二千石，多為龜紐，其文曰印或章，唯天子及諸王則曰璽。衛宏云「秦已前，民皆以金玉銀銅犀象為方寸璽」《御覽》六百八十二引〈漢舊儀〉。考之實物，雖有方圓異制，大小殊科，然其質無等別，名無尊卑，自東周以降，胥名為鉩，恂非虛言。《淮南子說林篇》云「龜紐之璽，賢者以為佩」，是知璽卽通名，淮南與衛宏猶知其說。而許氏云然，且云「所以主土」，是昧於古制，而臆為曲解矣。

於公有〈公無鼎〉《三代》二卷16葉、〈公貿鼎〉《三代》四卷12葉、〈公登〉《綴遺》二十五卷21葉、〈公

〈乍戈〉《積古》八卷 18 葉，別一器見《綴遺》三十卷 12 葉、〈△布〉《辭典上》564 圖、565 圖、〈△刀〉《辭典上》969 圖、〈δ刀〉《奇觚》十四卷 8 葉。

於家有〈△父辛器〉《錄遺》615 圖、〈△戈父庚卣〉《三代》十三卷 4 葉、〈△戈爵〉《三代》十五卷 34 葉，乃家氏及家方戈氏之器。若〈△△父戊卣〉《三代》十三卷 29 葉，則為枚方家氏之器。周有家父見《小雅節南山》、《春秋桓八年》、家伯《十月之交》、晉有家僕徒《左傳僖十五年》，是皆因家方而氏。【注】《春秋桓八年》云「天王使家父來聘」。杜預注「家父天子大夫也，家氏，父字」。〈節南山〉云「家父作誦，以究王訩」。〈十月之交〉云「家伯維宰，仲允膳夫」。〈僖十五年〉云「步揚御戎，家僕徒為右」。說者乃以家伯為字見〈十月之交〉鄭箋，是未知古有家氏也。別有〈△父辛殷〉《三代》六卷 16 葉，△象執丫杖之形《釋名釋器用》之丫杖，丫乃丫之省體，後起字作枒枒，見《玉篇木部》，篆文作攴者，乃△之譌變。良以枚攴本非一物，則不當從攴會意。《說文》釋枚從木攴，是亦據譌文而謬說也。攴於經傳作扑，《左傳襄十七年》杜注訓扑為杖，信如其說，則是枚之從攴，適以見枚可為杖之義。然案扑之見於典

記者，則如箠筈之屬，未嘗以為扶病輔老之物也。《尚書堯典》云「鞭作官刑，扑作教刑」，《禮記月令》云「司徒搢扑，北面誓之」，【注】搢扑，鄭玄注「司徒插扑于帶，於陳前誓戒之」。孫希旦集解「扑，所以罰犯令者，搢，搢於腰間也」。《周禮地官司市》云「大刑扑罰」，〈夏官校人〉云「飾幣馬，執扑而從之」，《儀禮鄉射禮、大射禮》尤多見「搢扑」之文，《左傳文十八年》云「邴歜以扑抶職」，杜注曰「扑，箠也」，《尚書偽孔傳》曰「扑，榎楚也」，說并得之。彝器有〈Ɣ爵〉《三代》十五卷7葉、〈ʎ甗〉《錄遺》207圖，是卽攴之古文。《儀禮鄉射禮》云「楚扑長如笴，刊本尺」，鄭注曰「笴，矢榦也，長三尺」。據此則扑乃刊竹而成，剖而中分之者二尺，其供握持者一尺，故攴之古文作Ɣ，正象剖而中分，留本一尺之形。然則云「刊本尺」者，非謂削平其持處也。知攴非木製者，以木雖中剖，而一耑相連，不至岐若二片。惟竹有彈性，剖其上耑，則形適如Ɣ也。彝銘之Ɣ，乃從又Ɣ聲，卜辭從攴之字，文作ʎ ʎ者，乃Ɣ之變體。彝銘或作ʎ者，則為Ɣ之絲體。篆文作ʮ，形同卜辭之ʮ，非從占卜之卜也。

此審之彝銘，而知攴乃刊竹而成之榎楚，亦即〈鄉
射禮〉之楚扑，引伸則為扑擊之義。《呂覽安死篇》
云「扑擊過奪」，《史記刺客傳》云「<u>高漸離</u>舉筑
扑<u>秦皇帝</u>」，是皆扑之引伸義。《說文攴部》云「攴，
小擊也」，則誤以引伸為本義矣。此考之攴之義訓，
及攴之字形，而知攴性柔弱，未可椅以為杖，是以
枚之古文不從攴會意也。

於盃有〈⚇爵〉《錄遺》402 圖，斯為<u>盃氏</u>之器。
若〈⚇女觶〉《錄遺》365 圖、〈⚇鼎〉《三代》二卷
14 葉凡二器、〈⚇爵〉《三代》十五卷 35 葉、36 葉凡二器，
則為<u>盃方女氏</u>，<u>盃方氏</u>之器。卜辭亦有方名曰⚇，
皆為從皿爪聲，而為澡之古文爪屬莊紐，古歸精紐，從枭
聲之璪趮劋澡繰亦屬精紐。，蓋即<u>春秋</u>時<u>鄭</u>之<u>郹邑</u>見《春
秋襄七年》。【注】《春秋襄七年》云「<u>鄭伯</u>如會，未見諸侯，
丙戌卒於<u>郹</u>」。<u>郹</u>地在<u>今河南新鄭、魯山</u>二縣之間。<u>漢印</u>有〈枭
成〉《古鈢印景》、〈槱安〉《印統》七卷 29 葉，蓋皆因
<u>郹邑</u>而氏。說者釋⚇為盟《增訂考釋中》68 葉，或釋為
瓚《古籀篇》七卷 4 葉，或疑為舀<u>馬氏</u>《說文疏證》卷十三，
是皆未知形變之妄說也。

於果有〈果鼎〉《三代》二卷 8 葉、〈果段〉《三

代》七卷 11 葉、〈🌿父辛爵〉《三代》十六卷 20 葉、〈▨印〉《十鐘》三冊 11 葉，是皆果氏之物，葢因淉水而氏見《說文水部》，亦卽《逸周書史記篇》之有果氏。

【注】《逸周書史記篇》云「昔有果氏好以新易故，故者疾怨，新故不和，內爭朋黨，陰事外權，有果氏以亡」。其從未作🌿者，以木未雙聲，故相通作。【注】考木音莫卜切，屬明紐，未音無沸切，屬微紐，案古無輕脣音，則古微紐歸明紐，是以木未雙聲，故相通作也。或釋為枭見羅振玉《三代》目錄，是乖於字形矣。漢印有〈菓輔〉《續齊魯古印攈》弟十二，斯乃果之緐文，而見於後世者也。

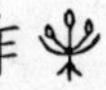

於癸有〈十父己鼎〉《三代》三卷 2 葉、〈十父乙卣〉《三代》十二卷 48 葉、〈十觶〉《三代》十四卷 34 葉凡三器、〈癸爵〉《三代》十五卷� 3 葉、〈癸人爵〉《三代》十五卷 28 葉、〈十父丁爵〉《三代》十六卷 9 葉凡二器，是皆癸氏之器。若〈十𝌆鬲〉《三代》五卷 18 葉、〈癸山段〉《三代》六卷 8 葉、則為癸方正氏，及癸方山氏之器。𝌆者正之複體也姓氏複體之例，說詳下文。。癸方葢卽齊之葵丘見《左傳莊八年》，別一葵丘見《春秋僖九年》。，

【注】《左傳莊八年》云「齊侯使連稱、管至父戍葵丘」。杜預注「連稱、管至父皆齊大夫也。戍，守也。葵丘，齊地也。臨淄

縣西有地名葵丘也」。《春秋僖九年》云「夏，會于葵丘」。周人有癸乙《管子輕重甲篇》、癸度《管子輕重乙篇》，是即因癸方而氏。癸乃戣之初文，《尚書顧命》云「一人冕執戣」，孔氏正義引鄭玄曰「戣、瞿今三鋒矛」，卜辭作✛✚，彝銘作✚，俱象三鋒矛之形，柲下則象插鐏，作✕或✛者，皆其變體也。鄭玄疑瞿亦三鋒矛，則無從質信矣。以癸借為紀日之名，故自癸而孳乳為戣，乃以示別於假借之轉注字。《說文癸部》云「※，冬時水土平，可揆度也，象水從四方流入地中之形，癸承壬，象人足」。是據篆文之變體，而望文生義。猶之據篆文之甲，而謬釋為從木也。【注】《說文癸部》云「東方之孟昜气萌動，从木戴孚甲之象」。

於犬有〈🐏父丙鼎〉《三代》二卷 21 葉、〈🐏父己卣〉《三代》十二卷 41 葉、〈🐕爵〉《三代》十五卷 4 葉、〈🐕觶〉《續殷下》54 葉、〈🐕卣〉《三代》十二卷 41 葉，蓋因犬丘而氏。衛犬丘見《左傳隱八年》、宋犬丘見《左傳襄元年》。【注】〈隱八年〉云「宋公以幣請於衛，請先相見，衛侯許之，故遇於犬丘」。〈襄元年〉云「鄭子然侵宋，取犬丘」。〈卯殷〉云「錫于陕一田」《三代》九卷 37

葉，從𦣞者犬緐文也。●者丁之初形，而為頂之初文，於六書為人大與子之省體象形。猶了與子孑為子之省，兀於觶銘作𦥛《三代》十四卷 38 葉，為大之省，此皆近取諸身之字，多有省體之例也。以丁借為紀日之名，故自丁而孳乳為頂。猶之臣而孳乳為頤，所以示別於臣僕之義。臣而孳乳為頤，所以避與耳形相亂也。《說文丁部》云「丁，夏時萬物皆丁實，象形，丁承丙，象人心」。其意謂丁象果實之形，然考之聲韻，凡與丁音近之字，固無果實之義。或曰「丁，蠆尾也，又為箸物之丁」《通志六書略象形第一》。或曰「丁，鐕也，今俗以釘為之」朱駿聲《通訓定聲》。或曰詩傳曰「丁丁椓杙聲」，又曰「丁丁伐木聲也，然則丁者擊伐之義，字形作个，亦為今之釘」章炳麟《文始》。【注】椓，敲打、槌擊。椓杙，謂捶釘木樁。《尚書大傳》云「椓杙者有數」，鄭玄注「杙者繫牲者也」。是皆據篆文之个而言，故亦未得丁之本義。先秦古器有銅鐕形如𐊅見羅振玉《雪堂所藏古器物圖》17 葉，漢〈丁勝印〉文作𐊅《十鐘》十四冊 20 葉，〈丁賓印〉文作𐊅《十鐘》十五冊 8 葉，形皆近於篆文之丁。書傳偁鐕曰釘，始見《廣雅釋器》，及魚豢《魏略》《魏志

王凌傳》注引。又《潛夫論浮侈篇》云「釘細要，削除鏟靡，不漸際會」，此謂欘入為釘，當亦釘鐕之引伸義。是用釘為鐕，已見後漢之時。蓋晚周或有其名，是以篆文之丁，及漢印之丁，俱宛肖其形，然非●之本義。或謂「●象鐕之鋪首」徐灝《說文注箋》，然鐕為細物，造文者不肖其全形，而獨肖細物之首，無是理矣。矧夫偁鐕曰丁，非殷商古名，詎能以後起之名而索文字初義。若夫《周南兔置》所云「椓之丁丁」，乃狀椓杙之聲，猶《小雅斯干》所云「椓之橐橐」，乃狀築室之聲毛傳云「橐橐用力也」，其意蓋謂用力之聲。。《小雅伐木》所云「伐木丁丁」，乃狀伐木之聲，猶《小雅采芑》所云「伐鼓淵淵」，為狀擊鼓之聲。丁非擊伐，猶橐淵非擊伐，乃謂丁為擊伐之義，是尤謬戾之甚者。《爾雅釋魚》云「魚枕謂之丁，魚腸謂之乙，魚尾謂之丙」，《素問生氣通天論》云「高粱之變，足生大丁」，斯乃以物之形似於文者，而比擬為名說亦見下文。補履下之靷，鍊餅黃金曰釘，則以物之形似於文者，而比擬構字。凡此皆非乙丙丁之本義也。說者乃據《爾雅》以釋乙丙丁三文，且謂「枕係字譌，丁係睛之古字，象

魚睛之形」郭沫若《甲骨文字研究》。是據比擬之名，
而求文字初義，已乖理實。矧夫魚頭枕骨曰丁，固
古今通語，乃謂丁象魚睛，益為悖理之妄說矣。或
謂「丁為釘之本字，象鍊餅黃金之形」唐蘭《殷虛文
字記》，此未知丁之孳乳為釘，猶乙之孳乳為軋，皆
為比擬構字。釘非丁之本義，猶乙非軋之本義也。
若夫〈效父毁〉與〈蚀高卣〉之𐫱《三代》六卷46葉、
十三卷30葉，文象沙金之形，乃金之初文。自𐫱而孳
乳為今聲之金，則為後起識音之字，鈴於〈成周鈴〉
作𨬰《三代》十八卷11葉，案此鈴今藏台北故宮博物院，驗之
實物，塙如拓本。容庚《金文編》摹錄此字，遺其所從之𐫱。，
乃從𐫱令聲。鈞於〈非余鼎〉作𠨱《三代》四卷7葉，
毁銘作𠨱《三代》六卷23葉，并從𐫱旬聲。則於毁銘
作𠜍《三代》六卷43葉，簠銘作𠜍《三代》十卷1葉，盨
銘作𠜍《三代》十卷30葉，并從刀貝𐫱會意。段於〈段
金鬲毁〉作𣪘《三代》六卷38葉，〈段毁〉作𣪘《三代》
八卷54葉，字并從殳𠂤會意，𠂤從厂𐫱聲，乃厓之古
文，段從殳𠂤者，示推石取金之義。此證以鈴鈞則
段之古文，而知𐫱與𐫱皆為金之初文，此其塙證也。
惟以古文之𐫱，其形似仌〈陳逆毁〉冰所從之仌作𐫱，見

《三代》八卷 28 葉。，故古文之。其形似呂，故篆文別益形聲而作金。說者乃謂 ⦂ 為呂之古文，而謂 ⦂ 象二 ● 之形，則 ● 為金餅無疑亦唐蘭說。是徒曲合〈龜公牼鐘〉之膚呂，謬為立說。【注】〈龜公牼鐘〉云「擇乒吉金玄鏐膚呂」《三代》一卷 16 葉。《說文》云「鏐，黃金之美者」，玄鏐謂黑色之鏐。膚乃華之假借，義如《禮記玉藻》「大夫玄華」之華，鄭玄注「華，黃色也」。膚呂者，謂黃色冶鍊之銅也。藉如所言，亦不足證 ● 之初義為餅金也。若 ⦂ 為金之獨體象形，說者固可謂從二釘會意。然必先有金，而後有鍊金成餅之釘。苟如或說，以 ⦂ 從二釘，斯又理所難通者矣。

於角有〈□□父戊鼎〉《錄遺》58 圖，□者子之絲文，子其姓，角其氏。古之角方蓋卽後魏淮陽郡之角城見《魏書地形志中》，漢人有角閎見《後漢書馮異傳》，其先當因角方而氏。角於卜辭作□□，與彝銘之角，并為牛角之象形，故自角而孳乳為衡。《小雅角弓》云「騂騂角弓」者，謂牛角膠所作之弓。《周禮考工記》云「稺牛之角通而澤，老牛之角紾而昔」，是皆角之本義。《逸周書周祝篇》云「角之美殺其牛」，可徵牛角之用甚溥，故角象其形，而解字亦

從牛角會意。衡乃從角衍聲，衍卽〈石鼓文〉之衍，示人行交道之義。衡從角者，示服牛於軛下，輓車而行，當以車衡為本義。《呂覽勿躬篇》云「王冰作服牛」，《尚書酒誥》云「肇牽車牛遠服賈」，【注】車牛卽牛車，古時運載之交通工具。服賈謂從事商賈。〈酒誥〉云「肇牽車牛遠服賈」，孔傳云「載其所有，易其所無，遠行賈賣」。《周禮地官牛人》云「凡會同軍旅行役，共其兵車之牛」，是知服牛輓車，溥行已久，以故駕之籀文從牛作𦍋見《說文馬部》。《小雅采芑》、《商頌烈祖》并云「約軧錯衡」，《大雅韓奕》云「鞗服錯衡」，〈毛公鼎〉云「金甬錯衡」《三代》四卷39葉，〈番生毁〉云「造衡右厄」《三代》九卷37葉，是皆衡之本義。【注】錯衡，以金塗飾成文采之車轅橫木。《小雅采芑》「約軧錯衡，八鸞瑲瑲」。毛傳云「錯衡，文衡」。衡附轅前，其形橫平，故比擬為名，而有從衡、銓衡與衡紞之義衡紞見《左傳桓二年》。【注】〈桓二年〉云「衡、紞、紘、綖，昭其度也」。杜預注「衡，維持冠者也。紞，冠之垂者也。紘，纓從下而上者。綖，冠上覆也」。以衡在轅前，故亦偁鐘甬之上曰衡見《周禮考工記》。【注】〈考工記鳧氏〉云「鳧氏為鐘…舞上謂之甬，甬上謂之衡」。清黃生

《義府．甬》云「甬謂鐘至肩處，有級而稍高也…衡謂鐘上平處也」。以衡為服牛之物，故於牛角之上施以橫木者曰楅衡。《魯頌閟宮》云「夏而楅衡」，《周禮封人》云「設其楅衡」，此皆衡之比擬義。【注】楅衡，加於牛角上橫木，用以控制牛以防觸人。猶之關為橫持門戶之木，故亦名銓曰關。《國語周語》云「關石和鈞，王府則有」，關石卽〈月令〉之衡石，義謂征賦之銓石，得其鈞平，王府則常豐有，是亦關之比擬義也。《說文角部》云「角，獸角也」，又云「衡，牛觸，橫大木其角，从角大行聲」。是據引伸及比擬而釋角與衡，失其恉矣。以衡有橫平之義，故自衡而孳乳為橫與㧦㧦見《左傳昭二十一年》，則為據衡之比擬義，而孳乳之轉注字。【注】〈昭二十一年〉云「天子省風以作樂，器以鍾之，輿以行之。小者不窕，大者不㧦。則和於物」。杜預注「㧦，橫大不入也」。以橫㧦俱為衡之後起字，故其所從黃瓠二聲，唯以識音，而不兼會意也。審諸器之文，皆不從攴殳又奴，與卜辭方名之不益形文者，義無二致。可證凡從攴殳又奴者，為方國之緐文。以古之方名文多從又，後人以為二文之合書，故析言之，而於國名之上冠以有字。若有扈《尚書甘誓》、

有夏《尚書湯誓》、有殷、有周《尚書召誥》、有莘《左傳僖二十八年》、有窮、有鬲《左傳襄四年》、有仍、有閣《左傳昭二十八年、定四年》、有虞、有林、有巢、有鄶、有南、有果、有洛《逸周書史記篇》，繇夥疊見，斯其例也。說者乃疑㪔為雖之省《契文舉例下》，或釋為推《古籀篇》五十四卷9葉，或釋為《廣韻》之皷《商氏類編》，或疑為鵒陳孟家《卜辭綜述》566葉，或釋為罪楊樹達《卜辭求義》43葉，或釋為戳而讀為霰李孝定《集釋》1285葉，或釋𢾅為報《古籀篇》四十卷3葉，釋𢾆為弼《古籀篇》二十八卷39葉，釋𢾅為扛《古籀篇》五十五卷8葉，釋𢾆為摯《古籀篇》五十四卷15葉，或釋為㩭《商氏類編》，釋𢾅為㲉《古籀篇》九十三卷35葉，或釋為觶陳邦福《殷契瑣言》34葉，釋𢾅為射《古籀篇》二十九卷4葉，釋𢾅為摘《古籀篇》五十四卷41葉，凡此無一得其形似。或釋𢾅為斁金祥恆《續文編》，然非研治之斁也。或釋𢾅為揆《古籀篇》五十五卷12葉，然非訓度之揆也。或釋𢾅為扔孫氏《甲骨文編》，釋𢾅為扜《古籀篇》五十五卷40葉，然非訓捆之扔，及指攡之扜也。或釋𢾅為籠陳邦福《小箋》25葉，然非兼有之籠也。或釋𢾅為扡王襄《類纂》，或釋為蚰《古籀篇》九十七卷3葉，然非訓曳之扡，與

腹蟲之蛕也。或釋 為抔《陳邦福辨疑》12 葉，然非〈禮運〉之抔也。【注】《禮記禮運》云「汙尊而抔飲」。鄭玄注「抔飲，手掬之也」。孔穎達疏「以手掬之而飲，故云抔飲」。是皆未知方國之絲文，以考卜辭者五也。

六、古方名之繇文有從行止彳辵者

　　古方名之繇文有從行、止、彳、辵者。若單於觚銘作□《三代》十四卷 17 葉、爵銘作□《三代》十五卷 13 葉、14 葉，易於〈魚易布〉作□《辭典上》505 圖至 508 圖，聿於〈父戊盤〉作□《三代》十七卷 2 葉，溓於〈父辛鼎〉作□《三代》四卷 16 葉，亘於鼎銘作□《三代》二卷 15 葉、甗銘作□《三代》五卷 1 葉、段銘作□《三代》六卷 10 葉、卣銘作□《三代》十二卷 43 葉、斝銘作□《三代》十三卷 50 葉、觚銘作□《三代》十四卷 22 葉、〈史亘段〉作□《三代》七卷 20 葉，辰於卣銘□《三代》十二卷 36 葉，步於尊銘作□《三代》十一卷 1 葉、觚銘作□《三代》十四卷 15 葉、觶銘作□《三代》十四卷 34 葉，尋於〈父庚鼎〉作□《三代》二卷 26 葉、〈父乙觚〉作□《三代》十四卷 24 葉、罍銘作□《三代》十一卷 39 葉，農於〈宰農鼎〉作□《三代》二卷 47 葉，啟於鼎銘作□《三代》二卷 13 葉，牧於觶銘作□《三代》十四卷 35 葉，羌於段銘作□《錄遺》113 圖、卣銘作□《錄遺》239 圖、〈父戊鼎〉作□《三代》二卷 24 葉、〈父戊爵〉作□《三代》十六卷 11 葉，壴於〈壴公壺〉作□《三代》十二卷 15 葉，出於〈旨出觶〉作□《三代》十四卷 55 葉，匡於〈父庚

爵〉作榧《三代》十六卷 39 葉，武於〈祖丁鼎〉作徒《三代》二卷 14 葉，來於觶銘作𧾣《三代》十四卷 52 葉，寓於〈子寓鼎〉作𥦊《三代》三卷 24 葉，矣於〈睸矣鼎〉作𢔪《三代》三卷 5 葉、《錄遺》67 圖、〈睸矣盤〉作𢔪《錄遺》490 圖，禹於甗銘作𢓜《三代》五卷 12 葉，其於卜辭，則有牛之作𢔟，單之作𢔡，乂之作𢖬，珝之作𢔩、中之作𢔘，商之作𣥈，叓之作𢔠，矢之作𢔢，𠂤之作𢔝，黍之作𢔫，向之作𢔑，司之作𢔫，長之作𢔣，鹿之作𢔥，不之作𢔒，戈之作𢔠，亘之作𢔓，己之作𢔪，尋之作𢖥，爰之作𢔬，京之作𢔩，木之作𣎆，束之作𣎇，克之作𢖨，矣之作𣎈，由之作𢔒，衣之作𢔫，大之作𢔫，谷之作𢔫，戠之作𢔩，龜之作𢔪，量之作𢔬，步之作𢔡亦作𢔡，牧之作𢔬亦作𢔤，用之作𢔩亦作𢔩，羊之作𢔡亦作𢔣，出之作𢔩亦作𢔩，卯之作𢔪亦作𢔪，牽之作𢔡亦作𢔢，凡此皆為方國之絜文。

古器方名不從行止彳辵為絜文者

其非絜文而見於彝器者，則有單、聿、濂、辰、尋、啟、牧、武、來、寓、向、司、長、鹿、己、

爰、京、克、量、用諸名。

於單有〈🔯子白鐘〉《三代》一卷16葉、〈🔯白邊父鬲〉《三代》五卷43葉、〈🔯子盨〉《三代》十卷36葉、〈小臣🔯觶〉《三代》十四卷55葉，是皆單方與單氏之器，古之單方當卽周單伯之邑見《春秋莊元年》。

【注】〈莊元年〉云「夏，單伯送王姬」。杜預注云「單伯天子卿也。單，菜地也。伯，爵也。王將嫁女於齊，旣命魯為主，故單伯送女不稱使也」。案菜通采，采地，古卿大夫之封邑。《禮記禮運》云「大夫有采以處其子孫」。孔穎達疏「大夫以其采地之祿養其子孫，故云以處其子孫」。單於卜辭作 單🔯，乃旂之象形，上象旂鈴，中象幅柄，是卽旃之初文單旃古音同屬安攝端紐。【注】案單音都寒切，屬端紐；旃音諸延切，屬照紐。古音照紐為正聲端紐之變聲，故單旃同屬端紐。單而綴鈴於幅上，卽郭璞所謂「縣鈴於竿頭」之制見《爾雅釋天》注。單為旂屬，故旂於卜辭從單作🔯《續編》5.28.1片，省之則作🔯或🔯 🔯，或象三鈴之形而作🔯《前編》1.47.6片，其作🔯者，隸定為斷，其作🔯 🔯者，隸定為斷，并從單斤聲，而為旂之古文，亦卽庚所蛻變之字。此可證單雖旂名，而非旂字，是以復有從斤聲之🔯 🔯也。卜辭復有🔯字《甲編》1297片，與爵銘

之𝄂同體，字從行口者，以示為方國之專名也。𝄂
𝄂二文，所以象綴眾鈴之形，是知單乃象綴鈴之旂，
而為旂之初文，其義甚審。單所以率眾，故自單而
孳乳為卜辭之戰，乃示率眾而田。亦自單而孳乳為
篆文之戰，乃示率眾而鬥。或謂戰從戰省《增定考釋
中》69葉，是未知單之初義也。《說文吅部》云「單，
大也，從吅甲，吅亦聲，闕」。是據篆文之變體，
而誤以象形為形聲，又見單大音近，故以大釋之。
《說文㫃部》云「旂，旗曲柄也」，蓋據《史記田
蚡傳》所云「曲旂」，及司馬〈子虛賦〉所云「橈
旂」而言。證以古文之單，可知旂非曲柄，故冠以
「曲」或「橈」，以見曲柄特旂屬之一。而許氏以
旗曲柄釋之，亦乖於本義。或曰單為大言《說文》段
注，則從許氏之說，以單從吅聲，故謂本義為大言
也。或曰單當从吅車省嚴可均《說文校議》，或曰單从
甲卽𣅶之隸體許槤《讀說文記》，或曰單疑觶之古文孔
廣居《說文疑疑》，或曰單疑簞之象形徐灝《說文注箋》，
或曰單从吅聿省聲朱駿聲《通訓定聲》，又曰單疑車省
吅聲朱氏《定聲補遺》，或曰單卽鼉之古文謝彥華《說文
聞載》，或曰單从𢆉干聲，為古旂字王廷鼎《字義新鏡》，

或曰彝銘單字或作Ｙ，象蟬聯相續，于六書為指事章炳麟《文始》，或曰單當為蟬之古文林義光《文源》，或曰單卽車字馬某《說文疏證》卷三，是皆未得單之形義。或曰單干蓋古今字，而以從單之戰，卜辭省作，因謂單干古本不別丁山《說文闕義箋》。然卜辭之，省單作Ｙ，未可視Ｙ為干也。所以知者，考干於卜辭作，象注旄則作　與見《佚存》587片，未有省作Ｙ者。干於彝銘作，象注旄則作，逮東周時〈干氏尗子盤〉作Ｙ并引見下文，形與篆文相同，亦未有作Ｙ者。此證之古文，知非從干也。單於卜辭彝銘并象箸鑾鈴之旃，與注旄之干，判然二體，此證之字形，知干單非一文也。或謂單為罕之初文郭沫若《金文叢考》316葉，或謂單為羉之初文，而曰Ｖ象兩轅朱芳圃《殷周文字釋叢》卷上，信如其說，則戰不當從單諧聲，旃於卜辭不當從單作，其曰「Ｖ象兩轅」，則不宜有鑾鈴之象，且又無解於。或釋為穗《古籀篇》八十二卷12葉，乖誤益甚矣。

　　於彝有〈單斝〉《三代》十三卷48葉、〈單觶〉《三代》十四卷33葉、〈單爵〉《三代》十五卷7葉凡三器、〈

戈〉《三代》十九卷 7 葉、〈⽊父戌𣪊〉《三代》十三卷 51
葉，漢印有〈律子公〉《印統》八卷 9 葉，是乃聿之緐
文，後世遂以為姓氏之本字。彝銘之聿與卜辭之⽊
⽊，并為從又象執筆之形，作⽊者象其聚毫，作⽊
者象其散毫。《說文》別聿肅為二字，而曰「肅，
手聿巧也，從又持巾」。又曰「聿，所㠯書也，从
肅一聲」。是未知肅下之一為篆文宂書，而乃析聿
肅為二文，因之所釋形義，亦失之乖刺。其云「聿
從肅一聲」，則誤以象形為形聲，而未知聿與一聲
韻俱不相諧聿屬威攝喻紐，古歸定紐，一屬衣攝影紐。。惟
其云「所㠯書」者，乃謂聿為筆之初文，釋義甚允。
此乃古文以聿為筆之明證。蓋以聿假為語詞，故自
聿而孳乳為筆。猶之其假為語詞，故自其而孳乳為
箕，皆所以示別於借義之轉注字。《說文》云「秦
謂之筆」，亦若筆為方語殊字，蓋亦非其朔也。

　　於兼有〈𤔲田父鼎〉《三代》三卷 30 葉、〈𢿐鼎〉
有𤔲公《三代》四卷 18 葉，是皆以兼為氏。從又持二
矢，與持二禾之兼同義。先秦有〈𤔲印〉《十鐘》三
冊 8 葉凡二方，秦漢之印有〈兼𡚸〉《十鐘》三冊 46 葉，
〈兼女〉、〈兼惠〉《印統》五卷 49 葉、50 葉，戰國時

趙有廉頗見《史記本傳》，溓廉葢為兼之支裔，而別益
形文，以異本族者也。

　　於辰有〈兩父己壺〉《三代》十二卷4葉，葢因辰
陵而氏見《左傳宣十一年》卽漢長平縣之辰亭，見《續漢書郡
國志》。。【注】《春秋宣十一年》云「夏，楚子、陳侯、鄭伯
盟于辰陵」。杜預注「辰陵，陳地，潁川長平縣東南有辰亭」。
辰於卜辭作兩冈，彝銘作冈网，象蚌蛤開甲伸首之
形，而為蜃之初文。古者社肉盛以蜃甲，故自辰而
孳乳為祳《說文示部》。蜃者兩甲相合，人之口舌與
物之陰器似之，故孳乳為口耑之脣，及牝麋之麎《說
文肉部鹿部》。女子孕子亦如蜃之含珠，故孳乳為女
妊之娠《說文女部》。《淮南子氾論篇》云「古者摩
蜃而耨」，故亦孳乳為耕人之農《說文辰部》。農於
卜辭作貶貶，殷銘作𤲍《三代》六卷31葉、觶銘作𤲐《校
經》五卷75葉，并從辰林辰田，或從又辰田耑，示持
蜃甲而事種埶，篆文從囟作農者，囟乃田之譌變。
《說文晨部》云「農从囟聲」，是誤以會意為形聲，
而未知囟之與農聲韻俱相乖牾也囟於古音屬囷攝心紐，
農屬宮攝泥紐。。此證以祳脣諸字胥承蜃義而孳乳，因
知辰為蜃之初文，不容疑辨。《說文辰部》云「辰，

震也，三月昜气動，靁電震，民農時也，物皆生，從乙化匕厂聲」。是傅合後世月建之說以釋辰，【注】月建，即舊曆每月所建之辰。古代以北斗七星斗之運轉作為定季節之標准，將十二地支和十二個月份相配，用以紀月，以通常冬至所在之十一月（夏曆）配子，稱建子之月，類推，十二月建丑，正月建寅，二月建卯，直至十月建亥，如此周而復始。律以〈月令〉「孟春之月草木萌動，王令布農事，仲春之月雷乃發聲，耕者少舍」，則知許氏之說，已戾天時。且誤以象形為形聲，而又罔知厂之與辰聲韻相殊也厂屬安攝曉紐，辰屬圅攝禪紐。。

於尋有〈🔲父癸卣〉《三代》十二卷 56 葉、〈🔲觶〉《錄遺》306 圖葉，〈🔲印〉《十鐘》三冊 8 葉，尋於卜辭作🔲🔲，與彝銘并為從又貝會意，而以獲取財物為本義。考之字形，征伐而虜男女曰俘，其初文作孚。田獵而尋鳥獸曰獲，其初文作隻。引伸則尋與孚隻，同義而互通。〈僑兒鐘〉云「得吉金鎛鋁」《周金文存》一卷 30 葉，【注】吉金鎛鋁，案《說文》云「吉，善也」。吉金即《國語齊語》之美金，〈齊語〉云「美金以鑄劍戟，試諸狗馬，惡金以鑄鉏夷斤斸，試諸土壤」。案美金為銅，惡金為鐵。鎛鋁，謂黃色冶鍊之銅也。〈狄駿段〉云「狄駿

從王南征，伐荊楚又得」《校經》七冊 43 葉，〈呂行壺〉云「呂行䡾孚得」《西清古鑑》十九卷 8 葉，【注】䡾，〈㝬鼎〉作戠，戠乃國之古文，從𠦝作䡾為緐文。〈呂行壺〉、〈㝬鼎〉則假為聝，《說文耳部》云「聝，軍斷耳也」。引伸為凡征伐斬敵之義。「呂行䡾孚得」者，謂呂行從戰有所俘獲也。《周易剝》云「君子得輿」，〈无妄〉云「行人得牛」，《春秋定九年》云「得寶玉大弓」，《論語》云「先事後得」〈顏淵篇〉，又云「戒之在得」，又云「見得思義」〈季氏篇〉，是皆得之本義。引伸為凡獲有之名，故偁得財物亦曰孚與隻。〈㝬鼎〉云「眚于人身孚戈」《積古》四卷 23 葉，【注】案眚為省之借，「眚于人身」者，謂視察搜索敵人之身也。〈仲偁父鼎〉云「伐南淮夷孚金」《博古圖》三卷 16 葉，〈過白段〉云「過白從王伐反荊孚金」《三代》六卷 47 葉，〈貞段〉云「貞從王伐荊孚，用乍饙段」《三代》七卷 21 葉，〈員卣〉云「員孚金用乍旅彝」《三代》十三卷 37 葉，〈楚王鼎〉云「楚王酓忎戰隻兵銅」《三代》四卷 17 葉，是皆孚隻之引伸義而與得相通者也。葢得之從又貝以示獲財，與孚之從爪子以示獲人，隻之從又隹以示獲鳥，皆以實物會意，故其引伸之義亦

相通。《左傳定九年》云「凡獲器用曰得，得用焉曰獲」，斯乃叔世支離之謬說耳。尋於卜辭作✦，猶孚於卜辭作✦，皆其緐文，非有二義也。《說文彳部》云「得，行有所得也，从彳尋聲，尋古文省彳」。〈見部〉云「尋，取也，从見寸，寸度之，亦手也」。是據篆文之譌體，而誤貝為見，則與孚隻二文俱以實物會意者，迥不相侔，故其釋義，亦乖初恉，其以得尋區為二部者，是猶〈口部〉之歡、右、否，而重入〈欠、又、不部〉，〈喜部〉之歆，而重入欠部，〈豈部〉之愷，而重入〈心部〉，皆由檢覈未周，非必後人增竄。許氏以古文之尋為得之省，則以古文之聖為聖之省見《說文王部》，其誤同揆。《說文爪部》云「孚，卵即孚也，从爪子，一曰信也」，則又誤以假借為本義矣。以孚借為卵即孚，故自孚而孳乳為俘，乃所以示別於假借之轉注字也。

於啟有〈✦父乙鼎〉《三代》二卷 20 葉、〈✦父乙卣〉《三代》十三卷 14 葉、〈✦父乙爵〉《錄遺》476 圖、〈✦戈〉《三代》十九卷 19 葉，先秦古印有〈✦〉《十鐘》三冊 8 葉，姓名兼具者，則有〈戍審〉、〈戍

塁〉《十鐘》三冊 21 葉，〈啓方〉《十鐘》三冊 39 葉，〈啟出恭〉《昔則廬印存》三集，漢印有〈啟未央〉《十鐘》八冊 19 葉，〈戌宮信〉《匋齋藏印》第四集，元明以前，書傳未見啟氏，唯漢人有開章見《史記淮南屬王長傳》，案《漢書》如淳注曰開章名，審其文義，如說非是。《新書五美篇、淮南篇》俱作啟章。，漢印有〈開樂成〉《印統》三卷 10 葉，蓋因魯之啟陽而氏見《春秋哀三年》。開啟同音，故《公羊傳》、及《荀子彊國篇》作開陽。【注】〈哀三年〉云「五月辛卯，桓宮、僖宮災，季孫斯、叔孫州仇帥師城啓陽」。杜預注「啓陽今琅邪開陽縣也」。《儀禮既夕禮、士虞禮》并注曰「今文啟為開」，載籍於夏后啟或作夏后開見《墨子耕柱篇》、《山海經大荒西經》，微子啟或作微子開見《荀子議兵篇》、《史記宋世家》，衞公子啟方或作開方見《管子戒篇》、《韓非子十過篇》、《史記齊世家》，唯《呂覽知接篇》作啟方，是皆如荀悅之說，諱漢景帝名，故改啟為開見《漢書景帝紀》注。先秦未見開氏，則漢之開氏，其為啟之後昆，蓋無可疑也。卜辭有𢻻𣂤與𣂺𢻻諸文，音義相同，亦用為啓之初文。《說文》無戌字，故釋棨綮與啓，并曰「從啟省聲」，此不知古有戌字，故誤以省聲釋之。其於〈糸部〉

之祭，則曰「从糸𣪠聲」，是又自相違戾矣。

於牧有〈𤘈鬲〉《三代》五卷 13 葉、〈𤘈師父殷〉《三代》八卷 26 葉、〈𤘈卣〉《三代》十二卷 39 葉、〈𤘈父丙卣〉《三代》十三卷 2 葉、〈𤘈父乙觚〉《三代》十四卷 24 葉、〈𤘈父乙觶〉《三代》十四卷 41 葉、〈𤘈父癸觶〉《三代》十四卷 47 葉、〈𤘈父甲卣〉、〈𤘈父乙卣〉《錄遺》245 圖、246 圖，〈𤘈觚〉《錄遺》305 圖，是皆<u>牧氏</u>之器。若〈𤘈共父丁殷〉《三代》七卷 18 葉，乃<u>牧方共氏</u>之器。若〈又𤘈父己鼎〉《三代》二卷 39 葉、〈又𤘈父己殷〉《三代》六卷 21 葉、〈又𤘈父己尊〉《三代》十一卷 14 葉、〈又𤘈父己卣〉《三代》十三卷 4 葉、〈又𤘈父癸鼎〉《三代》二卷 40 葉、〈𤘈又爵〉《三代》十五卷 38 葉、〈𤘈□戈〉《三代》十九卷 15 葉至 18 葉凡六器，是乃<u>又方牧氏</u>，與<u>牧方又氏</u>之器。若〈□𤘈父辛鼎〉《三代》三卷 15 葉、〈𤘈觚〉《三代》十四卷 23 葉、〈□𤘈父丁罍〉《三代》十一卷 41 葉，乃<u>亞方牧氏</u>，與<u>高方牧氏</u>之器。牧蓋即<u>商</u>郊之<u>牧野</u>見《尚書牧誓》，亦即<u>衛</u>之<u>牧邑</u>見《左傳隱五年》。【注】〈牧誓〉云「時甲子昧爽，王朝至于<u>商</u>郊<u>牧野</u>」。義謂黎明之時，<u>武王</u>早晨至于<u>商</u>都<u>朝歌</u>近郊之<u>牧野</u>。〈隱五年〉云「月四，<u>鄭</u>人侵<u>衛牧</u>」。<u>春秋</u>

時有牧仲、牧皮見《孟子萬章下、盡心下》，漢印有〈牧利〉《齊魯古印攈》弟三，是當因牧邑而氏。【注】〈萬章下〉云「孟獻子，百乘之家也，有友五人焉；樂正裘、牧仲，其三人，則予忘之矣」。〈盡心下〉云「如琴張、曾晳、牧皮者，孔子所謂狂矣」。

於武有〈武生鼎〉《三代》三卷 35 葉、〈武子劍〉《綴遺》二十九卷 5 葉、〈武布〉《辭典上》705 圖至 712 圖凡 8 品，此為武氏之器，與武方之貨。夏人有武羅《左傳襄四年》，【注】〈襄四年〉云「后羿恃其射也，不脩民事，而淫于原獸，棄武羅、伯因、熊髡、尨圉，而用寒浞」。周、宋俱有武氏見《春秋隱三年》、《左傳文十八年》，魯、晉并有武城 魯之武城見《春秋襄十九年》，晉之武城見《左傳文十八年》，【注】《春秋隱三年》云「秋，武氏子來賵」。杜預注「武氏子天子大夫之嗣也」。《左傳文十八年》云「十二月，宋公使戴莊、桓之族，攻武氏於司馬子伯之館」。地之名武者，益為多見。是則古之武方未可塙知地望，古之武氏亦非同出一宗。考之卜辭，殷之先祖，有若龍甲、羌甲、般庚、南庚之屬，皆為因方立號。若夫文武於卜辭彝銘，俱為方名，亦即姓氏。然如殷王有曰武丁、武乙，卜辭有文武丁諸名，是蓋如周之文王、

武王，亦若彝器之文祖文考，及剌祖剌考，當為殂逝以後，子嗣所益之尊俌，異乎因方為號。亦非若周之幽屬，魯之幽煬，為迹行立謚也謚法始於西周，蓋初行於魯國，有《史記》諸世家可考。近人郭某謂謚法之興，在春秋中葉以後，其說謬甚。。

於來有〈來冊般甗〉《三代》五卷 11 葉、〈無𢆶卣〉《三代》十三卷 23 葉、〈父癸卣〉《三代》十三卷 32 葉，諸器之來，乃鑄工之氏，而非有器家之氏。【注】鑄工，謂鑄造器物之技術工人。《禮記月令》云「物勒工名以考其誠」。孔穎達疏「每物之上刻勒所造工匠之名於後，以考其誠信」。成湯之時有萊朱見《孟子盡心下》，其後有來氏見《史記殷本紀贊》，【注】〈盡心下〉云「由湯至於文王，五百有餘歲，若伊尹、萊朱，則見而知之」。趙岐注「萊朱，亦湯賢臣也」。〈殷本紀贊〉云「契為子姓，其後分封，以國為姓，有殷氏、來氏…」。蓋與春秋時之萊國見《春秋宣七年》，并因淶水而名者也淶水見《周禮職方》。【注】《春秋宣七年》云「夏，公會齊侯伐萊」。杜預注「萊國，今東萊黃縣也」。《周禮夏官職方氏》云「正北曰并州…其浸淶、易」。鄭玄注「淶出廣昌」。《水經注巨馬水》云「巨馬河出代郡.廣昌縣淶山，即淶水也」。

於寓有〈⊕鼎〉《三代》三卷 51 葉、〈⊕卣〉《三代》十三卷 36 葉，卜辭有方名曰鼎《前編》2.8.7 片，字從重口，而為禺之繇文，是當與寓邁皆因禺方而氏，禺方蓋即魯之遇邑也見《春秋襄十五年》。【注】〈襄十五年〉云「夏，齊侯伐我北鄙，圍成。公救成至遇」。杜預注「遇，魯地」。

於向有〈㑿段〉《三代》巠六卷 37 葉、〈㑿卣〉《三代》十三卷 20 葉、〈㑿父癸段〉《三代》巠六卷 42 葉，殷人有向摯《呂氏春秋先識覽》，春秋時衛有向禽《左傳成二年》，當皆因向國而氏向國見《春秋隱二年》。【注】〈先識覽〉云「殷內史向摯見紂之愈亂迷惑也，於是載其圖法，出亡之周」。《左傳成二年》云「衛侯使孫良夫、石稷、甯相、向禽將侵齊。與齊師遇」。《春秋隱二年》云「夏五月，莒人入向」。杜預注「向小國也。譙國龍亢國縣東南有向城。今城陽莒縣也」。若夫宋之向氏，乃桓公後昆見《左傳成十五年》，非殷商舊族也。

於司有〈司戊鼎〉《錄遺》50 圖，春秋時鄭有司氏《左傳襄十年》，【注】〈襄十年〉云「子嗣為田洫，司氏、堵氏、侯氏、子師氏皆喪田焉」。杜預注「洫，田畔溝也。子嗣為田洫，以正封疆，而侵四族之田也」。蓋其遺胤，當因治

水而氏《漢書地理志東萊郡》。司於卜辭作 𤔔，與〈司母戊鼎〉同體。所從之 𠃊 乃象耒耑岐出之形，而為柏之古文。考耒於〈父己觶〉作 𠃊《三代》十四卷 44 葉，從耒之耤，於卜辭作 𦏵 𦏵，從耒之眛於卜辭作 𦏵 𦏵 說見釋眛，犁於卜辭從耒作 𦏵 𦏵，是知耒之古文，并象曲柄岐頭。司之上體與耒耑密合，此可證 𠃊 為柏之古文審矣。訓主之司，於 戰國 以前之彝器多作嗣，亦有從 𠃊 作嗣者，則見〈頌鼎〉《三代》四卷 39 葉、〈靜敦〉《三代》六卷 55 葉、〈吳彝〉《三代》六卷 56 葉、〈虢叔敦廄〉《三代》九卷 4 葉、〈諫敦〉《三代》九卷 20 葉、〈矢敦〉《三代》九卷 26 葉、〈師兌敦〉《三代》九卷 30 葉、〈番生敦〉、〈卯敦〉《三代》九卷 37 葉、〈免敦〉《三代》六卷 52 葉、九卷 12 葉、〈免尊〉《三代》十一卷 36 葉、〈叉尊〉《三代》十一卷 35 葉，嗣嗣所以為一字之異體者，以嗣從司聲，司 𠃊 同音，故字亦從 𠃊 聲而作嗣。此證之古文，而知司 𠃊 同音者一也。辭於卜辭作 𠃊 𠃊，從辛 𠃊 聲，以示獄訟之辭，《說文》載辭之籀文作嗣。此證之古文，而知司 𠃊 同音者二也。然則司者乃從口 𠃊 聲，而為詞之初文。司與柏辭古音同部 同屬噫攝，而其初文皆為 𠃊 所孳乳。

惟司之本義為通凡之詞，辭之本義為獄訟之辭，嗣之本義為主守之職，此則審其構形，不容殽錯。《說文》載辭之籀文作嗣者，乃其假借之字，非辭之異體也。彝器有〈彐壺〉《西清古鑑》十九卷 13 葉、〈白乚鼎〉《三代》三卷 22 葉凡四器、文皆枱之象形，而為司之初文，是當為司氏，及白方司氏之器。其耑下垂作乚，與上鄉之彐音義不殊。卜辭彝銘之司，枱必鄉上者，是猶從耒聲之𠨬，枱亦上鄉，俱以示其非用之耕種，且避與從刀之召相溷也。復有進者，乍於卜辭作㽕、彝銘作𠂤彐，字從枱入，以示枱之入土，當以耕作為本義。〈堯典〉云「平秩東作」，〈禹貢〉云「大陸既作」，是即乍之本義，引伸則為制作之通名。【注】〈堯典〉云「平秩東作」，案平乃釆之譌，釆，辨別也。孔傳云「歲起於東，而始就耕，謂之東作」「平秩東作」，義謂辨別春耕之次第而耕作也。其枱必下鄉作彐乚者，猶之耤犁於卜辭作𤇭𤴩，亦皆下垂其枱，所以示發土之義，是以異乎司嗣二字之從彐諧聲也。此以乍之古文作㽕、辭之古文作𠂤彐，所從之㇌彐，并為枱之象形，參稽互證，則知司於卜辭作司者，乃從口彐聲，塙乎無疑矣。司職之名，<u>戰國</u>以

前，文并作嗣。見於彝器者，有〈嗣良父壺〉《三代》十二卷 15 葉、〈虞嗣壺〉《三代》十二卷 21 葉，戰國之時，則有〈梁司寇鼎〉《三代》三卷 43 葉，吳榮光以此鼎為漢器，其說謬。、〈司正門鋪〉《三代》十八卷 35 葉。據此則於主守之義，而經傳作司者，俱非戰國以前之文。蓋以司借為有嗣之義，故自司而孳乳為嗣。文既從口作司，而復從言作嗣者，所以示別於假借之轉注字。猶之訓邦之或，借為或者之義，故自或而孳乳為國，亦為重其形文，以示別於借義之轉注字也。反司為后，其文始見〈吳王光鑑〉《壽縣蔡侯墓出土遺物》39 圖，蓋與反正為乏，反夂為干，皆為東周所孳乳。若卜辭之后，音義無異於司，非訓君之后也。良以卜辭文字，非象形所宜有者，則其反書，舉非別一音義。觀夫春秋以前之彝器，多見君辟與王，而無與同義之后，是知卜辭后，其非訓君之后無疑。然則〈堯典〉、〈湯誓〉與〈盤庚〉，俱有后字者，蓋為後世所易，必非夏殷舊文。春秋時魯有郈邑與郈氏見《左傳昭二十五年》，亦當為東周之名，而非相承之古字。【注】〈昭二十五年〉云「臧會逸奔郈，郈魴假使為賈正焉」。杜預注「郈在東平無鹽縣東南，魴假，郈

邑大夫也。賈正掌貨物，使有常價，若市吏也」。職此言之，則后乃司之變體，非司為后之變體也。《說文后部》云「后，繼其君也，象人之形，施令以告四方，故厂之，从一口」。〈司部〉云「司，臣司事於外者，从反后」。是后司二文，許氏倒易其先後。且誤厂為象人形，而又曰「故厂之，从一口」，是皆陳義紆晦，而不可通解。其云「臣司事於外者」，則承經傳假借之義，而益以臆說，乖舛之甚矣。《說文㠯部》云「乍，止也，一曰㠯也，从亡从一」，或改曰「止亡詞也」段注本《說文》，攷之卜辭彝銘，并用乍為制作之義。其於經傳，及漢後載籍，亦無用乍為止亡之詞者。蓋許氏誤以乍从亡一，故以止亡釋之。是猶以擇菜釋若，以母猴釋為，皆由誤釋字形，故爾謬陳義訓也。或曰司蓋從匕，到匕於口，即飼小兒飯之義，飼之初文馬某《說文疏證》卷十七。然案祖妣之字，於卜辭作ᑯ ᒪ，於彝銘作ᒧ ᒡ。從匕之旨於〈匽厌鼎〉作ᒧ ᒪ《三代》三卷 8 葉、50 葉、〈季良父壺〉作ᒧ《三代》十二卷 28 葉、〈國差𦉜〉作ᒡ《三代》十八卷 17 葉，并象匕之曲柄，與司之從ᒡ者，構形大別，是知司非從匕也。飼字始見《玉篇》，

凡以食餉人者，於經傳俱作食，於彝銘多作飤。唯《宣和博古圖》所錄〈威君鼎〉有飼字三卷9葉，字體拙劣，必為贗品。乃謂司為飼之初文，是據後世俗字，而上考殷周古文，殊難徵信。且曰「司即飼小兒飯」，則是先民為食小兒，而別創一字，益為愚慄之妄言矣。

於長有〈𠃓鼎〉《三代》二卷4葉、〈𠃓日戊鼎〉《三代》三卷16葉、〈𠃓生𣪕〉《積古》六卷9葉、〈𠃓由盂〉《錄遺》293圖、〈𠃓莫父乙觚〉《三代》十四卷28葉、〈𠃓湯白達匜〉《三代》十七卷28葉、〈寫𠃓鼎〉《三代》二卷43葉，春秋時衞有長牂《左傳僖二十八年》，晉有長魚矯《左傳成十七年》，蓋因長水或宋之長丘而氏長水見《水經渭水注》、長丘見《左傳文十一年》。【注】〈僖二十八年〉云「衞侯先期入，甯子先，長牂守門，以為使也」。杜預注「長牂，衞大夫」。〈成十七年〉云「郤犫與長魚矯爭田」。〈文十一年〉云「公子穀甥右，司寇牛父駟乘，以敗狄於長丘」。杜預注「長丘，宋地也」。《水經渭水注》云「長水出杜縣白鹿原，其水西北流謂之荊谿，又西北左合狗枷川水」。長於卜辭作𠃓𠃓或𠃓𠃓，以示人髮之長，於文為從人之合體象形，引伸而有久遠之義。若彝器之〈𠃓鼎〉《錄遺》

27 圖、〈♦鼎〉《錄遺》34 圖、〈♦彝〉《錄遺》504 圖、
〈♦瓿〉《錄遺》324 圖、〈♦父辛瓿〉《錄遺》349
圖，斯乃髮氏之器。〈♦瓿〉《三代》十八卷 19 葉圖，
則為髮方亯氏之器。卜辭之♦♦與♦♦《佚存》441 片、
581 片、《摭佚續》190 片、♦字多見，亦皆髮之古文，於
文為從大之合體象形。其作♦者《京都》2026 片，乃
髮之繇文。彝器有〈♦鐘〉《三代》一卷 4 葉，〈召卣〉
之黃髮字作♦《錄遺》277 圖，隸定為媘，是即《說文》
所載髮之或體。據此則西周時已有諧聲之媘，蓋避
與長形相溷，故別益聲文，以明義恉，此固轉注之
通則。漢人有髮福見《漢書儒林傳》，其先當因拔邑而
氏拔見《春秋定三年》，即《漢志琅琊郡》之袚縣。。【注】〈儒
林傳〉云「長孫順為博士，《韓詩》有長孫之學，順授東海髮福」。
〈定三年〉云「冬，仲孫何忌及邾子盟于拔」。厥後未見髮氏，
蓋已自髮而蛻變為法也說見釋髮。古文之長象髮垂於
一方，古文之髮象髮分被左右，是其構體畫然有別。
而說者釋♦為佬《古籀篇》三十二卷 27 葉，釋♦為美《商
氏類編》，釋♦為須，釋♦為長金祥恆《續文編》，此皆
未能審辨象形者矣。長於篆文作♦，乃卜辭繇文♦
之譌變。《說文》載長之古文作♦♦，與卜辭及彝

銘相近，可證長乃從人象形，确切無疑。人上一橫畫者，猶賓之於卜辭作⁇亦作⁇，方於卜辭作⁇亦作⁇，皆古文之宂筆，非從兀也。《說文長部》云「長，久遠也，從兀從匕，兀者高遠意也，久則變化，亾聲，⁇者，倒亾也」。是誤以引伸為本義，誤以象形為形聲，迂謬之甚矣。其以高遠釋兀者，尤為臆說。考兀觶銘作⁇《三代》十四卷 38 葉，乃從大無頭，以示斬首之義。鼎銘從戉作⁇《三代》二卷 4 葉，以象斬首之形，是兀當以斬首為本義_{說詳釋伐}。《說文儿部》云「兀，高而上平也，從一在儿上」，是亦悖於初形之謬說。或曰兀與元同_{徐灝《說文注箋》}，或謂兀從一聲_{苗夔《說文聲訂》}，斯并彊作解人之妄說也。

於鹿有〈⁇鼎〉《侯家莊 1004 號大墓》128 葉、〈⁇父壬爵〉《三代》十六卷 21 葉，燕有<u>鹿毛壽</u>《戰國策燕策一》，【注】〈燕策一〉云「<u>燕王</u>大信<u>子之</u>，<u>子之</u>因遺<u>蘇代</u>百金聽其所使，<u>鹿毛壽</u>謂<u>燕王</u>曰『不如以國讓<u>子之</u>』」。<u>漢</u>印有〈鹿周光〉《十鐘》八冊 15 葉，葢因<u>宋</u>之<u>鹿上</u>而氏見《春秋僖二十一年》。【注】〈僖二十一年〉云「春，<u>狄</u>侵<u>衞</u>，<u>宋</u>人、<u>齊</u>人、<u>楚</u>人盟于<u>鹿上</u>」。<u>杜預</u>注「<u>鹿上</u>，<u>宋</u>地也。<u>汝陰</u>有<u>原鹿縣</u>」。

　　於己有〈己庆鐘〉《三代》一卷 2 葉、〈己庆毁〉《三代》七卷 27 葉、〈己姜毁〉《三代》七卷 4 葉、八卷 2 葉、〈己祖乙尊〉《三代》十一卷 6 葉、〈㠯刀〉《奇觚》十四卷 20 葉、21 葉凡三器，是皆己方與己氏之物。若〈□尊〉《三代》十一卷 4 葉、〈□爵〉、〈□己爵〉《三代》十五卷 47 葉、〈□㠯觚〉、〈羊己觚〉、〈□己觚〉《三代》十四卷 20 葉，其云再己、執己、丰己、西單己者，再、執、丰、羊與西單皆其所屬之邑，己者其氏也。 若〈□爵〉、〈□爵〉、〈□爵〉、〈□爵〉《三代》十五卷 27 葉，□為丙之緐文，□為東之緐文，□即東楚名缶之曰瓵之瓵，諸器之己皆其國，丙、瓵、倲、竝皆其氏也。若〈子雨己鼎〉《三代》二卷 31 葉，子雨乃有器家之氏，己乃鑄器工之氏。若〈戈己鼎〉、〈□鼎〉《三代》二卷 12 葉，乃戈方己氏，與己方再氏之器。若〈己□鼎〉《三代》二卷 12 葉，〈己□卣〉、〈□卣〉《三代》十二卷 41 葉、42 葉，則為己方贏氏，與贏方己氏之器。別有〈□父己鼎〉《綴遺》五卷 22 葉，〈□觚〉《三代》十四卷 16 葉，其文從貝成聲，示賈有所成，而為贏之古文成贏古音同屬嬰攝定紐。當即栢翳所氏之贏《史記秦本紀》，蓋因齊

之嬴邑而氏見《春秋桓三年》。【注】〈秦本紀〉云「大費拜
受，佐舜調馴鳥獸，鳥獸多馴服，是為柏翳。舜賜姓嬴氏」。〈桓
三年〉云「春正月，公會齊侯于嬴」。杜預注「嬴，齊邑，今泰
山嬴縣也」。字亦見〈豹塤〉，其文曰「豹乍塤卩九
𦵩」《綴遺》二十八卷 31 葉，九𦵩義如《尚書益稷》之
「九成」，樂竟曰成見《儀禮燕禮》注，樂止於九，故
有〈九成〉、〈九歌〉之名〈九歌〉見《左傳文七年、昭
三年、二十五年》。《楚辭》之〈九歌〉、〈九章〉，
俱以九為節，蓋亦承古而作。塤云「卩九成」者，
謂作此塤，以和節一切樂章也。此可證𦵩為從貝成
聲，是以假為樂竟之成。或釋𦵩為成，而謂象準權
之形《積古》一卷 5 葉引吳東發說。後人推演其說，而謂
成即古稱字張穆《月齋居士文集》。是皆失之曲解形義。
考稱為稱冂所孳乳，冂象稱權之形，自冂而孳乳為
𢼅𢽤及𢼍𢽦，其文并見彝銘說詳下文，與𦵩成二字煥
然異體。釋𦵩為成，雖非塙詁，說尚近之。乃謂𦵩
古稱字，則其形義大相乖舛矣。成於卜辭作𢆉𢆇，
彝銘作𢆌𢆍，與篆文之成，并從十戊會意，而為鍾
之初文成鍾同屬舌音。戊者斧之初文，成從十戊者，
所以示十釜為鍾之義。《左傳昭十年》、《晏子春

秋問篇》并云「釜十則鍾」，【注】鍾，春秋時之容量單
位。《左傳昭十年》、《晏子春秋問篇》并云「齊舊四量：豆、區、
釜、鍾，四升爲豆，各自其四，以登於釜，釜十則鍾」。《管子輕重
甲》云「粟賈釜四十，則鍾四百」，是十釜為鍾，
古無異說，此為鍾之本義，亦即成之初義也。以成
為十釜之名，故引伸而為十里之名，《考工記匠人》
云「方十里為成」者是也。然則成之為字，乃假象
形之斧，以為鼎屬之釜，此為造字之假借。以成借
為成就之義，故自成而孳乳為鍾，乃所以示別於假
借義之轉注字。《說文戊部》云「戊，中宮也，象
六甲五龍相拘絞也，戊承丁象人脅」。又云「成，
就也，從戊丁聲，𢦏，古文成從午」。是俱誤假借
為本義，其於成則誤以會意為形聲。而未知篆文之
成及古文之𢦏，字并從十，非從丁午也。然謂成從
戊，則說不可易。卜辭於先祖之成，文或作𠂤𠂤，
是乃從口成省聲，而為成之緐文。大乙而名成者，
則為因方立號，古之成方葢即春秋之郕國《春秋隱五
年》，或魯之成邑《春秋桓六年》。【注】〈隱五年〉云「秋，
衛師入郕」。〈桓六年〉云「夏四月，公會紀侯于成」。杜預注
「成，魯地也。在泰山鉅平縣東南」。卜辭方名多有從口，

以示國邑之義，未可據篆文之㔾，而以成從戊丁聲
也。或曰戊即戚之古文郭沫若《甲骨文字研究》，然戚
於卜辭作㦰《粹編》1546 片，與戊之構形，町畦異域。
戚於觶銘從㤕聲作㦰《三代》十四卷 49 葉，是知西周之
戚亦為齒音戚㤕同屬清紐，與戊之音讀，畛畷殊途。
此覈之形聲，而知戊非戚之古文也。考之彝器，則
殷周己氏，星布四方。蓋黃帝之時，即經胙土命氏
見《國語晉語四》，故其族類流衍，遍及諸邦。【注】《左
傳隱八年》云「天子建德，因生以賜姓，胙之土命之氏」。《國
語晉語四》云「黃帝之子二十五人，其同姓者二人而已，唯青陽
與夷鼓皆為己姓」。己者笄之象形己笄同屬見紐，考壯於
〈牧師父殷〉從矣作㑑《三代》八卷 26 葉 27 葉凡三器，
㑑乃從大己聲，以示成人加笄，而為俟之初文。大
矢其形相近，己吕形近音同己吕古音同屬噫攝，故㑑於
篆文譌作㑊。《說文》因列於〈矢部〉，而曰「矣，
語已詞也，從矢吕聲」是誤以假借為本義，誤以己
聲為吕聲。蓋自矣而孳乳為俟，猶交之孳乳為佼，
巽之孳乳為僎，并音義相同，此則審形考義，而知
矣為俟之初文也。㑑於篆文作壯者，因矣士古音同
部，是以假士為矣，此乃形聲字形文假借之例六書之

假借乃造字之法，說詳《假借朔溯原》。。己於卜辭彝銘并曲形作己者，猶先亦曲形作𠃌。篆文之既於彝銘從己作𦣻《三代》六卷 23 葉，蓋以先己皆曲形以結髮，故其文亦同義相通。此證之以𣎵𦣻二字，并象箸笄之形，因知己為笄之古文者一也。《儀禮士喪禮》云「鬠笄用桑，長四寸，纋中」。纋讀如燡，此謂安髮之笄，燡屈其中，俾可結髮，是其形與先己相同。此證之禮經，而知己為笄之古文者二也。殷虛出土之笄，數逾百枚，質皆骨石或象牙。就其形之完整者觀之，靡不直如筆管，度其原形，長必盈尺見《侯家莊 1001 號大墓圖版》壹柒捌葉、壹柒玖葉。〈1002 號大墓圖版〉陸肆葉至陸陸葉。〈1003 號大墓圖版〉伍玖葉至陸貳葉。〈1004 號大墓圖版〉玖零葉至玖貳葉。〈1217 號大墓圖版〉陸伍葉至陸捌葉。。斯為男子冠弁之笄，而非男女通用鬠髮之笄。《儀禮喪服》云「箭笄長尺，吉笄長二寸」，《禮記檀弓》云「榛以為笄，長尺而總八寸」，是皆冠笄之制，異乎鬠髮之笄長僅數寸也。蓋鬠髮之笄質多竹木，故能燡如先己。而笄簪二字，亦皆從竹為形簪為先之俗字，非若骨石之經久。此所以殷虛古笄，未有其形如己者也。《說文己部》云「己，

中宮也，象萬物辟藏詘形也，已承戊，象人腹」。是亦陰陽家之說，謬不待辨。或曰几亦作己《六書略象形第一》，然案几與安坐之牀，及荐物之丌俎同類。牀於卜辭作 ⧯ ⧯，几牀丌俎皆上平而下有直柎，故象其形而作几丌與 ⧯ ⧯，其作 ⧯ ⧯ 者，乃牀之直書，避與丌形相溷也。古俎之傳世者，側視與丌形密合見容庚《商周彝器通考》下冊 406 圖 407 圖，凡此諸文無一形曲近己者。乃謂屈體陵虛之己，即凭依之几，是唯比附聲同，臆為謬說而已。或曰己即紀之本字，古文象別絲之形朱駿聲《通訓定聲》。然案別絲之紀，是猶訓別曰芑，己而有別義者，乃別髮之引伸義，非本義也。或曰己者雉繳，此由茀作㠯，雉作⿰，叔作⿰，可以知之郭沫若《甲骨文字研究》。是乃據釋卜辭者之謬說，而妄為傅合。考㠯從矢弗聲，矢鏃下垂，以示收矢之義，而為繳之古文。弗發雙聲古音同為幫紐，故篆文從發聲作繳。或疑㠯為茀，而曰象雙矢帶繳之形《增訂考釋中》44 葉。其疑㠯為茀，形頗近似，乃謂象帶繳之形，則說殊乖剌。卜辭多見弗字，文作 ⧣ ⧣，彝銘作 ⧣ ⧣，文并從弓，象加榜檠之形，以示矯弓之義，故弗義為矯《說文》釋弗从韋

省，非是。。【注】榜檠，矯正弓弩之工具。《韓非子外儲說右下》云「榜檠者，所以矯不直也。聖人之為法也，所以平不夷，矯不直也」。乃謂韭象帶繳，則是繳不繫矢末，而繫鏃耑，寧非悖理之甚。或釋韭為鞏《古籀篇》九卷 39 葉，益為不辨字形矣。雉於卜辭或作𩿨𩿨，乃從隹夷聲，矢夷古音相近矢夷古音同屬衣攝舌音，故雉亦從夷聲作𩿨。卜辭別有方名曰陳𩿨，乃從𠂤夷聲，夷而作夷者，字從弓矢，示以矢注弦之意。矢之注弦，必居兩彌之中，故夷之本義為平。自夷而孳乳，則為行平易之德。鼻液流於人中，猶矢安於兩彌之中，故復孳乳為洟。書傳云<u>東夷</u>及<u>四夷</u>者，乃其假借之義，猶之彝銘假尸為夷也。古文矢大形近，故篆文之夷，《說文》遂以從大釋之，又曰「東方之人也」，失其恉矣。此證之陳𩿨二字所從之夷，乃夷之古文。而說者云𩿨從夷，蓋象繩繫矢而射，所謂矰繳《增訂考釋中》32 葉。是誤釋從弓之夷以為矰繳，而未思弋射所加，皆高飛之鳥，《鄭風女曰雞鳴》云「弋鳧與鴈」者是也。雉不健飛，射雉無事矰繳，故可網獲。《王風兔爰》云「雉離于羅，雉離于罿」者是也。【注】羅，捕鳥之網。<u>毛傳</u>云「網鳥為羅」。裝設機關以掩

捕鳥獸之網，又稱覆車網。<u>毛傳</u>云「罦，覆車也」。<u>孔穎達疏</u>「<u>孫炎</u>曰『覆車網可以掩兔者也』」。〈兔爰〉云「雉離于羅，雉離于罦」，意謂野雞落於網鳥之羅，野雞落於名曰墮車之罦。說者未知卜辭之□為從夷聲，乃以矰繳釋之，非唯悖於字形，且也乖於事理矣。弋於卜辭作□□，其作□□者，乃象豆莢與其，其作□｜者，乃象豆莖所附之竹支或釋弋為弔，其說非是，說詳下文。，而說者云丨象弓形，乀象矢，乛象雉射之繳，或即雉之本字，而借為伯叔《增訂考釋中》44葉。然□□諸文，非象弓繳之形也。釋己者乃據□□□三字之誤解，而云「己者雉之繳」，則其不可據信，固不待辨。或疑己為跽之初文<u>楊樹達</u>《小學述林》200葉，然卜辭彝銘之己，擬之人身，則以《荀子大略篇》所謂「平衡曰拜」，異乎跽而聳身之跽，是不得謂己為跽之初文也。

　　於爰有〈□卣〉《三代》十二卷36葉、〈□爵〉《三代》十五卷8葉，示持物以相援引，於文為受之合體象形。篆文從亏作爰，猶之粵之從亏，乃語詞之本字，非援引本字也。語詞之爰，字當從于□聲，而〈虢季子白盤〉作□，【注】《三代》十七卷19葉〈虢季子白盤〉云「王各周廟宣廎爰卿」。義謂王至<u>周</u>宗廟之宣廎也。案宣廎隸

於宗廟，宣廨亦曰射廬，以其寬敞，可容師旅，故其振旅飲至，策勛頒賞，最便射廬行之。爰卿者，爰為語詞，於也。卿為饗之初文。爰卿者，謂於是饗燕虢季子白，此即歸而飲至之禮也。可徵篆文之省變，自東周已然。《說文受部》云「爰，引也，从受从亏」，是據省變之字而釋爰，且誤以援引之義，而釋語詞之爰。以爰為語詞，自爰而孳乳為援，亦猶受之孳乳為授，并為緟益形文，俾明義恉者也。先秦有爰旌目《呂覽介立篇》，漢有爰盎見《漢書本傳》、《史記》作袁。，葢因爰婁而氏見《左傳成二年》。【注】〈成二年〉云「秋七月，晉師及齊國佐盟于爰婁」。案經文作袁婁。沈欽韓云「《一統志》爰婁在青州府臨淄縣西。」顧棟高云「或曰在臨淄縣境。案緇川屬濟南府」。名爰婁者，猶名邾曰邾婁見《禮記檀弓》及《公羊傳》，案彝器作鼄者，乃其初文。《左傳》、《穀梁》作邾，與〈邾公鈺鐘〉并戰國時後起之字。，乃方言之尾聲也。

於京有〈□翔仲僕盤〉、〈□未盤〉《三代》十七卷4葉、〈□姜鬲〉《積古》七卷20葉、〈公乍□氏鬲〉《三代》五卷40葉、〈善夫吉父乍□姬鬲〉《錄遺》111圖、〈白吉父乍□姬匜〉《錄遺》500圖、〈□乍大廟爵〉《攗古》一之三卷19葉，是皆京方與京氏之器。漢

印有〈京廣〉、〈京安成〉《秦漢印章拾遺》下冊、〈京次天〉《十鐘》八冊 16 葉、〈椋始昌〉《印統》八卷 38 葉、〈椋安國〉高文翰《印郵》、〈涼閏〉、〈涼儉〉《印統》四卷 24 葉、〈涼玲〉《十鐘》六冊 55 葉，凡此蓋因鄭之京邑而氏見《左傳隱元年》。【注】〈隱元年〉云「武姜為共叔段請京使之，謂之京城大叔」。杜預注「京，鄭邑，今滎陽京縣也」。其作椋涼者，蓋京之絲文，而為支胤之別傳者也。

於克有〈𠧪鐘〉《三代》一卷 20 葉至 24 葉凡六器、〈𠧪鼎〉《三代》四卷 28 葉至 31 葉凡七器、又 40 葉一器、〈𠧪盨〉《三代》十卷 44 葉、〈𠧪爵〉《三代》十五卷 13 葉，是皆克氏之器。〈子𠧪父辛鼎〉《攈古》一之三卷 3 葉，則以子為姓克為氏者也。克於卜辭之作𠧪𠧪或𠧪，與彝銘之克并從卪由會意。由者胄之初文說詳釋由，克從由者，猶兵之從斤，戎之從甲。從卪者猶武之從止，卻之從卪，謂節止而退卻之，是當以勝敵為本義。《禮記禮器》云「我戰則克」，《春秋隱元年》云「鄭伯克段于鄢」，皆其本義也。【注】《春秋隱元年》云「鄭伯克段于鄢」。杜預注「鄭在滎陽宛陵縣西南，鄢今潁川鄢陵縣也」。《爾雅釋言》以能訓克者，

乃疊韻相通克能古音同屬噫攝。《爾雅釋詁》以克訓肩者，乃聲近相假克屬溪紐，肩屬見紐，二紐古多通借。。《說文克部》云「ⓧ，肩也，象屋下刻木之形，ⓧ，古文克，ⓧ，亦古文克」。是據譌變之字，襲《爾雅》之文，而又牽合與刻同音，曲為之說。若ⓧ葢彔之別體，許氏誤以為克之古文，故亦以刻木之形釋克也。或曰ⓧ從入從口，從重尸，口者國都之象，戰而入其國都，入其國而積尸重疊，皆勝意孔廣居《說文疑疑》。或曰物高于肩，故從高省，下象肩形朱駿聲《通訓定聲》。或曰克從高省從尸，尸與人同意，象舉物高出人上，故其義為肩俞樾《兒笘錄》。斯并據譌文而臆說，故皆未得初義。自餘彌縫許說者，紕謬益多，無庸具述。或曰克金文作ⓧⓧ，象人戴冑《增訂考釋中》69葉，或曰從詩尸古聲《古籀篇》三十六卷27葉，則并誤以卪為人與尸，或又誤以由為古矣。

　　於量有〈量厌毁〉《三代》六卷47葉、又〈克鼎〉云「易女井人奔于量」《三代》四卷41葉，奔讀如封古音同屬幫紐，義謂賜女井方之人，封于量邑也。量於卜辭作ⓧⓧ，與彝銘之量并從日東會意。以示日出東方，立表視景，以正方位，以測遠近，是量當以

度長短為本義。《周禮考工記匠人》云「匠人建國，置槷以縣，眡以景，為規識日出之景與日入之景，晝參諸日中之景，夜考之極星，以正朝夕」。【注】〈考工記匠人〉云「置槷以縣，眡以景」。置槷，謂設置測日影之表柱也。鄭玄注「槷，古文臬，假借字。於所平之地中央樹八尺之臬，以縣正之，視之以其景」。《淮南子天文篇》云「正朝夕先樹一表東方，操一表卻去前表十步，以參望日始出。北廉日直入，又樹一表於東方，因西方之表以參望日方入。北廉則定東方兩表之中，與西方之表，則東西之正也」。是即因表度景，以正方位朝夕之義。引伸則量為稱輕重，料多少之名。《禮記王制》云「量地遠近」，又云「凡居民量地以制邑，度地以居民」，又云「布帛精麤不中數，幅廣狹不中量，不粥於市」，【注】粥音ㄩˋ、yuˋ，同鬻，賣也。〈仲尼燕居〉云「宮室得其度量」，《儀禮大射禮》云「司馬命量人量侯道」，《逸周書大明武篇》云「城廓溝渠，高厚是量」，《管子形勢解》云「以尺寸量短長則得」，〈明法解〉云「以尺寸量短長，則萬舉而萬不失」，《墨子天志中篇》云「匠人操其短，將以量度天下之方與不方也」，《淮

南子泰族篇》云「石稱丈量，徑而寡失」，是皆量
之本義。《管子幼官篇》云「偕度量，一稱數」，
〈度地篇〉云「平度量，正權衡」，《戰國策秦策
三》云「平權衡，正度量，調輕重」，《呂氏春秋
仲春紀》云「同度量，鈞衡石，角斗斛，正權概」，
〈仲秋紀〉云「一度量，平權衡，正鈞石，齊升角」，
此皆以度量連文，而與稱數權衡分言并舉，是又可
證量之本義，為量遠近短長也。《左傳隱九年》云
「量輕重」，《周禮天官酒正》之器量，〈地官掌
染草〉之權量，及〈考工記粟氏〉為量之量，則皆
量之引伸義，而與料相通者也量料同屬來紐。量於古
璽從章聲作𣅱𣅱丁氏《說文古籀補補》，是乃晚周變體，
非量之本字。毀銘從土作𦆲者，乃方國之繇文，非
取土圭測度之義也。《說文重部》云「量，稱輕重
也，從重省鄉省聲，𨤲，古文量」。是誤以引伸為
本義，誤以會意為諧聲，乃因誤以從土之繇文為本
字，以故誤釋為從重省，而以稱輕重釋之也。或曰
量從重省，為稱輕重意，從日會日行有常度意孔廣居
《說文疑疑》，或曰量良省聲朱駿聲《通訓定聲》，或曰
量器有口，故從口蕭道管《說文重文管見》，或曰量從

日從里，又曰〈漢光和斛〉量作量，⊙象斗中有米，
章則聲也_{王筠《說文釋例》}，是皆未識初形之謬說也。

於用有〈用毀〉_{《三代》六卷 23 葉}，〈用夜君鼎〉
_{《三代》三卷 11 葉，案此字從土用聲，乃用之緐文。}，〈用戈〉
_{《三代》十九卷 26 葉}，又〈散氏盤〉云「用矢撲散邑」
_{《三代》十七卷 20 葉}，義謂用、矢二方撲伐散邑。說者
釋用為因_{孫詒讓《古籀餘論》卷下 14 葉}，或釋為以_{楊樹達}
_{《金文說》33 葉}，是未知用為方名之謬說。信如所言，
則是冠副詞於篇首，此載籍與彝銘所未有之例也。
古有〈用印〉_{《集古印譜》六卷 37 葉}，漢印有〈用閔〉、
〈用利〉_{《十鐘》六冊 30 葉、31 葉}，〈用忠〉_{《共墨齋古}
_{鉥印譜》}，是皆因用方而氏者也。用於〈師遽彝〉作
用_{《三代》十一卷 37 葉}，〈番君鬲〉作用_{《三代》五卷 38}
_葉，〈江小仲鼎〉作用_{《錄遺》74 圖}，〈曾姬壺〉作
用_{《三代》十二卷 25 葉}，卜辭作用用或用。其作用用者，
乃鐘之象形，而為庸鏞與鐘之初文。其作用用者，
與〈父乙鼎〉之用_{《三代》四卷 7 葉}，并為篆文之甬，
乃鐘柄之象形，《周禮考工記鳧氏》云「舞上謂之
甬」者是也。鐘形橢圓，縣于箌虡，華之未發似之，
故名蓓蕾曰甬，此以比擬為名也。繭蟲之縣於樹者

亦似之，故自甬而孳乳為蛹，此以比擬造字也。是
皆承用義為名，非承甬義為名，惟以甬用同音，故
其字皆作甬。以用借為施行，故自用而孳乳為庸，
《商頌那篇》云「庸鼓有斁」，【注】〈篇那〉云「庸
鼓有斁，萬舞有奕」。意謂鐘鼓壯盛和鳴，萬舞閑熟有序。是即
以庸為鐘之證。以庸借為功庸，故自庸而孳乳為鏞，
鏞者鐘之異體，猶鐘之或體作銿，凡此俱為用所孳
乳。說者或知其然，惟謂鐘柄圜形，蓓蕾橢圓，因
亦謂之甬徐灝《說文注箋》。則以蓓蕾承鐘柄之義而名，
理有未諦也。《說文用部》云「用，可施行也，從
卜中」，又云「庸，用也，從用從庚，庚，更事也」，
〈弓部〉云「甬，艸華甬甬然也」，〈金部〉云「鏞，
大鐘謂之鏞」，則以假借之義而釋用庸，以比擬之
義而釋甬，舉乖其本義矣。庸之從庚，乃取更代之
義，以示庸以代用，而為用之轉注字，非取更事之
義也。《爾雅釋樂》云「大鍾謂之鏞」，乃後世分
別之說，亦若《說文》別釜鍑為二形，非鏞鍑之初
義也。或曰用象引出之形，有所用，自宁中引出之
林義光《文源》，或曰用即墉之古文謝彥華《說文聞載》，
是俱不能觀形知義。墉於卜辭作𩫏𩫖，卜辭彝銘以

及經傳，於用庸二文不相通借，乃謂用墉為一字，是徒牽合同音，而臆為妄說矣。審諸氏之器皆不從行止彳辵，與卜辭方名之不增形文者，殊無異趣，是知凡從行止彳辵者，為其緐文。說者釋𢓊為衙，《古籀篇》六十四卷 28 葉，釋𢍺為術，釋𢓊𢓆為牧《商氏類編》，或釋𢓆為佯孫氏《甲骨文編》，釋𢓍為通《古籀篇》六十五卷 29 葉，或釋為乏唐蘭《古文字導論下》60 葉，釋𢓎為發之別體《古籀篇》二十八卷 37 葉，或據《集韻》而釋為族之古字《商氏類編》，釋𢓏為枲司之合文于省吾《騈枝續編》7 葉，釋𢓐為𧺆，釋𢓑為逢《古籀篇》六十五卷 20 葉、六十六卷 5 葉，釋𢓒為趄《增訂考釋中》67 葉，釋𢓓為跽《古籀篇》六十二卷 2 葉，釋𢓔為汎《古籀篇》六十四卷 25 葉，釋𢓕為歸《古籀篇》六十二卷 25 葉，釋𢓖屮為踔《古籀篇》六十二卷 9 葉，釋𢓗為行商承祚《佚存考釋》63 葉，釋𢓘為唑《古籀篇》四十九卷 17 葉，釋𢓙為迥《古籀篇》六十六卷 24 葉，釋𢓚為動《金氏續文編》，釋𢓛為通《簠室徵文文字》30 片釋文，釋𢓜為衒《古籀篇》十九卷 9 葉，釋𢓝為徙《增訂考釋中》65 葉，釋𢓞為虘《古籀篇》九十三卷 6 葉，或釋為逐《商氏類編》，是皆未知方國之緐文，以考卜辭者六也。

七、古方名之繇文有從宀广厂囗者

古方名之繇文有從宀、广、厂、囗者，若球於〈訇辛𣪘〉作☐《三代》七卷 23 葉，義於〈義母鼎〉作☐《三代》二卷 15 葉，盂於〈卡盂𣪘〉作☐《三代》七卷 21 葉，丰於〈父乙觶〉作☐《三代》十四卷 41 葉，員於〈喪史鈿〉作☐《三代》十八卷 14 葉，囡於觚銘作☐《三代》十四卷 18 葉，比於〈父癸爵〉作☐《三代》十六卷 23 葉，毛於〈父丁爵〉作☐《三代》十六卷 10 葉，銍於〈豐姑𣪘〉作☐《三代》八卷 51 葉，别於𣪘銘作☐《三代》六卷 9 葉，爵銘作☐《三代》十五卷 35 葉，易於〈易長鼎〉作☐《三代》二卷 43 葉，〈史頮甗〉作☐《三代》五卷 7 葉，子於〈父己觶〉作☐《三代》十四卷 44 葉，〈父戊鼎〉作☐《錄遺》58 圖，午於〈父丁𣪘〉作☐《三代》六卷 38 葉，〈父辛尊〉作☐《三代》十一卷 18 葉，執於〈子執卣〉作☐《三代》十二卷 57 葉，〈子執觶〉作☐《三代》十四卷 50 葉，麤於〈麤羌鐘〉作☐《三代》一卷 32 葉至 34 葉凡十二器。，史於〈史客𣪘〉作☐《錄遺》154 圖，仲於〈父己盂〉作☐《三代》十四卷 5 葉，印於〈父己尊〉作☐《三代》十一卷 21 葉，豕於觶銘作☐《三代》十四卷 15 葉，希於爵銘作☐《三代》

十五卷 14 葉，魚於〈父辛爵〉作□《三代》十六卷 20 葉，
我於〈父辛段〉作□《三代》七卷 15 葉，五於戈銘作
□《三代》二十卷 27 葉，□於〈父己鼎〉作□《三代》二
卷 24 葉，〈父己爵〉作□《三代》十六卷 13 葉，夲於爵
銘作□《三代》十五卷 14 葉，〈箙夲爵〉作□《錄遺》424
圖，蠡於鼎銘作□《三代》二卷 1 葉，壺銘作□《三代》
十二卷 1 葉，人於〈父戊觚〉作□《三代》十四卷 25 葉，
爵銘作□《三代》十五卷 10 葉，旡於鼎銘作□《三代》三
卷 9 葉，觚銘作□《三代》十四卷 23 葉，隻於〈父癸段〉
作□《三代》七卷 4 葉，自於〈父丁卣〉作□《三代》十
三卷 28 葉，其作□□□者，乃口之省體，其作□者，
乃從重口，其作□者，乃從重口而實其中，此彝銘
與卜辭所多見者也。以方名於彝銘亦有從重口之例，
故告於〈父戊爵〉作□《三代》十六卷 11 葉，甬於〈攸
甬盨〉作□《三代》十卷 27 葉，者於鼎銘作□《三代》
二卷 6 葉，觚銘作□□《三代》十四卷 22 葉、26 葉，丙於
鼎段壺尊之銘作□□及□引詳下文，止於爵銘作□□
及□《三代》十五卷 8 葉。於芟有〈□子鬲〉《三代》五
卷 21 葉，〈□子盉〉《三代》十四卷 7 葉，〈戈□段〉《三
代》六卷 22 葉，〈戈□卣〉《三代》十三卷 6 葉，〈戈□

盂〉《三代》十四卷 6 葉，〈戈❁瓶〉《三代》十四卷 29 葉，〈戈❁觶〉《三代》十四卷 52 葉，〈戈❁爵〉《三代》十六卷 32 葉，其作❁者為义之繇文，其作❁者為戈之繇文，二文當即一地。據此可知同一止也，其繇文可從六口而實其中作✷，亦可從四口而作✴。同一义也，可從一口而作❁❁，亦可從三口而作❁。是猶止於卜辭作✲或✲，大於卜辭作✾或✾，羊於卜辭作✿或✿，皆一文之異體也。其於卜辭則有卯之作▨，异之作▨，叉之作▨，辰之作▨，取之作▨，受之作▨，攸之作▨，矢之作▨，東之作▨，屮之作▨，白之作▨，壬之作▨，見之作▨，犬之作▨，大之作▨，夨之作▨，吳之作▨，執之作▨，壬之作▨，午之作▨，亥之作▨，止之作▨或▨，鼓之作▨或▨，休之作▨或▨，山之作▨或▨，耳之作▨或▨，者之作▨，戌之作▨，牛之作✷，止之作▨，芻之作▨，聿之作▨，目之作▨，羌之作▨，爰之作▨，工之作▨，卣之作▨，主之作▨，今之作▨，矢之作▨，來之作▨，果之作▨，辣之作▨，多之作▨，同之作▨，仲之作▨，堯之作▨，般之作▨，方之作▨，旬之作▨，羍之作▨，麋

之作，侖之作，魚之作，龍之作，門之作，我之作，弓之作，蜀之作，蝨之作，癸之作，午之作，珏之作，遲之作，又之作，攸之作，羊之作，刀之作，舟之作，豕之作，鹿之作，幸之作，戈之作，燹之作，子之作，賓之作或，旡之作或。亦有從二口或多口，及口之省作點形者。若口之作，言之作案此非讙之古文，臣之作，奠之作，禺之作，女之作，乂之作，午之作，亥之作，每之作，叀之作亦作，爿之作亦作，丙之作亦作，它若示之作，正之作，叉之作，者之作，羊之作，鳳之作，冎之作，壴之作，爯之作，食之作，矢之作，因之作，邑之作，奚之作，萬之作，癸之作，子之作，凡此皆為方國之緐文。

古方名不從宀广厂口為緐文者

非其緐文而見於彝器者，則有義、盂、丰、員、比、鷊、五、希、蝨、人、旡、者、止、艾、卬、艮、

見、矢、吳、鼓、休、山、耳、棘、同、般、旬、門、又、臤、舟、癸、女、亥、每、邑諸名。

於羲有〈羲妣鬲〉《三代》五卷 18 葉，〈堯典〉有羲仲、羲叔，蓋因羲方而氏也。【注】《尚書堯典》云「分命羲仲，宅嵎夷，曰暘谷。申命羲叔，宅南交」。案分命謂任命，申命謂再命也。宅，定居也。嵎夷，孔傳「東表之地稱嵎夷」。陸德明釋文「馬曰『嵎，海嵎也；夷，萊夷也』」。南交，蔡沈傳「南方交趾之地」。

於盂有〈盂鼎〉《三代》四卷 42 葉、〈盂卣〉《三代》十三卷 38 葉、〈盂爵〉《三代》十六卷 41 葉，衞有盂黶《左傳哀十五年》，蓋因宋之盂邑而氏盂見《春秋僖二十一年》。【注】〈哀十五年〉云「大子聞之懼，下石乞、盂黶敵子路」。《春秋僖二十一年》云「秋，宋公、楚子、陳侯、蔡侯、鄭伯、許男會于盂」。杜預注「盂，宋地也」。

於丰有〈丰鼎〉《三代》二卷 43 葉、〈丰父乙觶〉《三代》十四卷 53 葉、〈丰己觚〉《三代》十四卷 20 葉，丰丰乃《說文》訓艸蔡之丰，〈祖丁殷〉云「乙亥，王錫口繢玉十、藉丰章」《三代》七卷 34 葉，藉丰章讀如玠璋，義謂錫以玉十枚，及玠璋一方。此證以〈祖丁殷〉，而知丰丰非《說文》訓艸盛之丰也。

於員有〈⿰鼻鼎〉《三代》四卷 5 葉、〈⿰鼻父尊〉《三代》十一卷 23 葉、〈⿰鼻父壬尊〉《三代》十一卷 31 葉、〈⿰鼻壺〉《三代》十二卷 4 葉、〈⿰鼻盂〉《三代》十四卷 5 葉、〈⿰鼻卣〉《錄遺》252 圖，<u>蓋因涓水或郧邑而氏</u>見《水經涓水篇》、郧邑見《春秋哀十二年》。【注】《水經涓水篇》云「<u>涓水出蔡陽縣東南大洪山</u>」。《春秋哀十二年》云「秋，公會衛侯、宋皇瑗于郧」。<u>杜預</u>注「<u>郧，發陽也。廣陵海陵縣東南有發縣口也</u>」。彝銘作娟者引見下文，乃姓氏之本字，亦即篆文之妘也。員於卜辭作⿰鼻鼎⿰鼻鼎，并從○鼎會意，○者圜之初文說詳下文，員從○者，示其如天體之圜，從鼎者，亦取圜鼎之義，是知員乃圓之初文。《說文》云「員，物數也，从貝口聲」，此誤以假借為本義，誤以會意為諧聲矣。蓋以<u>許氏</u>不知○為圜之古文，而見員口雙聲，故以口聲釋之員口同屬為紐。是猶<u>許氏</u>不知敢為從爭甘聲，因據篆文譌易之體，而釋為從受古聲，亦誤以雙聲釋之也敢古同屬見紐。彝器之〈喪史實鉇〉者，喪史為其官，實為其氏，蓋以典司喪事，因以名官，猶《周禮春官》之職喪。史於鉇銘作⿰史，乃史之闕其橫畫，彝銘多有其例，非《說文》訓滑之屮也。【注】《三代》十八卷 14 葉〈喪

史寰鈚〉云「寰𡿧寰自乍鈚，用征用行，用㰱臂壽無彊，子=孫=永寶是尚」。漢印有〈宣曲寰吏〉《十鐘》二冊51葉，宣曲為地名《史記高祖功臣表》有宣曲侯丁義，義為宣曲主喪之吏，史吏古通，可徵鈚銘之喪史，漢時猶有其名，若夫漢印有〈喪鄉都尉〉趙允中《印揭》，又有〈喪章〉《十鐘》六冊7葉，〈喪貴〉《匋齋藏印》第三集，〈喪延年〉《崔氏古印集存》弟五集，乃以喪為鄉名及姓氏，則非鈚銘喪史之義也。

於比有〈✚《鼎〉《三代》二卷14葉凡四器、〈✚》段〉《三代》六卷9葉、〈✚》尊〉《三代》十一卷5葉、〈✚》爵〉《三代》十五卷33葉、〈壺〉《三代》十二卷1葉、〈》爵〉《錄遺》395圖、〈父癸段〉《三代》六卷17葉、〈父丁罕〉《三代》十三卷51葉、〈父丁觶〉《三代》十四卷51葉、〈父乙爵〉《三代》十六卷5葉、〈父丁角〉《三代》十六卷44葉，是皆因比水而氏之器見《水經比水篇》，別一沘水當非古之比方。，【注】《水經比水篇》云「比水出比陽東北太胡山，太胡山在比陽北」。殷之比干蓋因比、干二方而氏。【注】比干，商紂之諸父。《史記殷本紀》云「紂淫亂不止，比干曰『為人臣者，不得不以死爭』。乃諫紂三日不去，紂怒曰『吾聞聖人心有七竅』，

遂剖觀其心」。<u>程大中</u>《四書逸箋》引《孟子咱記》云「王子<u>干</u>，封於<u>比</u>，故曰<u>比干</u>」。比於卜辭作 ⸀⸀，象二人屈體相合之形，與從二人之从互異。是當以夫妻牉合為本義，引伸為親暱比擬之名。《說文比部》云「比，密也，二人為从，反从為比」。斯乃誤以引伸為本義，且據篆文之變體，而誤以為从之反書也。卜辭之比於方名之外，其別一義為訓具之庀，惟以古無庀字，故卜辭與《周禮》并假比為之庀於《周禮》僅一見〈遂師〉，注曰故書庀為比。可證古文《周禮》皆作比，〈遂師〉作庀者，乃<u>漢</u>世之改易也。。《說文》訓茍為具者，茍乃古文簏之譌體，非以具為本義也說見下文。說者釋卜辭之 ⸀ 為斤，謂為祈之借字《栔文舉例下》，或釋从，而謂與從誼同<u>王襄</u>《徵文天象攷釋》7葉，或釋為榜《古籀篇》八十五卷35葉，或釋弜疑為弼之古文《增訂考釋中》43葉，或從釋弜之說，而謂卜辭假為必，與其為對文，其為疑詞，弜為決詞<u>葉玉森</u>《前編集釋》四卷6葉，或讀弜為弗《燕京學報》二十八期<u>張宗騫</u>〈弜弗通用考〉，是皆牽合弼音以釋弜。然弼於〈者沪鐘〉《三代》一卷40葉、〈毛公鼎〉《三代》四卷49葉、〈番生設〉《三代》九卷37葉，構體胥同篆文，通考彝銘，未見省弼

為弜。乃釋〻為弜，且又強合弼音，而讀為必或弗，此其形聲迂謬者一也。考卜祀卜牲之辭，有僅挈一〻字，而不與同版之辭相屬者見《遺珠》661片、《鄴羽三集》37.8片、《粹編》4片、154片、287片、321片、342片、592片。。乃以卜兆已從，故記一比字，以言可庇某祭，或庇某牲也。苟釋〻為弜，而讀如必或弗，則僅一必字或弗字，義皆無所屬。且弗勿不凶諸字，於卜辭叢沓多見，靡不與它字相綴，而在一辭之中，絕未一見如〻字之例，孤置一字者。而說者讀〻為弗，則非唯辭義扞格，且又文例所無。此其拘虛孔見，而妄為曲說者二也。【注】拘虛，比喻孤處一隅，見聞狹隘。《莊子秋水篇》云「井蛙不可語於海者，拘於虛也」。案《玉篇》云「弜，渠良切」，據此則弜於古音，乃與彊長為疊韻，故《說文》以彊釋弜。弓衣之韔，而從長聲者，長當為弜之借，以示一韔而藏二弓，《秦風小戎》云「交韔二弓」，是其明證。此證以韔貯二弓之制，而知弜長疊韻，則弜與必弗二文聲韻不諧。乃謂弜假為必，或通於弗，此其謬為比合者三也。然則卜辭之〻〻乃比之古文，覈之字形，證之辭義，斷然無疑。其以它字它義釋

之者，皆必觸處差牾，非僅釋弜為然也。【注】差牾，謂差錯也。漢蔡邕《上漢書十志疏》云「請太師田注考校連年，往往頗有差牾」。

於矗有〈𤔲婤鼎〉《三代》三卷 7 葉、〈矗婤𣪘〉《三代》六卷 37 葉。【注】鼎𣪘銘文并云「矗婤乍寶障彝」。是矗有方名之義也。

於五有〈⋈爵〉《續殷》下 5 葉、〈⋈劍〉《三代》二十卷 42 葉、〈戈⋈甗〉《三代》五卷 1 葉、〈⋈布〉《辭典》上 350 圖、427 圖、451 圖、499 圖、〈⋈布〉《辭典》上 385 圖，是皆五氏或五邑之物。漢印有〈五京〉、〈五重〉《集古印譜》四卷 50 葉、〈五敞〉、〈五崇〉《十鐘》九冊 14 葉、〈五同〉、〈吾武〉《匋齋藏印》第三集、〈五偃〉、〈吾忠〉《栔齋古印存》，見於書傳者，春秋時楚有伍參《左傳宣十二年》，【注】〈宣十二年〉云「聞晉師既濟，嬖人伍參欲戰」。杜預注「伍參，伍奢之祖父也」。〈昭十九〉云「大子建即位，使伍奢為之師」。杜預注「伍奢，伍舉之子，伍員之父」。三國時吳有吾粲《吳志本傳》，其初蓋出同宗，當因晉五氏之邑而氏見《春秋定九年》。【注】〈定九年〉云「秋，齊侯、衛侯次于五氏」。杜預注「五氏，晉地也」。其後則緟益形文，故區為二族或三族也。

五於卜辭作⛝⛝或⛝，於彝銘作⛝⛝，俱象縱橫相
交之形，當以交啎為本義，而為啎之初文，於文為
獨體指事。其用為紀數之名者，猶八與萬兆用為紀
數之名，皆為假借之義。蓋自十以下，積畫而示數
名，文止於四，乃取籌算之式而為文，自十以上，
并文而示數名，文止於卌，乃合結繩之形而為文。
自五至九，非象籌算與結繩，故五九諸名，非以數
名為本義。或謂〈小臣艅尊〉作彡，即五之本字<u>林
義光</u>《文源》。是未知〈艅尊〉之彡與卜辭之彡及彡
彡，皆為祭名肜之初文，亦即《尚書高宗肜日》之
肜，乃誤以彡為五之本字，是不明彝銘文義，不識
造字通規，而徒掎摭前人謬說，曲加比附《攗古》二
之三卷 46 葉引<u>許瀚</u>說誤釋彡為五，【注】《三代》十一卷 34 葉
〈小臣艅尊〉云「隹王十祀又五，彡日」。案彡日即肜日，肜祭
之日也。舊謂祭之明日又祭也，蓋即繹祭。《爾雅釋天》云「繹
又祭也，<u>周</u>曰繹，<u>商</u>曰肜，<u>夏</u>曰復胙」。惛愣不學，而索文
原，多見其妄矣。《儀禮大射禮》云「度尺而午」，
<u>鄭注</u>曰「一從一橫曰午」，〈特牲饋食禮〉注云「午
割從橫割之」，《周禮秋官涿壺氏》云「若欲殺其
神，則以杜榦午貫象齒而沈之」，斯并假午為五，

此可證五之本義為從橫交牾。《周禮》注曰「故書午為五，杜子春云『五貫當為午貫』」。是未知午為杵之初文，而又未知五以交牾為本義，惟以習見假借之文，故誤以午為交牾之本字，是猶漢人不識禩為祭祀之本字，因臆改《周禮》故書之禩為祀也。《說文五部》云「五，五行也，从二，侌昜在天地閒交午也，X，古文五如此」。是誤以假借為本義，且誤以五為從二X聲矣。然紀數之五，卜辭彝銘至為多見，而未一見作X者，蓋漢人省五為X，故許氏誤以為古文也。抑又考之，數名之六於卜辭作介∩，乃𡴀之省文。彝銘之陸於〈父乙卣〉作□《三代》十三卷2葉，〈父乙角〉作□《三代》十六卷45葉，〈邾公釛鐘〉作□《三代》一卷19葉，〈敀陸矛〉作□《攈古》一之二卷44葉，是亦省𡴀為介，然則數名而省作介者，猶紀日之亲而省作辛說見下文，賣出之𩟄而省作售，例同一揆。𡴀乃從屮象土凷隆突之形，而為坴之初文，非如《說文》所謂「地蕈」，亦非從六聲也。數名之七，於卜辭彝銘并交畫作十，以斷物之形，而為切之初文，於六書為獨體指事。九於卜辭作□，象樵刈之句，於六書為獨體象形說見下文。

而《說文》於五六七九諸文，并以陰陽之數釋之，舉非其義。數名之八，於卜辭作)(，象兩肱之分別，而為臂之初文，引伸有分別之義。以八借為紀數之名，故自八而孳乳為臂八臂同為輩紐，猶之象巨指之白，借為狀色之名，故自白而孳乳為擘說見下文，皆為別於借義之轉注字。八之後起字作扒見《廣雅釋言》，乃據引伸而孳乳之轉注字。蓋臂之古文為八，猶肱之古文作𠃋見《說文又部》，文并象形，此徵之字形、字例，及文字之孳乳，而可知者。《說文八部》云「八，別也，象分別相背之形」，則又誤以引伸為本義矣。《說文口部》云「吾，我自偁也，从口五聲」。此未知吾乃從口五聲，而為方名五之緐文。書傳用為自偁之名者，乃我之雙聲假借。猶《周南葛覃》之言，《邶風匏有苦葉》之卬，〈綸鎛〉之盧《三代》一卷 67 葉，并為我之雙聲假借吾言卬盧與我同屬疑紐。【注】〈葛覃〉云「言告師氏，言告言歸」。〈匏有苦葉〉云「招招舟子，人涉卬否」〈綸鎛〉云「保盧兄弟…保盧子姓」。許氏乃以自偁釋吾，是亦非其本義也。

於𢍰有〈𢍰医鼎〉《三代》三卷 21 葉、〈𢍰大師鼎〉《三代》四卷 18 葉、〈𢍰姞𣪕〉《三代》六卷 53 葉、

〈𣄰厌匜〉《三代》十七卷 25 葉、〈𣄰子匜〉《三代》十七卷 26 葉、〈𣄰厌戈〉《三代》十九卷 45 葉，𣄰即經傳之蔡，蔡於周為姬姓，故彝器有〈𣄰姬尊〉《三代》十一卷 32 葉，古之方名字皆假借，此所以彝器作𣄰，而經傳作蔡，未可視𣄰為蔡之古文。𣄰讀如肆，亦兼殺之古文，葢殷之𣄰方，周之蔡國，乃因殺水而名見《山海經中山經》。惟以字有貿遷，故釋文者，昧其音義也。𣄰於卜辭作𣄰𣄰或𣄰𣄰，於方名之外，借為祟或殺，其文與彝銘并象脩豪獸之形。【注】借𣄰為祟，祟鬼神之禍害也。卜辭云「上甲𣄰王」《林氏》2.2.15 片？乃貞問上甲是否為禍祟於王也。所謂「人鬼作祟」，《莊子天道篇》云「一心定而王天下，其鬼不祟」是也。《說文𣄰部》云「𣄰，脩豪獸，一曰河內名豕也，从彑下象毛足」。其云「脩豪獸」者，義無可㫄。惟云「从彑」，則析獨體象形，而為合體象形，因別立彑部。是猶釋行從彳亍，而別立彳部，為同一乖謬。〈彑部〉之𢑚，於卜辭彝銘并從豕矢聲，彖彖諸字，乃𣄰之異體，其音讀互殊者，葢後起之方言也。以𣄰亦為殺之古文，故《說文殺部》載殺之古文作𣄰，與𣄰之古文作𣄰，結體無殊。篆文作𣄰，所從之𣄰即𣄰之

變體，《說文》云「殺，从殳杀聲」，其說未可非。說者乃以《說文》無杀字，故據古文之𣏌，以為從爻术聲_{朱駿聲}《通訓定聲》，或以為從乂术聲_{饒炯}《說文部首定》，是皆謬戾之說也。以𣏌殺與蔡相通，故書傳有假蔡祭為殺者。《尚書禹貢》云「二百里蔡」，《孔氏正義》引<u>鄭</u>注云「蔡之言殺」，此蔡殺相通之證。《呂氏春秋孟春紀》云「獺祭魚」，〈孟秋紀〉云「鷹祭鳥，始用行戮」，〈季秋紀〉云「豺則祭獸戮禽」，《禮記王制、月令》、《逸周書月令篇》、《淮南子時則篇、本經篇》并有其文，字皆作祭，俱為殺之假借。<u>高誘</u>注《呂覽》曰「獺取鯉魚置水邊，四面陳之，世謂之祭魚」。又曰「豺於是殺獸，四面陳之，世謂之祭獸」。又曰「鷹摯殺鳥於大澤之中，四面陳之，世謂之祭鳥」。其注《淮南》，說與此同。<u>鄭</u>注〈月令〉云「獺將食之，先以祭也」，又曰「鷹祭鳥者，將食之，示有先也」。《漢書郊祀志上》云「下至禽獸，豺獺有祭」。《法言孝至篇》云「人而不祭，豺獺乎」。此并釋祭為祭祀之義，是皆蔽於假借之字，而又不明物性之妄說也。又《逸周書時訓篇》「驚蟄之日獺祭魚，草

木萌動，獺不祭魚。處暑之日鷹乃祭鳥，禾乃登，
鷹不祭鳥。霜降之日豺乃祭獸，蟄蟲咸俯，豺不祭
獸」。《大戴禮夏小正》云「獺祭魚，其必與獻何
也，曰非其類也。祭也者得多也，善其祭而後食之」。
凡此胥非古義，其為漢人之作，斷可知也。

　　於蟲有〈　父己觶〉《三代》十四卷 45 葉、〈　卣〉
《三代》十二卷 38 葉、〈　戈〉《錄遺》547 圖、〈　
父乙鼎〉《三代》二卷 37 葉、〈　父丁鬲〉《三代》
五卷 14 葉、〈　父乙殷〉《三代》七卷 15 葉、〈　
父乙殷〉《三代》六卷 47 葉、〈　父乙尊〉《三代》
十一卷 32 葉、〈　卣〉《三代》十二卷 44 葉、〈　
父丁觶〉《三代》十四卷 51 葉、〈　鼎〉《錄遺》41 圖、
〈　鼎〉《綴遺》五卷 11 葉、〈　匜〉《西清古鑑》
三十二卷 13 葉、〈　觶〉《筠清》一卷 29 葉、〈　
父丙觶〉《筠清》一卷 22 葉、〈　父乙觶〉《三代》
十四卷 50 葉，是皆蟲氏，與再方蟲氏，及蟲方再氏之
器。若〈　卣〉《三代》十二 56 葉，　乃再之古文再
為方名，說見下文。，此當為再方蟲氏之器。若〈　丁
爵〉《錄遺》468 圖，乃蟲方丁氏之器，是蓋因求水而
氏求水見《山海經中山經》。【注】《山海經中山經》云「歷石

之山又東南一百里，曰求山，求水出于其上，潛于其下，中有美
赭」。若〈子🐛鼎〉《三代》二卷 32 葉二器，〈子🐛觚〉
《續殷下》41 葉，及〈嚴尊〉之子🐛《三代》十一卷 32 葉，
則以子為姓蠆為氏者也。🐛與卜辭之🐛，皆蠆之
象形，蠆之為物，自項至尾，通體皆足。而又體短
足長，非若蜗蚣之屬長身短足。是以彝銘肖其形而
作🐛🐛，省之則於彝銘作🐛，於卜辭作🐛，并
象其足之分布左右，非象岐尾也。其作🐛者，下體
從丙，乃肖旌旗之形，此亦古姓氏之緐文也說詳下文。
說者釋🐛為人拱物形《西清古鑑》十三卷 36 葉，或釋🐛
為福《西清古鑑》十六卷 16 葉，或釋🐛為庚《筠清》一卷
22 葉，或釋為孫《攈古》一之二卷 59 葉，或釋🐛為羹《筠
清》一卷 29 葉，卜辭之🐛或疑為皋《契文舉上》，又
疑為罩《孫氏名原下》12 葉，或釋為樂《古籀篇》八十六卷
3 葉，或疑為昊葉玉森《前編集釋》一卷 62 葉，或謂肖魚
脊骨之形，當是脊之初文《粹編考釋》10 葉，或釋為蜥
易之形，即兴黽之初文唐蘭《天壤考釋》44 葉，或謂象
蜻蛉之形，而亦釋為兴黽，并謂兴本象蜻形丁山《殷
商氏族方國志》112 葉、113 葉，說并非是。姑勿論卜辭彝
銘之蠆，與蜥易蜻蛉，形不相似。即如其說，則兴

黽二文，亦未可強指為蜥易蜻蛉。說者又謂古陸字
作㣇，原為兩蜥易在阜側亦唐蘭說，然案《方言卷八》
云「蜥易在澤中者，謂之易蝪」，是阪隰之地，亦
有蜥易棲止，乃謂古為陸字，為從蜥易構形，則何
以示陸為高地之義。如謂兊為蜥易或蜻蛉，則亦聲
韻不諧，是誠妄為比合，紕謬之甚矣。

於人有〈𤔲罖〉《三代》十三卷 47 葉、〈𤔲盂〉《三
代》十四卷 5 葉、〈𤔲觚〉《三代》十四卷 12 葉、〈𤔲父
丁爵〉《三代》十六卷 7 葉、〈𤔲父辛爵〉《三代》十六
卷 19 葉，春秋時鄭有子人氏《左傳僖七年》，當為殷之
遺嗣，而以子為姓，人為氏者也。【注】〈僖七年〉云
「鄭伯使大子華聽命於會，言於齊侯曰『泄氏、孔氏、子人氏三
族，實違君命』」。杜預注「三族鄭大夫也」。卜辭多見人方，
〈般父己甗〉云「王𡇬人方無敤」《三代》五卷 11 葉，
〈小臣艅尊〉云「隹王來正人方」《三代》十一卷 34
葉，【注】〈般父己甗〉云「王𡇬人方無敤」者，案𡇬讀如退，
《說文》云「退，往也」。敤乃螫之初文，義如《左傳昭三十二
年》「螫賊遠屏」之螫，災害也。〈般甗〉之義謂王往人方無無
災害也。〈小臣艅尊〉云「隹王來正人方」者，正為征之初文，
義謂王來征伐人方也。審二器字體與文義，俱肖卜辭，

〈鯑尊〉必為殷器，〈般甗〉蓋出周初。其文與尸異撰，是知卜辭之人方，未可釋為尸方。惟人尸形聲俱近人於古音屬因攝，尸屬衣攝，對轉相通。，蓋卜辭人方，即周之尸氏《左傳昭二十六年》，亦即秦、漢之尸鄉也見《史記田儋傳》。【注】〈昭二十六年〉云「五月戊午，劉人敗王城之師于尸氏」。杜預注「王城，子朝之徒也，尸氏在鞏縣西南偃師城也」。〈田儋傳〉云「田橫迺與其客二人乘傳詣雒陽。未至三十里，至尸鄉廄置」。應劭曰「尸鄉在偃師」。瓚曰「廄置，置馬以傳驛也」。案偃師在河南省洛陽縣之東。

於无有〈𠭯父丁爵〉《三代》十六卷7葉，蓋因潛邑而氏魯潛見《春秋隱二年》、楚潛見《左傳昭二十七年》。【注】〈隱二年〉云「二年春，公會戎于潛」。杜預注「潛，魯地也」。潛地當在山東省濟寧市西南喻屯一帶。〈昭二十七年〉云「吳子欲因楚喪而伐之，使公子掩餘、公子燭庸圍潛」。杜預注「潛，楚邑，在廬江六縣西南」。卜辭別有𠮷𠮷二字，𠮷從耳省无聲，𠮷從耳无省聲，二文為一字之異體，皆以示闌口囂語，而為譖之古文，俱宜隸定為聑，𠮷亦省作𠤎，非篆文之俘也。聑於卜辭有二義，其一為憯，《說文心部》云「憯，痛也」，引伸有憂患哉害之義，《方言》卷一云「瞽，憂也」，是憯

曘乃音義相同之異體。卜辭云「己丑卜爭貞，屮𤕫
由，父乙隹屮𤕫，在沘」《外編》35片，𤕫乃從人𢀐
聲，本為方名𢀐絲文，而假為訓傷之惷。由義如《左
傳哀元年》「天有菑癘」之菑，「屮𤕫由」者，謂
有傷于菑疫。「父乙隹屮𤕫」者，屮讀如止，乃卜
問父乙，是否可止此菑也。其云「己丑卜𠂤貞，屮
𤕫，允其囗」《續編》5.23.6片，「王固曰其屮來𤕫，
其隹甲不囗」《前編》柒.31.2片，「其屮𤕫，　貞呂
方亡𤕫」《遺珠》345片，「癸未卜爭貞，旬亡曲，三
日乙酉夕月屮食、𤕫？八月」《甲編考釋》零伍伍片，
「庚子卜𠂤貞，妣己𤕫，　貞妣己弗𤕫」《郭氏綴》
227片，「囗屮𤕫，　囗戋亡其𤕫」《丙編》216片，凡
此諸辭之𤕫皆裁害之義。其云「貞妣己𤕫　貞妣己
弗𤕫」者，乃卜是否妣己降裁也。其云「戋亡其𤕫」
者，戋乃方名不之絲文不為方名，說見下文。，此卜不
方有無裁害也。其云「月屮食𤕫」者，乃因月食，
卜問是否有裁也。或釋𤕫為䚔，而曰於此䚔當讀為
昏，暗也屈萬里《甲編考釋》163葉，信如所言，則是辭
為紀事，其必不然矣。其云「戊子卜叶囗亦屮𤕽，
叶乩曰囗𤕽」《京津》1599片，「弗𤕽」《乙編》6273片，

二詞之戭，義亦同此。戭之第二義為方名，如云「貞
烝𤏻屮从雨，　貞勿烝𤏻」《乙編》5.14.2片，此卜行
祭于戭方，是否有順時之雨也。其云「貞取𤏻」《續
存下》175片，取於卜辭亦為椒之初文，此卜行椒祭于
戭方，或卜伐取戭方之宜否也。其云「囗貞𤏻屮者」
《續編》5.10.7片，此葢卜戭族是否往者方，或卜往者
方之宜否。者於卜辭亦為瘩之初文說詳釋者，則謂此
辭乃卜戭方是否有栽，義亦可通。彝器有〈𤏻爵〉
《三代》十六卷36葉，與卜辭之𤏻同體，是為戭氏之器。
戭與〈父丁爵〉之𦉪同音，其於方國與姓氏，是否
同地或同族，則無可考質矣。說者疑𦉪為鳥王襄《微
文考釋帝系》一葉，或釋為擾《古籀篇》五十四卷40葉，或
釋為聞之本字唐蘭《古文字學導論下》45葉，又謂讀為冥，
即上甲微之別名《考古社刊第六期唐蘭說》，或從其說，
而謂讀作閔于省吾《駢枝續編》38葉。其釋聞者，乃以
卜辭之戭，形近〈盂鼎〉之聞，及彝銘之婚而言。
然其構體互殊，未可皮傳為一文也。【注】〈盂鼎〉云
「我聞殷墜命」《三代》四卷42葉，〈克盨〉云「隹用獻于師尹、
朋友、婚媾」《三代》十卷44葉。師尹即《尚書洪範》「師尹惟
日」之師尹。師義為眾，尹義為官員，師尹，謂各屬官之長，即

眾治事之官員也。婚媾，謂有婚姻關係之親戚也。案聞字作𦕲，婚字作𡢏，與聝之作𣄽，構體迥別，故不可謂聝為聞與婚也。爵銘之𤉯或釋為䖱《攗古》一之三卷 18 葉，或釋為䖟《愙齋》二十三冊 3 葉，或釋為虒《奇觚》七卷 28 葉，然其所從之𤉯，非象虎之足尾也。

於者有〈舂𦥑尊〉《錄遺》485 圖，是乃舂方者氏之器。春秋時鄭有堵氏《左傳襄十年》，【注】〈襄十年〉云「初鄭子駟為田洫，司氏、堵氏、侯氏、子師氏皆喪田焉」。杜預注「洫，田畔溝也，子駟為田洫，以正封疆，而侵四族田也」。漢印有〈者室忠〉《印統》六卷 56 葉、〈陼相如〉、〈堵輔〉《印統》六卷 24 葉、32 葉，是當為者氏後昆。文作陼堵者，乃者之絲文也。彝銘之𤏶與卜辭之𤋳𤋳同體，并象亨飪之形，而為鬵之初文說詳釋者。卜辭作𤋳𤋳𤋳，彝銘作𤏶𤏶𤏶，篆文作𩰿，并為絲文。《說文𤓰部》云「者，別事詞也，从自𣃚聲，𣃚，古文旅字」。是誤以絲文為本字，誤以假借為本義，誤以象形為形聲矣。以者借為別事之詞，故自者而孳乳為鬵及煮，乃所以示別於假借義之轉注字。或謂者所從之𣃚實黍之異文《古籀篇》四十七卷 45 葉，是覺許說之非，而亦未得其形義也。推類言之，若皆

於壺銘作🦶《三代》十二卷4葉，羅振玉誤釋為友。，魯於彝銘作🦶或🦶，智於〈毛公鼎〉作🦶，字并從口以示語詞之義。百於卜辭作🦶🦶，乃一白之合文說見上文。習於卜辭作🦶🦶，字從日羽會意，以示日日常飛。而《說文》於皆魯智習，并釋為從臼，此則考之古文，知其非是。律以字義，亦未見形義相諧。若語詞之智，雖於古文無徵，然以皆魯諸字律之，則亦必其從曰，曰者口之冘體，非訓美之甘與訓詞之曰。然則凡《說文》所謂從臼之字，胥非自之異體，不僅者非從臼也。若習之與自，聲韻暌違習於古音屬音攝斜紐，自屬威攝從紐。，而《說文》云「習从臼聲」，則說益乖謬矣。

於止有〈◯爵〉《三代》十五卷8葉、〈🦌父己爵〉《三代》十六卷13葉、〈🦶布〉《辭典上》585圖、古印有〈🦶布〉，文曰止申《續齋魯古印攈》第二，是皆止氏與止方之物。其文象足止之形，卜辭作🦶🦶，文與🦌同，皆其省體。《說文又部》所謂「手之列多，略不過三」者是也。卜辭作🦶🦶者，示足止踐地之形，篆文作🦶，乃🦶所演化。《說文止部》云「止，下基也，象艸木出有阯，故以止為足」，是其釋義

則本末倒置，其釋形則誤為艸木之阯，此昧於初形之謬說也。

於艾有〈𣄰子旅鼎〉《三代》三卷 29 葉、〈𣄰子旅設〉《三代》六卷 45 葉、《三代》七卷 14 葉、〈𣄰白鬲〉《三代》五卷 28 葉、𣄰隸定為茇，乃艾之異體。艾為草名，用之承爻臺而取火，故於彝銘從火作𣄰，於篆文則從艸作艾。卜辭云「貞王勿戰于乂，　貞王戰於乂」《前編》1.44.7 片，乂即魯之艾山《春秋隱六年》，或齊之艾陵《春秋哀十一年》，【注】〈隱六年〉「夏五月辛酉，公會齊侯盟于艾」。杜預注「泰山牟縣東南有艾山也」。〈哀十一年〉云「五月，公會吳伐齊，甲戌齊國書帥師及吳戰于艾陵」。杜預注「艾陵，齊地也」。乂象剪艸之刀，於文為獨體象形。以乂借為訓治之雙見《尚書堯典、禹貢、洪範、康誥、召誥、洛誥、多士、君奭、多方、呂刑》，故自乂而孳乳為刈。觀夫刈之從刀，則知乂象剪艸之器，固其明徵。自乂而孳乳為刈者，乃以示別於假借義之轉注字。猶之弗本從弓，象加榜檠之形，以示矯弓之義，引伸為輔弼之名。以弗借為非然之義，故自弗而孳乳為彿彿乃弼之或體，見《說文弜部》。，亦為示別於假借義之轉注字也。《說文丿部》云「乂，芟艸也，從

丿八相交，刈，义或从刀」，又云「弗，矯也，从
丿八，从韋省」，是釋义弗為會意矣。然則《說文》
所云又戾之〔，及左戾之〕，乃由誤釋义弗二文，
而別加聲義，斯固許氏勢割之蔽也。义於卜辭從行
作㣀《前編》6.23.1片，於彝銘從重口作㗊，皆义之絲
文。或釋絲㗊為器《積古》二卷11葉，或疑為罷《愙齋》
七集21葉，或疑㕭為熒與勞孫詒讓《古籀餘論中》4葉，
或釋榮《綴遺》二十七卷22葉，或釋縈《古籀篇》六十九卷
3葉，是皆未知古文之通變，及絲文之例者矣。

於卭有〈㣀父乙段〉《三代》六卷38葉、〈㿎觚〉
《錄遺》299圖、〈㿎尊〉《續殷上》50葉、〈癸㿎卣〉
《三代》十二卷42葉，是皆卭氏之器。〈㿎丁爵〉《三
代》十五卷35葉，則為卭方示氏之器。古印有〈御棱〉
《十六金符齋印存》卷壹，魯人有御孫《左傳莊二十四年》，
葢因魯之御邑而氏見《左傳襄二十七年》，又魯有郜邑見《春
秋文七年》，鄭有梧邑見《左傳襄十年》。【注】〈莊二十四年〉
云御孫諫曰「臣聞之，儉，德之共也，侈，惡之大也」。杜預注
「御孫，魯大夫也」。〈文七年〉云「春，公伐邾，遂城郜」。
杜預注「因伐邾師以城郜也。郜，魯邑」。〈左傳襄十年〉云「諸
侯之師城虎牢而戌之。晉師城梧及制」。杜預注「梧、制皆鄭地

也」。案卸從午聲，部、梧并從吾聲，午五古音同屬烏赦攝疑紐。

卸即卜辭之🔣🔣及🔣，隸定為卸御，而為卸御及禦之繇文。午者杵之初文，故自午孳乳為舂。卸從人午聲，示執杵以舂稿。《周禮秋官司屬》云「其奴女子入于舂稿」，《管子小匡篇》云「女三嫁入於舂穀」，《墨子天志下》云「胥靡婦人以為舂酋」，《國語魯語下》云「天子日入監九御，使潔禘郊之粢盛」，【注】粢盛，古代盛於祭器內以供祭祀之穀物。《公羊傳桓十四年》何休注「黍稷曰粢，在器曰盛」。九御即《周禮內宰》及〈九嬪〉之九御，乃女御之名，是即御以舂稿為本義之證。《墨子》之酋當為醬之譌文，醬見卜辭，乃從米酉聲，而為稻之古文說見釋醬。然則《墨子》所云「舂醬」，亦即《管子》之舂穀也。卣銘之🔣與〈麥盉〉之🔣《三代》十四卷11葉，并示執杵以臨粢盛，可證卸以舂稿為本義，益為昭顯。🔣🔣之下，俱象粢盛之容器，非以從皿口為繇文。此審之形義，而有異於它文者也。以卜辭之卸御，與彝銘之卸御，音義相同，循知篆文之卸御，決非二字。以御之本義為舂稿，故引伸為一切侍御之名，及治事之義。〈虢叔旅鐘〉云「御于氒辟」《三代》

一卷 57 葉，謂侍于其君也。〈頌鼎〉云「貯用宮御」
《三代》四卷 37 葉，貯讀如予貯予古音同屬烏攝定紐，謂予
以宮中侍御之臣也。〈牧師父𣪘〉云「牧師父弟市
㝵父卹于君」《三代》八卷 26 葉，〈遹𣪘〉云「王饗
酉，遹御凵遣」《三代》八卷 52 葉，〈衛𣪘〉云「懋
父賞卹正衛馬匹自王」《三代》六卷 49 葉，凡此之卹
御及卩，義如《國語吳語》「奉盤匜以隨諸御」之
御。「凵遣」義如《儀禮士昏禮》之「無愆」遣愆古
音同屬安攝溪紐，其云「遹御凵遣」者，乃謂遹侍饗燕
而無愆尤也。【注】愆尤謂過失，罪咎也。無愆尤謂無過誤也。
其云「卩正」者，乃為官名，而為御士之長，衛者
其氏也。〈盂鼎〉云「畯正厥民，在雩𢒹事」《三代》
四卷 42 葉，畯乃峻之古文，義如《爾雅》訓長之駿，
謂長治厥民，在于治事之臣也，此皆御之引伸義。
《禮記曲禮上》云「御食于君」，其義為侍，與〈虢
叔旅鐘〉諸器相同。而鄭注曰「勸侑曰御」，是亦
悖於經義矣。卜辭用卩為祭名，亦用為饗燕之義，
并為禦之初文。其用為享燕之義者，如云「癸卯卜
叶，卩子亦于父乙，口月」《前編》6.19.5 片，「丁巳
卜㝵，卩子𢦏于父乙」《後編上》22.6 片，「貞卩子漁

于父乙，出一伐，卯窐」《京津》807 片，「貞卲子漁
于父乙，兑羊」《京津》2088 片，「貞卲子央于龍甲」
《前編》6.19.6 片，凡此之卲義如《小雅六月》「飲御
諸友」，及《小雅吉日》「以御賓客」之御，謂享
燕子亦、子扰、子漁、子央于父乙及龍甲之廟也。
諸辭而有卜牲之文者，乃於禦祭之後，而飲食賓客，
故亦名之曰卲。說詩者釋御為進，或釋為侍見《小雅
六月》毛傳鄭箋，或釋為給賓客之御見《小雅吉日》鄭箋，
是皆未得詩義也。若夫使馬之御，當以駿騣及馭為
本字。作駿者乃從古文之鞭見《說文革部》，示以鞭驅
馬之義。〈令鼎〉云「王駿溓仲僕」《三代》四卷 27
葉，〈師獸叚〉云「毃嗣我西扁東扁，僕駿百工」
《博古圖》十六卷 27 葉，〈師袁叚〉云「徒駿敺孚士女
羊牛」《三代》九卷 28 葉，〈盂鼎〉云「人鬲自駿至
于庶人，六百又五十又九夫」《三代》四卷 43 葉，〈石
鼓文〉云「徒騣湯湯」，又云「徒騣孔庶」，是皆
駕御之本字作駿及騣之證。《周禮》多存古文，凡
駕馭及侍御之字，亦若彝銘之煥別無涽。此證之彝
銘及《周禮》，固知御馭非一文也。引伸則養馬之
人曰馭，其作茹者乃後起字，其作圉者乃假借字。

《說文夲部》云「圉，一曰圉人，掌馬者」，是誤
以假借義而釋圉矣。彝器復有〈🦌觚〉《錄遺》313 圖、
〈🐎癸觚〉《錄遺》336 圖、〈🦌爵〉《錄遺》403 圖、〈🦌
戈〉《錄遺》553 圖，其文隸定為馭，而與〈騪卣〉《三
代》十三卷 36 葉，俱為馭氏之器。馭御二字雖各有本
義，然古之姓氏，亦有通假，諸器之馭與卸，其為
同族與否，固未可質言矣。馭御同音，書傳多見假
御為馭，故《說文彳部》誤以馭為御之古文，蓋二
字同音，各有本義，而《說文》誤以為重文者，非
唯御馭為然。若禩之古文於〈大鼎〉作🈁《三代》四
卷 20 葉，從大㠯聲，示奉㠯以祭，斯為祭祀之本字。
其作祀者，則為紀年之名，以示一歲祭巳之義義見《禮
記曲禮下》，而《說文示部》列禩為祀之或體。雺霚
字并從雨，皆為雨雪盛霚之義。《邶風北風》云「雨
雪其雱」，又云「雨雪其霏」，《小雅信南山》云
「雨雪雰雰」，〈采薇〉云「雨雪霏霏」，〈角弓〉
云「雨雪瀌瀌」，凡此雱雰霏瀌，并音近義同，而
《說文二部》列雱為旁之籀文，〈气部〉列雰為氛
之或體。�乃從丌𡴎屮聲，當為葬之古文，而《說
文艸部》列㲜為莊之古文。籀文之遟乃避之古文說

見上文，而《說文辵部》列為遲之重文。徹乃從彳攴
鬲會意，義如〈儀禮有司徹〉之徹，以示除去鼎鬲，
當為鬻之古文，而《說文攴部》列徹為徹之古文。
歔乃從又魚聲，與卜辭之鮫，皆以示捕魚之義，當
為漁之或體，而《說文竹部》列歔為籀之重文。佰
乃從人百會意，百為簟之象形，《廣雅釋器》云「簟，
百席也」，是其明證，非如《說文》訓舌兒之義。
然則佰者，乃示人止臥席，當為宿之古文，而《說
文夕部》列佰為㷩之古文。它若工丞圅肣各有本義，
而《說文》乃以丞為工之古文，以肣為圅之俗字。
是皆以音同相假之故，而《說文》誤以為一字之異
體也。若語詞之也，〈石鼓文〉、〈詛楚文〉《古文
苑》卷一、〈新郪虎符〉《歷代符牌圖錄》上卷一葉、〈秦
平陽斤〉《薛氏款識》卷十八、并假殹為之。唯〈秦刻
石〉、〈秦權〉始有也字〈秦權〉見《薛氏款識》卷十八，
審其構體，乃從口乙聲，殹乙同音古音同屬衣攝影紐，
故自殹而孳乳為也。所從之口而作廿者，是猶兄於
〈繪鎛〉作 兄《三代》一卷 67 葉，台於〈畬肯鼎〉作
台《三代》三卷 55 葉，乃秉成東周之變體。也字僅見
秦器，當為嬴秦所構，而以語詞為本義。猶之唉哉

嗛否之從口，亦以語詞為本義也。然則凡經傳語詞
之也，其初文必假㲃為之。若篆文之⿰它於彝銘作⿰它
⿰它，隸定為它，俱為男陰之象形說見下文，與也義迥
別。而《說文乁部》乃列也為⿰它之重文，是又誤以
形聲俱近者為一字也也屬喻紐古歸定紐，與它同屬阿攝舌
音。。又若讀訓續之賡，字當從貝庚聲，而以賡償
為本義。《禮記檀弓下》云「請庚之」，《管子富
國篇》云「愚者有不賡本之事」，正以庚賡為償還
之義，文或作庚，可知賡乃從貝庚聲，斷然無疑。
《爾雅釋詁》云「賡，揚續也」，此謂賡續同義，
非謂賡續同字。《爾雅》所釋，雖不必本義，然未
嘗區一字之異體，以為二文，是又賡續非同字之證。
而《說文系部》列賡為續之古文，則又失之音義俱
非。說者謂賡為會意見《說文》段注，或謂後人音讀之
誤朱駿聲《通訓定聲》，是皆曲護許書，益不足論矣。
《說文卪部》云「卸，舍車解馬也，从卪止午聲，
讀若汝南人寫書之寫」，〈彳部〉云「御，使馬也，
从彳卸，馭，古文御，从又馬」。此未知卸御并為
卬之縣文，故皆謬其本義。其云「舍車解馬」之卸，
考之文獻，字并作寫。〈石鼓文〉云「宮車其寫」，

又云「四馬其寫」，《後漢書皇甫規傳》云「旋車完封，寫之權門」，《晉書潘岳傳》云「發槅寫鞍，皆有門憩」，《方言》卷七云「發稅舍車也，東齊海岱之閒謂之發」，郭璞注曰「今通言發寫」，據此自東周以訖漢晉，并俌舍車解馬曰寫，是乃相仍之古義。唯許氏以卸為寫，蓋以午舍車馬古音同部同屬烏攝，而又未識午為杵之初文，故有此曲合形義之謬說。厥後梁顧野王《玉篇》、《北齊書韓寶業傳》并以卸為舍解之義，此皆承《說文》之誤，而始見書傳者。《論衡須頌篇》云「今方板之書，出見者忽然，不卸服也」，是亦讀卸為寫。以卸寫古音同部，漢世有斯音變之言，此許氏所以據而釋卸也。審此則《說文》所釋御卸二字俱乖本義，且皆誤以從人為從卩。或以《方言》之發寫為卸之借字《說文》段注，是拘於許說，而未考其初文。或曰御從彳從止從卩，會行止有節義。又曰卸從御省彳為意，蓋御之則行，不行則卸孔廣居《說文疑疑》。或釋卜辭之𣥂𣪊所從之𠂤，謂象馬策《增訂考釋中》70葉。或疑𠂤為索形，殆馭馬轡郭沫若《甲骨文研究》。是皆從《說文》之誤，而以御為使馬之本字，故爾曲解

御卸二文。或曰卜辭之䚮，午實為聲，⺅象人跪而迎迓行道也，迎迓於道是為御《　囿說》。然案迎迓并為逆之雙聲轉注字，卜辭彝銘有逆而無迎訝，足徵迎訝二文皆逆所孳乳。御而有迎義者，則為訝之假借迎訝御古音同屬烏攝疑紐。說者乃以御義為迎，此未知文字孳乳之例，及形聲之字聲亦兼義之恉，是以誤以假借為本義。䚮䚮皆卬之繇文，乃以行道釋之，是徒專固一文，臆為頗說者矣。或釋卣銘之𦥑為擎《古籀篇》五十四卷 19 葉，釋瓺銘之🦌為夒于省吾《錄遺目錄》，是皆不辨字形之妄說也。

　　於𠨬有〈𥝤觶〉《錄遺》360 圖、〈𥝤觶〉《積古》二卷 13 葉、〈宗周鐘〉有𠨬子《三代》一卷 65 葉，【注】〈宗周鐘〉云「𠨬子廼遣閒來逆卲王」，𠨬子葢為𠨬方之子爵。閒者，閒使，謂微行之密使也。《史記越世家》云「請閒行言之」，索隱曰「閒行猶微行」是也。逆，迎也。卲與昭通，見也。義謂𠨬子遣密使來迎覯周天子也。別有〈𠨬乍考日辛尊〉《三代》十一卷 32 葉，𠨬卽篆文之服，葢與𠨬氏同宗。戰國時趙有腹擊《戰國策趙策一》，秦有腹䵑見《呂覽去私篇》，高誘注非是，畢沅校本已辨其非。，【注】〈趙策一〉云「腹擊為室而鉅，荊敢言之主。謂腹子曰『何故為室之鉅也』？

〈去私篇〉云「墨者有鉅子腹䵍，居秦」。齊有服氏見《漢書藝文志易類》，【注】〈藝文志易類〉云「《服氏》二篇」。師古曰「劉向《別錄》云，服氏，齊人，號服光」。蓋因艮山而氏見《山海經中山經》。艮於卜辭作 ◇◇◇◇，字從又人或爪人會意，當以降艮為本義。從又爪者，猶俘之古文從爪作𤔟，從人者，猶孚之從子，奚之從大，以示獲係降人 奚義說見下文。降艮者須服役治事，故自艮而孳乳為服。《說文又部》云「艮，治也，从又卪，卪事之節」。是誤以服義而釋艮，誤以從人為從卪矣。說者釋 ◇ 為抑《增訂考釋中》54葉，是未知文字之通變也。篆文之服，與〈諾白𣪘〉之 ◇《三代》六卷29葉，并從舟從艮若為聲。蓋服艕之從舟，猶僕之從畁說見上文，皆以示降人或刀墨之民，奉舟由而供侍御。舟即《周禮司尊彝》「六彝皆有舟」之舟。

【注】舟，古代尊彝等之托盤或承臺。《周禮春官司尊彝》云「祼，用雞彝，鳥彝，皆有舟」。鄭玄引鄭司農曰「舟，尊下臺，若今之承槃」。祭祀燕飲以尊彝相付受，必觲奉承臺，此所以受從舟聲，以示付受尊彝之屬，引伸為凡受授之名。然則服艕與受之從舟，乃取物之承臺，承物如舟，而比擬構字。猶之履形似舟，故自舟而孳乳

為屨。蠅形似黽，故自黽而孳乳為蠅。人力似竹之
纖微，故自竹而孳乳為筋。血理似水之衺流，故自
辰而孳乳為脈。不者柎之初文，婦孕初成，及血之
甫凝者似之，故自不而孳乳為肧及衃。匕者匙之初
文，人之陰器似之，故自匕而孳乳為妣及牝妣籀文妣
字。申者紳之初文，電光與螮蝀似之，故自申而孳
乳為電及蚰蚰乃虹之籀文。服艙與受之從舟，非取舟
之本義，亦其類也。以服為㞕所孳乳，而以服役為
本義，引伸為服從與服事之義，亦引伸而為服用之
義。猶御本春稿之名，引伸而為侍御，及凡進用之
名也。若於卜辭作𦥯𦥯，彝銘作𦥯𦥯，并象被髮舉
手長跽之形，以示降服之義。降順而被髮者，即《左
傳》之反首見〈僖十五年〉，【注】〈僖十五年〉云「秦獲晉
侯以歸，晉大夫反首拔舍，從之」。杜預注「反首，亂頭髮下垂
也」。以隸為罪隸，宜去冠冕，《周禮司圜》云「凡
害人者，弗使冠飾」，此其證也。以若之本義為降
順，故引伸為凡順利之名，《爾雅釋言》云「若，
順也」，〈釋詁〉云「若，善也」，是皆若之引伸
義也。從口作若者，於〈毛公鼎〉作𦥯，〈揚毀〉
作𦥯，乃從口𦥯聲，而為諾之古文，從口者以示語

詞之義也。《說文舟部》云「般，用也，一曰車右騑，所以舟旋，从舟𠬝聲」。其釋用者，乃服之引伸義，其釋車右騑者，乃服之假借義服騑同屬脣音，是昧於𠬝之形義，故亦未得服之形義也。或曰「服本義舟兩旁夾木，一說舟人行舟者，與般同意」朱駿聲《通訓定聲》。或曰「般蓋行舟之義，故其字从舟」徐灝《說文注箋》，或曰「服乃箙之古文，其形似舟，故从舟」吳善述《說文廣義校訂》，或曰「舟旋為从舟之義，舟當从輈省」陳衍《說文辨證》，是皆未知𠬝之初義，徒據從舟之形，而穿鑿之說。茍如所言，則服不當有執役治事，及服從服用之義也。若夫箙於卜辭作孚，彝銘作，形皆正方，而謂服為箙之古文，其形似舟，益為鑿空妄論矣。《說文艸部》云「若，擇菜也，从艸右，右，手也」。考之載籍，及文字之孳乳，俱不見若有擇菜之義，而乃云然，是據譌變之文，及若擇古音同部同屬烏攝，因而傅合形聲，以臆為曲說也。或釋彝銘之為順，而曰象人席坐，而兩手理髮之形丁佛言《說文古籀補補》，或謂卜辭之象諾時巽順之狀《增訂考釋中》56葉，是皆依附《爾雅》而言，說俱未諦。𠬝之籀文作，

形近於若，說者因據以釋彞銘之🔣為叒劉心源《奇觚》
一卷 12 葉，叒之形聲，其說差為近理。惟案從叒之葺
於卜辭作🔣及🔣🔣下二字見《前編》6.43.3 片 4 片，所從
之🔣🔣，象枝葉之荏姌，【注】荏姌謂枝葉柔盛也，詩作
荏染。《小雅巧言》云「荏染柔木，君子樹之」。毛傳曰「荏染，
柔意也」。於六書為木之變體象形，是叒當以枝葉柔
盛為本義，引伸為凡柔順之名。《衛風氓篇》云「其
葉沃若」，沃若讀如沃叒，此言桑葉柔盛，乃叒之
本義也。《小雅皇皇者華》云「六轡沃若」，此叒
之引伸義也。惟以叒若同音，故詩假若為之。葺於
卜辭作🔣🔣者，乃從日叒會意，以示時際陽和，枝
葉緜生之義也，🔣於篆文譌作叒，則無以見枝葉之
形，🔣於篆文譌作葺，則無以見枝葉柔盛之義。《說
文叒部》以榑桑叒木釋叒，是誤以假借為本義。《說
文艸部》以從艸屯聲釋葺，是誤以會意為形聲。審
此則彞銘之🔣🔣，與叒之古文作🔣🔣者，其形判然
二體，未可釋🔣🔣為叒也。扶桑之名，始見《離騷》
及《山海經》〈海外東經〉，斯為叔世無稽之說，決
非先民造字怡。是猶虞本山林司禽之人，而許氏乃
從詩傳之說以釋虞，是皆悖於初義者也。【注】《說

文若部》云「叒，日初出東方湯谷所登榑桑，叒，木也，象形」。
榑桑，《離騷》及《山海經》作扶桑，《離騷九歌東君》云「
將出兮東方，照吾檻兮扶桑」。王逸注「日出，下浴於湯谷，上
拂其扶桑，爰始而登，照曜四方」。《山海經海外東經》云「湯
谷上有扶桑，十日所浴，在黑齒北」。郭璞注「扶桑，木也」。

於見有〈𠙵甗〉《三代》五卷 3 葉、〈𠙵卣〉《泉
屋清賞新收篇》第五葉、〈史𠙵卣〉《三代》十三卷 23 葉、
〈𠙵爻甗〉《綴遺》十六卷 16 葉。

於矢有〈矢鼎〉《筠清》二卷 5 葉、〈矢王鼎〉《三
代》三卷 3 葉、〈矢王尊〉《三代》十一卷 19 葉、〈矢戈〉
《三代》十九卷 21 葉、25 葉、〈矢白甗〉《錄遺》101 圖、
〈夨觚〉《三代》十四卷 12 葉、〈夨觚〉《錄遺》297 圖，
夨夨即篆文之夨，其於方國與姓氏，當與矢為一名。
或釋矢為天《攗古》一之一卷 2 葉引許瀚說，然天於卜辭
作大《後編下》4.13 片，《甲編》2810 片，彝器有〈夨觚〉
《三代》十四卷 12 葉、〈夨觚〉《三代》十四卷 28 葉，從
天之走於彝銘作夭夭，徐鉉本《說文》作夭，并象
屈手之形，《說文》作夭者乃夭之譌。猶下於〈蚰
匕〉作下《三代》十八卷 30 葉、〈下宫車害〉作下《三
代》十八卷 35 葉、〈劍珌〉作下《三代》二十卷 49 葉，而

《說文》載篆文作⿰下。中於卜辭作⿰⿱，彝銘作⿰，而《說文》載古文作⿱，籀文作⿱段注本無籀文。冎於〈楚王鼎〉作⿱《三代》三卷 25 葉、〈楚王簠〉作⿱《三代》十卷 8 葉，字從肉止會意，示肉之所止，而以骨節為本義。篆文譌作⿱，以是《說文》所釋形義俱非。非之篆文宜作⿱，而《說文》作⿱，凡此皆為字體之誤。彝器之⿱亦矢之古文，未可據《說文》之譌體，而釋為訓屈之夭也。

於吳有〈⿱彭父殷〉《三代》八卷 10 葉、11 葉，凡三器、〈⿱盂〉《三代》十四卷 8 葉、〈⿱盤〉《三代》十七卷 3 葉、〈⿱彝〉《三代》六卷 56 葉，〈師酉殷〉云「隹王元季正月王在吳，各吳大廟」《三代》九卷 21 葉，辨其字體，乃西周之物，鎬京王者，不宜遠迹句吳，而行冊封之禮，是當為虞仲之封邑見《史記吳太伯世家》。【注】鎬京，西周古都名，故址在今陝西省西安市西南灃水東岸。周武王既滅商，自酆徙都於此，謂之宗周，又偁西都。句吳即吳國，〈吳太伯世家〉云「太伯之奔荊蠻，自號句吳」。地在江蘇南部、浙江北部一帶。吳氏諸器，乃虞之本字，其後則假虞為吳。《漢書地理志下》云「武王克殷，封周章弟中於河北，是為北吳，後世謂之虞」，

【注】師古曰「中讀曰仲」。是漢世猶有知虞仲之本字為吳者，《史記秦本紀》云「昭襄王五十三年，伐魏取吳城」，此吳城亦即虞仲之邑。【注】《括地志》云「虞城故城在陝州河北縣東北五十里虞山之上，亦名吳山，周武王封弟虞仲於周之北故夏墟吳城，即此城也」。彝器有〈虞嗣寇壺〉《三代》十二卷21葉，虞當亦吳之借字。吳虞二文，雖於姓氏可相通作，然其構體，軌轍殊途。所以知者，考虞於卜辭作🔣🔣，從人虍聲，或從大虍聲。〈頌鼎〉作🔣，隸定為𧆝，乃從受网虍聲，以示張網獵獸。字并從虍者，以虎為山獸之君，舉虎以晐眾獸也虍虎為一文，說見上文。。審形考義，則🔣🔣及🔣乃以掌山林之虞人為本義。而其字俱不從吳，可證吳虞二字，於西周以前，互有圻鄂，非自吳而孳乳為虞也。【注】圻鄂，亦作垠堮，義謂界限；邊際也。張衡《西京賦》云「在彼靈圃之中，前後無有垠堮」。〈堯典〉云「汝作朕虞」，是虞人之設，固在夏殷之前，則其構字，非因吳而孳乳又可知也。山林為鳥獸之所集，故又名山虞為獸虞見《國語魯語上》，而虞之古文亦皆從虍構字，引伸名職，則有水虞澤虞之名水虞見《國語魯語上》，澤虞見《周禮地官》。。《周易屯》云「卽

鹿无虞，君子幾不舍」，此言獵鹿而無虞為導，君
子見幾，不如止而勿往也《淮南子繆稱篇》高誘注釋虞為
欺，其說謬甚。。《周禮山虞》云「若大田獵，則萊山
田之野」，〈澤虞〉云「若大田獵，則萊澤野」，
《左傳昭二十年》云「齊侯田於沛，招虞人以弓」，
《戰國策魏策一》云「文侯與虞人期獵」，《禮記
月令》云「山林藪澤有能取蔬食田獵禽獸者，野虞
教道之」，是虞司助獵，此所以〈頌鼎〉作虞，形
義密合，非可以它字誤解者也〈頌鼎〉之虞舊說并誤，說
見下文。。【注】〈頌鼎〉云「用追孝㒸匄康虞屯右」《三代》
四卷 39 葉。虞，辥尚功釋嗣，阮元釋虔，吳大澂、羅振玉并從之，
徐同柏釋為古文健字，吳闓生釋禠。案虞乃娛之借，康虞，《離
騷》作康娛，《離騷》云「日康娛而自忘」。又云「日康娛以淫
遊」。康娛，安樂也。屯乃奄之初文，《說文》云「奄，大也」。
右乃祐之初文，《楚辭天問》王逸注「祐，福也」。屯右者，大
福也。銘曰「用追孝㒸匄康虞屯右」者，謂作此鼎乃用以追孝先
祖，旂求安樂大福也。古文之 虞 虞 及 虞，并從虍聲，而
篆文復增吳聲作虞者，證之彝銘，是猶光之孳乳為
艎見《三代》十卷 22 葉〈㫚家父簠〉，黃坒皆聲。，證之卜
辭，則猶㓆之孳乳為誕卜辭之㓆從大言聲，篆文之誕則言

延皆聲，言延古音同屬安攝。，夆之孳乳為豨卜辭之夆從大豕聲，篆文之豨，則豕希皆聲，豕希古音同屬衣攝。，皆為後世省形益聲之字，晦其初義矣。《新書禮篇》釋詩之騶虞曰「騶者天子之囿也，虞者囿之司獸者也」，釋虞為司獸之人，其義甚允。惟騶為廄御之名，義見《左傳成十八年》、《禮記月令》、《韓非子說林上、外儲說左上》。【注】〈成十八年〉云「程鄭為乘馬御，六騶屬焉」。杜預注「程鄭荀氏別族也，乘馬御乘車之僕也，六騶六閑之騶」。孔穎達疏「騶是主駕之官也」。是騶乃古代掌管養馬并管架車之人，非天子之囿也。騶主御事，故曰御騶見《左傳襄二十三年》，亦即《周禮夏官》之趣馬。詩云「吁嗟乎騶虞」者，乃讚嘆馭馬之騶，及司獸之虞，皆善其職守，故能射而有獲，以至「壹發五豝」，或「壹發五豵」也。《商君書禁使篇》云「今夫騶虞之相監」，亦謂騶虞為官名，此正〈召南〉騶虞之義。賈誼以騶為天子之囿者，乃〈魯詩〉之謬說也見《後漢書班固傳》注引《魯詩傳》。【注】〈班固傳〉云「制同乎梁騶，義合乎靈囿」。注引《魯詩傳》曰「古有梁騶者，天子之田也」。《說文虍部》云「虞，騶虞也，白虎黑文，尾長於身，仁獸也，食自死之肉」。是據

毛傳之說，以虞為瑞獸，此固悖於詩義，而亦悖於
虞之本義矣。

於鼓有〈鼓觶〉《三代》十四卷 33 葉、〈鼓臺父辛
觶〉《三代》十四卷 55 葉，當因鼓國或鼓里而氏鼓國見
《左傳昭十五年》，鼓里見《戰國策齊策六》。【注】〈昭十五
年〉云「晉荀吳帥師伐鮮虞，圍鼓」。杜預注「鼓，白狄之別，
鉅鹿下曲陽縣有鼓聚」。〈齊策六〉云「淖齒於是殺閔王於鼓里」。

於休有〈休父丁段〉《三代》六卷 36 葉，是乃休
氏之器。〈休父鼎〉云「休王錫休父貝」《三代》三
卷 24 葉，〈效父段〉云「休王錫效父˙三」《三代》
六卷 46 葉，˙者金之初文，義謂休王賜效父以黃金三
鎰或三版也。〈乍冊嗌鼎〉云「康矦在休自」《三代》
三卷 30 葉，此休為方名之證。漢有休侯劉富《史記惠
景間侯者年表》，漢封泥有〈休鄉之印〉《續封泥攷略》
五卷 55 葉，當即《孟子》「居休」之休〈公孫丑下篇〉，
【注】〈公孫丑下篇〉云「孟子去齊，居休」。休，閻若璩《四
書釋地》云「故城在今滕縣北十五里，距孟子家約百里」。蓋因
休水而名見《山海經中山經》。休亦作休字從羽矢辛聲，
而為翚之古文，從矢者示射師之義辛开古音同屬安攝。
或釋為猴《古籀篇》九十六卷 21 葉，其說失之。

　　於山有〈🔺父乙殷〉《三代》六卷 11 葉、〈🔺父戊尊〉《三代》十一卷 9 葉、〈🔺父壬尊〉《三代》十一卷 10 葉、〈🔺父乙罍〉《三代》十山卷 51 葉、〈🔺祖庚觚〉《三代》十四卷 24 葉、〈🔺父丁觚〉《三代》十四卷 25 葉、〈🔺父丁觶〉《三代》十四卷 43 葉、〈🔺祖丁爵〉《三代》十六卷 2 葉、〈🔺祖壬爵〉《三代》十六卷 3 葉、〈🔺戈〉《錄遺》557 圖，是皆山氏之器。若〈癸🔺殷〉《三代》六卷 8 葉，〈🔺丁爵〉《三代》十五卷 26 葉，乃癸方山氏，山方丁氏之器。春秋時晉有山祁《左傳僖十年》，蓋因山邑而氏山邑見《左傳昭二十二年》。【注】〈僖十年〉云「七輿大夫，左行共華，右行賈華、叔堅、騅歂、禁虎、特宮、山祁」。七輿大夫，即指主管諸侯副車之七大夫。〈會箋〉云「山氏，周山師掌山林之官，以官為氏」。〈昭二十二年〉云「丙寅，京人奔山」。

　　於耳有〈🔺壺〉《錄遺》218 圖、〈🔺尊〉《錄遺》206 圖、〈🔺布〉《辭典上》598 圖，是皆耳氏與耳方之物。若〈🔺我觶〉《三代》十四卷 53 葉，案此器之𥆞為祭名，羅振玉題為〈禦父辛觶〉，非是。，則為耳方我氏之器。【注】觶銘云「耳我乍𥆞父辛」，是器乃耳方我氏作以行禦祭於父辛之器，故題器名當以作器者耳我氏為宜也。案𥆞乃禦之古文，初文

作卟。《說文示部》云「禦，祀也」。卜辭多見卟祭之辭，如云「其曹卟又大雨」《粹編》777 片？此乃卜冊告禦祭是否有大雨也。若〈亞𤰔祖丁尊〉《三代》十一卷 23 葉、〈𤰔𤰔卣〉《三代》十二卷 44 葉、〈𤰔𤰔爵〉《錄遺》435 圖，則為<u>亞方耳氏</u>，<u>旨方耳氏</u>與<u>內方耳氏</u>之器。<u>耳氏</u>於<u>明</u>以前載籍無徵，唯<u>漢</u>印有〈俣毋傷〉《集古印譜》五卷 4 葉，蓋因<u>洱水</u>而氏見《山海經西山經》。【注】<u>洱水</u>源出<u>河南省內鄉縣熊耳山</u>，東南流注於<u>淯水</u>。

於<u>棘</u>有〈大棘父癸爵〉《三代》十六卷 30 葉，當為<u>大方棘氏</u>之器。卜辭有棘𤯔二文，皆為方名。其辭曰「貞猶伐𤯔其戈」《後編上》15.15 片，此卜<u>猶方</u>伐<u>棘邑</u>，是否有戈也。其云「王寅卜在𤯔貞，王步于瀫，亾𢆶」《後編上》2.5.3 片，瀫乃虎之緐文，此於<u>棘邑</u>卜問王往<u>虎方</u>，是否亾𢆶也。𤯔與〈趞𤯔鼎〉之𤯔《三代》四卷 24 葉、25 葉，并為從囗棘聲，以示為邑名。棘從二東，以示日行一匝，引伸為匝遭之義，而為遭之初文。〈曹公子戈〉作𤯔容庚《金文編》，是猶公於〈公戈〉作𤯔《綴遺》二十五卷 21 葉，從囗之宂於卜辭作𤰔《摭續佚》106 片，凡虛中者，或施橫畫，非從大昜之日，與訓曅之曰。篆文譌為從曰作𤯔，

猶之曾本從口，於篆文亦譌為從曰作曾也說見下文。
《說文曰部》云「朁，獄之兩朁也，在廷東从棘，
治事者从曰」。是猶據譌文，以施曲解。夫獄訟必
惥爭曲直，字當作造，造從辵告聲者，示赴官府告
惥之義。《周禮秋官牙訝士》云「掌四方之獄訟，
凡四方之有治士者造焉」。《尚書呂刑》云「兩造
具備」，《周禮大司寇》云「以兩造禁民訟」，獄
之兩造而曰曹者《史記周本紀》集解引徐廣曰造一作遭，乃
造之假借。訓造而曰就者，乃就之假借造曹就古音屬
幽攝從紐。其以造為制作之義者，乃乍之假借乍屬牀紐
古歸從紐，乍義說見上文。。其以曹為朋羣之義者，若曹
黨《管子法法篇》、曹偶《史記黥布傳》、曹輩《史記袁盎
傳》，【注】曹黨即朋黨，〈法法篇〉云「曹黨起而亂賊作矣」。
曹偶，謂徒輩也，〈黥布傳〉云「麗山之徒數十萬人，布皆與其
徒長豪桀交通，迺率其曹偶，亡之江中為羣盜」。〈索隱〉云「曹，
輩也。偶，類也。謂徒輩之類」。曹輩，謂儕輩；同伙也。〈袁
盎傳〉云，「梁刺客後曹輩果遮刺殺盎，安陵郭門外」。裴駰〈集
解〉引如淳曰「曹，輩也」。則為族之雙聲假借。族當以
姓氏聚居為本義，從㫃者示幖姓氏之旌旗，即《周
禮司常》所謂「家各象其號」。從矢者示資扞禦之

師旅，猶或之從戈。【注】戈字下原文約近三百餘字，漫漶不清，蓋皆以誈正前人曲解楝觽形義之文。以說者多未知觽所從之曰乃口之譌，亦未知楝乃示日之重見於東，而為匍遭之義也。其疑曹為嘈省者，乃未知曹本從口，而非從曰，未可據嘈以釋曹也。其以漢官之東西曹而釋楝者，則為據後起字之名以釋古文，益為悖謬。曹操之令，乃謂東重於西，而言東曹不可省，非釋楝字之義，說者據以釋楝，是亦妄為牽合。東之與楝聲韻乖隔，乃謂楝即東之複體，理亦未安。其以曹義為偶者，是未知曹偶曹黨之名，皆族之假借，故不拘於耦二之義也。

　　於同有〈昆殷〉《三代》九卷 17 葉、18 葉、〈昆父戊卣〉《三代》十三卷 39 葉、〈昆姜鬲〉《三代》五卷 15 葉、〈昆白殷〉《三代》七卷 20 葉、〈同布〉、〈昆布〉《辭典上》636 圖至 639 圖，先秦有〈桐印〉《衡齋印藏》，是當與桐國、桐丘俱因桐水而氏桐國見《左傳定二年》，桐丘見〈莊二十八年〉，桐水見〈哀十五年〉。《孟子》云「伊尹放太甲于桐」〈盡心上篇〉，是桐為方名，其來已久。【注】〈定二年〉云「夏四月辛酉，桐叛楚」。杜預注「桐，小國也。盧江舒縣西南有桐鄉」。〈莊二十八年〉云「諸

侯救鄭，楚師夜遁，鄭人將奔桐丘」。杜預注「許昌縣東北有童
丘城」。〈哀十五年〉云「夏，楚子西子期伐吳及桐汭」。杜預
注「宜城廣德縣西南有桐水，出自白石山，西北入丹陽湖」。漢
印有〈同驪〉《印統》二卷1葉、〈同意〉《印統》八卷
34葉，蓋與桐氏俱出一宗。古有〈𢎦是布〉《辭典上》
134圖、135圖，當為晉銅鞮之貨銅鞮見《左傳成九年》，
【注】〈成九年〉云「秋，鄭伯如晉，晉人討其貳於楚也，執諸
銅鞮」。杜預注「銅鞮，晉別縣，在上黨」。則與〈同叚〉
諸器，方域互異矣。同於卜辭作𠔼𠔿，與彝銘之同，
并從冃口會意。冃冄皆槃之象形，彝器有〈冄乙爵〉
《三代》十五卷26葉，乃象槃有提環。同於卜辭或從冃
者，與冄同體，惟未象其提環，非從遠界之冂，與
訓覆之冂也。冄古假為訓還之返，亦假為取𢶏之凡
說見下文，同從冃口，乃以聚合人口為本義。是承取
𢶏之義而孳乳。猶之亼本屋脊之名，合從亼口，乃
承聚集之義而孳乳說見下文。二者胥為從口之假借構
字，構形同意，故其義訓無殊。《說文冂部》云「同，
合會也，从冃口」。或曰「口皆在所覆之下，是同
之意」《說文》段注。或曰「冃重覆也，緘口捫舌，
自然和同」孔廣居《說文疑疑》。或曰「口者器物，冃

覆之則會合為一」徐灝《說文注箋》。是皆未識初形之
謬說也。

於般有〈◆父丁鼎〉《三代》二卷 23 葉、〈◆殷〉
《三代》六卷 3 葉凡二器、18 葉一器、〈◆父己尊〉《三代》
十一卷 9 葉、〈◆兄癸罍〉《三代》十三卷 53 葉、〈◆父
丙觶〉《三代》十四卷 42 葉、〈◆父丁爵〉《三代》十六
卷 8 葉、〈◆父己爵〉《三代》十六卷 16 葉、〈◆父乙
卣〉《三代》十三卷 14 葉、〈股鬲〉《三代》五卷 11 葉,
凡此諸文,與卜辭之◆◆◆股皆為般之古文,并象
操舟之形。《莊子漁父篇》、《呂覽異寶篇》,及
《史記陳丞相世家》所謂「刺船」者,乃謂抵竿推
舟,《方言》卷九云「所以刺船謂之稿」者也《淮南
說山篇》作篙。徵之卜辭,可知刺舟而前,由來已久,
審其構形,當以般游為本義,引伸為般樂之義。《尚
書無逸》云「文王不敢盤于游田」,〈秦誓〉云「民
訖自若是多盤」,《孟子》云「般樂怠敖」〈公孫丑
上篇〉,是皆般之引伸義。【注】般樂,謂般游逸樂也。《爾
雅釋詁》云「般,樂也」。〈無逸篇〉云「文王不敢盤于游田」
者,謂文王從不敢耽於遊樂田獵也。〈秦誓篇〉云「民訖自若是
多盤」者,謂民冥無知,止自順多所享樂也。〈公孫丑上篇〉云

「今國家閒暇，及是時，般樂怠敖，是自求禍也」。般樂怠敖，義謂般游逸樂，怠惰敖遊也。《禮記投壺》云「主人般還曰辟」，《周易屯》云「磐桓利居貞」，《淮南子氾論篇》云「盤旋揖讓以脩禮」，《漢書何武傳》云「槃辟雅拜」，般還與磐桓盤旋，皆疊韻連語古音同屬安攝，槃辟乃雙聲連語二字同屬幫並二紐，是皆用般為回旋，斯乃般之假借義。《說文舟部》云「般，辟也，象舟之旋」，是誤以假借而釋般矣。良以操舟所以濟水，不應以操舟之形，而示旋舟之義。或釋卜辭之 𝆎 為侜《古籀篇》三十二卷 23 葉，是誤解字形，而亦未明卜辭之文義也。彝器有〈⋃ 殷〉《三代》六卷 4 葉，乃象圓槃而有兩耳。〈卅 乙爵〉《三代》十五卷 26 葉，則象方槃而有提環。是當與 𠂤 𣪊 諸文，及漢封泥之〈般毋害〉《再續封泥攷略》四卷 25 葉，同為一氏。殷王般庚，及殷臣甘般，與諸般氏皆因般方而氏。古之般方蓋即般水，或為凡國也般水見《山海經北山經》，凡國見《春秋隱七年》。【注】〈北山經〉云「般水出於沂山，而東流入河」。〈隱七年〉云「冬，天王使凡伯來聘」。杜預注「凡伯，周卿士也。凡國，伯爵也。汲郡共縣東南有汎縣」。卜辭多見 𠬝 𠬝 及 𠬝，皆為方槃之象形，於

方名及姓氏之外，假為訓還之返，及風雨之風_{般返古}
_{音同屬安攝幫紐，般風雙聲。}。般庚於卜辭作𦫵𦫵，風旛
於卜辭作𦫵𦫵，風雨亦作𦫵_{《林氏》1.30.2片}，旁於鼎
銘作𦫵_{《三代》二卷52葉}，尊銘作𦫵_{《三代》十一卷29葉}，
佩於〈頌鼎〉作𦫵_{《三代》四卷 37 葉}，文皆從𦫵，旁
從𦫵者，示溥及萬方_{方之本義，說見下文。}。佩從𦫵者，
示系物鞶帶。【注】鞶帶，皮製之大帶，為古代官員之服飾。
《易頌》云「或錫之鞶帶，終朝三褫之」。<u>孔穎達</u>疏「鞶帶，謂
大帶也」。以𦫵與鞶同音，與溥發音相近_{般屬幫並二紐，}
_{溥屬幫滂二紐。}，是以假𦫵為鞶及溥，此為假借構字。
猶之溥鞶之從專般為聲，斯亦聲不兼義，而為假借
構字也。𦫵即篆文之凡，〈散盤〉云「凵十五夫」，
又云「凵<u>散</u>有嗣十夫」_{《三代》十七卷21葉、22葉}，正
用凵為取捆之義。篆文作𦫵者，乃𦫵之譌變，其作
槃者，則為後起字。《說文二部》云「凡，取捆也，
從二，二耦也，從弓，弓古文及字」。是誤以假借
為本義，誤以象形為會意，而又未悟從二從及，無
以示取捆之義。且篆文之𦫵，亦未見從二。或謂凡
為船上之幔，象受風之形_{元楊桓《六書統》}。然案<u>馬融</u>
〈廣成頌〉始有帆字_{《後漢書本傳》}，<u>殷商</u>既無其物，

則必無其文也。〈廣成頌〉云「然後方餘皇，連舼舟，張雲帆，施蚭幬」。義謂並列餘皇，連接小舟，施張白色船帆，施展彩色帷帳也。

於旬有〈乚觶〉《三代》十四卷 34 葉，秦有〈旬邑權〉《秦金文錄》一卷 24 葉，周文王之子封於郇國見《左傳僖二十四年》，【注】〈僖二十四年〉云「秦伯使公子縶如晉師。師退，軍於郇」。杜預注「解縣西北有郇城也」。《曹風下泉》云「四國有王，郇伯勞之」。毛傳「郇伯，郇侯也」。鄭玄箋「郇侯，文王之子」。蓋因洵水而氏洵水有二見《山海經南山經、西山經》。【注】〈西山經〉云「軒轅之丘無草木，洵水出焉。南流注于黑水」。洵水在今陝西省寧陝縣東北。流經鎮安、旬陽二縣，入漢水。漢置洵陽縣，以地在此水之北而名。卜辭多見卜旬之文，旬作ᕲᕳ，乃從十從云省會意，所以示十數囘回之義。《說文勹部》云「旬，徧也，十日為旬，从勹日」。是據後起之字，而誤以ᕳ為勹矣。或謂《說文》訓裹之勹為旬之初字王國維《觀堂集林》卷六釋旬，然其聲韻縣遠，未可視為一文勹屬幽攝幫紐，旬屬因攝斜紐，無通轉之理。。且匋於〈盂鼎〉作𥁻，匊於〈匊生壺〉作𠥓，文并從勹，與卜辭之旬，結體互異，此證之字形，而知ᕳ非勹之古文也。

於門有〈🔲祖丁毁〉《三代》六卷 11 葉、〈🔲父己毁〉《錄遺》147 圖，當因門水而氏門水見《山海經中山經》。【注】〈中山經〉云「門水出於陽華之山，東北流注于河」。文作🔲者，乃象門上之楣，與門為一字。〈格白毁〉云「涉東門」《三代》九卷 14 葉，〈師酉毁〉云「邑人虎臣西門夷」《三代》九卷 21 葉，蓋以門水之東故曰東門，門水之西故曰西門也。卜辭云「戊王射門犭，湄日亡戈，畢，　貞乎射門犭，畢」《後編下》41.13 片，「囗翌日戊，王更門田，湄日不冓囗」《續存下》808 片，「更門田不雨」《京津》4477 片，「王更門田凵戈」《明藏》1967 片，是皆卜田于門方之辭也。其云「乙丑卜門即羌」《京都》981 片，即義如《左傳僖十年》「蘇子叛王即狄」之即，此卜門方是否依附羌人也。其云「于南門」《甲編》840 片，「從南門」《續存上》1967 片，乃卜往南門，及取道于南門之宜否也。其云「王于南門逆羌」《明氏後編》2624 片，「王于宗門逆羌」《甲編》896 片，乃卜于南門，及宗門二方逆伐羌人之宜否也。彝器有〈🔲父丙鼎〉《續殷上》13 葉，〈🔲庚豐鼎〉《續殷上》24 葉，是即南門氏與宗氏之器。古有〈🔲布〉《奇觚》十二卷 6 葉凡二品，《辭

典上》704圖，730圖，731圖，五品皆非同物。，是為宗方之貨。衞有宗魯《左傳昭二十年》，齊有宗樓《左傳哀十一年》，陳有宗豎《春秋哀十四年》，蓋皆因宗國而氏見《左傳文十二年》。【注】〈昭二十年〉云「宗魯驂乘，及閎中，齊氏用戈擊公孟，宗魯以背蔽之，斷肱」。〈哀十一年〉云「齊國書將中軍，高無丕將上軍，宗樓將下軍」。《春秋哀十四年》云「五月庚申朔，月有食之，陳宗豎奔楚」。〈文十二年〉云「夏，子孔執舒子平及宗子，遂圍巢」。杜預注「平，舒君名也，宗、巢二國羣舒之屬也」。其云「岳于三門」《粹編》73片，「取岳于三門𠂤」《甲編》527片，𠂤乃无之緐文，而讀如懮，亦即《方言》卷一訓憂之瞖，此卜岳氏及取、岳二氏往三門，是否無憂也。三門蓋如丰方而有二丰《後編上》2.16片，三丰《前編》2.10.6片，《後編上》18.2片，四丰《續編》3.13.2.1片，囷方而有二囷《栔卜》638片，當因門方而別為區分，殆即《左傳僖二年》之「三門」。【注】〈僖二年〉云「伐鄍三門」。或釋𠂤為肆金氏《續文編》，則未審此字非從聿與帚也。其云「辛亥卜㱿貞，于乙、門、令，　辛亥卜㱿貞，勿于乙、門、令」《粹編》1043片，「貞勿于乙、門、令」《佚存》582片，「貞勿于乙、門」《金璋》636片，

此卜往乙、門、令三方，及卜往乙、門二方之宜否
也令為方名說見上文。古器有〈⿴矛〉《校經》十卷 75 葉、
〈⿰公鼎〉《博古圖》三卷 22 葉、〈乙公爵〉《三代》十
六卷 26 葉，案《西清古鑑》八卷有〈乙工尊〉二器，銘為贋品。、
〈乙⿰鼎〉《三代》二卷 11 葉、〈⿰⿰爵〉《三代》十五
卷 25 葉、〈乙戈殷〉《三代》六卷 18 葉、〈乙戈劍〉《綴
遺》二十九卷 4 葉，案《積古》誤編為戈。、〈乙魚卣〉《三
代》十二卷 41 葉、〈乙正觚〉《三代》十四卷 20 葉、〈⿰
⿰爵〉《三代》十五卷 26 葉，此皆乙為方名之證。再戈
魚正繞皆其氏，乙公者蓋謂乙方之公也。其〈⿰正
魚鐃〉《三代》十八卷 10 葉，則乙為其邑，正為有器家
之氏，魚乃鑄器工之氏也。若〈酉乙鼎〉《三代》二
卷 11 葉、〈⿰乙卣〉《三代》十二卷 40 葉、〈⿰乙爵〉、
〈癸⿰爵〉、〈⿰⿰爵〉、〈⿰乙爵〉、〈堯⿰爵〉
《三代》十五 25 葉、26 葉酉、再諸名，皆其所屬之邑，
乙者其氏。漢有乙瑛《隸釋》卷一〈孔龢碑〉，晉有乙
逸《晉書慕容皝載記》，漢印有〈乙信〉、〈乙忠〉《印
統》八卷 9 葉、〈乙安〉李宜聞《漢印印存》、〈乙壽〉《十
鐘》五冊 6 葉、〈門釋卿〉《十鐘》八冊 2 葉、〈門帶〉
《十鐘》九冊 46 葉，漢封泥有〈門淺〉《再續封泥攷略》

三卷 10 葉，是皆因乙、門二方而氏。《潛夫論》以乙氏為魯之公族，以門氏為楚之公族〈志氏姓篇〉，非其祖也。據此則宗、乙、門、令俱為方名，其義甚審。或謂乙門、南門、宗門，當指宗廟之門陳夢家《卜辭綜述》478 葉，斯乃昧於辭義之妄說。釋殷栔者，率如其義，而曰宗門宗廟之門，羌人為祭祀之牲，故王迎之屈萬里《甲編考釋》139 葉。或曰門令謂榜之於門郭沫若《粹編考釋》135 葉，是皆偏據一辭，曲為解詁。且夫禮有卜牲之文，而無迎牲之卜，是以卜辭多見卜牲，而未一見迎牲。良以迎牲為祭祀之恆典見《禮記郊特牲、明堂位、祭統》，事無所疑，何竢于卜。而乃云然，益見迂蔽，此固說卜辭者之通病也。

　　於又有〈ㄋ爵〉《三代》十五卷 7 葉、〈ㄋ尊〉《錄遺》181 圖、182 圖、〈ㄋ勺〉《錄遺》523 圖、〈ㄋ鼎〉《三代》二卷 44 葉、〈ㄋ爵〉《三代》十六卷 26 葉、〈ㄋ戈〉《三代》二十卷 1 葉，〈ㄋ殷〉《三代》六卷 9 葉，則為亞方又氏之器。〈ㄋ羨父己鼎〉《三代》二卷 39 葉、〈ㄋ羨父己鼎〉《三代》二卷 40 葉、〈ㄋ卯戈〉《三代》二十卷 4 葉，則為又方羨氏，及又方卯氏之器。又右葢為一文名，孔子弟子曰有若見《史記仲尼弟子傳》，

蓋因洧水或郁水而氏洧水見《山海經東山經、北山經》，郁水見〈中山經〉。【注】洧水，即今雙洎河，源出今河南省登豐縣陽城山。〈中山經〉云「讙山，其木多檀，郁水出于其上」。

　　於臤有〈臤父丁鼎〉《三代》二卷 38 葉、〈臤父癸段〉《三代》七卷 4 葉、〈臤卣〉《西清古鑑》十六卷 29 葉，漢有堅盧《史記酷吏傳》、堅鐔《後漢書本傳》，是皆因臤方而氏。臤方蓋即衛之堅邑《公羊傳定十四年》，堅牽同音，故字亦作牽見《左氏》及《穀梁》經文。【注】《公羊傳定十四年》云「夏，公會齊侯、衛侯于堅」。《春秋定十四年》云「夏，公會齊侯、衛侯于牽」。杜預注「魏郡黎陽縣東北有牽城」。《穀梁定十四年》云「夏，公會齊侯、衛侯于牽」。漢有牽顯《姓氏急就篇》，魏有牽招《魏志本傳》，乃因牽方而氏。然則臤、牽二氏，皆有後昆，其初為同宗，抑各有受氏之地，無從質考矣。臤當以役使臣僕為本義，引伸為凡使令與賢勞之義。〈中白鼎〉云「中白御人臤免父乍旅鼎」《周金文存》二卷 50 葉，義謂使免父作旅鼎也。《小雅北山》云「我從事獨賢」，傳曰「賢，勞也」，是皆臤之引伸義。以臤為役使之義，故自臤而孳乳為訓牽之掔。《史記鄭世家》云「鄭襄公肉袒掔羊」，斯正以掔為牽。《說

文臤部》云「臤，堅也」，〈手部〉云「摰，固也」，
并據堅剛之義，而釋臤摰二字，失之形義差牾。若
夫土剛之堅，而從臤聲者，臤乃賢之假借臤賢同屬淺
喉音，非承臤義而孳乳也。

於舟有〈月殳〉《三代》七卷 6 葉、〈𠙵父壬尊〉
《三代》十一卷 10 葉、〈𠙵爵〉《三代》十六卷 34 葉、35 葉、
〈𠙵爵〉《三代》十五卷 33 葉、〈𠙵辛鼎〉《三代》二卷
12 葉、〈𠙵亥父丁卣〉《三代》十三卷 3 葉，《國語鄭
語》云「禿姓、舟人則周滅之矣」。【注】韋昭注「禿
姓，彭祖之別，舟人，國名也」。《呂氏春秋恃君覽》「舟
人、送龍、突人之鄉多無君」，《小雅大東》云「舟
人之子，熊羆是裘」，凡此所云舟人，當即彝器之
舟，亦即〈鄭語〉「鄔、弊、補、舟」之舟。【注】
〈鄭語〉云「若克二邑，鄔、弊、補、舟、依、黮、歷、華君之
土也」。韋昭注「二邑，虢、鄶，言克虢、鄶，此八邑皆可得也」。
詩傳曰「舟人，舟楫之人」，箋云「舟當作周」，
此皆未知舟為方名之謬說。春秋時虢有舟子僑《左傳
閔二年》，乃因舟方而氏者也。【注】〈閔二年〉云「舟
之僑曰『無德而祿，殃也，殃將至矣，遂奔晉』」。杜預注「舟
之僑，虢大夫也」。

　　於戔有〈屵父丁爵〉《三代》十六卷 8 葉，葢因踐
土或錢邑而氏踐土見《春秋僖二十八年》，錢邑見《左傳昭二
十二年》。。【注】〈僖二十八年〉云「五月癸丑，公會晉侯、
齊侯、宋公、蔡侯、鄭伯、衞子、莒子盟于踐土」。杜預注「踐
土，鄭地也」。〈昭二十二年〉云「王子朝帥郊、要、錢之甲以
逐劉子」。杜預注「三邑周地」。古有〈淺印〉《十鐘》三冊
9 葉，又有〈淺睪〉《集古印譜》四卷 25 葉，漢印有〈棧
壽〉《魏石經室古鉨印景》、〈棧參〉《共墨齋古鉨印譜》，
魏有〈棧潛〉見《魏志文德郭皇后傳》，當為戔氏之裔，
而別益形文者也。

　　於女有〈卑爵〉《續殷下》5 葉、〈卑丫殷〉《三
代》六卷 10 葉、〈卑母殷〉《三代》六卷 35 葉、〈卑妻
殷〉《三代》七卷 8 葉，丫者印之古文母乃每之初文，
是為女方印氏，女方每氏，及女方妻氏之器。若〈朕
身觚〉《錄遺》334 圖、〈圉屮爵〉《錄遺》428 圖，乃為
朕邑女氏，及女邑方氏之器。若〈卑子小臣兒卣〉
《三代》十三卷 33 葉，女子乃女方之子爵，小臣其官，
兒者其氏，義謂女方子爵所屬小臣兒氏之器也。夏
有女艾《左傳哀元年》，殷有女鳩、女房《史記殷本紀》，
春秋時陳有女叔《春秋莊二十五年》，秦有女父《左傳成

十三年》，晉有<u>女齊</u>《左傳襄二十六年》，<u>漢</u>有<u>女驪</u>、<u>女充</u>《印統》六卷 24 葉 25 葉、<u>女山</u>、<u>女彊</u>、<u>女賞</u>《十鐘》六冊 20 葉、<u>女土君</u>《十鐘》五冊 10 葉、<u>女定處</u>《十鐘》八冊 9 葉、<u>女不侵</u>、<u>女延年</u>《十鐘》八冊 30 葉，<u>汝猷</u>《印統》六卷 24 葉、<u>汝平</u>《十鐘》四冊 3 葉、<u>汝由</u>《十鐘》九冊 31 葉，<u>汝補</u>《味墨軒仰山印萃》葉，是皆因<u>汝水</u>而氏汝水見《山海經中山經》。【注】<u>汝水源出河南省魯山縣大孟山</u>。

於亥有〈丁父丁甗〉《三代》五卷 2 葉、〈尊〉《三代》十一卷 5 葉、〈卣〉《三代》十二卷 43 葉、〈舟丁卣〉《三代》十三卷 3 葉，是皆<u>亥氏</u>之器。〈布〉《辭典》上 736 圖、〈刀〉《奇觚》十三卷 8 葉，<u>劉心源</u>釋為方。〈刀〉《奇觚》十四卷 19 葉 20 葉，凡五品，其四品皆倒置。，是皆<u>亥邑</u>之貨。<u>亥邑</u>當即<u>漢陳留</u>之<u>郊鄉</u>見《說文邑部》，<u>春秋</u>時<u>晉</u>有<u>亥唐</u>見《孟子萬章下》，當因<u>亥邑</u>而氏。【注】〈萬章下〉云「<u>晉平公</u>之於<u>亥唐</u>也，入則云入，坐則云坐，食則云食；雖蔬食菜羹，未嘗不飽，蓋不敢不飽也」。亥於卜辭作丁亍，彝銘作丁，刀銘作，并象艸根在地下之形，而為荄之初文。蓋以亥假為紀日之名，故自亥而孳乳為荄，所以別於假借之轉注字，與帝之孳乳為蒂，不之孳乳為柎，其例相若

也。《說文亥部》云「亥，荄也，十月微陽起接盛陰，从二，二古文上字，一人男，一人女也，从乙象裹子咳咳之形也」。所釋構形，紆謬殊甚。是其以荄釋亥，固為音訓之幸中者而已。說彝銘者釋丁為旁，或釋為舉角形<u>陳介祺釋旁，方濬益釋為舉角形，見《綴遺》十卷 32 葉。</u>，或釋為方<u>《攈古》一之二卷 77 葉</u>，或疑為呂<u>《奇觚》六卷 6 葉</u>，是皆昧於字形之臆說也。

於每有〈每觶〉《三代》十四卷 34 葉、〈每爵〉《錄遺》405 圖、〈每父丁尊〉《三代》十一卷 8 葉、〈丁每觶〉《三代》十四卷 37 葉，是皆<u>每氏</u>之器。別有〈每子鼎〉《三代》二卷 40 葉、〈每子姚丁尊〉《錄遺》199 圖、蓋<u>每方子</u>爵之器。若〈酉每鼎〉《三代》二卷 52 葉、〈僕每盉〉《三代》十四卷 2 葉、〈子每鼎〉《三代》十五卷 31 葉，則為<u>酉方每氏</u>、<u>僕方每氏</u>，及<u>子姓每氏</u>之器。<u>殷紂</u>時有<u>梅伯</u>見《韓非子難言篇》，<u>漢</u>初有<u>梅鋗</u>《史記項羽本紀》，【注】〈難言篇〉云「<u>梅伯</u>醢」。《呂氏春秋恃君覽》云「昔者<u>紂</u>為無道，殺<u>梅伯</u>而醢之」。〈項羽本紀〉云「<u>鄱君</u>將<u>梅鋗</u>功多，故封十萬侯」。<u>漢</u>印有〈每當時〉《集古印譜》四卷 21 葉，蓋因<u>鄭</u>之<u>梅山</u>而氏見《左傳襄十八年》。

於邑有〈呂爵〉《三代》十五卷 9 葉凡二器、〈小

臣 🔲 罕〉《三代》十三卷 53 葉，<u>邑氏</u>於載籍無徵，惟<u>漢</u>有〈邑遂成〉《澂秋館印存》第六冊，〈洭安〉《集古印譜》六卷 16 葉，〈洭嘉〉《觀自得齋秦漢私銅印集》，葢古<u>邑氏</u>之苗裔，乃因<u>漢吳郡</u>之<u>邑縣</u>而氏《續漢書郡國志》。邑於卜辭作 🔲 🔲，乃從口人會意，以示聚居城墉或方國之中。置人於口下者，所以示別於卜辭之 🔲 🔲 乃因之或體，說詳釋因。，昔者<u>夏鯀</u>作城見《呂覽君守篇》，所以扞水患而禦暴客，大小視人多寡，高卑因乎地形，必其初無定制，亦猶方或之初無定制。《左傳隱元年》云「先王之制，大都不過參國之一，中五之一，小九之一」，《孟子》云「天子之制地方十里，公侯皆百里，伯七十里，男五十里」，就皆<u>周</u>制之犖較而言。然而夏禹之時天下萬國，至於<u>商湯</u>而三千餘國見《呂覽用民篇》，其於季世，海上有十里之侯見《呂覽慎勢篇》，則知《孟子》所云固非自古通法。《說文邑部》云「邑，國也，從口，先王之制，尊卑有大小，從卪」。是誤人為卪，所謂「尊卑有大小」者，非邑之初義也。

　　凡此諸器，其文俱不從宀广厂口，與卜辭方名之不益形文者，音義無二，可證凡從宀广厂口者，

為其綵文。說者乃釋▢為寓，釋▢▢為寐《商氏類編》引羅振玉說，釋▢為婳《古籀篇》三十八卷 19 葉，釋▢為廠《古籀篇》七十三卷 16 葉，釋▢為寡《古籀篇》七十二卷 11 葉，或釋為面金祥恆《續文編》，疑▢為突《粹編考釋》125 葉，釋▢為大坰合文陳邦福《殷契辨疑》10 葉，釋▢為宮陳邦福《殷契考釋小箋》8 葉，或釋為网《東方雜誌》二十五卷 3 號聞宥說，釋▢為灾李孝定《集說》葉，釋▢為收《古籀篇》六十卷 36 葉，釋▢為啻《契文舉例上》，或釋為誨《古籀篇》五十二卷 52 葉，或釋為吉《商氏類編》，或釋為古唐蘭《古文字學導論下》40 葉，釋▢為箙《古籀篇》八十卷 28 葉，或疑為鐫或鑽《粹編考釋》204 葉，釋▢為昌《契文舉例上》，或釋為智《古籀篇》五十一卷 14 葉，或釋為古《國學叢編》一期二冊林義光說，或釋為苦葉玉森《前編集釋》一卷 95 葉，或釋為吉丁山《甲骨文所見氏族及其制度》42 葉，或疑為共胡厚宣《商史論叢》初集二冊 8 葉，釋▢為喟《古籀篇》四十八卷 8 葉，或釋為《集韻》之盧余永梁《殷虛文字續考》，釋▢為嶜《古籀篇》五十三卷 16 葉，又釋為喙《古籀篇》四十八卷 1 葉，釋▢為瘖《古籀篇》九十三卷 9 葉，釋▢為慈《古籀篇》四十三卷 28 葉，釋▢為吹唐蘭《古文字學導論下》75 葉，釋▢為閔孫氏《甲骨文編》

釋▢為譙《古籀篇》七十卷 26 葉，釋▢為諾金氏《續文編》，釋▢為酷哭《殷契鈎沈》，疑▢為臨《古籀篇》七十卷 26 葉，又疑為昀《古籀篇》四十七卷 22 葉，疑▢為擘《契文舉例下》，或釋腎與啓《古籀篇》四十一卷 6 葉，四十七卷 12 葉，釋▢為嘆《古籀篇》四十九卷 24 葉，或釋為暴《殷契鈎沈》，釋▢為吠《古籀篇》四十九卷 22 葉，或釋為豚《殷契佚存考釋》49 葉，或釋為喙唐蘭《天壤考釋》35 葉，釋▢為肇丁山《方國志》126 葉，釋▢為諱《徵文典禮考釋》12 葉，釋▢為或《契文舉例下》，或讀為叕葉氏《前編集釋》四卷 28 葉，或釋為戔于省吾《殷契駢枝》33 葉，釋▢為豐王國維《觀堂集林》卷六釋禮，釋▢為譔《古籀篇》五十二卷 12 葉，或疑為珏丁山《方國志》110 葉，釋▢為品《契文舉例上》10 葉，或釋為臨陳晉《龜甲文字概論》34 葉，釋▢為定《契文舉例上》29 葉，或釋為客《增訂考釋》21 葉，釋▢為囂《古籀篇》五十卷 14 葉，釋▢為簠李孝定《集釋》，釋▢為田罷二文《古籀篇》五十卷 18 葉，或釋為喁唐蘭《殷虛文字記》34 葉，釋▢為釀《古籀篇》七十六卷 31 葉，釋▢為雚《古籀篇》九十一卷 22 葉，釋▢為莊丁山《方國志》127 葉，疑▢為庸《契文舉例下》，或疑為舍王國維《毛公鼎釋文》，或疑為匜《卜辭通纂》113 葉，

或疑為冢《史語所集刊》一本二分丁山說，或疑為牄唐蘭《天壤考釋》62 葉，或疑為倉李孝定《集釋》，釋🔣為汏孫氏《甲骨文編》，釋🔣為洗《增訂考釋中》68 葉，釋🔣為宷《古籀篇》七十二卷 24 葉，或釋為浴《商氏類編》，釋🔣為澡《增訂考釋中》68 葉，或釋為沑《陳邦懷小箋》23 葉，釋🔣為徒《殷契鈎沈》，釋🔣為羔《栔文舉例下》，釋🔣為洋，釋🔣為馮，釋🔣為滴，釋🔣為汙，釋🔣為滈，釋🔣為覓，《古籀篇》二卷 19 葉，22 葉，四卷 1 葉，5 葉，11 葉，三十四卷 19 葉，釋🔣為率，釋🔣為潢《增訂考釋中》49 葉，10 葉，亦有釋🔣為訓喉之嚨者金氏《續文編》，釋🔣為訓訊之問者《增訂考釋中》52 葉，是皆未知方國之繇文，以考卜辭者七也。

八、古方名緐文有從人女攴戈者

方名之緐文，有從人女攴戈者，若示於盂銘作
□《三代》十四卷 8 葉，召於鼎銘作□《三代》十四卷 8 葉，
叚銘作□《三代》六卷 24 葉，奇於尊銘作□《三代》十一
卷 24 葉，興於鼎銘作□《三代》三卷 5 葉，复於鼎銘作
□《三代》二卷 50 葉，井於〈父丁叚〉作□《三代》六卷
13 葉，東於鼎銘作□《三代》二卷 2 葉，觶銘作□《三代》
十四卷 13 葉，觶銘作□《三代》十四卷 35 葉，爵銘作□
《三代》十五卷 2 葉，凡三器。，〈父丙觶〉作□《三代》十
四卷 42 葉，〈父癸觶〉作□《三代》十四卷 47 葉，〈父丙
爵〉作□《三代》十六卷 6 葉，〈父乙壺〉作□《續殷》
上 36 葉，〈父癸爵〉作□《續殷》下 31 葉，嬴於〈嬴季
尊〉、〈嬴季卣〉作□《三代》十一卷 23 葉、十三卷葉，弁
於鼎銘作□《三代》十二卷 2 葉，叚銘作□《三代》六卷 7
葉，〈父乙卣〉作□《錄遺》247 圖，〈祖乙爵〉作□《三
代》十六卷 1 葉，囪於叚銘作□《三代》六卷 1 葉，靫於
鼎銘作□《三代》二卷 5 葉，至於叚銘作□《三代》七卷
10 葉，戉於罍銘作□《三代》十三卷 47 葉，獻於叚銘作
□《錄遺》133 圖，尊銘作□《錄遺》200 圖，〈祖丁罍〉
作□《三代》十三卷 50 葉，虫於〈虫高卣〉作□《三代》

十三卷 30 葉，龜於〈虫高卣〉作▨《三代》十三卷 30，吳氏《說文古籀補》誤釋為勘。，土於〈小子鼎〉作▨《三代》三卷 10 葉，毀銘作▨或▨《三代》六卷 29 葉、44 葉，羅振玉誤釋▨為御。，芻於鏡銘作▨《三代》十八 7 葉，非婦妊之嫂也。周於〈陳白元匜〉作▨《三代》十七卷 35 葉，非女字之婤也。眉於〈子眉觚〉作▨《三代》十五卷 29 葉 30 葉，凡八器，朱於〈朱戈觶〉作▨《三代》十四卷 49 葉，羅振玉誤釋為每朱。，非訓好之姝也。勺於爵銘作▨《三代》十五卷 10 葉，羅振玉誤釋為嫣。，非媒妁之妁也。奚於〈奚仲毀〉作▨《三代》七卷 17 葉，非女隸之義也。黑於〈稻黑毀〉作▨《三代》七卷 46 葉凡四器，非怒兒之嫼也。戀於〈中白盨〉作▨《三代》十卷 27 葉，非籀文之變與訓慕之變也。鬼於〈俔仲鼎〉、〈毚毀〉、〈毚盤〉、〈毚匜〉作▨《三代》三卷 23 葉、七卷 38 葉、39 葉、十七卷 8 葉、33 葉，非訓慙之媿也。未於觚銘作▨《三代》十四卷 23 葉凡二器，即《酒誥》之妹邦，非女弟之義也。員於〈周棘生毀〉作▨《三代》七卷 48 葉，〈圅皇父毀〉、〈季良父簋〉、〈翏生盨〉作▨《三代》八卷 40 葉、十卷 14 葉、44 葉，〈朿上匜〉作▨《三代》八卷 40 葉，鳴於鏡銘作▨《三代》十八卷 9 葉二器，

复於卣銘作🔤《三代》十二卷 39 葉、《錄遺》238 圖，叠於〈叠姓壺〉、〈叠姓盉〉作🔤《三代》十二卷 7 葉、十八卷 36 葉、〈穌甫人匜〉作🔤《三代》十七卷 29 葉，盜於〈白疑父殷〉作🔤《三代》七卷 47 葉，呂於〈昇鼎〉作🔤《三代》三卷 47 葉，同於〈乎殷〉作🔤《三代》七卷 30 葉，白於〈郳白鬲〉作🔤《三代》五卷 23 葉，司於〈娚休殷〉、〈保侃母壺〉作🔤《三代》七卷 26 葉、十二卷 12 葉，〈者娟尊〉作🔤《三代》十一卷 28 葉，涉於〈涉鼎〉作🔤《三代》二卷 50 葉，羅振玉誤釋為姚、〈盧未樊鼎〉作🔤《三代》四卷 6 葉、〈毛白殷〉作🔤《三代》八卷 13 葉、〈牧師父殷〉作🔤《三代》八卷 26 葉，辛於〈未向父殷〉作🔤《三代》七卷 36 葉，於壬有〈狂氏殷〉《三代》六卷 31 葉、〈榰珥鼎〉《三代》三卷 9 葉、〈龔珥甗〉《三代》五卷 5 葉，任非訓保之義，妊非訓孕之義也。才於〈才白殷〉作🔤《錄遺》132 圖，于省吾誤釋為冗。，稻於〈稻嫘殷〉作🔤《三代》七卷 46 葉，攸於殷銘作🔤《三代》七卷 17 葉，壺於鼎銘作🔤《三代》四卷 6 葉，虹於甗銘作🔤《三代》四卷 6 葉、〈兄辛卣〉作🔤《三代》十六卷 44 葉、〈妖瓠〉作🔤《三代》四卷 6 葉，車於〈未車鼎〉作🔤《三代》三卷 4 葉，示於爵銘作🔤《三代》十五卷 38 葉、

鼎銘作〇<u>陶德曼</u>《使華訪古錄》七圖，干於〈乙干鼎〉作〇《三代》二卷 31 葉、刀銘作〇《三代》十六卷 27 葉、殷銘作〇《三代》六卷 18 葉、卣銘作〇《三代》十三卷 21 葉，雞於觶銘作〇《三代》十四卷 32 葉、瓤銘作〇《錄遺》310 圖、311 圖、爵銘作〇《錄遺》384 圖、385 圖、〈祖辛卣〉作〇《三代》十二卷 47 葉，畐於〈父乙觶〉作〇《三代》十四卷 41 葉，耳於鼎銘作〇《錄遺》17 圖，瓤銘作〇《錄遺》319 圖，辛於殷銘作〇《三代》七卷 7 葉，酉於殷銘作〇《三代》六卷 8 葉，〈騽卣〉作〇《三代》十三卷 36 葉。其於卜辭，則有口之作〇，嚚之作〇，嘂之作〇，用之作〇，刀之作〇，甘之作〇，合之作〇，复之作〇，東之作〇，旦之作〇，由之作〇，旡之作〇，旬之作〇，易之作〇，涉之作〇，曲之作〇，土之作〇，莫之作〇，窜之作〇，止之作〇，正之作〇，芻之作〇，取之作〇，臣之作〇，自之作〇，雖之作〇，肖之作〇，竹之作〇，奠之作〇，喜之作〇，豐之作〇，虎之作〇，主之作〇，井之作〇，食之作〇，良之作〇，來之作〇，才之作〇，生之作〇，冥之作〇，多之作〇，串之作〇，彔之作〇，秦之作〇，寶之作〇，方之作〇，司之作〇，執之作〇，

龍之作□，不之作□，至之作□，門之作□，戠之作□，辰之作□，巳之作□，午之作□，未之作□，亥之作□，果之作□亦作□，衣之作□亦作□，壬之作□亦作□，珏之作□亦作□，寶之作□亦作□，眉之作□□亦作□□，斯乃重其形文，亦一字之異體也。其從籹戈者，則有高之作□，偁之作□，丘之作□，五之作□，臣之作□，虎之作□，眣之作□，西之作□，弓之作□，亘之作□，己之作□，子之作□，酉之作□，凡此皆為方國之籀文。

古器不從人女籹戈為籀文者

其非籀文而見於古器者，則有召、興、東、弁、囟、至、戉、甗、竈、土、周、朱、絲、窫、涉、辛、才、稻、虹、干、雞、酉、由、莫、窒、正、竹、奠、主、食、良、生、串、彔、寶、方諸名。

於召有〈□父鼎〉《積古》四卷 23 葉、〈□仲鬲〉《三代》五卷 34 葉、〈□夫山父簋〉《三代》十卷 22 葉、〈□樂父匜〉《三代》十七卷 29 葉，蓋因周召公之封邑而氏見《史記》。【注】〈燕召公世家〉云「召公奭與周同姓，姓姬氏，周武王之滅紂，封召公於北燕」。〈索隱〉云「召者畿內菜地。奭始

食於召，故曰召公」。

　　於興有〈𰥰觚〉《三代》十三卷 15 葉、〈𰥰爵〉《三代》十五卷 8 葉，〈𰥰壺〉、〈𰥰壺〉《錄遺》219 圖、220 圖，〈𰥰父辛爵〉《三代》十六卷 18 葉、〈𰥰鼎〉《三代》二卷 42 葉，漢有興渠《後漢書宦者傳》，是當因興邑而氏鄭邑見《說文邑部》。【注】〈宦者傳〉云「永建三年，封興渠為高望亭侯」。興於卜辭作𰥰𰥰及𰥰，乃從舁廾聲。廾為桬禁之象形，讀如禁之平聲。殷虛古墓木禁三器，其形長方，宛肖興所從之廾。其長連柄，凡二公尺又三寸，非二人不能舁行，以之舁棺，則短小不任，必為陳酒醴牲饌之禁見《侯家莊 1001 號大墓》上冊 65 葉插圖二十七，原文偁為抬盤。。故興之古文從舁廾聲，而以陳桬禁為本義。卜辭彝銘或從口作𰥰𰥰者，猶君之從口，設之從言，以示命陳禁之制也說詳釋興。禁為祭器，而用之從葬者，即仲憲謂「殷人用祭器」之制也見《禮記檀弓上》。【注】仲憲，孔子弟子原憲也，字子思。〈檀弓上〉云「仲憲言於曾子曰『夏后氏用明器，示民無知也，殷人用祭器，示民有知也，周人兼用之，示民疑也』。曾子曰『夫明器鬼器也，祭器人器也』」。祭器，祭祀時所陳設之各種器具。明器，專為隨葬而製作之器具。禁之陳饗，俱須舁行，故

引伸有起發與陳設之義。《說文舁部》云「興，起也，從舁同，同力也」。是誤以引伸為本義，誤以諧聲為會意矣。

於東有〈◧父丁𣪘〉《三代》六卷 14 葉、〈◧觶〉《三代》十四卷 35 葉、〈◆父乙尊〉《三代》十一卷 7 葉、〈◆父辛爵〉《三代》十六卷 20 葉、〈◆戈〉《三代》十九卷 28 葉，東為橐之象形，當因橐縣而氏漢山陽郡橐縣，見《漢書地理志》。。以東假為東方之名，故自東而孳乳為橐。猶之南而孳乳為囊，西而孳乳為棲，北而孳乳為背，皆為避與假借義相混之轉注字也說詳釋橐。《說文東部》云「東，動也，從木，官溥說從日在木中」。是未知其本義，故僅以音訓言之。東於卜辭作◆及◆◆，於國族之外，亦用為方位之名。如云「◆土受季，　南土受季，　西土受季，　北土受季，吉」《粹編》907 片，「甲子卜，求雨于◆方」《鄴羽三集》38.4 片，「癸卯卜，今日雨，　其自◆來雨，　其自南來雨，　其自西來雨，　其自北來雨」《曾氏綴合》240 片，是皆以◆與◆◆為東方之義。審其構體，與彝銘之◆◆，俱非從日木會意，則知所謂「從日在木中」者，未得東之初形。或析◆與◆◆為二字，而

釋□為方位之名，釋□□為橐《古籀篇》八十七卷 23 葉，30 葉，31 葉，是昧於卜辭文義，且未知東為橐之初文也。東於彝銘作□者，雖為姓氏之本字，且以示負橐之形，而為佗之古文東屬端紐，橐佗并屬透紐，二紐古多通轉。。蓋以身載物，加於首者曰戴，其於彝銘作□《三代》二卷 13 葉，措於肩者曰尤任與何，何於彝銘作□《三代》六卷 21 葉。施於背者曰佗，其於彝銘作□。持於手者曰氏，其於彝銘作□或□《續殷下》25 葉，《三代》五卷 5 葉。攤於裏者曰裹，於彝銘作□《三代》七卷 3 葉或□《三代》六卷 21 葉其文多見，即卜辭之□，二字亦為保之初文。覈其初文，雖有諧聲構字，然必聲兼象形。其後為避形義相亂，或取與語同音，故自□而孳乳為戴，自尤而孳乳為儋，自□而孳乳為何，自□而孳乳為佗，自氏而孳乳為提，自□而孳乳為裹，則其聲文惟以識音，而其本義因之亦晦。故《說文》所釋戴尤任氏諸字，并悖初恉尤任氏之義說見下文。《說文》以負何釋佗者，則亦未知佗之本義為負而非何。或曰負字蓋淺人增之《說文》佗字下段注，是益昧其本柢者矣。

於弁有〈□父己卣〉《三代》十三卷 10 葉、〈□觚〉

《三代》十四卷 15 葉、〈🔯爵〉《三代》十五卷 8 葉、〈🔯農器〉《三代》十八卷 30 葉、〈🔯車飾〉《錄遺》529 圖、〈🔯句兵〉《續殷下》80 葉、〈🔯父丁卣〉《三代》十三卷 3 葉、〈🔯父癸卣〉《三代》十三卷 11 葉、〈🔯父甲觚〉《三代》十四卷 28 葉，是皆弁氏之器。商初有卞隨《莊子讓王篇》、《呂覽離俗篇》，【注】〈讓王篇〉云「湯將伐桀，因卞隨而謀」春秋時晉有弁糾《左傳成十八年》，蓋因魯之卞邑而氏見《春秋僖十七年》。【注】〈成十八年〉云「弁糾御戎，校正屬焉」。〈僖十七年〉云「秋，夫人將姜氏會齊侯于卞」。杜預注「卞今魯之卞縣」。卞乃弁之俗字，彝銘作🔯者，乃弁之緣文，非《說文》訓送之俖也。弁於卜辭作🔯🔯與🔯，其從行作🔯者《佚存》935 片，亦弁之緣文。於文為從叺之合體象形，叺與臼通，故亦從臼作🔯。篆文栟併朕諸字，所從之🔯，及《說文兒部》載覓之或體作🔯，皆為卜辭之🔯。篆文上體之火與覓上之川，乃象覓冕之形，非從訓燬之火，與訓微之小也。惟以《說文》失收弈字，故其音義未詳。《玉篇火部》云「弈，火種也」，《韻會》小補滕字下注云「弟子職左手正櫛譚苑曰櫛假借字，正作弈从火从🔯音爐」，是誤以弈為從火，而妄加聲義。後之說者，胥遵其

說，以曲解形義，要皆不足據信。弁於卜辭舍方名之外，亦有征伐之義。如云「庚寅卜，在🔣𬇙，王🔣林方，凶🔣」《前編》2.16.3 片。「乙巳貞，令🔣🔣刀方」《續存下》804 片。「甲辰貞，🔣目眾🔣伐召方，受又」《粹編》1124 片。「丁丑貞，王令🔣目眾🔣伐召方，受又」《京都》2525 片。「丁丑貞，王令🔣目眾🔣伐召方，受又」《摭佚續》144 片。凡此之弁，義皆搏擊。其云「弁伐」，與《小雅》之「薄伐」〈出車〉、〈六月〉，〈宗周鐘〉之「戮伐」，〈虢季子白盤〉之「博伐」，皆為同義疊語，弁與薄戮同為脣音，故相通作。【注】〈出車〉云「薄伐西戎」、〈六月〉云「薄伐玁狁」、〈宗周鐘〉云「戮伐厹都」、〈虢季子白盤〉云「博伐玁狁」，《漢書甘延壽傳》云「試弁為期門」，是亦用弁為搏也。說彝銘者，或疑🔣為曾《校經》二卷 32 葉載張廷濟說，或釋為臽《校經》四卷 35 葉載朱建卿說，或釋八申二文《愙齋》十冊 10 葉，或釋為叟，而疑為饋之古文林義光《文源》，或釋為陬，又疑為胂《古籀篇》五十八卷 11 葉，說卜辭者疑🔣為奄《殷契鉤沈》，或疑為撞，又謂🔣殆為衛字郭某《甲骨文字研究釋干》，或釋🔣為悆，又釋為寋《古籀篇》四十四卷 4 葉、六十二卷 13 葉，是皆謬戾之甚。或釋🔣為舂金祥

恆《續文編》，或釋為甶 李孝定《集釋》，然案舂於〈白舂
盉〉作 ▨《三代古籀篇》十四卷 8 葉，字亦從𠬞持杵以臨
臼，與篆文同體。御於卜辭作 ▨ 及 ▨ ▨，從人午聲，
示持杵以事舂稾 說見上文。而卜辭彝銘之弁，無一從
午干或白者。弁之上體，於卜辭必作 ▨，於彝銘則
作 ▨ ▨ 或 ▨，與舂卯二字，形體絕殊。乃釋為舂甶
二文，是亦失之字形乖越矣。

於囟有〈▨鼎〉《三代》二卷 7 葉、〈▨鼎〉《錄遺》
22 圖、23 圖、〈▨勺〉《錄遺》524 圖、〈▨父丁鼎〉《三代》
二卷 23 葉、〈▨父癸鼎〉《三代》二卷 30 葉、〈▨父癸爵〉
《錄遺》457 圖、〈▨父乙盉〉《三代》十四卷 3 葉、〈▨父
丁尊〉《錄遺》193 圖、〈▨祖己父辛卣〉《三代》十三卷 9
葉、〈▨季鼎〉《三代》三卷 41 葉、〈康▨母丁段〉《三代》
六卷 22 葉、〈▨布〉《辭典上》593 圖、594 圖，凡此諸器，
與卜辭之 ▨ ▨ ▨，并為囟與曾之古文 說詳釋囟。彝器
有〈▨者子鼎〉《三代》三卷 39 葉、〈▨子仲宣鼎〉《三
代》四卷 15 葉、〈▨子遱簠〉《三代》十卷 1 葉、〈▨子屈
簠〉《三代》十卷 6 葉、〈▨白簠〉《三代》十卷 26 葉、〈▨
姬壺〉《三代》十二卷 25 葉、〈▨白陭壺〉《三代》十二卷 26
葉、〈▨大保盆〉《三代》十八卷 13 葉，是皆從口甶聲，

囪卽卜辭之凶，乃象煙出囪口之形，從口為其緐文，亦卽方名之本字，凡此當為鄫國之器鄫見《春秋僖十四年》。〈僖十四年〉云「夏六月，季姬及鄫子遇于防，使鄫子來朝」。杜預注「鄫國今琅邪鄫縣也」。《說文八部》云「曾，詞之舒也，從八曰囪聲」。是誤以從口為從曰，誤以囪為八囪二文，且誤以方名之本字為語詞之義矣。考之古文，則知篆文商黃吾鼞周，字皆從口，量對字皆從土，并為方國之本字。而《說文》乃據緐文以索初義，宜其釋義皆謬，非惟曾字為然。以曾假為語詞，故復孳乳為從邑部之鄫，葢戰國時緟益形文之轉注字也。

於至有〈至乍鼎〉《三代》三卷19葉，古之至方當為齊之郅邑見《史記秦本紀》，亦卽漢沛郡之銍縣見《漢書地理志》，【注】〈秦本紀〉云「百里傒讓曰『臣常游困於齊而乞食銍人』」。〈地理志上〉云「沛郡，縣三十七：銍」。漢有郅氏見《史記酷吏傳、貨殖傳》，葢因銍而氏。【注】〈酷吏傳〉云「郅都者，楊人也。孝景時為中郎將，敢直諫，面折大臣於朝」。〈貨殖傳〉云「郅氏鼎食」。鼎食謂列鼎而食，形容富家飲食之奢侈也。若夫北地郡之郁郅縣，則以僻處西垂，決非古之至方也。至於卜辭作至，與彝銘同體，并象矢鏠

降地之形，當以矢止為本義，引伸為凡肄止及極盡
之義《說文至部》云「至，鳥飛從高下至地也，从
一，一猶地也，𡳐，古文至」。是亦悖於字形之謬說。
或曰「至所從之𡳐，乃倒子字」《奇觚》三卷 19 葉，然
彝銘及篆文之子，無一象二足之形者。或曰「至从
矢射一，一象正鵠」林義光《文源奇觚》，此未知至下
之一，卽𡳐旦韭立氏或下體之一，皆以象地。〈龜公
輕鐘〉從土作𡊥，與《說文》所載之古文相合，可
證至象矢鐰降地。苟如所云「一象正鵠」，當矢鏃上
鄉，亦如矦之古文作厌，臬於卜辭作𣎜，其鏃不當
下垂也。或曰「至卽桎之古文，从一𡳐聲，𡳐卽古
文枝字，從木省，象交柯之形」饒炯《說文部首訂》。
則尤純馮臆說，荒謬益甚矣。

　　於戈有〈𢦏鼎〉、〈𢦏鼎〉《三代》二卷 3 葉、〈𢦏觶〉
、〈𢦏觶〉《三代》十四卷 40 葉、41 葉、〈木𢦏祖戊觚〉《三
代》十四卷 28 葉，是皆戈氏之器。〈𢦏簠父癸甗〉《三代》
五四卷 4 葉、〈𢦏玏祖辛觚〉《三代》十四卷 28 葉、〈𢦏鬥
祖癸觚〉《三代》十四卷 28 葉、〈𢦏木卣〉《三代》十二卷 44
葉、〈𢦏木爵〉《三代》十五卷 34 葉，則為戈方所屬簠、
玏、鬥、木諸氏之器。先秦有〈𣪘印〉《衡齋藏印》，

春秋時有越石父見《史記管晏傳》，蓋因越邑而氏見《春秋桓元年》。【注】〈管晏傳〉云「越石父賢，在縲紲中。晏子出，解左驂贖之，載歸」。〈桓元年〉云「夏四月丁未，公及鄭伯盟于越」。〈正義〉云「越，當在山東曹州府曹縣附近」。戉於卜辭作〇〇，〈虢季子白盤〉作〇，并象刃內柲鐏之形。《說文戉部》云「戉，大斧也，从戈乚聲」。是據篆文之變體，而誤以象形為形聲矣。

於甗有〈〇征甗〉《三代》十四卷 22 葉、〈〇戈〉《三代》十九卷 1 葉，蓋甗方征氏與伐方甗氏之物，甗方當即齊之甗邑見《春秋僖十八年》。〈僖十八年〉云「五月戊寅，宋師及齊師戰于甗，齊師敗績」。〈疏證〉云「杜注：甗，齊地。顧棟高云：在山東歷城縣界」。從人作〇者，雖為甗氏之本字，然亦兼象奉甗之形。猶之禨於〈大鼎〉作〇《三代》四卷 20 葉，從大甶聲，示奉甶而祭。然則〇者，復兼奏祭之義，引伸為凡上進之名，《左傳襄二十八年》云「嘗于大公之廟，慶虆為上獻」。是即〇之本義。載籍作獻者，則以犬羮為本義。卜辭已有獻字，從甗聲作〇《前編》8.11.2 片，惟以〇獻同音，故彝銘假獻為甗，而載籍亦假獻為進奉之義，是以〇字逸傳。猶之征伐之攻，師宿之次，於卜辭

作弞餗說詳釋弞，書傳假攻次為之，以是借字專行，而本字遂逸矣。或以🔲🔲🔲并釋為招《古籀篇》五十四卷 30 葉至 34 葉，是於文字之構體瞢無所知矣。

於龜有〈龜公牼鐘〉《三代》一卷 48 葉至 50 葉，凡四器。、〈龜公𡞞鐘〉《三代》一卷 62 葉、〈龜白鬲〉《三代》五卷 34 葉、〈赤🔲鼎〉《三代》三卷 15 葉，案龜國及龜氏之器頗多，此不具引。，龜公牼卽《春秋襄十七年》之邾子牼，龜公𡞞卽《春秋昭元年》之邾子華，【注】〈襄十七年〉云「十有七年春王二月庚午，邾子牼卒」。〈昭元年〉云「元年六月丁巳午，邾子華卒」。若〈邾公釛鐘〉《三代》一卷 19 葉、〈邾大嗣馬戈〉《三代》二十卷 19 葉，并為戰國之物，是龜之省黽從邑而作邾，亦當肇於戰國之時。徵之彝器，及刀布古璽，凡方名之從邑者，多為戰國制作，亦其左驗。然則春秋之邾，乃後世改易，非魯史舊文也。【注】左驗，證據也。

於土有〈🔲父癸爵〉《綴遺》二十卷 28 葉、〈土刀〉《奇觚》十三卷 8 葉、〈土布〉《辭典上》537 圖至 539 圖，土卽卜辭之土方，土方葢為周之社邑《左傳昭二十二年》，【注】〈昭二十二年〉云「前城人敗陸渾于社」。又云「司馬督帥師軍于陰，次于社」。杜預注「社，周地也」。或為《大雅縣

篇》「自<u>土</u>、<u>沮</u>、<u>漆</u>」之土，亦卽與<u>渭水</u>合流之<u>杜水</u>。見《漢書地理志右扶風社陽縣》沮卽出於<u>漢北地郡直路縣</u>之<u>滬水</u>見《說文水部》、案《漢書地理志》及《水經》并作<u>沮水</u>，二字同音，故相通作。，<u>杜</u>、<u>滬</u>、<u>漆</u>三水，雖原流互異，而俱經<u>漢之三輔</u>，《水經》昭彰可考。然則詩所云「<u>民之初生，自土、沮、漆</u>」者，乃謂<u>周民</u>之初生，始於<u>杜</u>、<u>滬</u>、<u>漆</u>三水也。詩傳釋土為居，其說固非，或謂沮當徂王引之《經義述聞》第六，則又益增淆惑矣。彝器有〈料白鬲〉《三代》五卷 39 葉、〈料白盨〉《三代》十卷 40 葉至 43 葉凡五器。，是與<u>杜水</u>，并為土之絫文。<u>杜</u>乃<u>杜伯</u>之封邑見《國語周語上》，當亦因<u>杜水</u>而名。【注】〈周語上〉云「<u>周</u>其衰也，<u>杜伯</u>射王於<u>鄗</u>」。<u>韋昭</u>注「<u>鄗</u>，<u>鄗京</u>也。<u>杜國</u>伯爵，<u>陶唐氏</u>之後也」。經傳於國名姓氏并作杜者，則以絫文為本字也。土於卜辭作 Ω △，〈盂鼎〉作 ♨《三代》四卷 43 葉、〈䚢段〉作 ♨《錄遺》165 圖，俱為社主之象形。《左傳定四年》云「祝社稷之常隸也，社稷不動，祝不出竟，君以軍行，祓社釁鼓，祝奉以從，於是乎出竟」。《周李小宗伯》云「若大師，則帥有司而立軍社，奉主車」，此謂奉社主以從軍也。古之征伐、刑賞決於戎行，是以〈甘誓〉云「用命

賞于祖，弗用命戮于社」，可徵祖社之主隨軍討伐，夏時已然。《淮南子齊俗篇》云「有虞氏之祀其社用土，殷人之禮其社用石」，是卽社主之制。《禮記郊特牲》云「唯為社事單出里」，單讀如殫，此言有祀于社，里人盡出往致祭。可覘古者里必有社，此里之所以從土。《穀梁傳宣十五年》云「古者三百為里，名曰井田」。《管子乘馬篇》云「方一里九夫之田也」。《孟子滕文公上》云「方里而井，井九百畝，其中為公田，八家皆私百畝，同養公田」。據此則耕田一井為一里，此里之所以從田，亦卽里之本義。是里之構字，當肇於創行井田之時，引伸為居止及道里之義，而以八家為一里。書傳有以二十五家為里者見《周禮地官遂人》，有以五十家為里者見《管子小匡篇》、《鶡罐子王鈇篇》，有以七十二家為里者見《御覽》一百五十七引《尚書大傳》，有以八十戶為里者見《公羊傳宣十五年注》，有以百家為里者見《管子度地篇》、《禮記雜記下》注引《王度計》，有以方六里名曰社者見《管子乘馬篇》，此皆後世各方異制，非里之初義也。《漢書食貨志上》云「在壄曰廬，在邑曰里」，是尤謬為區別，益乖初恉。案《禮記祭法》注云「百家以上共立一社，今

時里社是也」。《韓非子外儲說右》云「秦襄王病，百姓殺牛祠社，王訾其里正與伍老屯二甲」。《史記封禪書》云「高祖十年有司請令民里社，各自財以祠」。〈陳平世家〉云「里社中平為宰」。據此則里之大小雖或因時異制，亦或諸方不同，而里必有社，固為周漢通規。《商君書賞刑篇》云「湯與桀戰於鳴條之野，武王與紂戰於牧野之中，大破九軍，士卒坐陳者，里有書社」，據此則里社之制，乃商周成法。考之〈矢彝〉、〈虤毁〉、〈史頌毁〉、〈大毁〉、〈矢尊〉、〈召卣〉、〈右里鋻〉，其里字并從田土會意。乃示一里之民共祀一社，因知土為社之初文，其形則象社主，确乎無疑矣。《大雅緜篇》云「迺立冢土」，《公羊傳僖三十一年》云「諸侯祭土」，是皆用土為社，此為土之本義而見於經傳者，引伸則為一切土地之名。《說文里部》云「里，凥也，從田從土」，所釋字形不誤，惟以引伸之義釋里，義有未允。注《說文》者乃曰「有田有土而可居」《說文》段注，苟如其言，則是田土同義，先民不應贅複構字，且亦無以見里為聚居之義也。徐鍇《說文繫傳》於「從土」之下，復云「一曰士聲也」。葢以篆文土士形近，且

以里士古音同部，故別以形聲釋之，疑非許氏原文。

《說文土部》云「土，地之吐生萬物者也，二象地之上地之中，丨物出形也」。是據篆文之變體，而傅合聲音以釋字，悖其初義矣。或曰「土疑從十從一，一地也，從十從橫度之，《周禮大司徒》以土圭土其地，鄭注土其地，猶言度其地，葢度地謂之土，因謂地為土」徐灝《說文注箋》。或曰「〈春官典瑞〉、〈攷工記玉人〉注：土猶度也，然則土孳乳為度」章炳麟《文始》。惟土於卜辭彝銘并為象形，非從一十會意，乃謂「土從十一」，此其乖於初義者一也。十於彝銘作丨，與終於彝銘作𠆢者，并為結繩記事之遺。葢以示十為盈數，故以一結識之。示事物之繹止，故分二結識之。卜辭作丨，乃丨之省體，卜辭作𠆢，亦𠆢之寫形，於文俱為獨體指事。篆文作十，則為丨之變體。《說文十部》云「一為東西，丨為南北」，是據變體之文，謬釋為四方之義。說者乃據變體之十，而謂「從十從衡度之」，此其乖於初義者二也。度之為字，乃從又石聲，猶之庶為從火石聲，以示焚石說見上文。席為從巾石聲，以示藉地。度所從之石義為衡石古衡石之表暴者，有新莽衡石，見《晉書石勒載記

下》。，衡石所以稱輕重，又為尺寸，所以量長短，
是度當以衡量為本義，引伸則為法制之名《說文》釋
席度形義皆非。惟以土度同音，故《周禮》假土為度_土
_{度古音同屬烏攝定紐}。說者乃謂「度地謂之土，因謂地
為土」，則以土為地所孳乳也。或謂「土孳乳為度」，
二說胥據假借之文，以索土度之義，然其義訓絕不
相承，詎能互為孳乳，此其乖於初義者三也。或曰
「土且同為牡器之象形」_{郭某《甲骨文字研究釋祖妣》}，
然案文字之以男陰為義者，有卵它二文。卵當以陰
丸為本義，《素問診要經終論》云「舌卷卵上縮而
終」，〈骨空論〉云「腰痛不可轉搖，急引陰卵」_亦
_{見《靈樞經終始篇、經脈篇》}，《靈樞經五色篇》云「下為
卵痛」，此卵之本義始見載籍者。篆文作𢦏正象陰丸
分列之形，比擬為名，則俴蟲魚飛禽之子曰卵。鹽
之大者曰卵_{見《禮記內則》}，亦其比擬之義。夫蟲魚之
子產數皆多，凡數多之文悉以三形取象，不至僅構
二形而作𢦏。此徵之書傳，及卵之象形而可知者。
然則《說文》云「無乳者卵生」，非卵之本義也。它
於卜辭作𤔡𤔡《前編》1.4.7片，6.65.3片，於彝銘作𤔡
𤔡及𤔡𤔡，乃象男陰囊莖之形，比擬為名，則俴虫

匜曰它。猶之蟺蜓似虫，故從虫而比擬構字。它與篆文之⊕，古為一文，而《說文》析為二字，且誤以語詞之也為⊕之重文說見上文，是以釋義亦悖初恉。或謂「篆文之⊕為彝銘之⊕，為沃盥器之象形」戴侗《六書故》弟二十八。是亦誤於本末到置，而未諦思象形為文，必近徵人體。是以從它之字，有承男陰之義而孳乳者，無承沃盥之匜而孳乳者。若卜辭之⊕⊕與⊕《前編》4.38.7片，《後編下》15.7片、24.9片，隸定為刣，從刀它聲，示割男陰，而為斀之古文，固其明證。它蜀同為舌音，故自刣而孳乳斀它屬透紐，蜀於古音屬定紐。亦自它而孳乳為牛父之特，牡羊之羝，及牡馬之騭寺古屬定紐，陟古屬端紐，凡端透定三紐古相通轉。書傳未見它為男陰者，以它勢音近它勢古音同屬阿攝透紐，故爾假勢為它。《尚書刑德放》云「丈夫淫割其勢」《御覽》六百四十八引，是其證也。此考之文字，而知卵它皆象男陰，引伸為凡牡器之義，則不至復有土且二文，與它義相重。通考凡從土且之字，無一承牡器之義而孳乳，乃謂土且為牡器，是尤不依義證之妄說。其若畜父之牡，則從牛士會意，士者丈夫之名，故自士而孳乳為壻。牡而從士者，亦取比

擬之義。《說文》云「牡从牛土聲」，則失之音義俱
乖，未可據此以證土為牡器也。若夫切肉之俎，於
〈父癸卣〉作▨《三代》十三卷 5 葉，刀下象切肉之几，
《史記項羽本紀》云「人為刀俎」，又云「為高俎置
太公其上」，即其物也。其文與象主形之且，及禮器
盛肉之俎，構形互異。卜辭作▨▨《前編》6.37.6 片，
《乙編》8688 片，所從切肉之几，無異祖主之形。卜
辭或作▨▨《佚存》427 片，891 片，所從切肉之几，即
俎之古文。是自卜辭之時，已借且俎二文為刀俎之
字，不復覯其初文作▨。考西周彝器有〈▨鼎〉《三
代》二卷 52 葉，〈▨子鼎〉《三代》四卷 7 葉，▨▨皆▨之
後起字，是西周時復假不從刀之俎，而為刀俎之字。
蓋自▨▨逸傳，載籍并假俎為刀俎，由是古義益晦。
《說文且部》云「且，薦也，從几，足有二橫，一
其下地」。是誤以切肉之几，而釋祖主之形，復誤以
獨體象形為合體象形。乃以未覯初文，故其所釋形
義，皆有悖易。要之，切肉之几，祖主之義，及禮
器之俎，其初各象其物形，俱未可以別義支離謬說。
所以知且為祖主之形者，則以卜辭及西周彝器，於
祖妣之字，文皆作且。唯〈卡弓鎛〉作▨《博古圖》

廿二卷 5 葉，〈公孫班鎛〉作 🔲《三代》一卷 35 葉，字俱從丌。猶之其於卜辭作其 🔲，而於彝銘或作 🔲，可徵且 🔲 皆為物名，故有荐物之丌。此考之字形，知且為廟主，猶之土為社主，固無可疑。《說文》云「祖，始廟」，亦非朔義也。

於周有〈🔲𠱭旁尊〉《三代》十一卷 29 葉、〈🔲公𣪕〉《三代》六卷 54 葉、〈🔲棘生𣪕〉《三代》七卷 48 葉、〈🔲雒𥂴〉《三代》十卷 31 葉、〈🔲生豆〉《三代》十卷 47 葉、〈🔲𥦑壺〉《三代》十二卷 20 葉、〈🔲乎卣〉《三代》十三卷 40 葉、〈🔲布〉、〈🔲布〉《辭典上》677 圖、678 圖，是皆周方與周氏之物。殷之周方即漢美陽縣之周城，為周太王居邑見《續漢書郡國志》，故為姬氏偶王之國號。彝銘作 🔲 者，與卜辭之 🔲，俱為從田之合體象形，象田中多禾，而為稠之古文。其作 🔲 者，乃從口 🔲 聲，以示方國之義，省之則為 🔲。猶之〈小臣宅𣪕〉之 🔲，省之則作書見《說文畫布》，〈散盤〉之 🔲，〈國差𦉜〉之作 🔲，卜辭之 🔲 亦省作 🔲，以 🔲田 形義俱近，故相通作。其作 🔲 者，與篆文同體，乃東周之譌變。以 🔲 假為方名，故自 🔲 而孳乳為稠，此別益形文，以昭本義之轉注字也。或曰「🔲 字從周，殆謂以規

畫圓」郭某《甲骨文字研究》。此未知從囲與從田，俱以
示畫田界。囲周同音，故〈毛公鼎〉作書，〈師兌段〉
作書，乃假周為囲，非取匌圓之義也。或曰「金字
卽卜辭囲之譌變」葉玉森《說契》，斯尤昧於形義之妄
說，無垁訶讓，舉識其非。實於〈國差蟾〉從宀田
貝會意，以示富於田疇財貨，篆文作冊乃田之譌，
非如《說文》所謂「从貫」也。《說文口部》云「周，
蜜也，从用口」。是據譌變之文，而誤以稠之引伸義
釋周，且誤以形聲為會意矣。夫商黃轡周，字并從
口，而為方國之本字，其初文於卜辭作禹史鬱囲，
許氏未悉其初形，故皆謬其本義商黃曹三字說見上文。
或曰「善用其口則密，不密皆由於口」《說文》段注，
是曲說以護許書也。或曰「周當從用口聲，用卽墉
之古文，周密猶周垣，引伸為周徧周旋諸義」謝彥華
《說文聞載》。然周之與口，聲韻俱乖周於古音屬幽攝端紐，
口屬衣攝溪紐。。墉之古文為𡉚，於卜辭作𡊅𡊅，與用
之形義煥別無混。周徧周旋皆匌之引伸義，書傳作
周，乃匌之假借。而說者云然，是於形義俱失。或
曰「周古作𡊅，从口象物形，囲象周帀形林義光《文
源》。或曰「周从口聲，為堵之轉注字」馬敘倫《說文

疏證》卷三。如斯之流，卑陋無知，不足論矣。夵與
〈夲殷〉《三代》九卷 12 葉、〈夲尊〉《三代》十一卷 36 葉，
為一字之異體。考《魏石經春秋殘石》載兔之古文
作夲劉承幹《希古樓金石萃編》卷八，是兔乃從人冂聲。
其作夵者，乃從大冂聲，俱象人戴冃之形。冂冂冃
古為一文，是以〈盂鼎〉《三代》四卷 43 葉、〈麥尊〉《西
清古鑑》八卷 33 葉，之「冕衣市舄」，冕并作冂。別有
〈賓甗〉《三代》五卷 1 葉、〈夰觚〉、〈夰觚〉《三代》十四
卷 12 葉、〈夰馬鑾〉《三代》十八卷 37 葉，是皆兔氏之器。
賓於冂上象其紐，與從人之夲相同，夰乃其省體。
文作夵者，所從之夵上銳其首，卽觚銘之夰，而復
從冂作夵者，則亦古之重形俗字也。漢印有〈兔譚〉
《印統》七卷 12 葉，原書誤釋為兔。，是卽兔氏之苗裔。
或釋夵為文《攈古錄》二之一卷 37 葉，或釋為孫《古籀篇》
七十卷 10 葉，然文象錯畫，不當形近於大。其釋孫者，
乃從宋人之說，誤以大為孫，是皆未得形義。或釋
〈公伐郘鐘〉支🔲為冕《綴遺》二卷 10 葉，則誤以偽
器為古文，不足徵信。兔當以頭衣及居喪之首服為
本義。《禮記喪服小記》云「斬衰括髮以麻，免而以
布，男子冠而婦人笄，男子免而婦人作髽」。又云「緦

小功虞，卒哭則免。既葬而不報虞，則雖主人皆冠，及虞則皆免」。又云「君弔，雖不當免時，主人必免」。〈奔喪〉云「免麻于序東」，又云「襲免絰于序東」，《儀禮士喪禮》云「眾主人免于房」，是皆免之本義也。《禮記問喪》云「冠至尊也，不居肉袒之體，故為免以代之」，又云「免者不冠者之所服」，據此免與冃乃一字之異體。居喪者不以成人自處，故以免為首服，引伸則為大夫以上之冠名，及凡覆冒之義。冂冃冃乃一字之緐省，而《說文》區為三文。〈冂部〉云「冂，覆也，从一下垂也」，〈冃部〉云「冃，重覆也，从冂一」，〈冃部〉云「冃，小兒及蠻夷頭衣也，从冂二其飾也」，是并誤以獨體象形為合體象形，於冂冃二文，則又誤以引伸為本義矣。所以知冂與冃冃為一文者，以从冃之冕於〈孟鼎〉〈麥尊〉并作冂。從冂之冒於〈白晨鼎〉作🝙《三代》四卷 36 葉，〈師兌毀〉作🝙《三代》九卷 30 葉，從冂之冪於〈國差罍〉作🝙《三代》十八卷 18 葉，此徵之古器，而知冂與冃冃相通。其形俱象覆冒，其聲同屬明紐，故知冂與冃冃為一文之異體。徒以語有輕重，故爾韻有差殊，是以許氏勢為三文。以免借為解去之義，故復孳乳

為冤。是猶由借為自從之義，故復孳乳為冑說詳釋由。
皆以示別於假借之轉注字也。【注】由於卜辭作㠯，象兜
鍪之形，為冑之初文。兜鍪，謂古戰士所戴之頭盔也。或曰「《說
文》無免字，以兔為免」宋陸佃《埤雅》卷三。後之說
者曰「兔卽免也，漢隸偶有一筆，世人遂區而二之」
錢大昕《十駕齋養新錄》卷四。或曰「免从兔省，後足脫
去之象」戴侗《六書故》第十八。後之說者曰「免兔逸
从兔不見足會意」《說文兔部》段注。或曰「免卽㲋之
籀文」姚文田《說文校議》。或曰「免卽俛之正體」朱駿
聲《通訓定聲》。或曰「免子脫胞也，从二儿，上儿母
也，下儿子也，从也省，葢生免正字」鄭珍《說文逸
字》。校之古文，說並非是。其以免為兔或㲋者，則
考之聲韻，乖隔尤遼免於古音屬㬅攝明紐，兔屬烏攝透紐，
㲋屬夭攝透紐。。此求之聲音，知免與兔㲋非一文也。
《玉篇》以免列〈儿部〉，而不以入㲋兔二部，可證
顧野王尚知免為從儿，與《魏石經》所載古文相合。
此求之字形，知免與兔㲋非一文，亦非從兔省與從
二儿也。

　　於朱有〈朱布〉《辭典上》628 圖，字不從邑，當
非鼄之省文。與《陳風》之〈株林〉，皆因朱溝為名

見《水經沁水注》，【注】〈株林〉云「胡為乎株林，從夏南兮」？
株林，春秋陳國夏氏封國，在今河南西華西南。《水經沁水注》云
「沁水出上黨其水南分為二水，一水南出，為朱溝水」。非魯之
洙水，與吳之朱方也洙水見《春秋莊九年》，朱方見《左傳襄二十八年》。齊人有朱毛《左傳哀六年》，蓋因朱邑而氏。

【注】《春秋莊九年》云「冬，浚洙」。杜預注「洙水在魯城北，
浚，深之為齊備」。〈襄二十八年〉云「慶封奔吳，吳句餘予之朱
方，聚其族而居之」。杜預注「朱方，吳地也」。朱方今江蘇鎮江
縣。〈哀六年〉云「公使朱毛告於陳子」。杜預注「朱毛，齊大夫
也」。朱於〈頌鼎〉作業，〈毛公鼎〉、〈頌殷〉、〈頌壺〉、
〈獅兌殷〉、〈番生殷〉、〈寰盤〉并與同體，乃從木
↓聲。↓者主之初文，象鐙火之形，火之色赤，故
朱從↓聲，以示為赤心之木↓朱古音同屬謳攝端紐。唯
〈吳彝〉作業，則與篆文相同，而為業之變體。〈師
酉殷〉作業，乃與〈業布〉相同，多一橫畫者，蓋
避與末形相亂也。《說文木部》云「朱，赤心木，松
柏屬，從木一在其中」。是據變體之文，而誤以形聲
為指事矣。《說文↓部》云「↓，有所絕止，↓而識
之也」。苟如所言，則是先民為章句之慓識，而作文
字，此與以鉤識訓〰見《說文亅部》，同一誣妄。通考

殷契卜辭，其數纍萬，周秦古器之成文理者，數亦逾千，漢晉木簡又十倍彝器，而俱未見以 ╹ ⟩ 為逗句之標識，有其文而無其用，可徵許氏釋義之非。或曰「朱，榦也，木中曰朱」戴侗《六書故》弟二十一，或曰「朱，木之身也，從木從一，指事」周伯琦《六書正譌》卷一，是皆據篆文而言，未得朔義。或謂「朱為株之初文」郭某《金文叢考釋朱》，是未知朱耑雙聲，物初生之題為耑，其以成木則曰株。斯為耑所孳乳。蓋避與訓笙之柍相混，故假朱為株。後起之字作棌見《廣韻釋草》，亦以朵耑同音，故假朵為耑朵屬阿攝端紐，耑屬安攝端紐，對轉相通。。乃謂朱株為一字，是誠面牆之妄說。或曰「朱，實木之異文」馬某《說文疏證》卷十一，則視音義縣越之字，以為一文，誕妄益甚矣。

　　於緐有〈𣲩左軍戈〉《三代》十九卷 33 葉、〈𤔔書鋚〉《錄遺》514 圖，是皆春秋之物，乃因晉之欒邑而氏見《左傳哀四年》。【注】〈哀四年〉云「國夏伐晉取邢、任、欒…」，杜預注「欒，晉地也，在趙國平棘縣西北」。《左傳僖二十七年》云「晉作三軍，使欒枝將下軍」，〈文十二年〉云「欒盾將下軍」，〈成二年〉云「欒書將下軍」，

〈襄十三年〉云「欒黶將下軍」，是欒氏歷世為下軍之將，〈欒左軍戈〉即欒氏之物，欒書亦即欒書。老子云「君子居則貴左，用兵則貴右」，此所以下軍亦曰左軍也。卜辭云「丁酉貞，王珩三𠂤，又中𠂇」《粹編》597 片，珩者乍之緐文，𠂤者師之初文說并見下文，此卜創立三師，其名為右中左，與晉制之上中下相合，可徵以左軍為下軍，自殷世以然。或曰「𠂤乃古堆字，用為屯聚之屯，言作左中右之三營，以屯聚三軍」《粹編考釋》。是不識古文，徒遵徐鉉之說見徐鉉校本《說文》𠂤字注，而臆為曲解者也。欒於經傳從木作欒者，乃其緐文，猶土之緐文作杜。漢鉅鹿郡有南欒縣，安定郡有參欒縣見《漢書地理志》，此欒之本字僅見於典記者。〈古瓦𡎰〉款曰「欒季加象」《綴遺》二十五卷 22 葉，當亦春秋之器，字從木欒省聲，可覘姓氏之欒，從木作欒，葢亦肇於春秋之時。經傳俱以欒杜為姓氏之本字，以是先秦以訖隋唐，載籍舉未一見欒土二氏。唯漢印有〈欒德〉、〈欒市〉《印統》二卷 36 葉、〈欒最眾〉《共墨齋古鉨印譜》、〈欒萃〉《栔齋古印存》，〈土偉君〉《十鐘》八冊 15 葉、〈土孫強〉《激秋館印存》第六冊，是欒土二氏，漢世猶有存其初文者

也。

　　於窗有〈⊡遹段〉《三代》七卷 17 葉、〈⊡史卣〉《三代》十三卷 36 葉、〈⊡每父鼎〉《三代》二卷 38 葉、〈⊡段〉《錄遺》152 圖，<u>春秋</u>時<u>衞</u>有<u>甯跪</u>《<u>左傳莊六年</u>》、<u>甯速</u>《<u>左傳僖二十六年</u>》，蓋因<u>晉</u>之<u>甯邑</u>而氏見《<u>左傳文五年</u>》、《<u>魏策四</u>》作<u>寧邑</u>。其作寧者，乃甯之初文也。【注】〈莊六年〉云「夏，<u>衞侯</u>入，放<u>甯跪</u>于<u>秦</u>」。<u>杜預</u>注「<u>甯跪衞</u>大夫」。〈僖二十六年〉云「春王正月己未，公會<u>莒子</u>、<u>衞甯速</u>盟于<u>向</u>」。<u>杜預</u>注「<u>甯速</u>，<u>甯莊子</u>，<u>衞</u>大夫」。〈文五年〉云「<u>晉陽處父</u>聘于<u>衞</u>，反過<u>甯</u>」。<u>杜預</u>注「<u>甯</u>，<u>晉邑</u>，<u>汲郡脩武縣</u>也」。《<u>魏策四</u>》云「<u>秦</u>拔<u>寧邑</u>」。。卜辭有 ⼎ ⼎ ⼎ 諸文，別有 ⊡ 字，乃從宀貝皿會意。從宀示有所居，從皿示有所食，從貝示有所奉。其作 ⼎ ⼎ 或 ⼎ 者，并為從丂畗省聲，文作 ⼎ 者，則為從乎畗省聲，以丂乎皆為語詞，故相通作。卜辭之 ⼎ ⼎ 與 ⼎ 音義相同。字作 ⼎ ⼎ 者，乃方名之緐文，非從血也。⼎ ⼎ 即篆文之寍寧，本為一字，皆 ⊡ 所孳乳，篆文之窗，及彝銘之寧，字并從心者，心乃貝之形誤。〈毛公鼎〉《三代》四卷 47 葉、〈盂爵〉《三代》十六卷 41 葉，有窗寧二字，<u>西周</u>時已誤貝為心。若夫從用之甯，當以丁寧為本義丁寧見《<u>左傳宣四年</u>》，字從

用者，用為鐘之初文說見上文，示其形之似鐘也。【注】
〈宣四年〉云「伯棼射王汰輈，及鼓跗，著于丁寧」。丁寧，鉦也。
《說文丂部》云「寧，願詞也，从丂寍聲」，〈血部〉
云「寍，定息也，从血甹省聲，讀若亭」，〈用部〉
云「甯，所願也，从用寧省聲」。以願詞釋寧，其說
甚允。唯以寍从血，而別寧寍為二字，則於形義未
能契合。以所願釋甯，亦與本義相乖。良以凡為語
詞，字必从口欠言心，或丂亏乎乃，甯字从用，不
當有所願之義也。《說文》訓寍為定息，於卜辭作甹，
或𡧛。如云「癸卯卜甹貞，甹風」《契卜》558 片，「甲
戌貞，其甹風，三羊，三犬，三豕」《續編》2.15.3 片，
「乙亥卜甹，甹雨若」《續存下》742 片，「丁丑貞，其
甹雨于方」《粹編》1545 片，「庚戌卜，甹于四方，其
五犬」《南北明氏》487 片，「貞甹虹」《乙編》3864 片，凡
此之甹甹，義并如《周禮小祝》「寧風旱」之寧，亦
卽篆文之寍與𡧛，觀夫卜辭之甹甹相通，則知甹非
從血，乃假方名之緐文，以為寍息之義。卜辭云「乙
未卜爭貞，我𢦏猶，在甹」《乙編》7751 片，「丙戌卜
殼貞，翌丁亥我戰甹」《乙編》6776 片，「翌丁亥勿焚
甹」《乙編》5594 片，是皆甹為方名之證，故其緐文或

從重口而作🔣。蓋《說文》訓定息之宁，卽窋之引伸義，卜辭作🔣者為其本字。卜辭於安窋之義，通作🔣🔣，其於窋風雨蟣戕，必作🔣🔣說見釋蟣。足徵殷時已假願詞之寧宁，以為安窋之義。其於窋戕害，則若判🔣🔣為二文，以是許氏亦別寧宁為二字。篆文之宁，蓋於皿上有一宄筆，成為承襲卜辭之🔣，故許氏誤以為從血，而未知從血無所取義。宁於卜辭雖有用牲之文，然祭之用牲者甚多，唯有蟣字從血。不至止戕之祭，亦若血涂之蟣，是以卜辭之宁，絕未一見從血作宁者也。

於涉有〈🔣戈〉《三代》二十卷 1 葉，羅振玉誤題為戟。，古之涉方當卽漢之涉縣見《水經清漳水篇》，其作沙者《漢書地理志魏郡沙縣》，乃涉之形誤。春秋時晉有涉佗《左傳昭二十二年》，是因涉方而氏者也。【注】〈清漳水篇〉云「清漳水出上黨沾縣西北少山大黽谷。東過涉縣西，屈從縣南」。涉縣在河北省西南部。〈昭二十二年〉云「使涉佗守之」。杜預注「守鼓之地，涉佗，晉大夫也」。

於辛有〈🔣鼎〉《錄遺》89 圖、〈🔣尊〉《三代》十一卷 16 葉、〈🔣爵〉《三代》十五卷 13 葉、〈🔣觚〉《錄遺》315圖、〈🔣毛鼎〉《三代》二卷 12 葉、〈🔣未鼎〉、〈🔣🔣鼎〉

《三代》二卷 15 葉、〈▽中姬鼎〉《三代》六卷 8 葉、〈♦丙
段〉《三代》三卷 41 葉、〈舟▽鼎〉、〈⊗▽鼎〉《三代》二
卷 12 葉、〈⊗▼鼐〉《三代》五卷 1 葉、〈⊗♦觶〉《三代》
十四卷 37 葉、〈⊗▼爵〉《三代》十五卷 27 葉、〈合▼段〉
《三代》六卷 8 葉、〈子♦卣〉《三代》十二卷 56 葉、〈戈▼
觶〉《三代》十四卷 37 葉，周武王之時有辛甲《左傳襄四
年》，春秋時周有辛有《左傳僖二十二年》，晉有辛廖《左
傳閔元年》，衛、蔡、虢、齊俱有莘邑見《左傳桓十六年》、
《春秋莊十年》，《左傳莊三十二年、成二年》，【注】《左傳襄四
年》云「昔周辛甲之為大史也，命百官，官箴王闕」。杜預注「辛
甲，周武王太史也」。《左傳僖二十二年》云「初，平王之東遷也，
辛有適伊川，見被髮而祭於野者」。杜預注「辛有，周大夫」。《左
傳閔元年》云「初，畢萬、筮仕於晉，遇屯之比，辛廖占之，曰：
吉」。杜預注「辛廖，晉大夫」。彝銘與書傳之辛，未知因
何邑而氏，或亦同氏異祖，是皆不可質言也。辛於
篆文作平，與讀若愆之平，僅一畫之殊，說者因疑
辛辛為一字徐灝《說文注箋》，或謂十干之辛自為一字
王國維《釋辭》，而皆未能審辨辛辛之形義也。考之古
文，從辛之字，有直筆下垂者。若言於卜辭作𠰔，
彝銘作𠰔，童於〈毛公鼎〉作𤲃，〈番生段〉作𤲃，

妾於〈克鼎〉作□，〈伊殷〉作□，憲卣銘作□，尊
銘作□，凡此所從之辛，皆直筆下垂，所以象剞劂
正視之形。若卜辭之辛作□，辥作□，徫之作□，
宰之作□，屖之作□，辥之作□，辭作□，辟於〈禹
攸比鼎〉作□，〈仲虘父殷〉作□，章於〈頌殷〉作
□，〈史頌殷〉作□，辨於〈父己殷〉作□，宰於〈宰
椃角〉作□，〈宰峀殷〉作□，屖於〈競卣〉作□，
〈屖尊〉作□，辟於〈盂鼎〉作□，〈召卣〉作□，
辥於〈毛公鼎〉作□，〈番生殷〉作□，辥於〈毛公
鼎〉作□，〈克鼎〉作□，辤於〈龖公等鐘〉作□
，〈綸鎛〉作□，凡此所從之辛，皆曲筆下垂，所以
象剞劂側視之形。可證辛之一文，固有曲直二體。
唯紀日之名，及方國姓氏之辛，其下垂之筆無作曲
形者。是乃枲之省體，與辛形聲迥別。〈萬殷〉於辛
巳之字作□《三代》八卷50葉，〈灢姬殷〉於父辛之字
作□《攈古》二之二卷 72 葉，《三代》拓本漫漶，方名之辛
於〈中白壺〉作□《三代》十二卷 18 葉，〈中白殷〉作
□《西清古鑑》二十七卷 23 葉，或作□《攈古》二之一卷 67
葉，此日名與方名之辛，其本字皆為從木作枲之證。
考親於〈克鐘〉作□，新於〈師酉殷〉作□，〈復公

子啟〉作杍,〈散盤〉作杍,其於卜辭亦多作𣓀𣓀,可證從辛聲之親新二文,或省從辛,是以於日名及方名之辛,亦多省作辛也。辛從辛木會意,示加剞剧於木上,當以刻木為本義。猶之栔從㓞聲,而以刻木為本義見《說文㓞部》。《淮南子俶真篇》云「百圍之木斬為犧尊,鏤以剞剧」,是即辛之從辛,而以刻木為本義之證。《尚書》之梓材、《管子》之梓器〈山至數篇〉,義謂彫刻之器。《周禮考工記》之梓人,墨翟與,孟子之梓匠《墨子節用中篇》、《孟子滕文公下篇》,莊周之梓慶《莊子達生篇》,義謂刻木之人,是皆辛之本義。觀夫《周禮》之梓人,職司雕琢筍虡,或作爵觚射侯,莊周所記之梓慶,則云「削木為鏤」,因知梓為刻木之工,其義昭顯。字作梓者,斯為辛之或體,猶李之古文作杍見《說文木部》,多之古文作夕夕見《說文多部》,皆迻置相重之文,以為駢列之例也。辛當讀若辛,《韓非子說林下》云「刻削之道,鼻莫如大」,蓋以辛削雙聲,是以假削為辛也。〈考工記〉注曰「梓榎屬也」,《尚書梓材》,及《莊子》釋文并曰「梓音子」,或曰「木莫良於梓,故書以梓材名篇,禮以梓人名匠」宋陸佃《埤雅》卷十四,是自漢以

降，俱以梓材、梓人，為從宰省聲之梓，舉非其義。案〈考工記〉云「攻木之工輪、輿、弓、廬、匠、車、梓。攻金之工築、冶、鳧、桌、段、桃」。夫輪輿弓廬之屬，固非木名。築冶鳧桌之屬，固非金名。乃謂獨梓為木名，則亦無倫之甚。蓋以漢人未知梓為菜之或體，而又昧於菜之初義，因誤以木名之梓釋梓。自後說經者，并循其誤，皆以未知菜之初義故也。柳宗元〈梓人傳〉，則亦承梓為木名之義，而誤名匠人為梓人，其失尤甚矣。菜字從辛，而其下垂之筆不作曲形者，乃以刀檄木中，不見縫刃，此所以從辛之菜，及菜省之辛，於卜辭彝銘，并無一象曲刀之形也。然則日名與方名之辛，胥為菜之省體，此證之字形，考之聲韻，固已昭朗無疑。木名之菜，五味曰辛，以及辛酸辛苦，皆菜之假借義也。《說文木部》云「菜，實如小栗，從木辛聲」。〈辛部〉云「辛，秋時萬物成孰，金剛味辛，辛痛即泣出，從一辛，辛辠也」。所釋形義，并乖初恉，且又誤析菜辛為二文。或曰「辛辛本一字」郭某《甲骨文字研究》，然紀日之辛，於卜辭彝銘至為多見，其文無象曲刀而作号者，此覈之字形，可知辛辛非一文

也。辛辛聲類睽違，礙難通轉辛屬安攝溪紐，辛屬因攝心紐，此覈之聲音，而知辛辛非一文也。說者乃曰「剧在脂部，脂真對轉，則剧可變為真部之辛」。此據清人所分韻部，而言通轉自段玉裁以至夏炘，并以屈屬脂部，然脂部當析為脂隊二部章炳麟始別析隊部，其說甚允。，剧隸隊部，不與真部對轉，乃謂對轉相通，說殊未諦。且也剞剧二文，皆辛所孳乳之雙聲連語，而說者曰「剞可變為辛，剧可變為辛」以上皆郭某說，則是自諧聲而變遷為象形，悖於文字孳乳之例。而又析剞剧為二原，則是辛辛非一文，而乃云然，適為自相乖剌矣。或曰「辛為立之倒文」中島竦《書契淵源》第一帙中 93 葉，此不通考古文之謬說也。 或曰「辛木柴也，从木干而去其枝葉」周伯琦《六書正譌》，說益謬戾。試以卜辭彝銘之干，皆象盾形，至東周之季，〈干氏朿子盤〉始省變作 說詳下文，乃與卜辭之辛相近。固不能據後世省變之體，而謂辛為從干。後人顧踵其說，而謂「辛辛一字，卽薪之象形」朱芳圃《殷周文字釋叢》卷上。是摭腐殄，而益以懜言矣。何以言之，考薪之本字為新，從斤者示以斤伐木，從亲聲者，示散梱為柴。卜辭之新於新舊之義外，

亦用為薪燎之義。如云「薪大乙又勺，王受又」《粹編》145片，「薪大乙召」《粹編》146片，「其薪大乙」《粹編》161片，「辛酉卜，其口薪祖乙，王受又，比薪，王受又」《寧滬卜》180片，「其求季于尭薪，受又」《續編》6.10.5片，是皆卜以薪祭而祀先祖與方域，從宀作薪者，猶禮之籀文作禋見《說文示部》，乃新禋之緐文也。以新借為新舊之義，故自新而孳乳為薪，所以示別於借義之轉注字。考之書傳，薪蕘義訓互殊。其曰薪芻見《周禮委人》、《儀禮聘禮》，或曰薪蕘與菹薪者見《管子輕重甲篇》，斯為同類并舉，而非同義疊詞。《說文》以薪蕘互訓者，蓋見新之從艸，故誤以蕘義釋之。《管子》房玄齡注曰「大曰薪，小曰蕘」，責成《說文》之誤，而臆為曲解。說者乃謂「辛辛一字，即薪之象形」，此未知薪無定形，何能以象形寫物，是以薪之初文為新，亦以諧聲構字。卜辭多見辛辛與新，不相通作，而乃粗合三名為一字，非僅闇於文字孳乳，不識古文構形，且亦罔知卜辭文義矣。以辛辛二文其形相近，許氏昧其初義，故於從二文之字，亦多誤解，或以它文釋之。蓋嘗索之古文，考之字義，凡從辛之字，胥承剞劂之義。若

哮之從辛，以示怒義，猶忍之從刀，以示怒義。言
之從辛，以示書刀記詞。章之從辛，以示刀斷文錦。
童、妾、僕、嚚、辠、辟、辭、辡、辭、辨之從辛，
乃示受刀墨之刑說見上文。宰之從辛，乃示鸞刀屠割。
《小雅信南山》云「執其鸞刀，以啟其毛，取其血
膋」，此可證宰之從辛，猶章之從辛，皆剖剛之引伸
義也。《左傳宣二年》云「宰夫胹熊蹯不熟」，【注】
〈宣二年〉云「宰夫胹熊蹯不熟，殺之，寘諸畚，使婦人載以過
朝」，宰夫，治膳之人。胹，煮爛也。熊蹯，熊掌也。胹熊蹯不熟，
謂煮熊掌未臻過熟之境也。意謂宰夫煮熊掌不夠熟爛，被殺放置
畚箕中，使婦人載出棄之，不欲人知也。〈宣四年〉云「宰夫
將解黿」，〈昭二十年〉云「和如和羹，宰夫如之」，
《國語周語上》云「宰夫陳饗，膳宰監之」，《墨子
尚賢中篇》云「今王公大人有一牛羊，不能殺也，
必藉良宰」，《莊子說劍篇》云「宰人上食」，《韓非
子內儲說下》云「宰臣上炙」，是皆宰之本義，引伸
為凡宰制之名，與宰殺之義。《魏石經春秋殘石》載
宰之古文從肉作𩵋《希古樓金石萃編》卷八，可證宰之
本義為膳宰，《魏石經》所載古文，蓋晚周遺字。推
類而言，則皋辜二文，亦當從辛。而《說文》於羍、

宰、屖、辟、皋、辜、辭、辯、辭、辡十字，并已從辛釋之，此誤以辛為辛也。寒病之瘁，當從辛省聲，而《說文》云「从广辛聲」，此誤以辛為別一文也，若《說文炎部》之燮與〈又部〉之燮，音同形近，當為一文。《玉篇又部》有燮，〈炎部〉無燮，蓋《說文》之燮，為人所增。其於卣銘作零《三代》十二卷36葉，乃從又炎帀聲燮帀古音奄攝齒音，然則燮燮皆必燮之譌易。以燮非必許書所有，且其古文從帀，宜在不論之科。而說者曰「宰從辛與燮同意」朱駿聲《通訓定聲》，是亦謬為援附者矣。

於才有〈中興鼎〉《三代》三卷5葉、〈▽父戊爵〉《三代》十六卷12葉、〈才壺〉《三代》十二卷3葉、〈才盉〉《三代》十四卷10葉、〈才盤〉《三代》十七卷7葉，蓋因豺山而氏見《山海經東山經》。

於稻有〈𦥑父己罍〉《三代》十一卷41葉，𦥑隸定為醬，與卜辭之𦥑𦥑，并為從米西聲，而為稻之古文。西舀同音古音同屬幽攝定紐，故自醬而蛻易為稻說詳釋醬。凡彝器稻字，雖其形文，有從禾從米或從狄之殊，然自〈父己罍〉之外，其聲文靡不從舀。自稻字縱行，而醬字久逸，因之初義亦晦。此所以考

文字之初義，必須索其初形也。

　　於虹有〈⿰父乙觶〉《三代》十四卷 41 葉、〈◎鏡〉《三代》十八卷 8 葉，是皆虹氏之器，蓋因漢沛郡之虹縣而氏。從日作⿰及◎者，取虹生於日光之義也。虹於卜辭作⿰⿰，於文為從申之合體象形，申者紳之初文，虹從申者，猶電之從申諧聲，皆以形似大帶，而比擬構字。虹亦曰蝃蝀者，亦以帶比擬為名，其曰蝀者，乃蝃所孳乳之雙聲連語。虹之籀文作蚰，則又⿰之後起字也。虹於卜辭於方名之外，亦用為蝃蝀之義。如云「癸巳卜㱿貞，雨⿰，十月」《後編下》1.12 片，「壬戌⿰不雨」《乙編》7313 片，「七日壬申⿰，辛巳雨，壬午亦雨」《前編》3.19.3 片，以虹乃陽光與雨氣相映而成，古以為占雨之候，是以卜辭於虹見，輒卜其是否有雨，或記其於虹見之後某日有雨。《鄘風蝃蝀》云「蝃蝀在東，莫之敢指，朝隮于西，崇朝而雨」，《楚辭哀時命》云「虹蜺紛其朝霞兮，夕淫淫而淋雨」，是即虹雨相因之證也。其云「囗采，烙云自西北單囗」《前編》7.26.3 片，采上當闕大字，烙義如徦，單讀如蟬，此言大采之時，有雲來自西北方與虹相蟬連也。其云「⿰不隹曲」《佚存》367

片，曲讀如咎，此卜虹見，是否為殃也。其云「貞
⚇⚇」《乙編》3864 片，⚇ 乃寍之古文，義如《周禮小
祝》「寍風旱」之寍，此卜是否寍息虹之再見也。《淮
南子天文篇》云「虹蜺彗星天之忌也」，是古以虹為
咎徵，故卜辭有寍虹之文，亦有「⚇ 不佳曲」之卜。
說者釋 ⚇⚇ 為電《增訂考釋中》5 葉，或釋為雹《殷契鈎
沈》，或釋 ⚇⚇ 為靁《古籀篇補》一卷 23 葉，說并謬甚。或
釋為虹郭某《通纂考釋》86 葉，其說得之，而未闡釋辭
義，故仍有謬釋為靁者于省吾《駢枝三編》，然案靁於
〈師旂鼎〉作⚇⚇《三代》四卷 31 葉、〈父乙靁〉作⚇⚇《三
代》十一卷 41 葉、〈洺靁〉作⚇⚇《三代》十一卷 43 葉、甗
銘作✳《三代》五卷 1 葉、瓠銘作✳《三代》十四卷 31 葉、
觶銘作✳《三代》十四卷 38 葉，於卜辭作✳✳《佚存》389
片，《徵文游田》17 片，〈文字〉17 片，《乙編》1201 片，或作
⚇⚇《林氏》2.26.4 片，《乙編》43 片，并象車輪相連旋
轉之形。《莊子達生篇》云「惡聞雷車之聲」，《楚辭
九歌》云「駕龍輈兮乘雷」，《國語晉語四》云「震
雷也，車也」，是先民以雷聲似車，故以雷擬車，因
以車輪之形比擬而構為畾。篆文從雨作靁者，乃畾
之後起字。審其構文，與 ⚇⚇ 之象紳形者，迥然異

趣，此證之字形，知 🔣 之非靁也。卜辭云「□采，
烙云自西北單□」引見上文，藉令釋 🔣 為雷，則是雲
氣與雷相連，文不成義矣。此審之辭義，知 🔣 之非
雷也。卜辭有從晶之 🔣 🔣 二字，隸定為麤矗，麤從
鹿晶聲，而為麤之古文，矗從隹晶聲，而為雖之古
文。別有 🔣 字，其辭曰「庚辰貞，其 🔣 鬼」《續存下》
802 片， 🔣 從又晶聲，卽勵之古文，義如《漢書陳遵
傳》「為甍所輔」之輔，此葢輔擊鬼物，卜以擇日。

【注】〈陳遵傳〉云「一旦嫦礙，為甍所輔」。<u>顏師古</u>注「輔，擊
也。言瓶忽縣礙不得下，而為井甍所擊，則破碎也」。《周禮方
相氏》云「帥百隸而時難，以索室毆疫」，卽其遺制。

【注】毆疫，謂驅除瘟疫屬鬼也。此考之它字之從晶，與
🔣 異體，是知 🔣 之非靁也。或釋 🔣 為霰<u>董某</u>《殷曆譜
下編》九卷 47 葉，或釋為隋<u>陳夢家</u>《卜辭綜述》九卷 243 葉，
說益愚妄，無假一辨矣。

　　於干有〈🔣 🔣〉《三代》十四卷 18 葉、〈🔣 爵〉、〈🔣
爵〉《三代》十五卷 11 葉、〈🔣 父乙卣〉《三代》十二卷 50 葉、
《錄遺》249 圖、〈🔣 父乙觚〉《錄遺》344 圖、〈🔣 父戊斝〉
《錄遺》287 圖、〈🔣 父戊罍〉《錄遺》518 圖、〈秉🔣 父乙
殷〉《三代》六卷 31 葉、〈秉🔣 父乙爵〉《三代》十六卷 28

葉、〈秉申丁卣〉《三代》十二卷 56 葉、〈秉申戊觶〉《三代》十四二卷 48 葉、〈𢦏觚〉《三代》十四卷 15 葉、〈𢦏氏㫃子盤〉《三代》十七卷 11 葉，是皆干氏之器。〈𢦏刀〉《辭典上》1163 圖，則為干方之貨。若〈𤴡𤴡父戊卣〉《錄遺》253 圖，則為干方么氏之器。干方當即《邶風泉水》「出宿于干」之干，春秋時有干徵師《春秋昭八年》，干犫《左傳昭二十一年》，皆因干方而氏。【注】《春秋昭八年》云「夏，楚人執陳行人干徵師殺之」。《左傳昭二十一年》云「干犫御呂封人華豹」。干於卜辭作申𠃑，與彝銘之𠃑，并為盾之象形，中有孔者，所以窺敵發矢。城之女牆形同於干，皆資扞衛，故以干城為同義疊語見《周南兔罝》。【注】《周南兔罝》云「赳赳武夫，公侯干城」。〈小臣宅殷〉云「錫小臣宅畫𢦏戈九」《三代》六卷 54 葉，〈虎殷〉云「錫裹冑𢦏戈」《三代》六卷 52 葉，文作𢦏者，為其省體。卜辭或作𠃑𠃑，見《摭佚續》265 片，觚銘作𢦏，〈虎殷〉作𢦏者，乃象干上之毛飾。盤銘作𢦏者，與篆文同體，乃𠃑𢦏之省變。審此則干為盾之古名，故〈兌命〉引見《禮記緇衣》、〈牧誓〉、〈顧命〉、〈費誓〉，及卜辭彝銘，并有干無盾。其名盾者，見於《秦風小戎》、《周禮夏官》，以及《左傳》《左氏》

作楯，見〈襄二十五年、昭二十五年、二十六年、定六年、哀元年〉，《國語》〈齊語〉、《墨子》〈非攻中、節用上、公孟篇、旗幟篇、號令篇〉、《韓非》字亦作楯見，〈難一篇、難二篇、難勢篇〉，春秋時晉有趙盾、欒盾見《左傳僖二十三年、文十二年》，然則名干曰盾，逮戰國時遂溥行禹域。《左氏》、《國語》特詳晉事，故亦承用晉言。其云干者，僅見於述孔子之詞《左傳哀十一年》。【注】〈哀十一年〉云「孔子曰『能執干戈以衛社稷，可無殤也』」。是知干為自昔雅言，盾為後起殊語。《管子》亦有盾名者見〈幼官篇、中匡篇、小匡篇、禁藏篇〉，當為後人綴輯，非管氏原文也。此考之字形，徵之載籍，而知干之本義為盾，於文為獨體象形，固無疑矣。因是而知，凡從盾聲之字，皆必肇於東周。〈顧命〉云「率循大卞」，率循義如〈文侯之命〉之「率從」，本字當作從，或如〈虩鼎〉作循《三代》四卷 13 葉，其作循者，乃後人剗易也。以干為盾之古名，故自干而孳乳為訓盾之戰。干所資以扞禦，故自干而孳乳戰及扞，其初文則作干，《毛公鼎》云「以乃族干善王身」《三代》四卷 48 葉，是即干之本義為盾之塙證。惟鼎銘之干《三代》二卷 31 葉，乃姓氏之繇文，非以干為兵器而從戈，此則律以它

文而可知者。《說文干部》云「干，犯也，從一，從反入」，是誤以假借為本義，誤以象形為會意矣。此未悟經傳多以干戈或干戚連俪干戈見《大雅公劉》、《周頌時邁》、《孟子萬章上》、《禮記檀弓下、文王世子、樂記》、干戚見《禮記月令、文王世子、樂記、祭統》，古有其物，亦有其文，乃以侵犯之虛名，為實物之本義，是亦乖於字義之虛實者也。說者釋屾為鄉《愙齋》三冊 10 葉，或釋彝銘之卣中，與卜辭之申卣為中《古籀篇》十九卷 29 葉，是皆形體乖越，謬不待辨。或疑卜辭之申卣為冊《栔文舉例下》，或謂冊實古干字郭某《金文叢考》197 葉，是未知冊於卜辭作𝌆𝌆《續編》2.16.3 片，《摭續》340 片，《乙編》3094 片，於彝銘作𝌆𝌆引見下文，與扞蔽之申構形大異。乃觳為一名，是亦不辨字形者矣。

於雞有〈父癸鼎〉《三代》二卷 29 葉、〈叚〉《三代》六卷 1 葉、〈父乙尊〉《三代》十一卷 7 葉、〈父癸尊〉《三代》十一卷 11 葉、〈祖甲卣〉《三代》十二卷 45 葉、〈父甲卣〉《三代》十二卷 47 葉、〈父乙卣〉《三代》十二卷 49 葉、〈父丁觚〉《三代》十二卷 49 葉、〈爵〉《三代》十五卷 4 葉、〈串父丁豆〉《三代》十卷 46 葉、〈豕爵〉《三代》十五卷 36 葉，羅振玉誤釋為鳳犀，是皆雞氏

及<u>雞方</u>之器。卜辭云「戊申卜貞，王田<u>雞</u>，往來亡
巛，王卟曰吉，絲卟，獲犹二」《前編》2.36.7片，「戊
辰卜貞，王田<u>雞</u>，往來亡巛」《前編》2.37.1片，「戊寅
卜貞，王田<u>雞</u>，往來亡巛，王卟曰吉，絲卟，獲犹
廿」《續編》3.18.3片，「☐貞，王田<u>雞</u>，往來亡巛，☐
弘吉，絲卟，獲犹八十又六」《佚存》547片，「王其田
<u>雞</u>」《粹編》976片，是雞於卜辭已從奚聲，而與篆文
同體。然亦有形象而作 者《摭佚續》189片，《佚存》
740片，則與彝銘相同。此可證雞氏諸器，其為<u>殷商</u>
制作，斷無可疑。古之<u>雞方</u>，與<u>宋</u>之<u>雞澤</u>《春秋襄三
年》，<u>楚</u>之<u>雞父</u>《春秋昭二十三年》，皆因<u>雞水</u>而名見《水
經淮水注》，非<u>漾水注</u>之<u>雞水</u>，密邇<u>殷虛</u>，故<u>殷</u>王恆田其
地也。【注】《春秋襄三年》云「六月，公會<u>單子</u>、<u>晉侯</u>、<u>宋公</u>、
<u>衛侯</u>、<u>鄭伯</u>、<u>莒子</u>、<u>邾子</u>、<u>齊世子光</u>，己未，同盟于<u>雞澤</u>」。<u>杜預</u>
注「<u>雞澤</u>在<u>廣平曲梁縣</u>西南，<u>周靈王</u>新卽位，使王官伯出與諸侯
盟，以安王室」。《春秋昭二十三年》云「秋七月戊辰，<u>吳</u>敗頓胡
沈、蔡、陳、許之師于<u>雞父</u>」。<u>杜預</u>注「<u>雞父</u>，<u>楚</u>地也，<u>安豐縣</u>南
有<u>雞備亭</u>」。

於酉有〈 鼎〉《三代》二卷3葉、〈 乙鼎〉《三代》
二卷11葉、〈 父丁鼎〉《三代》二卷22葉凡三器、〈 父

癸鼎〉《三代》二卷 29 葉、〈 𬤊 每鼎 〉《三代》二卷 52 葉、〈 𬤊 殷 〉《三代》六卷 2 葉、〈 𬤊 尊 〉《三代》十一卷 1 葉、〈 𬤊 父丁尊 〉《三代》十一卷 8 葉、〈 𬤊 父癸尊 〉《三代》十一卷 11 葉、〈 𬤊 父己卣 〉《三代》十二卷 52 葉、〈 𬤊 父辛卣 〉《三代》十二卷 55 葉、〈 𬤊 卣 〉《三代》十二卷 59 葉、〈 𬤊 觚 〉《三代》十四卷 18 葉、〈 𬤊 父辛觶 〉《三代》十四卷 45 葉、〈 𬤊 爵 〉《三代》十五卷 10 葉、〈 𬤊 父辛爵 〉《三代》十六卷 18 葉、〈 𬤊 父戊盤 〉《三代》十七卷 2 葉，酉姓為黃帝之子見《國語晉語四》，【注】〈晉語四〉「凡黃帝之子二十五宗，其得姓者十四人為十二姓，姬、酉、祁、己、滕、箴、任、苟、僖、姞、儇、依是也」。蓋因酉水而氏見《水經沔水注》，非注沅水之酉水，。彝銘與卜辭之 𬤊 酉，俱象酒器之形，當以酒尊為本義。自酉而孳乳為尊，示奉酒以獻酌，引伸而為尊重之名。卜辭彝銘，於尊或從𠂤作障隓者，所以象彝器四隅之柧棱。猶之除階阼階之從𠂤，所以象階次，擧非取大陸之義，皆為比擬構字也。酉亦孳乳為酒，酉酒同音，故彝銘并以酉為酒。〈征人鼎〉云「丙午天君饗𧙛酉，在斤」《三代》四卷 4 葉，〈尹光鼎〉云「乙亥王正在𧆸𨸣，王饗酉」《三代》四卷 10 葉，〈盂鼎〉云「虘酉無敢醵」《三代》四卷 42 葉，案醵字說見下文，

〈毛公鼎〉云「毋敢叄于酉」《三代》四卷 48 葉，叄字說見下文，〈宰峀段〉云「王饗酉，王娒宰峀貝五朋」《三代》八卷 19 葉，案娒乃光之異體，光賞古音同部，其義猶賞。，〈遍段〉云「王饗酉，遍御凵遺」《三代》八卷 52 葉，〈季良父壺〉云「用盛旨酉」《三代》十二卷 28 葉，〈國差𦉢〉云「鑄西亯寶𦉢四秉，用實旨酉」《三代》十八卷 17 葉，凡此諸酉并讀如酒，是其明證。《說文酉部》云「酉，就也，八月黍成可為酎酒，象古文酉之形。丣，古文酉从丣，丣為春門，萬物已出，丣為秋門，萬物已入，一閉門象也」。其說迂晦，且誤以建酉之月為本義。所云「丣，古文酉」者，考之卜辭彝銘，凡紀日之名無作丣者。《說文》所載丣聲之桺畱二字，卜辭作 𣑭《續編》3.31.6 片，〈散盤〉作 𣑭《三代》十七卷 20 葉，〈柳鼎〉作 𣑭《錄遺》98 圖，〈鼓文〉作 𣑭，漢印有 𣑭願、𣑭游《集古印譜》四卷 40 葉、𣑭成《十鐘》六冊 29 葉、𣑭安國《王石經古印偶存》、史 𣑭《集古印譜》四卷 4 葉、殷 𣑭《印統》三卷 23 葉、矦 𣑭《印統》五卷 41 葉、召 𣑭《印統》七卷 28 葉、宋 𣑭《十鐘》三冊 23 葉、鄭 𣑭《十鐘》六冊 36 葉、魯 𣑭《續齊魯古印攈》弟十四、張 𣑭《吉金齋古銅印譜續》、任 𣑭《共墨齋古鈢印譜》、王 𣑭《古鈢印景》、

蘇□《昔則廬印存三集》三冊 23 葉，〈留鐘〉作□《三代》一卷 2 葉，〈古留布〉作□□《辭典上》759 圖至 761 圖，〈屯留布〉作□□《辭典上》55 圖至 59 圖，漢陳留太守章作□《兩罍軒印攷漫存》四卷 1 葉，〈秦留印〉作□《魏石經室古鉨印景》，漢封泥〈屯留〉作□《封泥攷略》七卷 37 葉，屯留丞印作□《再續封泥攷略》二卷 11 葉，是皆柳留俱從卯聲之證。唯漢柳平子章作□《十鐘》二冊 55 葉，陳留太守章作□《觀自得齋秦漢官私銅印集》，字從□□，乃漢之繆體。《說文》所載之□於先秦無徵，當亦卯之譌易。卯酉古音同部，或相通作，故《說文》誤以□為古文之酉，所釋□□二文，則為望形生義之臆說也。戴曰「酉卽卣，卣卽尊」《六書略象形第一》，是據酉卣同音，而溷為一字。然考之古文，卣於卜辭作□□，〈盂鼎〉作□，〈毛公鼎〉作□。徵之古器，則卣形弇口而有提梁，尊形侈口而無提梁，是卣與象尊形之酉，截然二物，詎能視為一文。或曰「□□二字，特為干支而作」王筠《說文釋卯》，是據卯之譌體，而臆為曲說。或曰「酉象釀器形」林義光《文源》，則是奠於卜辭作□□，彝銘作□□，乃為陳釀器而祭祀，尊於卜辭彝銘多作尊，乃為奉釀器

以獻酬，益見悖理矣。

　　於由有〈▨兄丁觶〉《三代》十四卷 48 葉、〈己▨爵〉《三代》十五卷 27 葉、〈▨受祖丁尊〉《三代》十一卷 13 葉、〈▨戈爵〉《三代》十五卷 34 葉，斯為由氏與由方之器。卜辭之▨▨與彝銘之▨，皆《說文》所謂「東楚名缶曰由」之由。或釋卜辭之▨為齒《古籀篇》五十卷 2 葉，或釋尊銘之▨為彝，而謂受米之象《古籀篇》六十九卷 33 葉，是於文字構形，略無所知之懜說也。若卜辭之▨▨《京都》3084 片，《甲編》287 片，與鼎銘之▨《三代》二卷 13 葉、鬲銘之▨《三代》二卷 13 葉、斝銘之▨《三代》十三卷 47 葉，為從人大由聲，而為戴之古文說詳釋由。戴為由所孳乳，其於方國為一地抑為二地，殊難質言。惟案《漢書地理志》云「梁國甾縣故戴國」，然則漢曰甾者，當亦承襲古名。彝器有〈▨朱朕鼎〉《三代》四卷 7 葉 8 葉凡三器，〈▨朱慶鬲〉《三代》五卷 24 葉，是卽甾之古文，蓋古之由戈戴本為一地也。或釋▨為總角形《愙齋》十二冊 4 葉，或釋為戴冕形《綴遺》五卷 27 葉，或釋為子，而謂箸冕之象《古籀篇》四十卷 24 葉。然案其形非象束髮，豈能謂為總角。【注】總角，古時兒童束髮為兩結，向上分開，形狀如角，故偁總角。《齊

風甫田》云「婉兮孌兮，總角丱兮」。鄭玄箋「總角，聚兩髦也」。孔穎達疏「總角聚兩髦，言總聚其髦以為兩角也」。子為孺子，豈能與成人同服，而有戴冕之形。夫弁冕之見於文字者，若皇於彝銘作𝌏變𝌏，從兒王聲_{案王於卜辭作𝌏，此其初文，皇下乃從古文之王，《說文》釋皇形非是。}，以示戴兒臨朝。朕於〈孟鼎〉作朕，〈仲辛父敦〉作朕，從弁舟會意，乃以身服之冠履，而為自偁之名。冕於彝銘作𝌏或𝌏_{引見上文}，以示首有頭衣，而為冕之初文。凡此皆象弁冕之隆出，豈有窒下如凵，而為弁冕之象。說者如斯，是皆不辨字形者矣。

　　於莫有〈𝌏白盨〉《三代》十卷 27 葉、〈𝌏尊〉《三代》十一卷 16 葉、〈長𝌏父乙觚〉《三代》十四卷 28 葉，漢印有〈莫賢〉《十鐘》六冊 41 葉，葢因漢涿郡之鄭縣而氏_{見《漢書地理志》}。

　　於牢有〈𝌏爵〉《三代》十五卷 12 葉，齊有牢成《左傳襄二十三年》，漢有牢梁《漢書佞幸傳》，【注】〈襄二十三年〉云「秋，齊侯伐衞，啓牢成御襄罷師」。〈佞幸傳〉云「石顯與中書僕射牢梁、少府五鹿充宗結為黨友，諸附倚者皆得寵位」。并因牢方而氏。牢於卜辭作𝌏𝌏及𝌏𝌏，〈貉子卣〉作𝌏，文并從宀冂與羊牛會意，以示牛羊在闌圈之中。

卜辭有作〔圖〕者《乙編》1315 片，猶之宧於卜辭作〔圖〕《菁華》4 葉，或釋面，其說非。，宜於〈宜民和眾璽〉作〔圖〕《十鐘》三冊 2 葉，〈宜津陽印〉作〔圖〕《十鐘》二冊 54 葉，是亦宀而下象其地也。審牢之古文，乃以養牛羊之圈為本義。《戰國策楚策四》云「亡羊補牢，未為遲也」，《韓非子揚權篇》云「豺狼在牢，其羊不繁」，此皆牢之本義。若夫豕廁曰圂，馬舍曰廄，各有專字。經傳或儷豕廁曰牢見《大雅公劉》、《國語晉語四》，或儷牛馬曰牢見《墨子天志下》、《晏子春秋內篇諫下》，【注】〈公劉〉云「執豕于牢，酌之用匏」。〈晉語四〉云「少溲於豕牢」。〈天志下〉云「與逾人之欄牢，竊人之牛馬者乎」！〈內篇諫下〉云「今公之牛馬老于欄牢，不勝服也」。此皆牢之引伸義。《說文牛部》云「〔圖〕，閑養牛馬圈也，從牛冬省，取其四周帀」。是據譌變之體，以施謬說，而未知從冬省無所取義，且又誤以引伸為本義矣。

於正有〈〔圖〕毀〉《三代》六卷 3 葉、〈〔圖〕觚〉《三代》十四卷 15 葉、〈〔圖〕鼎〉、〈〔圖〕鼎〉、〈〔圖〕鼎〉《錄遺》18 圖至 20 圖、〈〔圖〕父戊毀〉《三代》六卷 39 葉、〈告〔圖〕父癸尊〉《三代》十一卷 15 葉、〈〔圖〕鼎〉《錄遺》21 圖、〈〔圖〕壺〉《錄遺》216 圖至 217 圖、〈〔圖〕爵〉《錄遺》417 圖、〈〔圖〕戈〉《三代》十

九卷 7 葉，是皆正氏之器。彝銘之🔲乃從址🔲聲，以示師旅行役，而為征之古文。卜辭云「叀今日辛🔲畢，于翌日壬🔲畢」《甲編》683 片，「于斿🔲畢」《寧滬》1.409 片，此卜征行畢方之宜否，是其明證。卜辭之🔲，雖多征義，然亦為方名、祭名，及訓善之義。🔲則僅用為征，因知🔲為征之本字，其於姓氏當與🔲🔲無異。址入於圍中者，所以別於韋之古文作🔲者也引見下文。若〈乀🔲觚〉《三代》十四卷 20 葉，羅振玉誤釋正為足。，〈刀🔲爵〉《三代》十五卷 36 葉，乃乙方正氏，及刀方正氏之器。〈子🔲婦卣〉《錄遺》256 圖，則為子正氏之器。乙於卜辭作乀丿，彝銘作乀丿，乃肕之象形。以乙文冤曲，顧自乙而孳乳為訓報之軋，以示車迹之曲，此以比擬構字也或謂軋從訓燕之乞聲，其說非是。案〈月令〉鄭注，《釋名釋天》，并以軋訓乙，可證軋從乙聲。。若魚目骨為乙見《禮記內則》注，《爾雅釋天》云「魚腸謂之乙」，褚少孫補《史記滑稽傳》云「東方朔至公車上書，人主讀之，止輒乙其處」，是皆以其形似乙文，而比擬為名，舉非乙之本義。通考偁名構字，固有比擬一科。其於比擬，有取象於物而為名者。若舟之本義為船，船以載物，而尊彝之承

臺似之，故亦名承臺曰舟見《周禮司尊彝》。圭之本義
為土圭，從二土者，一以示其質，一以示為度地之
用見《周禮大司徒》，土不駢列者，所以象壘土而高之
形。瑞玉形如土圭，故亦名瑞玉曰圭，是皆取象於
物而為名也。自舟而孳乳為履，自圭而孳乳為珪，
此皆取象於物而構字也。《爾雅》云「魚枕謂之丁，
魚腸謂之乙，魚尾謂之丙」，《素問生氣通天論》云
「高梁之變足生大丁」，此皆取象於文而為名也。自
乙而孳乳為軋，自丁而孳乳為釘，此皆取象於文而
構字也。說者未知古以比擬而偁名構字，有此二類。
是以於乙之釋義，或據《爾雅釋魚》而言，或據《禮
記內則》而言，要皆昧其本柢。蓋以象形成文，必
求昭顯易見，茍能近取諸身，決不遠徵於物，此為
先民構字之通則。假令乙丙丁三文，皆以魚身之物
為本義，則是捨近求遠，遺大攎小，何其品類萬物，
而獨鍾愛於魚。矧夫乙為魚目之骨，丁為魚類之枕，
其細已甚。而乙丁之為文，遠在殷商之前，豈虞夏
之時，察物之精，遠逾人體。此衡之情理，律以字
例，皆有以知其說之非也。《說文土部》云「圭，瑞
玉也」，〈乙部〉云「乙，象春艸冤曲而出，陰气尚

彊，其出乙乙也」，是皆失其初義。或謂「乙象刀形」
吳其昌《金文名象疏證》，然案刀與剞劂之辛，以及兵器
之戈戉，於卜辭彝銘皆象其柄。斫木之斤，於卜辭
亦象曲柄利刃而作�， 若乙於彝銘作乀，兩岩
皆銳，豈其刀有兩鋒，而無握把之所。此察之字形，
卽知其恣為妄說矣。彝銘之◯與卜辭之◯，并為正
之詳體。猶各之詳體於卜辭作◯《前編》4.31.2片，《甲
編》3916片，於彝銘作◯《三代》二卷12葉，從各之咎，
於〈父癸段〉作◯《三代》七卷18葉，皆象人之二止
也。春秋時萊有正輿子《左傳襄六年》，魯有正常《左傳
哀三年》，乃因正方而氏。【注】〈襄六年〉云「王湫帥師及正
輿子、棠人軍齊師」。杜預注「正輿子，萊大夫。棠，萊邑也」。〈哀
三年〉云「康子在朝，南氏生男、正常載以如朝」。古之正方當
卽漢北海郡之正鄉見《漢書地理志》，其作石鄉者乃正
之形誤。古齊刀之別一面，其文曰◯《辭典上》962圖，
是為齊國正邑之貨。然則古之正方為齊之正邑，亦
卽漢之正鄉。漢封泥有〈正鄉印〉《續封泥攷略》五卷
24葉，形僅半通，則為鄉名而非邑名，當非北海之
正鄉也。◯從止◯會意，卜辭作◯◯者，以刀契艱
作圓體，故變為口。◯者圜之初文，古有〈◯鼎〉《錄

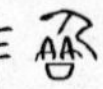

遺》15 圖，〈○布〉《辭典上》88 圖，斯為圜氏之器，與圜方之貨。〈○𤰞鼎〉《三代》二卷 12 葉，〈○𢦏罍〉《三代》十一卷 40 葉，則為圜方大氏與圜方癸氏之器。或釋○為洗《綴遺》二十六卷 3 葉，或釋○為丁羅振玉《三代目錄》，釋洗者胥知其非，釋丁者啟人營惑。然通考彝銘紀日之丁，自春秋以前，憖有虛中作○者，是不可據卜辭虛中之丁以釋○，此律以彝銘通例，可知○為圜之初文一也。卜辭有方名曰💍《續編》3.10.1 片、《甲編》2617 片、《金璋》673 片，從爪○聲，為環之古文，當與〈○鼎〉、〈○布〉同一方域。字從爪者，示用之援引見《說文玉部》瑗字下，【注】〈玉部〉云「瑗，大孔璧，人君上除階以相引」。蓋環瑗本為同物，故亦同音二字古音同屬安攝牙音，逮後世則區為二名也。又〈虘雷卣〉云「子錫虘雷玕一」《擴古》二之二卷 5 葉，玕乃從玕○聲，亦環之異體。此證以古文之環，從○為聲，可知○為圜之初文者二也。天於卜辭作𠀒𠀒，從大○或夫○會意，以示圜天在人首之上。員於〈員父尊〉作𪔝，從○鼎會意，以示如天及鼎之圜說見上文。辟於〈盂鼎〉作𨐒，從○倖聲倖辟同音，說見上文。以示皋人拘於圜土。圜土見《周禮地官比長、

司牧、秋官大司寇、司圜》。再於觚銘作𢆶《三代》十四卷 22 葉，23 葉凡三器，從八〇𢆶會意。𢆶象稱權之形，而為稱之初文說詳下文。字從八〇𢆶者，以示分別復稱，是再之從〇，乃取圜而復始之義。此證之天員辟再四字，可知〇為圜之初文者三也。彞器有〈睘卣〉《三代》十三卷 40 葉，〈睘段〉《攈古》二之一卷 27 葉，黃帝之子有儇姓《國語晉語四》，春秋時蕭有還無社《左傳宣十二年》，戰國時楚有環淵《史記孟子荀卿傳》，葢因環水而氏見《山海經東山經》。【注】〈晉語四〉云「凡黃帝之子二十五宗，其得姓者十四人為十二姓，姬、酉、祁、己、滕、箴、任、苟、僖、姞、儇、依是也」。〈宣十二年〉云「冬，楚子伐蕭，蕭潰，還無社與司馬卯言號申叔展」。杜預注「還無社，蕭大夫也」。〈孟子荀卿傳〉云「自鄒衍與齊之稷下先生，如淳于髡，慎到、環淵、接子、鄒奭之徒，各著書言治亂之事」，〈東山經〉云「環水，出泰山，東流注于海」。作睘儇及還環者，皆〇之後起字。此證之以姓氏及方名，可知〈〇鼎〉、〈〇布〉，其為圜之初文審矣。自〇而孳乳為圜者，所以明其音義，且避與丁形相掍也。正從〇在止上，猶天從〇在大上，皆以示天體之圜，《周易說卦》云「乾為天為圜」者是也。止卽《大雅抑篇》「淑慎爾止」之

止，正從〇止，乃示人之行止，取法於天，則得其正。《周易乾》云「天行健，君子以自強不息」，《論語》云「唯天為大，唯堯則之」〈泰伯篇〉，《呂覽圜道篇》云「天道圜，地道方，聖王法之，所以立上下」，《墨子法儀篇》云「天之行廣而無私，其施厚而不德，其明久而不衰，故聖王法之」，《管子內業篇》云「天主正，地主平」，此正所以從〇之義也。凡古文之虛中者，恆填實之，故彝銘之𣍐亦作𣍐，𠀠於〈虘鐘〉作正，〈盂鼎〉作正，省之作正，則與篆文相同。是猶從〇之天再，於篆文作页再，皆其省體。《說文正部》云「正從一，一曰止」，〈一部〉云「天從一大」，〈冓部〉云「再，一舉而二也，從一冓省」，則并據省變之文，而誤以〇為一矣。《說文辟部》云「辟，法也，從卩辛，節制其辠也，從口用法者也」。斯又釋人為卩，釋〇為口，其謬益甚。或曰「古文天字本象人形，〈盂鼎〉作大，其首獨巨王國維《觀堂集林》卷六釋天，是未知〈盂鼎〉之大，所從之●乃〇之填實者，而以首形釋之，則是天大無別，豈其然乎。或曰「金文辟乃璧之本字，從〇辟聲，而借為訓法之辟」《增訂考釋中》56葉，是未知辟所從之〇為

圜之初文，而謬為之說也。其有戭從<u>許</u>說而釋正者，無一得其通解，可不具論。或曰「正，射的也」《六書略象形第一》，後人據之，因曰「正字本訓當為侯中，從止亦矢所止」<u>朱駿聲</u>《通訓定聲》。然案侯之古文作 厌見《說文矢部》，臬於卜辭作 ⚷《前編》2.18.6片，字皆從矢，則其本義必非侯中。猶之鵠質二名，俱非以侯中為本義。【注】鵠、質，泛指箭靶也。鵠音ㄍㄨˇ、guˇ。鵠為箭靶之中心，《儀禮大射》云「遂命量人巾車張三侯，大侯之崇見鵠於參，參見鵠於干，干不及地武」。<u>鄭玄</u>注「鵠，所射之主」。質，《周禮天官司裘》云「皆設其鵠」。<u>鄭玄</u>注「方十尺曰侯，四尺曰鵠，二尺曰正，四寸曰質」。或曰「古正字從止從●，止為足跡，上象其○，履行必以正」<u>吳大澂</u>《說文古籀補》，是亦陳義未瑩。或曰「正本義為疑立，從止一者象其正，指事也」<u>章炳麟</u>《文始》，信如其說，則凡從正之字，宜有端竦靖埩之義，不宜有訓行之征。或曰「正以征行為本義」<u>王國維</u>說，見<u>劉盼遂</u>《說文筆記》，其意蓋以卜辭之 ♀ 為從止口會意口音圜，然出去於卜辭作 ♂♠，字從止口或大口，以示人之離邑。藉曰正亦從口，則置止於口下，當以示入邑之義，不當以示征行之義。此律以出去二文，而知正於彝銘所

從之〇，決非《說文》訓回之口，而為圜之初文。說者徒見卜辭用正為征，故謂其本義為征行，此未知征行之本字於卜辭作▨。其初文作▨或▨者，謂聲其罪而討之，或正其疆界而伐之。《周禮大司馬》云「賊殺其欽則正之」，《春秋昭元年》云「叔弓帥師疆鄆田」，《周易離》云「王用出征，以正邦也」，是皆征伐為正義引伸之證。卜辭之▨及彝銘之征，皆承正義而構字，故其初文亦作正。然則正之本義，解詁多家，無一幸合。亦如天員辟再終古莫明，皆由未知字俱從〇，且亦未悉〇之音義故也。或疑「卜辭之▨即韋之變體」《栔文舉例下》，或謂「當是撥亂之撥」陳夢家《綜述》601 葉，是皆闇於卜辭文義，且未知文字固有詳略之例者矣。

　　於竹有〈▨人觚〉《三代》十四卷 22 葉、〈▨人爵〉《三代》十五卷 38 葉凡二器、〈▨▨父戊彝〉《錄遺》507 圖、508 圖，是乃耶方竹氏，竹方▨氏之器。〈▨卣〉《三代》十二卷 44 葉、〈▨父丁觶〉《三代》十四卷 51 葉，〈▨布〉《辭典上》660 圖，則為竹氏之器與竹方之貨。漢印有〈竹肆〉、〈竹成〉《印統》八卷 4 葉、〈竹完光〉《共墨齋古鈢印譜》、〈竹呂生〉《十鐘》六冊 65 葉，蓋因竹水或

竹邑而氏竹水見《水經渭水注》，《漢志》沛郡有竹縣。【注】〈渭
水注〉云「渭水又東與竹水合，水南出竹山」。守敬按：《西山經》
「竹山，竹水出焉」。竹縣，在安徽省宿縣北。聏為耳之複文，
非《說文》訓安之聏也。彝銘與卜辭之𠆢，并象竹
葉相對岐出之形，彝銘從竹之字多作𮥑，篆文作帅，
於象形未能切合，皆後世之變體。《說文竹部》云「下
垂者箁箬也」，是據變體之文，而誤以竹葉為筍皮矣。
或釋彝銘之𠆢為益《綴遺》二十三卷 24 葉，釋卜辭之𠆢
為丑《商氏類編》，然考嗌之古文於〈㠱鼎〉作𮤮《三
代》四卷 46 葉、〈弓季嗌段〉作𮤮《三代》七卷 33 葉、㠱
銘作𮤮《三代》十三卷 21 葉，丑於〈父癸鼎〉作𮥀《三
代》三卷 2 葉，〈師寰段〉作𮥀《三代》九卷 28 葉、〈南彊
鉦〉作𮥀《三代》十八卷 5 葉，益於彝銘作𮥀𮥀，是古
文之嗌丑與益，皆與𠆢形異撰，決非一文。或釋彝
銘之𠆢𠆢為冓之省文《古籀篇》八卷 33 葉，又釋𠆢與卜
辭之𠆢為臼《古籀篇》五十八卷 7 葉，則是粗合竹冓冓
為一字，復以竹終為臼之異體，乖誤尤甚矣。

於奠有〈覃同媿鼎〉《三代》三卷 20 葉、〈覃子石
鼎〉《三代》三卷 24 葉、〈覃饕邊父鼎〉《三代》三卷 27 葉、
〈覃姜白鼎〉《三代》三卷 28 葉、〈覃大師小子甗〉、〈覃

氏白高父甗〉《三代》五卷 10 葉、〈奠井叔鬲〉、〈奠興白鬲〉《三代》五卷 22 葉、〈奠羌白鬲〉《三代》五卷 29 葉、〈奠白筍父鬲〉《三代》五卷 42 葉、〈奠虢仲殷〉《三代》八卷 17 葉、18 葉凡三器、〈奠義白盨〉、〈奠義羌父盨〉、〈奠羍末盨〉《三代》十卷 31 葉、32 葉、〈奠井叔康盨〉、《三代》十卷 33 葉、〈奠㭱末壺〉《三代》十二卷 15 葉，奠於卜辭作☒☒，是奠為國名，由來已久，從邑作鄭者，當肇於戰國之時也。

於主有〈☒觚〉《三代》十四卷 29 葉、〈☒父己觶〉《積古》二卷 12 葉，乃主氏之器。若〈☒庚爵〉《三代》十五卷 27 葉、〈☒☒鼎〉《三代》二卷 14 葉、〈☒☒爵〉《三代》十五卷 35 葉、36 葉，則為主方庚氏，盍方主氏之器盍為方名說見上文。若〈令☒父辛卣〉《三代》十三卷 4 葉、〈目☒觚〉《錄遺》335 圖，乃令方主氏、目方主氏之器令目皆方名說見上文。☒與卜辭之☒☒，俱象主之有足，雖其構形異撰，而音義無殊。☒☒與☒，皆從主聲，其於姓氏當與☒為一族，卜辭從女作☒者《佚存》737 片，乃示其為姓氏也。☒☒皆象主柎，猶卜辭之☒☒，其下體亦象鼓虡，舉非從木也。主柎形制不一，故彝銘或作☒，卜辭或作☒☒☒。是猶樂

於〈鄧氏鐘〉作🔹，於〈子璋鐘〉作🔹，亦以鼓虡形制不一，故其結體不同。彝器有〈🔹父乙鼎〉《綴遺》五卷 27 葉、〈🔹🔹瓿〉《錄遺》337 圖、〈🔹🔹爵〉《錄遺》446 圖、〈🔹大父乙觶〉《三代》十四卷 50 葉、〈🔹🔹爵〉《三代》十五卷 36 葉，其🔹🔹🔹，及〈繳安君鉼〉之🔹《三代》十八卷 15 葉，上并從火，下象主柎，亦皆主之異體。字從火者，所以示其為燈火。猶〈熾者尊〉從火作🔹《三代》六卷 42 葉、〈熾者鼎〉從🔹作🔹《三代》四卷 2 葉，此🔹火相通之證也。🔹🔹構形奇古，當與〈🔹瓿〉同為殷代之作。〈繳安君鉼〉字體纖弱，乃出戰國之時劉心源定為漢器，其說謬。，而其🔹字為古文之遺。卜辭復有從山之🔹《明氏後編》1688 片，從口之🔹《遺珠》539 片，從丙之🔹《乙編》539 片，從京之🔹《明氏後編》804 片，是皆主之繇文。主於卜辭亦從火作🔹🔹《乙編》5350 片、5913 片、《契卜》822 片，故其繇文作🔹，🔹卽瓿銘之🔹，或釋🔹為從山入之尖唐蘭《殷虛文字記》36 葉，或疑為宀陳夢家《綜述》480 葉，說并非是。其作🔹🔹者，乃象燈火之熾盛，《楚辭招魂》所謂「華鐙」，晉傅玄詩所謂「枝燈若火樹」《藝文類聚》八十一引，卽其遺制也。【注】〈招魂〉云「蘭膏明燭，華鐙

錯些」。華鐙，形容雕飾精美之燈也。傅玄〈庭燎詩〉云「枝燈若火樹，庭燎繼天光」。火樹，形容開滿紅花之樹也。綜覽諸文，可覘膏鐙之主，殷時異狀良多，是以寫形構字，體非一范。說彝銘者，釋𤇾為囧，又釋為景《博古圖》二卷 34 葉，十卷 35 葉，或釋為北《綴遺》五卷 27 葉，或釋為業《古籀篇》八十三卷 32 葉，釋𧆶為喦《古籀篇》七十四卷 4 葉，釋𤇾為樂《攈古》二之一卷 44 葉，或釋為策《奇觚》十一卷 10 葉，是皆乖誤之甚。或疑卜辭之𤇾為主，而謂𤇾象燔木為火《商氏類編》，或釋為柱《古籀篇》八十五卷 4 葉，或疑為朱陳邦懷《小箋》15 葉，或疑為燊葉氏《前編集釋》二卷 39 葉，則并誤以主柎為木，故皆無一得其形義。自主雙聲孳乳，則為錠鐙主與錠鐙古音同屬端紐。《說文》以錠鐙互訓，皆膏鐙之義。若《儀禮公食大夫禮》、及《禮記祭統》之鐙，乃豆所孳乳之後起字，非主所孳乳之鐙也。《一切經音義》卷十、卷四十五引《聲類》，卷三十四引《韻集》，并云「有足曰錠，無足曰鐙」，是亦承《聲類》而言。《廣韻》錠字下云「豆有足曰錠，無足曰鐙」，則誤以膏鐙為禮器之豆。注《說文》者，顧以《聲類》為誤《說文》錠字下段注，考之未審矣。篆文所以有錠鐙之名者，

乃以方語互殊，故爾構字有別，非以足之有無，而別其銘曰錠或鐙也。考傳世<u>漢</u>之膏鐙，其銘鐙者凡二十六，其銘錠者凡九，其銘登者二，其銘定者一，其銘釘及豆者各二，皆不以足之有無而異名。其銘雁足鐙者，有〈建昭三年雁足鐙〉，〈竟寧元年中宮雁足鐙〉，〈桂宮雁足鐙〉，〈內者雁足鐙〉，〈綏和元年雁足鐙〉，〈永元二年雁足鐙〉見<u>容庚</u>《漢金文錄》三卷 15 葉至 37 葉，審者則《聲類》所云「無足曰鐙」者，乃妄加分別之謬說。釘豆同為舌音，故<u>漢世</u>又名膏鐙曰釘或豆，是亦承主義而音轉之假借字。以錠鐙皆主所孳乳，無有足與無足之別，則其初名曰主，尤無有足與無足之別。是以彝銘無足之 ●●，與卜辭有足之 ●●，為一物之通名，亦一文之異體也。<u>徐鉉</u>《說文》注云「錠中置燭，故謂之鐙」。惟案<u>漢</u>〈王氏錠〉云「王氏銅虹燭錠」《博古圖》十八卷 41 葉，〈苦宮定〉云「苦宮銅梟喙燭定」《漢金文錄》三卷 16 葉，則是然燭者，非必名鐙。可徵<u>徐氏</u>之說，亦如《聲類》之謬為區別者矣。<u>殷</u>之<u>主氏</u>，蓋因注邑而氏，卽《史記魏世家》「敗<u>秦</u>于<u>注</u>」之地。【注】〈魏世家〉云「<u>魏文侯</u>敗<u>秦</u>于<u>注</u>」。斐駰集解引<u>司馬彪</u>曰「<u>河南梁縣</u>有注

城也」。漢印有〈🔹尼古〉、〈🔹樂成〉《十鐘》五冊 4 葉、
〈注賢〉《十鐘》七冊 12 葉、〈注石〉《十鐘》十冊 16 葉，
亦有注氏之器《漢金文錄》四卷 34 葉，戰國時莒有柱屬
叔《呂氏春秋恃君覽》，葢皆殷人遺胤。漢印作🔹者，
卽卜辭之🔹與觚銘🔹，其作注柱者，葢古之姓氏，
別益形文之遺字也。

於食有〈🔹仲走父盨〉《周金文存》三卷補遺 184 葉，
漢人有食子公《漢書儒林傳》，漢印有〈食子通〉明釋自
彥《圖書府》六卷 18 葉、〈食欣〉《十鐘》六冊 42 葉，當因
食水而氏《山海經東山經》。【注】〈東山經〉云「〈東山經〉之
首，曰樕𧑓之山，北臨乾昧，食水出焉，而東北流注于海」。食
於卜辭作🔹🔹，🔹者簋之象形說見上文，所從之厶非
讀如集，而取集簋進食之義。乃從㐭省從皀會意，
以示於㐭室行饋食之禮，引伸為凡飲食之名言義為大
室，說見上文，卜辭云「貞叀大食」《甲編》1160 片，乃
卜備行大食之禮。其例猶它辭之「貞屮叔」《續存上》
15.93 片，「貞屮祝」《續存上》15.96 片，「貞屮甾」《甲編》
2486 片，若斯之屬，其類滋多，皆謂卜備祭典與祭物，
或卜備行某事也。其云「大食其亦用九牛」《粹編》1000
片，乃卜行大食之禮，用九牛為牲之宜否也。卜辭

亦有「小食」《京津》3922 片、《郭氏綴合》78 片，審其辭
義，及大食卜牲之文，皆為《周禮大宗伯》「以饋食
享先王」之食。食祭之後，因以養老，故名養老曰
食。《禮記內則》云「凡養老<u>有虞氏</u>以燕禮，<u>夏后</u>以
饗禮，<u>殷人</u>以食禮，<u>周人</u>脩而兼用之」，是卽養老名
食之證。惟卜辭亦有饗燕之禮，葢不用養老也。卜
辭所謂「大食」，「小食」，猶云大祭小祭見《周禮天官
酒正》，及大禮小禮見《周禮春官小宗伯》。名小食者，卽
《儀禮》之〈特牲饋食禮〉與〈少牢饋食禮〉。名大
食者，猶《尚書盤庚》之「大享」，謂備大牢以祭，
故卜辭有「大食其亦用九牛」之文。以其隆殺異等，
故有大小之名。禮經所記，為大夫與士之祭見《大戴
禮曾子天圓篇》，而大夫與士固無大食，是以禮無小食
之文。若夫〈大司樂〉所云「王大食」者，則為事
生之禮，又異乎饋食之祭，決非卜辭之大食也。或
謂大食小食，與大采小采，皆紀時之名董某《殷曆譜
上編》一卷 5 葉。此不知經傳有朝食《陳風株林》、蚤食、
晏食《淮南子天文篇》、食時《史記淮陰侯傳》、《後漢書竇武
傳》，及日食時諸名見《漢書淮南王傳》、《居延漢簡》1535
簡、《流沙墜簿書類》60 簡，而未有云大食及小食者。乃

謂以食紀時，顧有大小之別，寧非名義不倫。卜辭
凡云大采小采者，俱無「貞叀」之字，亦無用牲之
文，乃謂大食小食，與大采小采同科，是亦辭義不
協。而乃謬為曲合，誠不學之甚矣。此證以殷之禮
制，可知食從亯省從皀，而以饋食為本義。猶之吉
於卜辭作𠱠𠮷，亦從亯口會意，以示於大室祝以求
福，《周禮大祝》所云「吉祝」，是卽吉之本義，引
伸為凡福善之名。卜辭之𠱠所從之𠈇卽〈𠈇鼎〉所
從之𠈇《三代》二卷 13 葉，乃亯之異體。卜辭之𠮷所
從之士亦如〈父丁觶〉之𠮷《三代》十四卷 43 葉，乃亯
之填實者。填實而簡書，所以形同於士也。《說文食
部》云「食，一米也，從皀亼聲，或說亼皀也」，〈口
部〉云「吉，善也，從士口」，所釋形義，并悖初恉。
食亼聲韻俱乖，不當從亼為聲。是以說者多以食從
亼皀會意，而靡有能進新解，言之近理者也。其釋
吉者，言多殽雜，大率未覩初文，故皆謬說形義。
其或據卜辭而說吉者，則曰「卜辭之吉作𠱠𠱠，象
置句兵於笠盧之中，納物器中，所以堅實之，寶愛
之，故引伸有吉利之義。古者戎器恆置笠盧，如𠱠
𠮷象置弓矤於口上，與𠱠同義」于省吾《殷契駢枝三編》。

然卜辭之吉，文俱從口，非從飯器之凵。若⊖⊕乃
方名弓仲之縣文，猶目叀鹿罔之作🔲🔲🔲🔲，皆從
《說文》訓回之口，以示為方名之義_{說詳上文}，非象
筐盧之形。且夫藏弓矢者，曰鞬韇櫜医，医於彝銘
從宁作🔲_{說見下文}，可證兵器戢於宁匵，故医之古文
從宁，而其名偁亦曰鞬。古之偃兵也，則曰「倒載
干戈，包以虎皮」《禮記樂記》，未聞筐盧以置兵器，
尤未聞句兵去柲儲藏。縱如所云則⊖⊕🔲🔲之屬，
胥無寶愛吉利之義，何獨於吉字為然。是亦言不依
證，思不循理者矣。

於良有〈子🔲毀〉《三代》六卷9葉，乃<u>子</u>姓<u>良</u>氏
之器，蓋因<u>魯</u>之<u>郎</u>邑而氏_{見《左傳隱元年》，吳有良邑見《左}
_{傳昭十三年》}。【注】〈隱元年〉云「夏四月，<u>費伯</u>帥師城<u>郎</u>」。<u>杜</u>
<u>預</u>注「<u>費伯</u>，<u>魯</u>大夫也。<u>郎</u>，<u>魯</u>邑也」。〈昭十三年〉云「秋，<u>晉</u>
侯會<u>吳</u>子于<u>良</u>」。<u>杜預</u>注「<u>下邳</u>有<u>良城縣</u>」。古有〈🔲布〉《奇
觚》十二卷13葉二品、十九卷9葉三品、〈🔲布〉《辭典上》409
圖、〈🔲印〉《雙虞壺齋藏印》，字俱從邑，當為<u>戰國</u>之
物，而為<u>良</u>之後起字。<u>春秋</u>時<u>鄭</u>有<u>良佐</u>《左傳隱七年》，
<u>漢</u>有<u>郎顗</u>《後漢書本傳》，【注】〈隱七年〉云「<u>鄭良佐</u>如<u>陳</u>涖
盟」。<u>杜預</u>注「<u>良佐</u>，<u>鄭</u>大夫也」。〈郎顗傳〉云「<u>郎顗</u>字<u>雅光</u>，<u>北</u>

海安丘人也，終身不仕」。漢印有〈良廣〉、〈良章〉、〈良佐〉《集古印譜》三卷 13 葉 14 葉》、〈良平〉《十鐘》十冊 4 葉、〈郎蒲〉、〈郎惠〉《印統》五卷 16 葉、〈郎博〉《秦漢官私銅印集》，其先出於同宗，抑為同氏而異祖，則無由考質矣。良於卜辭作☐☐☐☐，〈邕子甗〉作☐，〈季良父盉〉作☐，【注】〈邕子甗〉見《三代》五卷 12 葉、〈季良父盉〉見《三代》十四卷 11 葉。并象日光散斜，於文為從日之合體象形，而為朖之初文。《說文畗部》云「良，善也，从畗省亡聲，☐古文良，☐亦古文良」。是誤以引伸為本義，誤以象形為諧聲矣。朖義為明，而引伸為善者，猶之昌旦古為一字昌古音屬透紐，旦屬端紐，古相通轉。旦義為明，亦引伸為美。〈皋陶謨〉云「師汝昌言」，昌言為美言，亦即旦之引伸義。蓋東周以降，始自旦而孳乳為昌，〈皋陶謨〉之昌，當為後人所易也。或曰「良从冂从日从亡，冂遠界也，良者本然之善，苟失其善，則始而日遠，繼近日亡，古文从目加一，所謂匈中正，則眸子瞭然」孔廣居《說文疑疑》。或曰「畗有滿義，亡其盛滿則善」鈕樹玉《說文校議》。或曰「良从畗省，畗即旨之譌，本義謂烹飪之善」徐灝《說文注箋》。或曰「古文☐，𠈌者古竹

字，中則日，下則芒達之象」吳楚《說文染指》。是皆
糾繞曲說，無一得其初義。或曰「良古量字」林義光
《文源》，為此說者，乃當殷周古文大白之時，竟不
知良量二文，於卜辭彝銘構形互異。徒以同音，謬
為攀附，是誠愚陋不學，而又敢為妄者矣。

　　於生有〈生刀〉《奇觚》十三卷 6 葉，蓋為笙邑之
貨笙見《春秋宣十八年》。【注】〈宣十八年〉云「冬十月壬戌，
公薨于路寢，歸父還自晉，至笙，遂奔齊」。卜辭之姓，當因
生水或笙邑而氏生水見《山海經西山經》。【注】〈西山經〉云
「生水出於盂山，東流注于河」。古印有〈𤯔〉《印統》八卷 51
葉、〈𤯔〉、〈𤯔〉《十鐘》一冊 12 葉 13 葉、〈𤯔〉《匋齋藏
印》第四集、〈𤯔〉《伏廬藏印》三卷 13 葉、〈𤯔〉《趙允中印
揭》，是皆先秦生氏之印。古印有〈生予〉、〈生昌〉、
〈生里〉《印統》五卷 21 葉、〈生心〉《共墨齋古鈐印譜》五
卷 21 葉，漢印有〈生馮〉、〈生臨〉《十鐘》九冊 3 葉，漢
人有姓偉見《漢書食貨志下、貨殖傳》，姓當與生為同宗，
惟以示其為氏，亦有从女作姓與卜辭相同也。

　　於串有〈串罕〉《三代》十三卷 48 葉、〈串觶〉《三
代》十四卷 35 葉、〈串爵〉《錄遺》377 圖、〈串父辛鼎〉《三
代》二卷 28 葉、〈串父癸鼎〉《三代》二卷 29 葉、〈串父辛

殷〉《三代》六卷 16 葉、〈𤰞父甲爵〉《三代》十六卷 3 葉、〈𤰞雞父丁豆〉《三代》十卷 46 葉、〈𤰞雞父丁觶〉《三代》十四卷 52 葉，漢印有〈毌豐〉《印統》二卷 23 葉，原書誤釋為韋、〈毌宮〉《十鐘》十冊卷 21 葉、〈毌東崑〉《衡齋藏印》、〈毌長兄〉、〈毌忠〉《匋齋藏印第四集》，是皆與宋之貫邑見《春秋僖二年》，俱因貫澤而氏。【注】《春秋僖二年》云「秋九月，齊侯、宋公、江人、黃人盟于貫」。杜預注「貫，宋地也」。《禮記明堂位》之〈貫鼎〉，當即毌氏之鼎。漢人有貫高《史記張耳傳》，毌樓觀《隸釋》卷七〈孔宙碑陰〉，【注】〈張耳傳〉云「趙相貫高、趙午等年六十餘，故張耳客也」。〈孔宙碑陰〉云「故吏泰山蓋貫樓觀字世光」。自後貫氏綿延不絕，而書傳未見毌氏，蓋以變形為毌貫，故爾淹寂無徵也。篆文之毌乃串之省體，《大雅皇矣》及《荀子大略篇》并有串字，【注】串音《ㄨㄢ、、guan、〈皇矣〉云「帝遷明德，串夷載路」。〈大略篇〉云「國法禁拾遺，惡民之串以無分得也」。《爾雅釋詁》云「串，習也」。是串與遺摜同音、《爾雅》訓串為習者，乃其假借之義也。《說文心部》云「患从心上貫吅，吅亦聲」，乃未知古有串字，故誤以串聲為吅聲。是猶許氏未知有刪羋二文卜辭有刪羋二字，因釋罰從刀詈，

釋解從牛羊角，皆以本字隱晦，故爾誤釋字形也。《春秋繁露天道無二篇》云「心止於一中者謂之忠，持二中者謂之患」，其說益為妄謬矣。

於彔有〈彔𣪘〉《三代》八卷 35 葉、〈彔乍乙公𣪘〉《三代》七卷 19 葉、35 葉、〈彔尊〉《三代》十一卷 36 葉、〈彔白戈𣪘〉《三代》九卷 27 葉、〈彔旁仲駒父𣪘〉《積古》六卷 26 葉、〈彔白𣪘〉《周金》三卷 41 葉，漢人有<u>逯普</u>《漢書外戚恩澤侯表》、<u>逯並</u>《漢書王莽傳中》，當為<u>彔</u>氏之裔，葢因<u>逯鄉</u>而氏徐晃為逯鄉侯，見《魏志本傳》。彝銘之彔，及書傳之逯，皆彔之緣文也。彔於卜辭作〓〓及〓，與彝銘之彔，并象鑽器及鑴旁木屑之形，而為錄之古文彔錄古音同為謳攝來紐。卜辭之〓〓不象木屑，彝銘上增橫畫作彔者，乃古文之宂筆也。彔之形制，以鑽鑴施於堅軸之下耑，中貫橫梁，軸上復有方圍數寸之覆冒，所以增鑽鑴之重，其形密合卜辭之〓。梁之兩耑各繫韋索或牛筋，綰于覆冒之下。按其橫梁隨手上下，堅軸因繞索之收展而迴旋，鑽鑴因堅軸之迴旋而入木，鑽鑴長盈二寸，軸梁皆二尺，木工用之。《元曲》云「轆軸兒盤旋，鋼鑽兒鑽」《元曲選》乙集下〈曲江池〉，卽其物也。今大江南北通名錄孔

鑽，臺灣名鉻鑽，鏤鉻皆彔之音轉，錄則彔之借字。惟卜辭彝銘之彔，俱未象縮束之索，是猶琴於篆文作𤫊，弓於彝銘作⟨形⟩⟨形⟩，皆省其絃也。然則彔鏤當以鑽木器為本義，引伸則為鐫刻之名，及穿通之義，故自彔而孳乳為訓穿之劃《玉篇刀部》，及訓貫之掄《廣雅釋言》，蓋古之任器，有歷數千年而仍存原形者，器物之名尤多終古不變者，此所以彔之本義，唯於語言與器物得之。《說文彔部》云「彔，刻木彔彔也，象形」，〈金部〉云「鏤，剛鐵也，可以刻鏤，一曰鏤釜也」，是并誤以引伸為本義。其云「鏤一曰釜」者，則為鬲之轉語見《方言》卷五，益與本義縣遠矣。或曰「彔金文作𤔲，ㄒ象桔橰之形，○為汲水之具，當即淥之本字」沈兼士說。或曰「井上汲水之轆轤，正似𤔲形」馬某《說文疏證》卷十三。然案桔橰之制，兩耑互為俯仰，其形非若ㄒ之平衡。唯《一切經音義》卷六十三於轆轤之下引顧野王云「汲水桔橰」，則以鹿盧與桔橰通為一物，而《玉篇》無其文。蓋以流俗譌傳，不足據信。《齊民要術》卷三注云「井深用轆轤，井淺用桔橰」，是明記桔橰與鹿盧固非一物，允符古義。淥者滲漏之義，字亦作漉或灕，《禮

記月令》云「毋漉陂池」,《史記司馬相如傳》云「滋
液滲漉」,《漢書揚雄傳》云「澤滲灘而不降」,是皆
以漉灘為下流之義。因知渌非汲水之名,則與桔橰
及轆轤,杳無相涉。此徵之字義,而知彔非渌之初
文,而說者云然,其謬一也。鹿盧之名始見王褒〈僮
約〉《古文苑》卷十七,亦見王逸〈機賦〉《御覽》八百二
十五引,及《晉書石季龍載記》,乃圓轉物之通名。《漢
書揚雄傳》云「繽紛往來,轠轤不絕」,薛道衡詩云
「橋峻轆轤難」《樂府詩集》卷二十一,此名車行曰轠轤
或轆轤也。《方言》卷五云「維車趙魏之間謂之轢轆
車」,審名考義,鹿盧與轠轤、轢轆,皆雙聲連語,
俱取義於輪攄,謂如車輪之運轉而引物也。以是凡
物之圓轉者,統名鹿盧,所施異宜,大小異制,故
〈石季龍載記〉三見鹿盧,俱非同物,固其塙證。
字亦作轆轤《廣韻一屋》云「轆轤圓轉也」,其說甚
允,是鹿盧非井上轉木之專名。《蒼頡篇》云「轆轤
三輔舉水具也」《一切經音義》卷五十八引,此非鹿盧初
義。徵之書傳,西漢之三輔,亦非通行鹿盧汲水,
是《蒼頡篇》所言,當為後人羼益。且井上鹿盧不
晐言汲綆與汲器,則其形非肖𠮷。益以鹿盧非同義

疊詞，固不可省盧作彔。乃謂「井上轆轤，正似甴形」，其謬二也。鹿盧引水，必有汲瓶二枚，互為上下，為避破損，則必瓶非瓦質，故《齊民要術》有柳鑵之名〈種葵篇〉。【注】〈種葵篇〉云「井，別作桔橰，轆轤，柳鑵，另受一石」。石聲漢注「鑵是汲器，是從井裏汲水出來灌地用的，現在多寫作罐。有些地方，用柳編成，輕而易舉，并可免在撞擊中碰破」。古詩〈淮南王篇〉云「後園鑿井銀作牀，金瓶素綆汲寒漿」《晉書樂志下》，梁庾丹詩云「銅瓶素絲綆，綺井白銀牀」《玉臺新詠》卷五，唐王昌齡詩云「雙絲作綆繫銀瓶，百尺寒泉轆轤上」《文苑英華》卷二百，其云金瓶雖為誇詞，然銀瓶銅瓶多見唐人篇什，題曰銀銅者，所以異乎瓦質瓶甕，此固漢後綆汲之通制也汲瓶有銅銀二種，見於唐詩者，銀瓶有常建、劉復、武元衡、王涯、張籍、李涉、陸龜蒙諸家。銅瓶有杜甫、劉禹錫、李郢、張喬、李洞諸家，可證自漢至唐，綆汲之器多為銅製。木質之桶婁見《元曲》，亦必由來已古，惟不見詩人題詠也。其於先秦，則以瓶甕行汲，故於書傳有井瓶、缾水、及綆缶、井甕之文。《周易井》云「汽至亦未繘井，羸其瓶凶」，《左傳襄九年》云「具綆缶，備水器」，〈襄十七年〉云「飲馬于重丘，毀其瓶」，〈定

三年〉云「闇以缾水沃廷」,《墨子備城門》云「百步一井,井十甖」,《韓非子外儲說右》云「救火者令吏絜壺甖而走火」,《莊子天地篇》云「鑿隧入井,抱甖出灌」,又云「鑿木為機,後重前輕,絜水若抽,其名為槹」。〈天運篇〉云「子獨不見夫桔槹乎,引之則俯,舍之則仰」。據此則自<u>春秋</u>以訖<u>戰國</u>,胥為絜瓶而汲,或為綆缶引水,<u>周</u>之季世始有桔槹。《淮南子氾論篇》云「古者抱甀而汲,後世桔皐而汲」,可覘<u>淮南</u>之時,尚無井上鹿盧。《周易》所云「汔至亦未繘井,羸其瓶凶」者,羸<u>蜀才</u>注本作累見《經典釋文》,并為儡之假借。義謂涸旱既至,尚未垂綆於井,卽儡毀其瓶,故其象為凶也汔羸之義自<u>王弼</u>以次,無一得其通解。據此則《周易》之「羸其瓶」,與《左氏》之「毀其瓶」,胥為瓦器。《漢書陳遵傳》云「觀瓶之居,居井之眉,一旦更礙,為罋所轠,身提黃泉,骨肉為泥」。《焦氏易林》卷六云「往來井上,破甖缺盆」,是<u>西漢</u>之季,猶未溥用鹿盧引水,故其汲器,與<u>先秦</u>相若。說者乃謂象井鹿盧,是謂<u>殷人</u>已有<u>漢</u>器,則何以經傳所見汲器,竟無一與<u>漢</u>後相符。此其昧於古制,而考古文,其謬三也。自餘說

彔之形義者，悖理益甚，固皆不屑一辨矣。

於寶有〈圓毀〉《校經》七卷 15 葉，〈寶布〉、〈圓
布〉、〈圓布〉《辭典上》334 圖、679 圖、831 圖，是皆寶氏
之器，與寶氏之貨。〈缶戈卣〉《三代》十二卷 45 葉，則
為缶方戈氏之器，缶蓋寶之初文。寶於卜辭作圓圓，
皆為方名與姓氏。如云「囗卜貞圓至于十季囗」《粹
編》1279 片，此辭文義未詳，然衡以文例，則知圓為
方名。骨臼之辭曰「庚午帝圓示三矛， 岳」《甲編》
3330 片，「壬子帝圓示三矛， 岳」《續存下》60 片，「壬
寅帝圓示三矛， 岳」《粹編》1489 片，此皆紀婦之氏
寶者，致貢方物也。從貝作圓，或從珏貝作圓，字
皆會意。布文作圓，則從缶聲。寶於〈姑昏母鼎〉
作圓《三代》三卷 15 葉，〈仲孔盤〉作圓《三代》十七卷 6
葉，是西周彝器并有僅從缶聲，而不從玉貝者。卜
辭云「子圓氏」《續編》5.12.7 片，蓋卜子嬪貢致方物，
或卜其抵擊某方，從女作嬪乃寶之緐文也。

於方有〈圓屮爵〉《錄遺》428 圖，乃女邑方氏之器，
蓋因魯之防邑，或楚所滅之房國而氏防見《春秋隱九年》，
房見《左傳昭十三年》。【注】〈隱九年〉云「秋七月冬，公會齊侯
于防」。杜預注「防，魯地也。在瑯邪華陰縣東南」。〈昭十三年〉

云「楚之滅蔡也，靈王遷許、胡、沈、道、房、申於荊焉」。杜預注「許、胡、沈小國也，道、房、申皆諸侯，處滅以為邑。荊，荊山也」。箋曰「房國，今河南汝寧府遂平縣治」。方於卜辭作ㄓ也，彝銘作ㄓ𠦴，省之俱作ㄣ才，并從冂人會意。冂者邑之遠界，方從冂人者，示人居邑中，當以方國為本義。〈尹光鼎〉云「隹王來正人方」《三代》四卷10葉，〈中鼎〉云「隹王令南宮伐反虎方之年」《博古圖》二卷19葉，〈小臣𦈞尊〉云「隹王來正人方」《三代》十一卷34葉，〈般甗〉云「王俎人方無敄」《三代》五卷11葉，《尚書堯典》云「陟方乃死」，〈多方〉云「告爾四國多方」，《周易觀》云「先王以省方，觀民設教」，復云「先王以至日閉關，后不省方」，〈既濟〉云「高宗伐鬼方」，《大雅皇矣》云「詢爾仇方」，〈蕩篇〉云「覃及鬼方」，〈抑篇〉云「用遏蠻方」，〈常武〉云「震驚徐方」，《論與堯曰》云「無以萬方」，是皆方國之義。卜辭偁國曰方，益為多見。《書》云「陟方乃死」者，謂游陟方國而死。《國語魯語上》云「舜勤民事而野死」，《禮記檀弓上》云「舜葬於蒼梧之野」，是卽舜俎於游陟之證。《易》云「后不省方」者，謂當閉關之時，后不出關，以巡視方國

也。〈偽孔傳〉釋方為道，王弼注釋方為事，顏師古釋方為常《漢書郊祀志下》注，說并非是。方從冂者，猶邑之從口，方從人者，猶邑之從人邑從人說見上文，二者構字同科，故亦義無殊軌。此霺之字形，即殷周古義，而知方之本義為方國者一也。從方聲之旁，於卜辭作 𤕦 𤕦《林氏》1.17.15 片、《後編下》37.2 片，鼎銘作 𤕦《三代》二卷 52 葉，尊銘作 𤕦《三代》十一卷 29 葉，𤓰 者槃之象形，借為都凡之義說見上文，旁從𤓰方者，乃示溥及萬邦，以見廣大之義。此徵之文字之孳乳，而知方之本義為方國者二也。《周南漢廣》云「江之永矣，不可方思」，《邶風谷風》云「就其深矣，方之舟之」，是以假方以為泭方付古音同屬幫紐。《爾雅釋水》云「大夫方舟」，《國語齊語》云「方舟設泭」，《莊子山木篇》云「方舟而濟于河」，《戰國策齊策二》云「車不得方軌」，《淮南子氾論篇》云「窬木方版以為舟航」，是俱假方以為竝方竝古音同屬央攝脣音。書傳以方為方圓方正之義者，斯為匚之假借方匚同音。其以方為版牘及法則之義者，斯為版法之假借。其以方為類別及表識之義者，則為分別與標之假借。其以方為大義及比擬之義者，則為斋比之假借方與版

法分別慓裔比諸字，同屬幫並二紐。其以方為常義及橫逆
之義者，則為常橫之假借方與常橫古音同部。是皆非方
之本義與引伸義也。《說文方部》云「方，併船也，
象兩舟省總頭形」。乃據《爾雅》「方舟」之文以釋
方，所釋字形，則依併船之義而臆說，失之形義俱
非矣。若夫《說文》訓行皃之尢，則為從儿王聲，
而以儋任為本義說見下文。《說文》訓中之央，於卜
辭作𣎸，字從大凵會意，凵象陷阱之形，而為坎之
初文。凵形同飯器之凵，故自凵而孳乳為坎凵欠古音
同屬奄攝溪紐，其於飯器則孳乳為筥，皆為別於形同
之後起字。凶之從凵，以示地有陷阱。凷之從凵，
以示窐地有實。央從大凵者，以示人陊坎窞，《周易
習坎》云「入于坎窞凶」，是卽央之本義為凶殃之證。
以央借為中央，故自央而茲乳為殃，乃以別於借義
之轉注字。尢央二文俱非從冂，則不得據以議方之
形義也。《說文冂部》云「尢，淫淫行皃，从儿出冂」
，又云「央，中央也，从大在冂之內，大人也，央
旁同意，一曰久也」，是俱陳義乖舛。《說文凵部》
云「凵，張口也」，則又失之望文生義。央與旁長古
音同部，故<u>許氏</u>復以旁久釋之。央於〈虢季子白盤〉

譌為央，篆文承之，故許氏誤以為從冂，是據譌文而釋字義，因亦戾其初恉。或曰「卜辭之央象人頸荷枷，孳乳為鞅」丁山《方國志》74葉，苟如其說，則是以央象《周易噬嗑》所謂「何校」之形。然則關木於項，關其一方而作凵，何能用之鉗束。且也頸有鉗束，則必肢有桎梏，此史公所以有「關三木」之說《漢書司馬遷傳》,《周禮掌囚》云「上罪梏拲而桎，中罪桎梏，下罪梏」。所云「上罪梏拲而桎」，梏當為校之音譌梏校同屬見紐。義謂上罪加頸校及拲桎，中罪則有桎梏而無頸校。循知桎梏為中下之刑，不應既服上刑，而弛其中下。卜辭之央手足舒展，是豈擐校之形。乃據頸靼之鞅，而臆度央之構字，斯未識鞅所從央聲，為亢之假借，非承央義而孳乳也。《說文二部》云「旁，溥也，从二闕，方聲」。是據變體之篆文，而誤以為從二，猶之據宂筆之帝示辛辰，而誤以為從二也。或據卜辭之旁，而謂旁從遠界之冂丁山《說雯闕一箋》，是未知旁於卜辭或作旁旁者，其上體乃凡之省，猶之從凡之同於卜辭或作同見《甲編》16片，古文從冂之字無作凡者，而旁於卜辭作旁旁，於彝銘作旁旁，凡溥同為脣音，是旁之

從月，以示溥及萬方，此審之形聲，斷無可疑。乃據省體，而以為從门，誠一孔之見矣。

　　凡此諸器，其字俱不從人女放戈，可證從人女放戈者，乃方國之緐文。職此言之，則知ฬ非古文之信，佢非訓裼但，𠂤非訓疾之徇，𢽳非婪母之婪，𡛪非取婦之娶，𡠯非女侍之婐，𡢾非嬰嬪之嬪，𡜰美女之姣，𢆶非訓害之妨，𡢃非不肖娃，𡙹非兄女之姪，𡊮非娥皇之娥，𡜏非訓美之好，𡜴非女姅之娠，𡎸非訓靜之姘，𠤎非訓倚之依，𡣳非女字之嬭，𡉉非訓保之任，𡋄非訓孕之妊，𡡾非訓服之嬪，𦀖非訓槍之戕，此證之辭義而可知者。說者或「疑𡢃為寵」《陳氏瑣言》6葉，而未知卜辭所云「己卯卜王貞，雀受𡢃」《徵文雜事》66葉，孃假為恫，此卜雀方是否受災害也。乃疑𡢃為寵，是不通考辭義矣。或釋「𢆶為蠅」《商氏類編》，而未知黽於彝銘多見，有云大黽者，有云朱黽者，其形無一與𢆶相肖，自𢆶而孳乳為彝銘之𡣳，斯為識音之後起字。猶烏之作鵲，市之作鞁，并為自象形而孳乳為形聲，乃釋𢆶為蠅，此不審辨字形也。若夫鼂黽為雙聲連語古音同屬端紐，其名始見《爾雅釋蟲》，當為黽所音變之後起字。考

之彝銘貨布，及先秦載籍，無以竈為方國與姓氏者，是知▨非從竈也。或釋「▨為《御覽》所引紀年沃丁絢之絢」楊樹達《甲文說》35葉，然未見卜辭列佝為祭典。且唐宋所引《紀年》，已非晉時所見原本。《御覽》引紀年所云小甲高、雍己仙、祖乙滕之屬，舉不可信，而說者皆傅合卜辭，以證成其說，要皆誤釋辭恉，未見一義可從。復有甚者，則據明范欽所偽纂之《紀年》，而謂卜辭之冊至即太甲，卜辭之寴宗即祖丁楊樹達《甲文說》35葉至37葉，。是未知卜辭之冊至，義如《左傳隱五年》「歸而飲至」之至，謂備冊文以行至祭，非謂太甲也。卜辭之寴宗，即〈豐鼎〉之「新宗」，《博古圖》二卷26葉，亦即《春秋成三年》之「新宮」，義謂新成之廟。卜辭雖有「祖丁新宗」《佚存》133片，然亦有「妣庚新宗」《南北明氏》668片，則新宗非祖丁之名也。或釋「▨為風姓之風」《孫氏文編》引王國維說，是未知▨葢即《春秋隱七年》凡伯之氏，或因般水而氏，未可必其為風姓也。【注】《春秋隱七年》云「冬，天王使凡伯來聘」。杜預注「凡伯，周卿士也，凡國伯爵也，汲郡共縣東南有汎城也」。或「釋▨為偁」《古籀篇》三十一卷42葉，「釋▨為侒」《古籀篇》三十二卷

1 葉，「釋🄐為侁」《古籀篇》三十二卷 14 葉，「釋🄐🄐與🄐為嫁」《古籀篇》三十七卷 33 葉、34 葉，「釋🄐為奠」《古籀篇》六十二卷 19 葉，「釋🄐為䁁」金祥恆《續文編》，或「釋為㮚」李孝定《集釋》，「釋🄐為色，而謂色即卲」唐蘭《殷虛文字記》78 葉，「疑🄐為易」唐蘭《天壤考釋》53 葉，「疑🄐為妊」王襄《類纂存疑十二》，或「釋為妹」《古籀補》三十八卷 15 葉，或「釋為嫁」《商氏類編》，「疑🄐為舅」《陳氏瑣言》6 葉，「釋🄐為姍」王襄《徵文考釋》人名 2 片，或「釋為蠱」《古籀補》九十八卷 4 葉，「釋🄐為妹」《孫氏文編》，「釋🄐為妊」《古籀補》三十七卷 39 葉，「釋🄐為㛆」《古籀補》三十八卷 9 葉，「釋🄐為娃」《古籀補》三十八卷 26 葉，「釋🄐為妃」《契卜文字》30 葉，載商承祚說，「釋🄐為嫛」《孫氏文編》，「釋🄐為嫛，而謂當讀為姚」丁山《方國志》127 葉，「釋🄐為頁」《古籀補》四十五卷 10 葉，「釋🄐🄐為嫢，又釋為擾」《古籀補》二十六卷 21 葉，五十四卷 41 葉，或「釋為蔑」《商氏類編》，或「釋為《山海經》之女薎」《通纂考釋》58 葉，或「謂薎即《偽本紀年》太戊名密之密」楊氏《甲文說》36 葉，「疑🄐為旃」《商氏類編》，「釋🄐為煮」《古籀補》七十六卷 18 葉，或「疑為扴」丁山《方國志》125 葉，「釋

（字）為夏」《栔文舉例下》，或「釋為戠」《龜甲獸骨文字》
一卷抄釋，「釋（字）為臧」《古籀補》三十三卷 35 葉，「釋
（字）為賊」《古籀補》四十七卷 5 葉，或「釋為伐」《通纂
考釋》80 葉，說俱乖謬，益不待辨。是皆不知方國之
縣文，以考卜辭者八也。

九、古方名緐文有從玉皿丙京者

方名之緐文，有從玉皿丙京者。亦有對文相偶，或複文相重者。若兄於𣪘銘作🝑《三代》七卷 16 葉，周於〈𤲲皇父𣪘〉作🝠《三代》八卷 40 葉、41 葉，案🝠非訓琱之琱，《三代》十七卷 31 葉〈𤲲皇父匜〉周不從玉。，示於爵銘作🝐《錄遺》401 圖、𤔈銘作🝐《錄遺》528 圖，蔜於〈靜𣪘〉作🝣《三代》六卷 55 葉，對於〈祖辛爵〉作🝤《三代》十六卷 37 葉，雚於〈父甲卣〉作🝦《三代》十三卷 27 葉，無於〈無姬鬲〉作🝧《三代》五卷 19 葉、〈無仲尊〉作🝨《三代》十一卷 31 葉、〈無仲卣〉作🝩《三代》十三卷 34 葉，孜於鼎銘作🝪《三代》二卷 5 葉、於〈婦鼎〉作🝫《三代》二卷 19 葉、〈祖庚鼎〉作🝬《三代》二卷 46 葉、〈祖丁鼎〉作🝭《三代》三卷 17 葉、〈祖丁卣〉作🝮《三代》十三卷 22 葉、觚銘作🝯《三代》十四卷 13 葉，赤於〈史赤父鼎〉作🝰《三代》三卷 5 葉，牧於〈父乙爵〉作🝱《三代》十六卷 6 葉，雞於𤔈銘作🝲《錄遺》527 圖、〈大鼎〉作🝳《三代》四卷 20 葉、〈父乙卣〉作🝴《三代》十二卷 49 葉、〈父己觶〉作🝵《三代》十四卷 20 葉，長於〈長由盉〉作🝶《錄遺》293 圖，戈於卣銘作🝷《三代》十二卷 38 葉，按此文下體非象戈鐓。，蟲於〈父乙𣪘〉

作▢《三代》七卷 15 葉、〈父丁觶〉作▢《三代》十四卷 51 葉，車於觚銘作▢《三代》十四卷 14 葉、罍銘作▢《錄遺》210 圖。其於卜辭，則有遘之作▢，及之作▢，乍之作▢，止之作▢，角之作▢，樂之作▢，屮之作▢，旬之作▢，雨之作▢，氏之作▢，虹之作▢，九之作▢，巳之作▢，自之作▢，言之作▢，來之作▢，丘之作▢，兒之作▢，龍之作▢，山之作▢，義之作▢，羊之作▢亦作▢，主之作▢亦作▢，卜之作▢，壬之作▢，所從之▢乃皿之省體，是猶羊之作▢亦作▢也。

　　其於對文相耦，或複文相重者。於犧有〈▢父辛鼎〉《三代》二卷 28 葉，案此為豨之古文，說詳釋豕。，〈▢父辛尊〉《三代》二卷 28 葉，〈▢殷〉《三代》六卷 26 葉，〈▢父乙罍〉、〈▢父丁罍〉《錄遺》211 圖、212 圖，〈▢父丁彝〉《錄遺》506 圖，於正有〈癸▢鬲〉《三代》五卷 18 葉，於秉有〈▢戈〉《三代》十九卷 14 葉，於亞有〈▢祖己殷〉《三代》六卷 26 葉，於雞有〈▢

父乙殷〉《三代》六卷 12 葉，於羊有〈■鼎〉《三代》二卷 13 葉、〈■爵〉《錄遺》399 圖，於刀有〈■父己尊〉《三代》十一卷 14 葉，於剛有〈■爵〉《三代》十六卷 36 葉，於未有〈■父丁鼎〉《三代》二卷 22 葉、〈■父丁殷〉《三代》六卷 21 葉、〈■父癸尊〉《三代》十一卷 12 葉、〈■父癸尊〉《錄遺》197 圖、〈■冊竹卣〉《三代》十二卷 44 葉、〈■竹父丁觶〉《三代》十四卷 51 葉、〈■爵〉《三代》十五卷 8 葉、〈■丙匜〉《三代》十七卷 23 葉，於箙有〈■父乙殷〉《錄遺》129 圖，於皿有〈■白鬺戈〉《三代》十九卷 35 葉，案鬺乃寢之異體，即《左傳襄二十八年》之寢戈。【注】寢戈，近身護衛用之武器。〈襄二十八年〉云「癸言王何而反之，二人皆嬖，使執寢戈而先後之」。杜預注「寢戈，親近兵杖。」，於盍有〈■罕〉《三代》十三卷 52 葉，於矢有〈■戈〉《三代》十九卷 5 葉，案文乃其匡郭，非箙之古文。，於旂有〈■觚〉《三代》十四卷 13 葉，於朿有〈■父丙鼎〉《三代》二卷 20 葉、〈■父乙殷〉《三代》六卷 20 葉、〈■仲子日乙殷〉《三代》六卷 36 葉、〈■父丁殷〉《三代》七卷 6 葉凡二器、〈■母癸殷〉《錄遺》128 圖，於先有〈■父己尊〉《三代》十一卷 96，於戰有〈■父辛鼎〉《三代》二卷 48 葉、〈■觚〉《三代》十四卷 17 葉、〈■父癸爵〉《三代》

十六卷 31 葉，於狂有〈 ▨ 祖甲鼎〉《三代》二卷 46 葉，於夆有〈▨父癸觶〉《三代》十四卷 48 葉、〈▨爵〉《三代》十五卷 39 葉，於耳有〈▨父辛鼎〉《三代》二卷 28 葉、〈▨萬段〉《三代》六卷 10 葉，〈▨萬段〉《續殷上》36 葉、〈▨竹觚〉《三代》十四卷 22 葉、〈▨竹爵〉《三代》十五卷 38 葉、〈▨爵〉《三代》十五卷 15 葉、〈▨勺〉《三代》十八卷 27 葉、〈▨鼎〉《錄遺》39 圖、〈▨觚〉《錄遺》325 圖、〈▨觚〉《錄遺》324 圖，於弓有〈▨父乙卣〉《三代》十二卷 49 葉，於絲有〈▨戈〉《三代》十九卷 5 葉，於輪有〈▨觚〉《錄遺》338 圖，於呂有〈▨父癸鼎〉《三代》二卷 48 葉，〈▨父癸壺〉《錄遺》222 圖。其於卜辭，則有商之作▨亦作▨，督之作▨亦作▨，族之作▨亦作▨，家之作▨亦作▨，此皆如彝銘之剛作▨，別增一文，以成對文者也。其若口之作▨，羊之作▨，言之作▨，丙之作▨，此皆如彝銘之羊作▨，二文相耦，以成複文者也。

古方名不從玉皿丙京為緐文者

其非緐文而見於彝器者，則有示、蒍、對、雖、無、斿、車、殳、樂、雨、氏、九、再、丘、兒、

義、卜、壬、秉、亞、皿、盍、赤、戰、絲、輪、吕、丙諸名。

於示有〈丁觶〉《續殷下》50 葉、〈⊡父己觶〉《三代》十四卷 53 葉、〈子丁爵〉《三代》十五卷 31 葉、〈㿝丁爵〉《三代》十五卷 35 葉，〈示布〉、〈示布〉《辭典上》604 圖、605 圖，是皆示為姓氏與方名之證，其先葢出黃帝之子祁姓之裔見《國語晉語四》。【注】〈晉語四〉云「凡黃帝之子二十五宗，其得姓者十四人為十二姓，姬、酉、祁、己、滕、箴、任、荀、僖、姞、儇、依是也」。示之初文於卜辭作丁，象布算縱橫之形，當以計算示人為本義，引伸為凡昭示之名，於文為獨體指事。以示之本義為示人瞻覽，故自示而孳乳為祇及視。示祇義同音異者，是猶艸之孳乳為茻，亦義同音異。此徵之示所孳乳之祇，可知示之本義，乃謂計算示人者一也。敦煌千佛洞所藏古寫本《立成算經》，載籌算之式，自一至九其縱列者，作丨、丨丨、丨丨丨、丨丨丨丨、丨丨丨丨丨、丅、丅丅、丅丅丅、丅丅丅丅。其橫列者作一、二、三、亖、五、⊥、⊥⊥、⊥⊥⊥、⊥⊥⊥⊥。傳世王莽貨布，有中布六百，壯布七百，第布八百，次布九百，其六七八九作丅丅丅丅 丅丅丅丅《奇觚》十四卷 32 葉。乃以籌算之數而銘之貨幣，審其為法，

切合《孫子算經》所謂「一從十橫，百立千僵」之說，是知籌算縱橫之數，歷世相仍，固無異揆。惟宋秦九韶《數書九章》，始有○識，四或作✕，五或作ㅂ與▭，九或作火與乂。元李冶《測圓海鏡》，則於負數別益斜畫，斯乃宋元算草之異乎成規者，非夫籌算之原形。此徵之算式，而知示之初文作丁，乃象籌算之縱橫，以見計算示人者二也。數名之一二三四，於卜辭彝銘，并積畫而書，乃象籌算之形而為文。十於彝銘作丨，則象結繩之形而為文。蓋紀數之名，自十以下，唯以五文為本義。自五至九，及百千萬兆而為數名者，皆假借之義，與假借構字說見上文。此徵之數名之一二三四，因知籌算興自邃古。籌算唯有縱衡二式，可證示於卜辭作丁者，乃象籌算之形，而以計算示人者三也。彝器有〈𧽤鼎〉《三代》二卷 50 葉，字從言示，以明相會謀算，示十雙聲，故篆文變體為計十示古音同屬定紐。越有計然《史記貨殖傳》，漢有計子勳《後漢書方術傳》，當卽𧻚氏之後。【注】〈貨殖傳〉云「昔者越王句踐困於會稽之上，乃用范蠡、計然」。〈方術傳〉云「計子勳者，不知何郡縣人，皆謂數百歲，行來於人間」。此證以計之古文從示作𧻚，而知示之本

義為計算示人者四也。一十於卜辭作一丨，數始於
一而終於十，然知丅非從一十會意者，考士從一十，
以見事有本末，而為仕之初文，當以任事為本義《說
文》釋仕為學，其義未允。，而示之與士義不相承，不宜
亦從一十會意。亦不應反士為丅，而如反屮為帀，
到子為充之例也。矧夫彝銘之十多作┃，而<u>戰國</u>以
前之彝器，從示之字其直筆無作┃者，是知卜辭之
丅，非從一十會意也。示於卜辭或增畫作丅，是猶
卜辭之釆，於彝銘作釆，卜辭之丅於〈鐘白鼎〉作
正《三代》四卷3葉，皆古文之宂筆，非從上也。示於
卜辭有方名之義，方名之緐文，有從重口而省書若
點之例，故示於卜辭亦作帀帀或帀者，則已假方國
之緐文，為神祇之義。逮乎<u>西周</u>彝器，則凡從示之
字，皆作帀帀，而無作丅者。是卽《說文》所載篆
文及古文之所本，此<u>許氏</u>所未知其初文為丅也。示
於古音有二讀，其一為舌音，與神氏為雙聲《廣韻》
音示為神至切，古音與神氏并歸定紐。。骨臼刻辭之示，與
甲橋刻辭之氏，義并如送詣之致說詳釋示，此示之古
音與神氏相通者也。示亦讀牙音，則與祈祇為雙聲
《廣韻》亦音示為巨支切，古音與祈祇同屬溪紐。。卜辭之示

用為祭名者，義如《周禮大祝》之祈，《周禮》亦假
示為地祇之祇見〈天官大宰〉、〈春官大宗伯宰、小宗伯、大司
樂、大祝、嘉宗人〉，此示之古音與祈祇相同者也。《說
文示部》云「示，天𠂹象見吉凶，所以示人也，從
二，三𠂹日月星也，〼，古文示」。此誤以籀文為本
字，既昧其初形，因失其本義，後之說者，其言不
足蠱惑童冢，固勿庸辨詰矣。

　　於蔡有〈姬🔣母鼎〉《三代》五卷 16 葉、〈白🔣殷〉
《三代》七卷 30 葉。

　　於對有〈對父乙尊〉《三代》十一卷 24 葉、〈🔣父
乙卣〉《三代》十三卷 27 葉、〈宗周鐘〉作🔣《三代》一卷
65 葉、〈白晨鼎〉作🔣《三代》四卷 36 葉，并從業從又
攴會意。業象簨虡所縣之大版，上象崇牙，俾縣鐘
磬，《禮記明堂位》云「殷之崇牙」者是也。【注】簨
虡，古代懸掛鐘磬之支架，橫架為簨，直架為虡。崇牙，懸掛鐘
磬樂器之木架上端所刻之鋸齒。〈明堂位〉云「有虞氏之綏，夏后
氏之綢練，殷之崇牙，周之璧翣」。孔穎達疏「殷之崇牙者，謂刻
繒為之形，飾旌旗之側」。《說文》釋業從丵巾，其說失之。
對從業又或攴者，所以示擊鐘磬，且以別於業。猶
之鼓於卜辭從攴作🔣，或從攴作🔣，所以示擊鼓，

且以別於壹也。是對當以縣鐘磬之堵為本義，亦卽堵與都之初文對者古音同屬端紐。對於卜辭為方名，其字從土作𡉚𡈴，彝銘多從土而作𤔲𤔲者，乃襲方名之本字，非初文也。《周禮春官小胥》云「凡縣鐘磬，半為堵，半為肆」，是知凡縣鐘磬之堵，必相耦而成。〈黽公牼鐘〉云「鑄𣂟龢鐘二鍺」《三代》一卷49葉，〈邵鐘〉云「大鐘八聿，其竈四鍺」《三代》一卷54葉，可徵堵無奇設。其作鍺者，乃對之後起字。其作堵者，乃對之假借字。者為煮之初文說詳釋者，鍺從者聲，無以示縣鐘之物。猶之屠從者聲，無以示為刳剝之義，是皆後世之假借構字說詳釋列，晦其初義矣。以對必相耦，故引伸為凡對耦之名，與應對之義。《大雅江漢》之「對揚」，〈桑柔〉之「聽言則對」，此皆對之引伸義。對答雙聲，故經傳亦假答為對。鐘磬之對豎立若牆，故佾樂之在對者曰牆，《逸周書大匡篇》云「樂不牆合」，此以牆比擬而名對也。自對而雙聲孳乳為堵，此以對比擬而構堵也。為合語言音變，是以堵從者聲，而不從對聲，此固假借造字之通則。《左傳莊二十八年》云「凡邑有宗廟先君之主曰都，無曰邑」，據此則都者備有宗廟禮樂，

乃因對之引伸而為名，蓋以對縣樂器，故引伸而名
邑之有禮樂者為對。《大雅皇矣》云「帝作邦作對，
自大伯王季」，義謂上帝創建此國此都，遠在大伯王
季之時也。《周頌般篇》云「裒時之對，時周之命」，
義謂聚有如是之都，是周之受天命而然也。〈皇矣〉
之「作對」即《周頌殷武》之「設都」，其云「作邦
作對」，亦即《墨子》所云「建國設都」見〈尚同中篇、
尚同下篇〉，良以國都連言，乃古之恆語見《禮記祭法》、
《莊子則陽篇》，是知〈皇矣〉及〈般篇〉之對，俱為
都之本字，其義甚審。《大戴禮主言篇》云「五十里
而對，百里而有都邑」，則別對都為二義，斯為季世
之說，乖於對之初義矣。雅頌傳箋并釋對為配，《朱
熹集傳》釋〈皇矣〉之對為當，釋〈般篇〉之對為
荅，說益謬矣。後人無一得其通釋，皆以昧於對之
本義故也。《說文丵部》云「對，應無方也，从丵口
从寸。對或从士，漢文帝以為責對而面言，多非誠
對，故去其口已从士也」。是誤以引伸義而釋對，誤
以古文為文帝所易，并繆其形義矣。考卜辭之對為
方名，方名有從口之例，《說文》載對之本字作𡭊者，
當亦從口而為古文之遺，非從言食之口也。或曰「對

當為屮木莽儷之誼」章炳麟《小學答問》。或曰「對本從口從又持業，業本覆虡之版，引伸為書冊之版，對者執之所以書思對命， 或從土，土者壬省，挺立以對也」林義光《文源》。是皆未得對之形義。彝銘多見對字從土，而未一見從壬，乃謂對從壬省，是亦骫骳之說。或謂「對為璞之異文，對揚字古唯有合」《古籀篇》八十三卷 33 葉。 或謂「對與封為一字」馬某《說文疏證》卷五，然案對與璞、封聲韻縣違，非可通轉，詎能視為一文。對揚之字見於西周彝器者，多不勝數。其云「合揚」者，僅見戰國時〈陳侯因資錞〉《三代》九卷 17 葉，因資即《史記》之齊威王因齊。，合讀如〈洛誥〉及〈顧命〉之答，斯為對之假借。乃謂「對揚字古唯有合」，苟如所言，則是古器胥用借字，至戰國時始一見本字，豈近古者不足徵，後世顧存古義，衡之事理，必其不然。且亦未明合之從口，猶同之從口，非以應對為義也合義說見下文。

於雝有〈🔲白鼎〉，〈🔲母乙鼎〉《三代》三卷 31 葉、〈🔲🔲段〉《三代》六卷 36 葉，卜辭之雝方，蓋即周文王子所封之雝國《左傳僖二十四年》，或為鄭之雝丘《春秋哀九年》，春秋時鄭有雝糾《左傳桓十五年》，齊有雝廩

《左傳莊八年》，衞有雍鉏《左傳襄二十六年》，凡此諸雍非必一族。故婦人之繫以族姓者，於雍姬之外，復有雍姞《左傳桓十一年、十五年》，然則春秋時之雍氏，卽有姬、姞二姓之殊矣。【注】〈僖二十四年〉云「管、蔡、郕、霍、魯、衞、毛、聃、郜、雍、曹、滕、畢、原、酆、郇，文之昭也」。杜預注「十六國皆文王子也。雍國在河內山陽縣西」。《春秋哀九年》云「二月甲戌，宋取鄭師于雍丘」。「莊八年」云「初，公孫無知虐于雍廩」。杜預注「雍廩，齊大夫」。〈襄二十六年〉云「雍鉏獲殖綽」。〈桓十一年〉云「宋雍氏女鄭莊公，曰雍姞」。杜預注「雍氏姞姓，宋大夫也，以女妻人曰女也」。〈桓十五年〉云「祭仲專，鄭伯患之，使其壻雍糾殺之。將享於郊，雍姬知之，謂其母曰：父與夫孰親，其母曰：人盡夫也，父一人而已，胡可比也」。

　　於無有〈🔲臭鼎〉《三代》二卷 53 葉、〈🔲東鼎〉《三代》四卷 34 葉、〈🔲冀殷〉《三代》九卷 1 葉、〈🔲甕卣〉《三代》十三卷 23 葉，無者鄦之初文，卽大嶽之後所封之許國見《左傳隱十一年》，蓋因潕水而名者也見《水經潕水篇》。【注】大嶽亦作大岳，〈隱十一年〉云「夫許，大岳之胤也」。杜預注「大岳，神農之後，為堯四岳也，胤，繼也」。陸德明《釋文》「大岳，音泰」。孔穎達疏「以其主岳之祀，尊之，故稱大岳」。

《水經潕水篇》云「潕水出潕陰縣西北扶子山，東入潁」。彝器
有〈㽞子簠〉《三代》十卷23葉，其字從邑，即篆文之
㽞。〈蔡大師鼎〉有㽞卡姬《三代》四卷18葉，㽞字從
口，復從邑者，是為縣文緟形之例。蓋從口乃古文
之遺，卜辭之無或作㽞《甲編》四卷 12858 片，是其明
證，非《管子》之譕也〈形勢篇〉。【注】譕同謨，計謀，
謀略也。〈形勢篇〉云「譕臣者可與以遠舉，顧憂者可與致道」。
尹知章注「言行莫先，謂之譕臣，有大言行者，可與圖國之遠也」。
厥後不知古文之從口，猶後世方名之從邑，故復增
邑以構字，二器俱作于東周，是以字皆從邑。或謂
「㽞字從甘」容庚《金文編》，或謂「從邑㽞聲」馬某《說
文疏證》卷十二，是未識古方名有從口之例，亦未知口
中之橫畫，乃古所恆見之冗筆，故誤以為從甘，或
誤以為從口也。鄅於經傳并作許者，則又鄅之借字。
漢印有〈無義〉《絜齋故印存》， 漢人有無且《漢書戾太
子傳》，是無氏之初文，猶有存於漢世者。姓氏之書，
自宋以後雖有無氏，惟以世歷縣遠，殊難必其為殷
周之遺胤。無於卜辭作㽞㽞或㽞，〈般甗〉作㽞《三
代》五卷 11 葉，并象執旄羽而舞，於文為從大之合體
象形。雩於卜辭或從無聲作㽞《粹編》845 片至 847 片，

又 968 片，1547 片，乃示樂舞以祈甘雨，可覘無為舞之初文，此其塙證。《邶風簡兮》云「左手執籥，右手秉翟」，《陳風宛丘》云「無夏無東，值其鷺羽」，《周禮春官樂師》云「凡舞有帗舞、羽舞、皇舞、旄舞」，證以卜辭之無，則知舞執旄羽，邃古已行之。《呂覽古樂篇》云「昔葛氏之樂，三人操牛尾，投足以歌八闋」，亦其證也。以無於〈般甗〉卽借為有亾之義，無而孳乳為舞，乃以示別於假借之轉注字。【注】〈般甗〉云「王圂人方無秎，咸」。，案圂，讀如退，《說文》云「退，往也，或作徂」。秎為螽之初文，無秎者，謂無災害也。般銘之義，謂王往人方無災害也。咸者，謂訖事也。《說文林部》云「無，豐也，從林，奭或說規模字，從大，卅數之積也，林者木之多也」。是據譌變之文，及《爾雅釋詁》之說以釋無，失之形義俱非也 。

於旂有〈⿱殷〉《三代》六卷 1 葉、〈尊〉《三代》十一卷 1 葉、〈卣〉《三代》十二卷 43 葉、〈瓿〉、〈瓿〉《三代》十四卷 13 葉、〈爵〉《三代》十五卷 3 葉、〈戈〉《錄遺》554 圖、〈父辛鼎〉《續殷上》15 葉、〈父己瓿〉《三代》十四卷 26 葉、〈父己爵〉《三代》十六卷 13 葉、〈祖乙卣〉《三代》十二卷 46 葉，春秋時晉、鄭有

游氏《左傳莊二十五年、襄二十二年》，周有游孫伯《左傳僖二十四年》，蓋因游水而氏見《水經淮水注》。【注】〈襄二十二年莊二十五年〉云「秋，晉士蔦使羣公子盡殺游氏之族」。〈襄二十二年〉云「求亡妻者，使復其所，使游氏勿怨」。〈僖二十四年〉云「王使伯服，游孫伯如鄭請滑」。〈淮水注〉云「淮水于淮敬縣枝分，北為游水」。斿於卜辭作 𣃦 𣃦，與《石鼓文》同體，從子从會意，以示行有識別。《周禮地官掌節》云「道路用旌節」，〈春官司常〉云「斿車載旌」，此斿所以從从也。是斿當以斿豫為本義，引伸為凡敖斿之義。夏諺云「吾王不遊，吾何以休，吾王不豫，吾何以助」見《孟子梁惠王下篇》，《管子戒篇》云「先王之游也，春出原農事之不本者謂之游」，《尚書無逸》云「文王不敢盤于遊田」，此乃斿之本義。《說文从部》云「游，旌旗之流也，从从汓聲，遊，古文游」。是未知游乃從水斿聲，當以水名為本義。古文之斿見《荀子禮論篇》、《戰國策齊策五》，亦見《周禮天官大宰、春官巾車、夏官弁師、秋官大行人，及考工記輈人》。是猶古文之虒、歈，并見《周禮》歈乃吹之古文，而《說文》無斿、虒、歈三字者，皆許氏之失收，《說文》以汓聲釋游，此不明其構體也。

遊亦從辵從㫃，以示出斿之義，游遊二字與旌旗之
流杳不相屬。惟以游旅同音二字古音同屬幽攝定紐，典
記多假游為旅，故《說文》以旅義釋游，此誤以假
借為本義也。【注】《說文㫃部》云「旅，旌旗之流也，从㫃攸
聲」。或曰「游省作斿」《說文》段注，此誤以古文為省
體也。若夫旅從攸聲，無以示旗流之義，初文當為
象形。彝器有〈🏴婦鼎〉《三代》二卷 31 葉，〈🏴殷〉《三
代》七卷 1 葉，與卜辭之 🏴 🏴 《佚存》948 片、《甲編》3231
片，并象旌旗之流，是即旅之古文。〈父丁卣〉從辵
作🏴《三代》十三卷 3 葉，乃古文旅之緐文。卜辭有方
名曰攸，葢與 🏴 為一地。或釋🏴為旗，釋🏴為旅《古
籀篇》二十七卷 9 葉、15 葉，此未知旗旅皆有文識之幅，
旅且有鈴，不應獨象其流。或釋🏴為斿羅振玉《三代
目錄》，則未知斿之本義，非旌旗之流也。或釋🏴為
子執旅《積古》一卷 23 葉，或釋🏴為子執戈《筠清》二卷
13 葉，或釋🏴為子立旅《愙齋》八冊 6 葉，或釋🏴🏴為
旅《古籀篇》二十七卷 22 葉，釋🏴為煮《古籀篇》七十六卷
18 葉，是不識古文之謬說也。

於車有〈🚗鼎〉《三代》二卷 43 葉、〈🚗祖丁爵〉《三
代》十六卷 1 葉、〈🚗父丁爵〉《三代》十六卷 10 葉、〈🚗父

己殷〉《錄遺》126 圖、〈□父辛尊〉《錄遺》198 圖、〈□□罍〉《錄遺》209 圖、〈□彝〉《錄遺》505 圖、〈□父丁尊〉《三代》十一卷 24 葉、〈□父丁卣〉《三代》十三卷 23 葉，是皆車氏之器。□即籀文之轙見《說文車部》，或釋為載《綴遺》十一卷 20 葉，或釋為軼《古籀篇》七十五卷 29 葉，說并謬甚。若〈□觚〉《錄遺》321 圖，〈朿□觚〉《錄遺》330 圖，則為車方童氏，朿方車氏之器。童作□者，乃鑄工之誤插泥字，此亦古器所多見者也說見上文。若〈買□尊〉《錄遺》321 圖，〈買□卣〉《錄遺》242 圖，〈買□觚〉《錄遺》331 圖，〈□買爵〉《錄遺》421 圖、422 圖，則為車方買氏，與買方車氏之器。漢印有〈車萬〉、〈車成〉《十鐘》五冊 37 葉，蓋古車氏之胤。春秋時秦有子車氏《左傳文六年》，乃以子為姓車為氏。【注】〈文六年〉云「秦伯任好卒，以子車氏之三子奄息、仲行、鍼虎為殉」。杜預注「任好，秦穆公名。子車，秦大夫氏也，以人從葬為殉」。言姓氏者，以車氏出於漢之田春秋見《廣韻九麻》，是亦繆為援附者矣。

於殳有〈□父乙卣〉《三代》十二卷 48 葉，帝堯時有殳斨《尚書堯典》，【注】〈堯典〉云「帝曰：『俞咨！垂，汝共工』。垂拜稽首，讓于殳斨暨伯與」。蓋因役水而氏見《山海

經中山經》。【注】〈中山經〉云「役水出于役山，北注于河」。殳當為從又卜聲，猶未於〈父己觶〉作↙《三代》十四卷44葉，於〈父己鼎〉作ヶ《三代》二卷24葉，則為從又卜聲。爵於爵銘作✖《三代》十六卷26葉，於〈父癸卣〉作✖《三代》十二卷55葉則為從又✖聲。彝器有〈卜爵〉，《綴遺》十九卷9葉，卽卜之異構，亦殳之象形。殳於卜辭作ヶ及ヶ《甲編》2371片，《乙編》1153片，亦卽彝銘之✖，於〈季良父壺〉則省其柲鐏而作ヶ《三代》十二卷28葉，〈趞曹鼎〉作ヶ，篆文作ヶ，并為ヶ之變體。《說文殳部》云「從又ヶ聲」，是據變體之文，而誤以為從短羽之ヶ矣。或謂「✖象執豆校形」《綴遺》十卷28葉，或謂「手執干形」《愙齋綴遺》十八冊4葉，或釋為皮《古籀篇》六十一卷23葉，說并非是。若干豆二文，於卜辭彝銘，無一與✖形相近。且豆無柲鐏，干則有柲無鐏，皮無兵器之義，尤不宜有柲鐏之形，而乃云然，此皆不明字形之謬說也。或曰「殳之本義為殊難，从又蓋以手隔絕之，引伸為凡殊異之偁。兵器之殳，亦以隔絕為用」徐灝《說文注箋》。或曰「殳从ヶ聲者，本殊為音」饒炯《說文部首訂》。此未知殊從朱聲者，朱乃斷之假借朱斷古音同屬端紐，

與殳無所聯屬。《說文》及《釋名》并以殊釋殳者，此乃音訓之妄說，未可據求本義。夫兵器於扞禦之外，胥以殺戮為功，乃謂「兵器之殳亦以隔絕為用」，尤為無知之妄言矣。

於樂有〈 樂 鼎〉《三代》二卷 44 葉、〈 樂 文甗〉《三代》十四 23 葉，齊有濼水《春秋桓十八年》，鄭有櫟邑、樂氏《春秋桓十五八年》、《左傳襄二十六年》，【注】《春秋桓十八年》云「春王正月，公會齊侯于濼」。杜預注「濼水，在濟南歷城縣西，北入濟也」。《春秋桓十五八年》云「秋九月，鄭伯突入于櫟」。杜預注「櫟，鄭別都也，今河南陽翟縣」。〈襄二十六年〉云「十二月乙酉，入南里，墮其城，涉於樂氏」。杜預注「南里，鄭邑。樂氏，津名」。漢信都有樂鄉見《漢志》，卜辭之樂方其地望未可塙知。言姓氏者，以樂氏出於宋戴公之後見《廣韻四覺》，亦附會之說也。樂於卜辭作 樂 樂，彝銘作 樂 樂，《說文木部》云「樂，五聲八音總名，象鼓鞞，木虡也」，審文考義，其說塙不可易。〈樂記〉云「鼓無當於五聲，五聲弗得不和」，《淮南子兵略篇》云「鼓不與於五音，而為五音主」，循知鼓為節樂之主，故以鼓形而構樂字，以示樂事不能闕鼓，此正先民造字之恉。或曰「 樂 從絲附木上，琴

瑟之象，或增ㅂ以象調弦之器」《增訂考釋中》40 葉。
然案絲於卜辭作❨❨《後編下》8.7 片、8 片，糸於卜辭
作❨❨，而卜辭彝銘之樂，無一象絲形者。樂於〈王
孫鐘〉作❈，〈沇兒鐘〉作❈，下體固非從木。苟以
ㅂ為調弦之器，則尤失之大小不倫，又豈象形文所
宜有。此審之字形，知其說之不然也。夫鼓之為用，
凡祭祀、喪紀、享燕、會同、軍旅、田役，靡不用
之。而於琴瑟，則唯有用之祭祀誦詩見《周禮大司樂、
瞽矇》。軍旅之樂有鼓鐸鐲鐃見《周禮大司樂》，丁寧錞
于見《國語吳語》，而無琴瑟。假令樂以琴瑟構字，則
是五聲而無琴瑟者亦名曰樂，斯為以偏晐全矣。此
審之字義，知其說之不然也。

於雨有〈子雨爵〉《三代》十五卷 28 葉、〈子雨己
鼎〉《三代》二卷 31 葉，子雨乃因雨方為氏，鼎銘於子
雨之下復有己者，蓋其所屬之邑，或為鑄工之氏。
古有〈雨布〉《辭典上》696 圖，乃雨邑之貨。雨方載籍
無考，然古有〈雩瓹〉《錄遺》318 圖，亦有〈雩布〉《辭
典上》784 圖，雨雩同音，殆為一地。蓋因春秋之雩婁
《左傳襄二十六年》，或漢之鄾縣而氏右扶風鄾縣見《漢志》。
【注】〈襄二十六年〉云「楚子、秦人侵吳及雩婁，聞吳有備而還」。

杜預注「雩婁縣今屬安豐郡也」。

　　於氏有〈𢀝父丁爵〉《續殷下》25 葉、〈𡘋父庚甂〉《三代》五卷 5 葉、〈𢀝鬲〉《積古》二卷 20 葉，〈𢀝布〉《辭典上》582 圖，是皆氏姓之器，與氏方之貨。漢末有是儀，本姓為氏見《吳志是儀傳》，其先葢因周之隄上或隄水而氏湜上見《左傳昭二十六年》、湜水見《山海經北山經》。

【注】〈吳儀傳〉云「是儀字子羽，北海營陵也。本姓氏，初為縣吏，後仕郡，郡相孔融嘲儀，言『氏』字『民』無上，可改為『是』，乃遂改焉」。〈昭二十六年〉云「召伯逆王于尸，及劉子、單子盟，遂軍圉澤，次于隄上」。杜預注「圉澤、隄上皆周地也」。〈北山經〉云「又北百七十里曰隄山，隄水出焉」。氏於卜辭作𢀝𢀝，與彝銘之𡘋俱象人之提物，於文為從人或從大之合體象形，當以提攜為本義。以氏借為氏族之義，故自氏而孳乳為提，乃以示別於假借之轉注字。自提而孳乳為攜，則為謀合音變之轉注字提攜古音同屬益攝。或釋「𢀝為子持壺」《積古》釋文，是未識其音義也。氏於彝銘作𢀝，篆文作氐乃𢀝之變體。《說文氏部》云「巴蜀名山岸脅之旁箸，欲落墮者曰氏，氏崩聲聞數百里，象形乀聲，揚雄賦響若氏隤」。此據變體之文，及揚雄〈解嘲〉以釋字，以揚雄為蜀人，故

以為巴蜀之方言。考氏於卜辭之外，復見於西周彝
器之〈令鼎〉、〈頌鼎〉、〈克鼎〉、〈毛公鼎〉、〈師遽
段〉、〈召伯段〉、〈師嫠段〉、〈不娶段〉、〈彔卣〉、〈散
盤〉、〈長甶盉〉，見於《書》者，有〈甘誓〉之有扈
氏、〈牧誓〉與〈顧命〉師氏、〈大誥〉之尹氏，可
徵氏為歷世相承之雅言，非巴蜀之殊語。考之卜辭
及西周彝器，并無一見方言所載燕、齊、江、淮之
語，則巴蜀僻壤之言，尤不至於西周以前，見於卜
辭彝器。而許氏云然，其謬一也。《漢書揚雄傳》載
〈解嘲〉作「嚮若阺隤」，《文選》作「響若坻隤」，
左思〈吳都賦〉云「坻頹於前」，并從氏聲。《說文
自部》云「秦謂陵阪曰阺」，是即揚雄所謂「阺隤」
之義，而為左思摛辭之所本。氏氐形聲俱近氏於古音
屬端定二紐，氏屬端紐，阺屬定紐。，蓋揚雄之文有作氏者，
此乃字之通借，未可據釋本義。而許氏云然，其謬
二也。或曰「氏本訓為木本，實即氏字氒字」朱駿聲
《通訓定聲》。然考氒氒之古文，彝銘作乁乁，與氏形
聲俱遠。氏之與氒，韻部乖違氏屬益攝，氒屬衣攝，可
證三文初非一字。或謂「氏為匙之初文」，因謂卜辭
之𣅀𣅀，「象皿中插氏」郭某《金文叢考》240葉。然氏

與匕匙，其形不似，匕於卜辭作 ⟋⟋，皆象匕柄曲而下垂，與<u>殷</u>之骨匕_{故宮博物院藏，未見箸錄，}及<u>殷</u>、<u>周</u>銅匕_{見<u>容庚</u>《商周彝器通考》下冊蟬紋匕、獸紋匕、象鼻紋匕。}，其形宛肖，迥別於 ⟋。卜辭 ⟋⟋ 二文聲義互殊，何能視 ⟋ 為匕，而謂為匙之初文。且也匕而名匙，是猶<u>江淮</u>之閒偁母為媞_{見《說文女部》}，皆方俗殊語，未可據考中原雅言。乃謂「𠤱象皿中插氏」，而以彝銘之盃盉鹽盌，及卜辭之𥂁鑾霝盉衡之，則必詞窮理屈。是未知從皿之字為方國之繇文，而徒專蔽一文之曲解，悖於綜達之通規，以此言古，多見紕越者矣。【注】紕越，錯失也。<u>梁王僧孺</u>《臨海伏府君集序》云「常以前賢往學，亙與聖違，<u>賈</u>、<u>馬</u>、<u>盧</u>、<u>鄭</u>，非無紕越，<u>荀</u>、<u>郭</u>、<u>何</u>、<u>王</u>，亦多踳謬」。踳謬，亦作舛繆，錯亂也。

於九有〈九殷〉《三代》六卷5葉，〈四布〉《辭典上》407圖，〈四印〉《伏廬藏印》三卷16葉，<u>殷</u>有<u>九侯</u>《史記殷本紀、魯仲連傳》，<u>春秋</u>時<u>宋</u>有<u>仇牧</u>《春秋莊十二年》，【注】〈殷本紀〉云「<u>紂</u>以<u>西昌伯</u>、<u>九侯</u>、<u>鄂侯</u>為三公」。〈魯仲連傳〉云「昔者<u>九侯</u>、<u>鄂侯</u>、<u>文王</u>，<u>紂</u>之三公也。<u>九侯</u>有子而好，獻之於<u>紂</u>，<u>紂</u>以為惡，醢<u>九侯</u>」。〈莊十二年〉云「秋，八月甲午，<u>宋萬</u>弒其君捷，及其大夫<u>仇牧</u>」。<u>漢</u>印有〈九党〉《秦漢印章拾

遺》下冊、〈朹春〉《秦漢官私銅印銅》，蓋因九水或九里而氏九水見《山海經中山經》、九里見《戰國策韓策三》，案《韓非子說林上》作臼里。文作仇朹者，皆九之緐文也。九於卜辭作乙、丂，上象鎌柄，下象曲刃，而為刉之初文，書傳亦通作鉤。刉為刈艸采樵之器，其曰鎌者，乃一物之異名。《管子乘馬篇》云「樊棘雜處而當一藪，連纏得入焉，九而當一」。《論衡書虛篇》云「薪者投鎌於地」，此偁刉鎌也。《淮南子氾論篇》云「古者剗耜而耕，木鉤而樵」，《漢書龔遂傳》云「棄其兵弩，而持鉤鉏」，此偁鎌曰鉤也。《方言卷五》云「刈鉤或謂之鎘，自關而西或謂之鉤，或謂之鎌，或謂之鍥」，句過兼契，與九同屬牙音，故自九而孳乳為刉鎘諸字九與句過兼同屬見紐，契屬溪紐。尤以句聲為近，《說文糸部》云「絇，讀若鳩」，是即九句同音之證。此覈之形聲，而知九為刉之初文者一也。《易繫辭》云「神農氏作斲木為耜，揉木為耒」，說與」《淮南》相同。蓋自先民始闢榛莽而造巢穴，始行粒食而事種埶，即有刉斤耒耜。始知鮮食而殺禽獸，即有弓矢刀矛。諸器制作，皆在文字之前，文字初興，其傳諸器之名，皆必象形購字。是以耒耜

於彝銘作 ㇟ ㇄ 說見上文，可知殷及西周，耒耕二文尚為象形，亦如弓矢刀矛皆為象形。然則與耒耕並興之刉鎌，其初決非形聲構字。此考之古制，及文字演變之序，而知九為刉之初文者二也。以九為曲刃之刉，故引伸為物曲之名。縣物者曰鉤見《方言卷五》，戟之曲者曰鉤見《方言卷九》，是皆九之引伸義。良以縣物之鉤，非若九之有柄。戈戟皆在刈刉之後，戟而名鉤，又在戈戟之後，必其名為晚出。因知九之初義，非象縣物之鉤，與鉤兵之形。以九借為紀數之名，故自九而孳乳為刉。猶之五七八借為紀數之名，故自五七八孳乳為梧切臂，皆以別於借義之轉注字。自九而孳乳為鍻鎌諸文，則為謀合語言之轉注字。葢以語多同音，故爾字有假借。地異南北，故爾言有差池。此所以造字者為明義訓之明確，為合語言之變遷，而有轉注之一耑也。《說文九部》云「九，易之變也，象其屈曲究盡之形」。是與五七八三文，俱以數名釋之，其失相鉤矣。彝器有〈㇟父丁鼎〉《三代》二卷 23 葉、〈㇄父癸盂〉《三代》十四卷 5 葉、〈㇄祖辛爵〉《三代》十六卷 3 葉、〈㇆父丁觶〉《錄遺》372 圖，視為句氏之器，乃帶鉤之象形。句口同音古音同

屬謳攝牙音，文作囗者，當從口聲。〈鬥戉觚〉銘末有
囗字《三代》十四卷 31 葉，則為鑄工之氏。卜辭有囗囗
《前編》8.4.8 片，《京津》191 片，并與篆文相近，乖於
帶鉤之形矣。此考之古文，而知句象帶鉤，九象刈
艸之劬，其初各有專義，固已形聲允合。惟以九句
音近，且其引伸義相同，因之書傳於物之曲者，通
名曰鉤，則合九鉤為一名，以是九句之本義遂逸而
不傳。《左傳僖二十四年》云「齊桓公置射鉤，而使
管仲相」，《管子大匡篇》云「管仲射桓公中鉤」，《國
語齊語》云「桓公曰：『管夷吾射寡人中鉤』」，〈晉
語四〉云「申孫之矢集于桓鉤」，《墨子辭過篇》云
「鑄金以為鉤，珠玉以為佩」，是皆以鉤為帶鉤，正
為句之本義。以句借為章句之義，故自句而孳乳為
鉤，斯為避與借義相亂之轉注字。《說文》判鉤句為
二文，而以曲訓句，以曲鉤訓鉤，則是以象一物之
名者，為通凡之義。猶之瓦象屋瓦，《說文》云「土
器已燒之總名」，亦誤以通凡之義，而釋象形之文也
。或謂「章句之句為句之本義」《古籀篇》五十一卷 27
葉，則尤妄為傅合。何以言之，蓋典冊之有章句，
乃籀讀者從而名之，非載筆者而有揭示。籀讀之時

不加幖識，而亦有章句之名，是其名為虛設，以觀
文字之有形者，非可齊觀。然而集點畫而曰文字，
乃錯畫為文孳生為字之引伸義，因知章句決無專文。
是以於章而用之章句，為其引伸義說詳上文。於句而
用之章句，乃丿之假借句丿古音同屬謳攝。丿句而用之
句讀，則以比擬為名，猶之乙丨而用之幖識，亦以比
擬為名說見上文。乙丨與丿非以幖識為本義，則知句
亦決非以章句為本義。而說者云然，此非唯不能審
辨古文，且於造字之理全無所識矣。或謂「九本肘
字，象臂節形」丁山《數名古誼》。然案肘為臂節以至
寸口之名，故肘字從寸，以示肘之所止下至寸口。
肘者亦尺度之所出，故尺從尸乀會意，乀為左之古
文見《說文又部》，以示肘上止於左《說文》釋尺從尸乙非
是。然則自臂節至掔其名曰肘，直骨一枚，不能一
屈《靈樞經骨度篇》云「肘至腕長一尺二寸半」，醫經所記，
與字義相同。乃謂「臂節可屈可伸」，苟如所言，則
是九兼臂肘之義，而非專以名肘矣。且夫文之取象
於人體上肢者，象其屈指可握，則有又二文，於
卜辭作。象其五指分列，則有手之一文，於彝
銘作。此三文者，為臂肘與指掌之通名，乃謂

九形為肘，則是其形數屈，絲於全手矣。九於彝銘作㇂，必如說者所言，亦若字從㇂又，則是九與左同，豈有一體之中，左肘無別。此審之字形，知其說　　之　　非　　也　　　。

於再有〈🔲盤〉《三代》十七卷 1 葉凡二器、〈🔲𡉚〉《三代》十二卷 56 葉、〈🔲𤯔鼎〉《三代》二卷 32 葉、〈🔲𤯔罍〉《三代》十三卷 49 葉、〈🔲𤯔觚〉《三代》十四卷 22 葉、23 葉凡三器、〈🔲𤯔爵〉《三代》十五卷 37 葉凡二器，斯為<u>再氏</u>及<u>再方蟲氏</u>、<u>再方先氏</u>之器蟲為姓氏說見上文。文作🔲者，○為圜之初文說見上文，以示圜而復始。⊗象稱權之形，而為稱之初文說見下文。然則🔲乃從八○⊗會意，以示分別復稱之義，引伸為凡賡續之名，蓋權衡量物，分大數以為小數，此固市傷恆見，是以有再之一文也。文作🔲者乃其省體，文作🔲者乃古文之宂筆，非從一也。卜辭亦有再字，其辭云「癸亥卜<u>狄</u>貞，叀🔲至，王受又二」《佚存》314 片，「其又長子，叀🔲至，王受又」《後編上》19.6 片，「叀🔲至，又大雨」《佚存》650 片，「癸丑卜<u>狄</u>貞，🔲至，叀祝」《粹編》1572 片，「庚子貞，其告豈于<u>大乙</u>，叀🔲祝」《佚存》233 片，「叀🔲祝」《明氏後編》2182 片，諸辭之再

，義如《周禮》大祝之辭_{再辭古音同屬噫攝齒音}，乃卜備冊辭，以行至祭與祈祝，至為祭名，卽《左傳桓二年》「反行飲至」之至。審卜辭再之構體，亦從八〇冈會意，或作冈《前編》7.1.3片，則與彝銘之冈同體。上體之一乃〇之省變，是卽篆文之所本，猶之天正於卜辭作禿䒱，於篆文作禿正，亦為變〇為一說見上文，其從丙作⿰者，乃假方國之絲文，以為冊辭之義。《說文冓部》云「再，一舉而二也，從一冓省」，是誤以從〇冈者，為從一冓矣。《說文》又云「冉，并舉也，從爪冓省」，是誤以從冈聲者，為從冓會意矣。說彝銘者釋冈冈為舉《博古圖》三卷 7 葉，八卷 7 葉，或釋為鬲《積古》一卷 30 葉引<u>錢坫</u>說，或釋為冉《奇觚》五卷 2 葉，或釋為冓《古籀篇》八卷 34 葉，或釋卜辭之⿰⿰為員<u>金氏</u>《續文編》，說并非是。或釋〈召白設〉之冉，〈鄦庆設〉之冉為冓，而曰再象覆甾之形，冓象兩甾背疊之形，冉象手舉覆甾之形《史學年報》第四期<u>唐蘭</u>〈獲白兕考〉。【注】〈召白設〉見《三代》九卷 21 葉，〈鄦庆設〉見《攗古錄》二之三卷 66 葉，說益謬甚。考冓於卜辭作茶茶，彝銘與之同體，并象木梃相對交積之形。《說文》云「冓，交積材也」，其說甚允。

引伸有結合重疊之義，故自冓而孳乳為遘講構媾諸
字。𣇏於卜辭作◱◲，於〈子陝鼎〉作由《頌齋續錄》
十六，壯於〈毛公鼎〉作𣆳《三代》四卷 46 葉，戴於鼎
銘作𣇳《三代》二卷 13 葉，僕於〈旂鼎〉作𢆶《三代》
四卷 3 葉，昇於〈旂鼎〉作𣆵《三代》九卷 22 葉，異於
〈旂鼎〉引作𣇄《三代》四卷 45 葉，叡於〈嬴霝德段〉
作𣆶《三代》七卷 15 葉、〈𡚣寏婦段〉作𣇵《三代》七卷
23 葉，粵於〈番生段〉作𣇶《三代》九卷 37 葉，諸字所
從之𣇏，文作◱由或田《說文》釋異從昇非是，與再冓
冉三文，形體互異。乃謂三文從𣇏構字，則何以彝
銘𣇏之字，竟無一與再冓冉相近者，此徵之字形，
知其說之非也。再冓冉三文與𣇏缶之義，判若涇渭。
乃謂從𣇏構字，則何以無一字義訓相承，此徵之字
義，知其說之非也。從如所云，以「再象覆𣇏」，何
所取義。以「冓象兩𣇏背疊」，義復何居。通考字之
構體，凡執容器，未有器形到置，是以從𣇏之字，
靡不𣇏口上鄉。乃曰「再象手舉覆𣇏」，則是顛亂上
下，亦若弄丸，此豈冉舉之義。【注】弄丸，古代技藝，
兩手上下拋多個彈丸，不使落地，喻技藝嫻熟，不費氣力也。《莊
子徐無鬼》云「昔宜僚弄丸，而兩家之難解」。為論如斯，尤

見惛惑矣。【注】惛惑，謂糊塗困惑也。《晉書石季龍載記下》
云「先帝亦有意于殿下矣，但以末年惛惑，為張豺所誤」。若夫
彝銘之𪊷，字從二𠧬以示盛米之義，而為𥥔之古文。
古之容器亦為量器，故自𪊷而孳乳為秅𥥔秅古音同屬
烏攝端紐。𠧬秫雙聲古音同屬精紐，𪊷從二𠧬者，正以
示二秫為秅之義。〈召白殷〉云「又𪊷又成」《三代》
九卷 21 葉，𪊷讀如《魯頌閟宮》之緒緒𥥔古音同部，義
謂有功績有成就也。〈鄔夨殷〉云「𪊷敬禞祀」《攈古
》二之三卷 66 葉，𪊷讀如〈皋陶謨〉之祗祗古音屬端紐，
義謂祗敬郊祀也。〈蔡夨鐘〉云「為命𪊷二」《拓本》，
𪊷二讀如詩之祁祁見《召南采蘩》、《豳風七月》、《小雅出車》、
《大雅韓奕》、《商頌玄鳥》，義謂助我生命盛多也。凡此
之𪊷𪊷并𥥔秅之古文，而通借為緒祗與祁。二𠧬上
下易位者，示相對豎立。猶之亭於卜辭作𠅂，於彝
銘作❖《三代》二卷 15 葉，亦象城樓相對，非象二物
重疊《說文》釋亯為兩亭相對，其說謬。，說者釋𪊷為冓，
而謂「象兩𠧬背疊」，是不知點畫，而妄釋古文也。
或曰「再為層之初文，從冓省一聲」馬某《說文疏證》
卷八，此未知再之與層義訓互異，再之與一聲韻俱
乖再屬噫攝精紐，一屬衣攝影紐，乃承許說之誤，復以形

聲釋之，謬戾益甚矣。

於丘有〈戌▌爵〉《綴遺》十九卷 26 葉、〈商𠤷𠤯
簠〉《三代》十卷 12 葉凡四器，斯為戌方丘氏，及商方丘
氏之器。鄭有丘緩《左傳成二年》，邾有丘弱《左傳昭二
十三年》，并因邱方而氏邱見《說文邑部》。【注】〈成二年〉
云「晉解張御郤克，鄭丘緩為右」。〈成二十三年〉云「徐鉏、丘
弱、茅地曰道下遇雨將不出，是不歸也」。杜預注「三子邾大夫也」。
若〈𠤷爵〉、〈𠤷爵〉《錄遺》380 圖、381 圖，則為丘之
緐文，其作𠤷者，猶明於𡨄銘作𠤷《三代》十三卷 48
葉，瓶銘作𦫳《三代》十四卷 17 葉，峯於〈父戊觶〉作
𠤷《三代》十四卷 43 葉，〈父戊爵〉作𠤷《三代》十四卷 43
葉。其作𠤷者，猶大於〈大田𡨄〉作𠤷《三代》十三卷
49 葉，文於〈父丁瓶〉作𠤷《三代》十四卷 25 葉，〈祖
丙觶〉作𠤷《三代》十四卷 49 葉，亦如篆文之𠃜酉，象
水半見之形也。

於兕有〈明兕鼎〉《三代》二卷 41 葉、〈明兕卣〉《三
代》十三卷 6 葉。

於義有〈義白啟〉《三代》七卷 16 葉，商湯之時有
義伯《史記殷本紀》，漢有義縱《史記酷吏傳》，葢因鄡邑
而氏見《說文邑部》。【注】〈殷本紀〉云「湯遂伐三㚇，俘厥寶

玉，<u>義伯</u>、<u>仲伯</u>作《典寶》」。〈酷吏傳〉云「<u>義縱</u>者，<u>河東</u>人也。

為少年時，嘗與<u>張次公</u>俱攻標剽圜羣盜」。《說文邑部》云「<u>鄭</u>，

<u>臨淮徐地</u>」。

於卜有〈卜孟段〉《錄遺》134圖、〈□祖癸爵〉《錄

遺》449圖。

於壬有〈一父癸爵〉《三代》十六卷24葉、〈□爵〉

《錄遺》376圖，是皆<u>壬氏</u>之器。其作□者，乃籀文從

二壬，以示對丙之美者也。若〈大□父己段〉《三代》

六卷34葉，〈□瓶〉《錄遺》315圖，則為<u>大方壬氏</u>，<u>辛</u>

<u>方壬氏</u>之器。若〈□爵〉《三代》十五卷34葉，〈一□爵〉

《錄遺》十五卷426圖，則為<u>壬方戈氏</u>，及<u>壬方龍氏</u>之

器。其從壬作任者，乃壬之籀文，而為姓氏知本字。

任姓為<u>黃帝</u>之子見《國語晉語四》，蓋與<u>風姓</u>之任《左傳

僖二十一年》，為別族異邦。【注】〈晉語四〉云「凡黃帝之子

二十五宗，其得姓者十四人為十二姓，姬、酉、祁、己、滕、箴、

任、苟、僖、姞、儇、依是也」。〈僖二十一年〉云「<u>任</u>、<u>宿</u>、<u>須</u>

<u>句</u>、<u>顓臾</u>風姓也」。 壬於卜辭作工，彝銘作一者，乃工

之橫書。彝銘或作王，故篆文變體為王，此乃篆文

據完筆而衍變之通則，乖於初形矣。壬之初文作工

或一，象儋物之木，卽《元曲》所謂區擔見《元曲》

丙集上〈硃砂擔〉，當以儋具為本義，引伸為凡何儋載持之義。自壬而孳乳為任與壬，音義相同，是猶交之與佼，巽之與僎，公之與伀，待之與侍，頃之與傾，卬之與仰，合之與佮，喜之與僖，皆音義無異也。蓋以壬借為紀日之名，故自壬而孳乳為任，亦猶頃借為少頃，卬借為自偁，故自頃卬而孳乳為傾仰，皆所以示別於假借之轉注字。然則任者雖為姓氏之本字，而亦兼儋任之義。其作壬者，亦從儿壬聲，適象何物之形，而為儋之初文壬壬古音同屬音攝舌音，故知壬從壬聲。儋屬奄攝端紐，與壬旁轉相通。。儋借為肩，薦首之物與肩相切，故自壬而孳乳為枕，此則以形似而比擬構字也。考冂於鼎銘作冋，〈趞曹鼎〉、〈師奎父鼎〉、〈免卣〉、〈趞段〉俱作冋，左右直筆長率，與篆文同體。若〈沈子段〉之𣲖𣲖《三代》九卷 38 葉，所從之壬，與冂形固異，此證之字形，而知壬非從冂也。《小雅黍苗》云「我任我輦」，《大雅生民》云「是任是負」，《孟子》云「門人治任將歸」〈滕文公上〉，《禮記王制》云「輕任幷，重任分」，〈祭義〉云「斑白者不以其任行乎道路」，《韓非子存韓篇》云「負任之旅，罷於內攻」，是皆任與壬之本義。

《國語魯語上》云「不厚其棟，不能任重」，《呂覽舉難篇》云「寧戚為商旅，將任車以至齊」，是皆任與壬之引伸義。《說文壬部》云「壬，位北方也，陰極陽生，故易曰龍戰于野，戰者接也，象人裹妊之形」。〈人部〉云「任，保也」，〈冂部〉云「冘，淫淫行皃，從儿出冂」。是於壬冘二文，并誤其形義，於任則誤以引伸為本義矣。考詩狀行之詞，如悠悠《鄘風載馳》、〈小雅黍苗〉，遲遲《邶風谷風》、〈小雅采薇〉，佻佻〈小雅大東〉，并與冘為雙聲悠遲佻冘古音同屬定紐，冘悠後轉喻紐，遲轉澄紐。，故《說文》比傳聲同，而以形貌釋冘也。或曰「壬，負壬也，壬在前負在後，前後皆器物，而以橫木壬之，會意」元周伯琦《六書正譌》卷二。或曰「壬，儋也，從二天地也，中象人儋之，中一儋何象」孔廣居《說文疑疑》。或曰「壬，儋何也，上下物也，中象人儋之，在六書為象形兼指事」朱駿聲《通訓定聲》。或曰「壬，負任也，從工從一，工者器物，一在其中，指事」徐灝《說文注箋》。所釋壬義，說并近之，惟釋構形，則說殊差牾。以昧於初形，故爾靡能幸中。或曰「壬即縢之古文」林義光《文源》，則又不能因形見義，而徒恣為聲說。

或曰「尢古統字，从人一象耳塞形」孔廣居《說文疑疑》，言亦悖理。良以統平耳旁，所從尢聲乃耺之假借，猶耳平之耽聰，亦耺所孳乳之轉注字耺屬知紐，古音與耽聰同屬端紐。統非取義於尢，不得謂尢為統之初文。矧夫〈沈子毁〉之沈，及篆文之尢，所從之一，長并過肩，決非蔽耳之象，益可證尢非統之初文也。或曰「尢古文作〇，象人伏穴下形，本義當為沈伏」林義光《文源》。是從清人之謬說，誤以免為尢阮元始釋〇為尢見《積古》五卷33葉，而又別施曲說，益見貤謬。或曰「尢央皆防之本字」馬某《說文疏證》卷十，則以尢央俱為從冂，是以不顧聲韻不諧尢屬音攝定紐，央屬央攝影紐，與尢有喉舌之殊。，而誤合三文為一字，亦徒見其愚妄而已。

於秉有〈〇觚〉《三代》十四卷14葉、〈〇干丁卣〉《三代》十二卷56葉、〈〇干戊觶〉《三代》十四卷48葉、〈〇干父乙毁〉《三代》六卷31葉、〈〇干父乙爵〉《三代》十六卷葉。

於亞有〈〇爵〉《三代》十五卷15葉、〈〇爵〉《三代》十五卷39葉，乃西單亞之合文，西單為其屬邑，亞為其氏，是皆亞氏之器。亞於卜辭作〇〇，唯有

方名與姓氏之義，字從二臣相夌，示不謙退，而為
亞之古文。【注】謙退，謙讓也。《史記樂書》云「君子以謙退
為禮，以損減為樂，樂其如此也」。亞於卜辭或從人作𦣻𦣻
《徵文雜事》138 片、《遺珠》565 片，乃亞之縣文，以示為
方名與姓氏之義。卜辭復有方名曰𤲃《續編》3.24.5
片，與〈𤲃鼎〉為一文《三代》二卷 51 葉，從亞曾聲，
示以乖實之言誣人，而為譖之古文。自𦣻而變為篆
文之亞者，是猶琱於彝銘作𤲃，諫於〈孟鼎〉作𤲃，
眠於〈員鼎〉作𤲃，盱於〈杖氏壺〉作𤲃，睽於〈大
段〉作𤲃，睎睯於〈父乙尊〉作𤲃𤲃，柳於〈散盤〉
作𤲃，杞於〈白鼎〉作𤲃，桐於〈寥生盨〉作𤲃，
奄於〈應公鼎〉作𤲃，銍於〈師湯父鼎〉作𤲃，開
於〈宗周鐘〉作𤲃，其於卜辭則猶𡧍之作𤲃亦作𤲃，
皆上下迻置之例也。知𦣻非眲之異體者，以眲象二
目橫列，以示左右傍視，非可上下相重。若夫目回
之囘，則文為指事，凡指事之文形皆意構，固不與
象形及會意同科。臣者頤之初文，於六書為目之變
體象形說見上文，故亞於彝銘象眸子之形而作𦣻。說
者未知臣之初義，亦未知文字有迻置之例，故於卜
辭之𦣻，謂為臣之異體《古籀篇》三十三卷 35 葉。或「釋

為眀」金祥恆《續文編》，或「釋為畀」李孝定《集釋》，
是皆失其形義也。

於皿有〈ᴗ爵〉《三代》十五卷10葉、〈ᴗ父丁爵〉
《攗古》十六卷9葉、〈ᴔ布〉《辭典上》609圖、610圖，書
傳古璽未見皿氏，皿蓋盂之初文也。

於盉有〈⊡父己鼎〉《三代》二卷25葉、〈⊃父癸
毁〉《三代》六卷17葉、〈⊃父癸尊〉《三代》十一卷12葉、
〈⊃父乙爵〉《三代》十六卷5葉、〈⊃父癸匜〉《三代》十
七卷23葉、〈⊃戈〉《三代》十九卷9葉，⊃從又聲，象執
小甌之形，而為盉氏之器。又有同音，⊃形似皿，
故篆文假有為又，變⊃為皿。或「釋為盂」《西清古鑑》
三十一卷44葉，或「釋為手執勺」《積古》一卷15葉，或
「釋為手執觶」《奇觚》十七卷9葉，或「釋為瓚」《古籀
篇》七卷4葉，是皆未悉文字蛻變之謬說也。

於耒有〈耒鼎〉《三代》二卷42葉、〈耒毁〉《三代》
六卷23葉、〈耒乍�毁〉《三代》六卷25葉、〈耒毁〉、〈耒
毁〉《三代》六卷28葉、〈耒父丁毁〉《三代》七卷15葉、〈耒
厌父毁〉《三代》七卷32葉、〈耒厌父匜〉《三代》十七卷
27葉、〈耒向父毁〉《三代》七卷36葉、〈耒賓父盨〉《三
代》十卷30葉、〈耒尊〉《三代》十一卷2葉、〈耒妆父尊〉

《三代》十一卷 32 葉、〈✦父辛卣〉《三代》十二卷 55 葉、〈✦卣〉《三代》十二卷 38 葉、〈✦卣〉《三代》十三卷 6 葉、〈✦觚〉、〈✦觚〉《三代》十四卷 17 葉、〈✦父辛觚〉《三代》十四卷 27 葉、〈✦觶〉《三代》十四卷 34 葉、〈✦爵〉、〈✦爵〉《三代》十五卷 12 葉、〈✦五父盤〉《三代》十七卷 8 葉、〈✦高父盤〉《三代》十七卷 34 葉，是皆<u>朿</u>氏之器。若〈✦丁鼎〉《三代》二卷 12 葉、〈✦丁觚〉《三代》十四卷 20 葉、〈✦我鼎〉《三代》二卷 41 葉、〈✦攸鼎〉《三代》二卷 49 葉、〈✦旟鼎〉《三代》三卷 4 葉、〈✦車觚〉《錄遺》330 圖、〈✦具鼎〉、〈✦黽鼎〉《三代》三卷 15 葉、〈✦宝段〉《三代》七卷 21 葉、〈✦截卣〉《三代》十三卷 19 葉則<u>朿</u>為其邑，<u>丁</u>、<u>我</u>、<u>攸</u>、<u>旟</u>之屬皆其氏。若〈✦鼎〉《三代》二卷 12 葉、〈✦父丙段〉《三代》七卷 9 葉、〈✦斝〉《三代》十三卷 49 葉、〈✦車觚〉《三代》十四卷 21 葉、〈✦祖癸觶〉《三代》十四卷 50 葉、〈✦車爵〉《三代》十五卷 36 葉 37 葉凡五器、〈✦戈〉《三代》十九卷 15 葉，諸器之✦皆黽之象形，<u>朿黽</u>與<u>大黽</u>為相對之名，蓋為<u>黽氏</u>之支封，故彝器於<u>黽氏</u>之外，復有<u>大黽</u>與<u>朿黽</u>之氏。猶<u>春秋</u>時<u>邾</u>之別族，而有<u>小邾</u>之名也見《春秋僖七年》。【注】《春秋僖七年》云「夏，<u>小邾</u>來朝」。<u>杜預</u>注「邾

之別封，故曰小邳」。漢印有〈黽初宮〉《印統》六卷 62 葉，
是黽氏於漢時猶有遺胤。惟書傳未見大黽與叔黽二
氏，蓋自晚周時已併為一族。黽氏之器有〈黽父丁
鼎〉《三代》二卷 21 葉、〈黽父辛卣〉《三代》十二卷 55 葉、
〈黽祖乙觚〉《三代》十四卷 24 葉、〈黽父己觶〉《三代》
十四卷 44 葉、〈黽爵〉《三代》十五卷 6 葉、〈黽父辛爵〉《三
代》十六卷 20 葉，大黽之器有〈大黽父乙鼎〉《三代》二
卷 37 葉、〈大黽父癸〉《三代》二卷 39 葉、〈大黽父戊鼎〉
《三代》三卷 2 葉、〈大黽段〉《三代》六卷 9 葉、〈大黽父
乙段〉、〈大黽父丁段〉《三代》六卷 20 葉、〈大黽父乙
段〉《三代》七卷 6 葉、〈大黽父乙尊〉《三代》十一卷 14 葉
、〈大黽父癸尊〉《三代》十一卷 15 葉、〈大黽卣〉《三代》
十二卷 42 葉、〈大黽父乙卣〉《三代》十三卷 1 葉 2 葉、〈大
黽父戊卣〉《三代》十三卷 4 葉、〈大黽父癸卣〉《三代》十
三卷 5 葉、〈大黽盉〉《三代》十四卷 1 葉、〈大黽父戊盉〉
《三代》十四卷 6 葉、〈大黽觚〉《三代》十四卷 21 葉、〈大
黽父乙觚〉《三代》十四卷 28 葉、〈大黽父辛觚〉、〈大黽
父癸觚〉《三代》十四卷 29 葉、〈大黽父乙觶〉《三代》十
四卷 50 葉、〈大黽爵〉《三代》十五卷 32 葉、〈大黽父癸爵〉
《三代》十六卷 30 葉、〈大黽父乙爵〉《三代》十六卷 39 葉、

〈大黽父乙角〉《三代》十六卷 45 葉、〈大黽父乙匜〉《三代》十七卷 24 葉、〈大黽戈〉《三代》十九卷 15 葉，凡諸器之黽，皆長足無尾，猶與黽形酷肖。卡黽之黽則長足有尾，葢以異於黽及大黽，故贅益其尾也。黽當即漢江夏郡之黽縣，亦即春秋之名冥阨《左傳定四年》，大黽當即大冥《左傳哀六年》，卡黽當即上鄀《左傳成二年》，卡上同為舌音。【注】〈定四年〉云「還塞大隧、直轅、冥阨」杜預注「三者漢東之隘道也」。〈哀六年〉云「秋，庚寅，昭王攻大冥」。杜預注「大冥，陳地，吳師所在也」。〈成二年〉云「公會晉師于上鄀」。或釋「大黽為天黿」，因謂「葢古之軒轅」郭某《殷周青銅器銘文研究》七葉。是未審黿黽形不相肖，天軒聲韻乖違。矧夫《國語周語》所云「我姬氏出自天黿」者，乃謂王季之母太姜，出自天黿之分野，天黿為星次之名即《史記天官書》之北宮玄武，非姓氏之義。而乃云然，此非唯誤釋字形，罔通聲韻，且不識《國語》文義，而謬為援附，亦憒憒之甚矣。【注】〈周語下〉云「辰在斗柄，星在天黿，我姬氏出自天黿」。韋氏解「姬氏，周姓。天黿即玄枵，齊之分野。周之皇妣王季母太姜者，逄伯陵之後，齊女也，故言出於天黿」。〈天官書〉云「北宮玄武，虛、危」。張守節正義「虛二星，危三星，為玄枵，

於辰在子，<u>齊</u>之分野」。彝銘之 𢍰 <u>宋</u>人釋叔《博古圖》三卷 3
葉、18 葉，<u>清</u>人從之。唯〈秦公鐘〉之 𥂝，<u>宋</u>人釋盅
《薛氏欵識》卷七，是以<u>清</u>人亦有釋 𠁁 為弔者《攟古》一
之一卷 3 葉引<u>許瀚</u>說，考叔於〈克鼎〉作 𠂤，〈吳彝〉作
𣍘，〈師嫠毁〉作 𠂤，文并從又執弋以事籍土，卽尗
之初文。叔 𢍰 二文其形迥異，此所以近之說彝銘者，
多釋 𢍰 為弔，或謂「弔乃繳之初文」<u>郭某</u>《大系考釋》
75 葉，是亦未悉其本柢也。考《說文》訓豆之尗，
當以 𢍰 𣍘 為本字。作 𠃊 𠃌 者，象豆莢及豆萁，其作
𠂆 者象豆萁所附之竹支，彝銘有作 𠂤 𠁁 與 𠁁 者，形
尤宛肖。其作 𠁁 者，則兼象其根，凡此俱非問終之
弔也。若伯叔之尗，彝銘作 𢍰 𣍘，乃訓豆之假借義。
訓善之俶，〈沈兒鐘〉作 𠂤，〈鼄公盓鐘〉作 𠂤，〈克
鼎〉作 𥂝，斯乃訓豆之假借義。良以豆與穀羊，皆
為養生之資，故其引伸并有善美之義也。《說文》未
知訓豆之義，當以 𢍰 為本字，乃以 𣍘 為 𢍰。因之凡
伯 𢍰 之字，及訓善之 𠂤 𥂝，經傳俱作叔淑，千載傳
譌，遂至溷殽莫辨，<u>蓋自晚周</u>時已然矣。詩書凡云
不弔，而取弔恤之義者，當以弔為本字。若《小雅
節南山》云「不弔昊天，亂靡有定」，《尚書大誥》

云「弗弔天，降割于我家，不少延」，〈多士〉云「弗弔昊天，大降喪于<u>殷</u>」，〈君奭〉云「弗弔天，降喪于<u>殷</u>」，凡此諸弔皆弔恤之義。詩傳及《偽孔傳》并釋弔為至，<u>鄭</u>箋釋弔為善，或釋〈大誥〉之弗弔為不淑_{孫星衍《尚書今古文注疏》}，是皆未知《左傳》所云「無弔」及「不弔」之義〈成七年〉，而謬為之說矣。《尚書費誓》云「敿乃干，無敢不弔」，此之不弔，義如詩之不淑見《鄘風君子偕老》，《王中谷有蓷》，其初文當作，惟以與篆文問終之弔，形聲俱近為卡之本字，_{古音屬透紐，弔屬端紐}，是以譌為弔。〈君奭〉之「弗弔」，<u>魏</u>〈石經〉載古文作，斯亦誤以訓豆之為弔之古文。說者乃據〈石經〉之，而釋彝銘之為弔_{容庚《金文編》}，是未知為卡之本字。且未知弔於卜辭作，於彝銘作《三代》十一卷 11 葉，文并從大執弓，形與乖遠，故爾誤釋為弔也。

於戰有〈戰父戊爵〉《三代》十六卷 38 葉，戰卽篆文之狩獸_{說詳釋戰}，姓氏之書未見獸狩二氏，唯<u>漢</u>印有〈狩定〉《十鐘》九冊 24 葉，葢為<u>殷</u>人之胤，而僅見於後世者也。

於絲有〈小臣𢆶卣〉《三代》十三卷 35 葉，殷虛別
有〈小臣絲石殷〉見史語所出版《侯家莊 1003 號大墓圖版貳
柒》，小臣為其官，絲為其氏。二器官氏相同，胥出
殷人製作，然古者官皆世祿，則未可必其為一人之
作也。𢆶即籀文絲字見《說文系部》，漢有係雩淺《史
記匈奴傳》，蓋因系水而氏見《水經淄水注》。或「釋為
繺」《攈古》二之二卷 28 葉，其說失之矣。

於輪有〈⊗鼎〉《錄遺》29 圖、〈⊗觚〉《錄遺》296
圖、〈⊗爵〉《錄遺》379 圖、〈⊗盤〉《錄遺》479 圖，⊗與
卜辭之⊗《林氏》2.2.1 片，皆輪之古文，。或釋卜辭
之⊗為困《古籀篇》十九卷 20 葉，此未知困於卜辭作Ϫ
或☒囷見《粹編》61 片，亦假𤴓為困說詳釋困，若⊗者乃
象輪之有輻，非從口木之困也。彝器有〈侖白卣〉《三
代》十三卷 17 葉，侖為侖之古文，亦即⊗之後起字。
侖從谷者，示山自下陷之義，篆文從𠂤作陯，則失
之形義未能允合矣。古之⊗氏當即夏之綸邑《左傳哀
元年》，亦即漢梁國之虞縣見《續漢書郡國志》。【注】〈哀
元年〉云「澆使椒求之，逃奔有虞，為之庖正，以除其害，虞思
於是妻之以二姚，而邑諸綸」。杜預注「綸，虞邑」。竹添光鴻會
箋曰「今虞城縣東南義原鄉有故倫邑城」。若漢潁川郡之綸氏

見《漢》，蓋輪氏之別族聚居，因以名地也。

於㠯有〈寒□鼎〉《三代》三卷 47 葉、〈衛□鬲〉《三代》五卷 23 葉、〈朿向父作婷□𣪘〉《三代》七卷 36 葉、37 葉凡四器、□即夏后所姓之姒，太子晉所謂「賜姓曰姒，氏曰有夏」者是也《國語周語下》。以台同音，故字亦作始。彝器有〈曾□鬲〉《三代》五卷 15 葉、〈衛□𣪘〉《錄遺》137 圖，138 圖、〈仲師父鼎〉有妓□《三代》四卷 19 葉、〈頌鼎〉有龔□《三代》四卷 37 葉、〈季良父盉〉有㪔□《三代》十四卷 19 葉，是并以始為姒，示其為姓氏，故字皆從女。其初文作□，〈父癸鼎〉作□引見上文，乃□之複文，亦以示其為姓氏也。然則魯之㠯氏，蓋因魯之台邑而氏見《春秋襄十二年》。【注】《春秋襄十二年》云「十有二年春王二月，莒人伐我東鄙圍台」。杜預注「瑯琊費縣南有台亭」。以於卜辭作□□，乃巳之倒文。巳於卜辭作□□，象胎兒在腹中之形，故自巳而孳乳為包。胎甫成形，手足未見，故象其形作□□，古有〈□爵〉《三代》十五卷 6 葉，是卽巳氏之器。既生曰子，故卜辭象其手而作□□。倒巳為㠯，猶之倒子為㐬，是㐬㠯二文，乃子巳之變體象形，皆以生子為本義。自㠯而孳乳為似，乃示後嗣之像先

人。㠯亦孳乳為允，示後嗣之相承續，而為胤之初文_{允胤古音同屬定紐，轉喻紐。}此𡐬之似允二字之從㠯，皆承生子之義而孳乳，則知㠯之本義為生子，益無可疑矣。惟以巳借為忌日之名，故自巳而孳乳為胎，乃為別於假借之轉注字。用、由、予、與，并與㠯為雙聲_{古音同屬定紐}，使㠯則為疊韻_{古音同屬噫攝}，故經傳假㠯為用由諸義。諶及訦誠亦與允為雙聲，故經傳假允為誠信之義。㠯及允之借義專行，故自㠯而孳乳為始，自允而孳乳為胤，皆所以示別於借義之轉注字。始以生子為本義，猶之㐬以生子為本義，始為㠯之轉注字，猶之胎為巳之轉注字也。《說文巳部》云「巳，巳也，四月昜气巳出，陰气巳臧，萬物見，成炎彰，故巳為它象形」。又云「㠯用也，从反巳」。〈儿部〉云「允，信也，从㠯儿」_{從段注本訂}，〈女部〉云「始，女之初也，从女台聲」。是於巳㠯允三文，皆誤以假借為本義，其云「始，女之初也」，尤失之文不成義。唯其云「㠯从反巳」，則說無可易。《說文㐬部》「㐬，不順忽出也，从到子，易曰『突如其來』，如不孝子突出，不容於內也，㐬卽《易》突字也」。又云「育，養子使作善也，从㐬肉聲，《虞

書》曰『教育子』」。是皆得其一端，而義失明闕。
所云「去從到子」，乃象生子倒首而出之形，其說得
之。然則去為育之初文，育則去所音轉之後起字。《易》
所云之突，則為突忽之本字，與去義迴別。乃以「不
孝子突出」而釋之，試徒曲合同音，而臆為謬說矣。
育以生育為本義，乃云「養子使作善」者，是誤以
引伸為本義矣。或謂「吕古矣字」《古籀篇》六卷 11 葉，
是未知古文之矣，乃從大己聲，以示人壯加笄說詳上
文，非以語已為本義也。或謂「卜辭之 ⟨字⟩⟨字⟩，為耜
之象形」《史語所及刊二本一分》徐中舒〈耒耜考〉，然案耒
耜之枱其形歧出，司於卜辭作 ⟨字⟩⟨字⟩，辭於卜辭作 ⟨字⟩
⟨字⟩，皆從古文之枱諧聲，乍於卜辭作 ⟨字⟩⟨字⟩，則從古
文之枱會意，是其明證說見上文。⟨字⟩⟨字⟩與 ⟨字⟩構形大異，
則不得謂 ⟨字⟩⟨字⟩為耜之象形也。或釋「卜辭之 ⟨字⟩為象
人回顧形，殆言行相顧之意」《增訂考釋中》54 葉，然
案允於卜辭作 ⟨字⟩⟨字⟩，〈不嬰段〉作 ⟨字⟩，〈石鼓文〉作
⟨字⟩，是其從吕會意，決無可疑。乃據《說文》訓信
之義，而以象形釋之，此未知體物寫形，必肖其人
所共見。人心幽隱，哲人難知，以故誠信譎偽，胥
不以象形為文。乃謂允為象形，以示誠信之義，是

亦不明字例者矣。

　　於丙有〈囧鼎〉《三代》二卷 7 葉凡二器、〈囧殷〉《三代》六卷 5 葉二器、七卷 1 葉二器、〈囧尊〉《三代》十一卷 2 葉三器、〈囧卣〉《三代》十二卷 39 葉三器、〈囧爵〉《三代》十五卷 12 葉 13 葉五器、〈囧父乙鼎〉《三代》二卷 18 葉 19 葉三器、〈囧父己鼎〉《三代》二卷 24 葉、〈囧父辛鼎〉《三代》二卷 28 葉、〈囧父乙甗〉《三代》五卷 2 葉、〈囧祖丁殷〉《三代》六卷 11 葉、〈囧父辛殷〉《三代》六卷 16 葉、〈囧父癸殷〉、〈囧父癸殷〉《三代》六卷 17 葉、〈囧父戊尊〉《三代》十一卷九葉、〈囧父癸尊〉《三代》十一卷 11 葉、〈囧父辛壺〉《三代》十二卷 3 葉、〈囧祖癸卣尊〉、〈囧父甲卣〉《三代》十二卷 47 葉、〈囧父己卣〉《三代》十二卷 52 葉、〈囧父辛卣〉《三代》十二卷 54 葉、〈囧父乙盉〉《三代》十四卷 3 葉、〈囧父己觚〉《三代》十四卷 26 葉、〈囧父辛觚〉《三代》十四卷 27 葉、〈囧父丙觶〉《三代》十四卷 42 葉、〈囧父辛觶〉《三代》十四卷 45 葉、46 葉二器、〈囧祖癸爵〉《三代》十六卷 3 葉、〈囧父己爵〉《三代》十六卷 14 葉二器、〈囧父辛爵〉《三代》十六卷 17 葉二器、〈囧父癸爵〉《三代》十六卷 23 葉、〈囧祖丁父乙爵〉《三代》十六卷 33 葉，是皆丙氏之器。丙於卜辭作囧囧，彝銘作囧囧囧見《三

代》十四卷 42 葉〈父丙觶〉，於文為獨體象形。當以插旗之磐石為本義，其下窨空者，俾供舁迻也。古方國與姓氏，文或從丙，蓋以其名施之旗常，復寫旗常，箸之卜辭彝器，故於姓氏之下，有從丙以為緐文者，此可證丙為插旗之磐石者一也。【注】旗常或作斿常，王侯之旗幟。《周禮春官司常》云「日月為常，交龍為斿，……王建大常，諸侯建斿」。商者旗常之本字，而於卜辭作爾爾 說見上文。單者斿之古文，而於〈交鼎〉作 曽《三代》三卷 23 葉，殷銘作 曽《續殷上》36 葉，庚者斿之初文，而於彝銘作 嘼 嘼 引見上文，三文并象旗常豎立之形，而其下體文皆從丙，尤以庚下之 冈 ▲，俱在秘鐏之下，其為插旗之物，昭焯無疑。此可證丙為插旗之磐石者二也。夏於卜辭作 冈《乙編》7680 片、《鄴羽三集》50.6 片、《摭佚續》128 片、《京津》2311 片，從丙聲者，示改其旗常，去舊易新之義。夏於彝銘作 冕，見於〈舀鼎〉、〈舀壺〉、〈師虎段〉、〈師𡞿段〉、〈趩尊〉，字從宎者，宎乃丙之複體，音與丙同，從重丙者，蓋以示去此就彼也。考之載籍，<u>商湯</u>以降，世變必殊服號 見《逸周書周月篇》、《史記殷本紀、周本紀》，【注】〈周月篇〉云「其在<u>商湯</u>，用師于<u>夏</u>，除民之災，順天革命，改正朔，變服殊號」。〈殷

本紀〉云「湯乃改正朔，易服色，上白，朝會以畫」。〈周本紀〉
云「西伯崩，太子發立，是為武王，謚西伯為文王，改法度，制
正朔矣」。時遷遂更旌旗見《周禮春官司常》、《禮記月令》，
臨戰則得車獲邑，而易旗幟見《孫子作戰篇》、《史記淮陰
侯傳》，是以夒從丙聲，以示改舊從新，此可證丙為
插旗之磐石者三也。【注】《孫子作戰篇》云「故車戰，得車
十乘已上，賞其先得者，而更其旌旗，車雜而乘之，卒善而養之，
是謂勝敵而益強」。《史記淮陰侯傳》云「信誡曰：「趙見我走，
必空壁逐我，若疾入趙壁，拔趙幟，立漢赤幟」。彝器有〈冈
言卣〉、〈冈言卣〉《三代》十二卷 39 葉、40 葉，冈乃
從丙丨聲，以示抉發磐石，而為厥之古文。銘曰冈
言，乃厥方冈氏之器。彝器有〈欮𣪘〉《三代》七卷
23 葉，漢印有〈闕利〉《印統》八卷 10 葉、〈闕得〉《衡
齋藏印》、〈闕中君〉、〈闕買屮〉《匋齋藏印》第一集，
《小雅十月之交》云「蹶維趣馬」，《大雅韓奕》
云「蹶父之子」，凡此欮、蹶諸氏，蓋即冈之後起
字。卜辭之卤《文錄》112 片，從丙矢聲，示屬兵於磐
石，而為底之古文矢底古音同屬衣攝舌音。矢加丙上，
以示摩屬之形，猶之鏑於卜辭從帝聲作𣥼《京津》2566
片，以示矢鍒之所，皆古形聲之字，聲兼義之例。

此證以囚凸所從之丙，而知丙為磐石者四也。《周易》
及《韓非》之磐《周易屯、漸》二卦，《韓非顯學篇》，與丙
為雙聲丙般同屬幫紐，故自丙而孳乳為聲不示義之磐。

【注】《周易屯》云「磐桓，利居貞，利建侯」。《周易漸》云「鴻
漸于磐，飲食衎衎」。王弼注「磐，山石之安者」。〈顯學篇〉云「磐
石千里，不可謂富」。自磐而音變，則孳乳為篆文之厖厖
屬明紐，《說文》有厖無磐者，乃許氏失收。李登《聲
類》云「磐，大石，平而且大」《一切經音義》卷九十引，
蓋為古義流傳，故與丙之古文密合。此徵之文字孳
乳，而知丙為磐之初文者五也。《宋書樂志》載韋昭
〈吳鼓吹曲〉云「巨石立，九穟植，龍金其鱗，烏
赤其色」，穟者籏之假借二字同音，見《廣韻六至》，九穟
卽〈樂記〉所謂「龍旂九旒」，故曰「龍金其鱗，烏
赤其色」，其義謂樹龍旂於巨石之上。此徵之豎旂之
制，而知丙為插旗之磐石者六也。《說文丙部》云「丙
，位南方，萬物成炳然，陰气初起，陽气將虧，從
一入冂，一者陽也，丙承乙象人肩」。是亦失之形義
俱非。或曰「丙卽古文炳字，炳者炳于外，火光炳
于外，其內必黑，故丙從一從內，一者易也，外易
而內会」孔廣居《說文疑疑》。或曰「丙者炳之古文，

古人窟穴，開其上已取明，丙之上作一，其下作冂，
其中作入，陽气入乎中，正窟穴受天光之象」俞樾《兒
筥錄》。二說胥據《說文》而言，然卜辭彝銘之丙上
不從一，乃其通例。若卜辭之丙《戩壽》49.8 片、《文錄》
7188 片、與〈石鼓文〉之丙，乃古文之宂筆，且亦文
所尟見。丙之作丙，猶之示於卜辭作丁，辛於卜辭
作辛，亦丁辛之宂筆，舉非初形，未可據索初義。
若內於彝銘作內，字并從宀，《說文》釋內從冂者，
斯為晚周譌體，說者乃謂丙從內，說殊未然。或釋
「卜辭之丙為內」《栔文舉例上》10 葉，則又誤其形義
矣。或曰「丙，裁也，古文作灾，从火燒宀會意，《說
文》以為裁之或體誤」朱駿聲《通訓定聲》。然案卜辭
之丙作丙丙，从火之字作屮屮，卜辭及西周彝器之
丙，無一與災形相近者，乃謂丙之古文作灾，是亦
無證之臆說。唯丙於〈酈戾段〉作𠕁，〈子禾子釜〉
作𠕁，【注】〈酈戾段〉云「隹五季正月𠕁午」《三代》八卷 43
葉。〈子禾子釜〉云「口莅事歲褙月𠕁午」《三代》十八卷 23 葉。
則為東周變體，未可偏據變體之文，而以丙為從火
也。或謂「丙為方旁本字」林義光《文源》，然案丙與
方旁二文，於卜辭彝銘，形義各異說見上文，何能僅

據同音，謬為錯枘。或謂「丙為《淮南子銓言篇》
『瓶甌有堤』之堤」于省吾《殷栔駢枝》31 葉，然案堤
與當柢為雙聲同屬端紐，《淮南》之堤，《晏子》、《商
君》，與《韓非》之當見《晏子春秋內篇諫下》、《商君靳令
篇》、《韓非子外儲說右上篇、飭令篇》，并為承物之柢，與
丙聲韻絕殊，決非同義，則亦不得謂丙為堤也。或
曰「丙兩一字，今言權柄者，字實卽丙，權所以知
輕重，兩本權器，故言權柄」馬某《說文疏證》卷廿八。
然案兩於彝銘作㒭㒭，於〈圅皇父殷〉作兩，象布
帛二卷相合之形，當以布帛二端為本義。布帛一卷
屈其中幅，平其兩邊，而象其裂縫，則其形如㒭，
二卷相合，則其形如㒭，此杜預所謂「二丈雙行故
曰兩」者也《左傳閔二年》注。【注】〈閔二年〉云「重錦三十
兩」。杜預注「重錦，錦之熟細者。以二丈雙行，故曰兩。三十兩，
三十匹也」。《小爾雅度篇》云「倍丈謂之端，倍端謂
之兩」，《禮記雜記下》云「納幣一束，束五兩，兩
五尋」，《周禮地官媒氏》云「凡嫁子娶妻，入幣純
帛無過五兩」，《左傳閔二年》云「重錦三十兩」，〈昭
二十六年〉云「幣錦二兩」，《管子乘馬篇》云「經
暴布百兩當一鎰」，《韓詩外傳卷一》云「緇綌五兩」

，是皆兩之本義，引伸為凡耦二之名。《召南鵲巢》云「百兩御之」,《大雅韓奕》云「百兩彭彭」,《左傳昭十年》云「用幣必百兩，百兩必千人」,《墨子明鬼下》云「<u>武王</u>以擇車百兩，戰乎<u>牧</u>之野」,是皆偁車曰兩。良以車有兩輪，故以名車之一輿曰兩。猶之履必兩枚，故自兩而孳乳為緉，此皆承耦二之義，而引伸為名也。《周禮小司徒》云「五人為伍，五伍為兩」,此乃承五尋之義，而引伸為名也。彝銘或作㒳兩者，乃㒳之完筆。猶之卜辭之內或作內，亦丙之完筆。其以兩為銖兩之名者，乃後世之假借也。《說文㒳部》云「㒳，再也，從冂從从」。又云「兩，二十四銖為一兩，從一㒳，㒳亦聲」。是別㒳兩為二文，誤以引伸之義釋㒳，誤以假借之義釋兩，且誤以㒳為會意，而又別出从一文矣。說者乃曰「丙兩一字」,是不顧形聲異致，義訓殊途，而謬以丙兩為一文矣。丙無權器之義，亦無秉持之義，書傳凡言權柄者，乃以有柄者為喻，而以秉持為義，故有操柄執柄之名見《商君書算地篇》,執柄亦見《韓非子主道篇、孤憤篇、外儲說右上、八經篇》。本字作棅，是以《管子山權數篇》作「權棅」,其作柄者，則為棅所孳乳之假

借構字。　說者乃曰「權柄字實卽丙，兩本權器，故言權柄」。是瞢於權柄之義，而又罔恤形義睽違，

【注】睽違，謂差錯；背違也。唐顏師古上〈漢書注序〉云「匡正睽違，激揚鬱滯」。及聲韻之縣絕，遂至謬以權柄為權丙與權兩，是誠冥昧無知，而徒蔑蠋義證，以恣為妄言者也。丙於姓氏作囧者，猶卜辭方名之作囧亦作丙，乃从重口之省，以示為方國及姓氏之義也。宋人釋囧囧為高《博古圖》十八卷 31 葉，或釋囧為享《西清古鑑》十五卷 7 葉，或釋◤為帝《綴遺》二十一卷 15 葉，或釋囧為炳《古籀篇》十三卷 37 葉，宋人釋囧盫為內言《博古圖》九卷 11 葉，說并非是。說者又釋囧囧為柄，釋卣銘之囧盫為柄室，且曰柄讀為丙，丙室猶父丙之廟《博古圖》八十五卷 33 葉、34 葉。則以同形之囧囧析為二文，以異體之囧囧合為一字，復誤以姓氏為宗廟，重悖疊謬，不勝窮讁矣。凡此諸器，其文俱不從玉皿丙京，亦不以駢列相重而構字。與卜辭方名之不益形文，及文不贅複者，其義無殊。可證凡從玉皿丙京，及文之相耦相重者，乃方國之緐文。

　　古之氏族，皆為因方立氏，以是凡諸方名之緐文，亦卽氏族之本字。蓋以示其為方國之專名，故

從山水土𠂤，或艸木黹林。示其為農桑土箸，則從田糸禾秝，或宀广厂口。示其為遷徙行國，則從攴殳又奴，或行止彳辵。示其為氏族，則從人女𢆶戈。從玉者示貴玉帛，從皿者示重齍盛，乃以見其為明德恤祀之邦也。錄其旗常，是以名亦從丙。邑居高敞，以故文或從京。其有對文相耦，或複文相重者，蓋以古之族旗，恆施二文，為姓氏之專號，非唯取對冓之美，亦以示別於軍旅之旗也。記姓氏者，因據旌旗之幖識，栔之卜辭，勒之彝器，是以有二文相耦相重之例。所以知其別於軍旅之旗者，案《禮記曲禮上》云「前有水則載青旌，前有塵埃則載鳴鳶，前有車騎則載飛鴻，前有士師則載虎皮，前有摰獸則載貔貅。行前朱鳥而後玄武，左青龍而右白虎」。《管子兵法篇》云「九章一曰舉日章則晝行，二曰舉月章則夜行，三曰舉龍章則行水，四曰舉虎章則行林，五曰舉鳥章則行陂，六曰舉蛇章則行澤，七曰舉鵲章則行陸，八曰舉狼章則行山，九曰舉韓章則載食而駕」。《墨子旗幟篇》云「死士為倉英之旗，竟士為雩旗，多卒為雙兔之旗，五尺男子為童旗，女子為梯末之旗，弩為狗旗，戟為林旗，劍盾

為羽旗，車為龍旗，騎為鳥旗，凡所求，索旗名，不在書者，皆以其形名為旗」。此可證古之軍旗，皆有圖形，以示事宜，以幖物類。而其圖形多與姓氏同名，且唯「多卒為雙兔之旗」，循知自餘形名，俱不以二文為識。此所以知氏族與方國之旗，必有賴乎二文重耦，以資識別者也。推類而言，若《說文》所載二余之盦，二先之兟，二見之覞，二山之屾，二豕之豩，二粉之絜，二魚之鱻，二至之臸，亦古方名之複體，其音義與非複文者，宜無不同。<u>許氏</u>未知有此，故於兟屾豩三字，并闕其音讀也。凡諸方國之縣文，亦或相互通作，亦有借為它義。若回之作 ▨、▨、▨、▨、▨、▨、▨、▨、▨、▨ 回 即再之初文。牽之作 ▨、▨、▨、▨、▨、▨、▨、▨、▨、▨。羊之作 ▨、▨、▨、▨、▨、▨、▨、▨。爿之作 ▨、▨、▨、▨、▨、▨、▨、▨。不之作 ▨、▨、▨、▨、▨、▨、▨。子之作 ▨、▨、▨、▨、▨、▨、▨、▨。求之它名，多有其例，此所謂方國之縣文，亦或相互通作者也。卜辭云，「貞<u>帝于東</u>，蘁困豕，奠三牢，卯黃 ▨」《續編》2.18.8 片，「黃 ▨」《京津》637 片，「幽 ▨」《明氏》820 片，

「奠于土▢羊▢，　奠于蚰▢羊▢，　奠于蚰▢一
▢」《乙編》4733 片，▢▢乃方名牛豕之緐文，此假從
口之牛豕以為牲名也。卜辭云「▢▢田弗每，凵戋
▢，王畢，　▢▢田，凵戋▢，王畢，　▢▢田，
凵戋▢，畢」《京都》2049 片，▢乃方名遾之緐文，此
假從口之遾以為怨也遾義說見下文。卜辭云「辛卯卜
殼貞，真方口乍亶，不羴弗▢，四月，　辛卯卜殼
貞，真方岳乍亶，不羴弗▢」《郭氏綴合》121 片，▢乃
方名云之緐文，「不羴弗▢」讀如不崇弗抾，乃卜是
否無裁禍，是否無抾失，此假從口之云以為抾也。
卜辭云「比▢」《南北輔仁》38 片，▢乃方名再之緐文，
「比▢」讀如庀詞，乃卜具祭祀之曹詞，此假從土
之再以為詞也。卜辭云「比▢」《甲編》1260 片，▢乃
方名冄之緐文，「比▢」讀如庀贈冄贈古音同屬應攝，
義如《周禮》男巫之贈，乃卜具贈禮，此假從宀之
偁以為贈也。卜辭云「甲寅卜殼貞，我▢邑若」《續
編》4.33.4 片，「癸丑卜爭貞，勿▢邑，帝若」《乙編》
7307 片，▢乃方名乍之緐文，義如〈文王有聲〉「作
邑」之作，此假從玉之乍以為營作也。【注】作邑謂營
造都城也。《大雅文王有聲》云「文王受命，有此武功，既伐于、

崇，作邑于豐」。鄭玄箋「作邑者，徙都于豐，以應天命」。豐謂
鎬京也。故址在今陝西省西安市西南灃水東岸。卜辭云「癸巳
卜殼貞，令𡘙𢀸射，　癸巳卜殼貞，㞢𡚉𢀸射，　貞
㞢𡚉令𢀸射，　貞令𡘙𢀸三百射，　貞勿令𡘙𢀸三
百射」《乙編》2499 片，𢀸卽它辭之𢀸，為方名羊之繇
文，於諸辭讀如養，乃卜令𡘙、裒諸氏畜養射手之
宜否，此假從皿之羊以為畜養也。卜辭云「丙子其
立𢀸亡𢌷，八月」《續存下》88 片，「貞翌丙子其㞢𢌷」
《前編》4.43.1 片，「㞢𢌷，　亾𢌷」《續編》4.22.6 片，
𢌷乃方名風之繇文，此假重口之風，以為風雨之義
也。卜辭云「丁丑卜王其勺𢌷牛于囗」《甲編》827 片，
「貞兄叀𢌷牛，王言，王受又」《甲編》1143 片，「囗
登𢌷牛大乙，牛叀三」《鄴羽三集》42.9 片，𢌷乃方名
羊之複體，此假複體之羊以為犧牲之名也。凡方國
之專字，借為它名，所見實繇，殊難殫述。是須察
其字形，而復明其義有專屬，審其辭恉，而後知其
各有攸宜。說者乃釋𢀸為𦳒《古籀篇》九十三卷 29 葉，
或釋為柞馬叙《說文疏證》卷十一 20 葉，釋𢀸為珏《古籀
篇》七卷 29 葉，或釋為攻余永梁《殷虛文字考》，釋𢀸為蓍
《增訂考釋中》26 葉，或釋為蠹《古籀篇》七十六卷 21 葉，

釋 ⿱ 為牆<u>陳邦福</u>《殷栔辨疑》14 葉，釋 ⿱ 為之盜《古籀篇》
七十九卷 10 葉，釋 ⿴ 為鼻，釋 ⿰ 為蠢《孫海波文編》，釋
⿱ 為洋《商氏類編》，釋 ⿱ 為憬，釋 ⿴ 為夏《古籀篇》四
十四卷 24 葉，六十卷 2 葉，是皆未知方國之絲文，以考
卜辭者九也。

十、卜辭姓氏通釋

卜辭於卜下貞上，恆見殻、丂、爭、箙、亘、丙、峕、𥅴、奚、史、韋、逦、叶、宁、记、先、旅、兄、卽、尹、大、卯、出、行、曲、㕛、逆、我、勺、敎、中、彭、壴、矣、龜、喜、豕、逐、子、自、自、不、取、專、黃、羍、暴、立、告、余、步、亞、弔、木、禾、从、俴、陟、衍、羅、合、循、狛、狄諸名。若斯之屬，多則百辭疊見，少則數字殘存。說者以為卜人之名，而以數名共見一版者，視為同時，因據以分期斷代。纂言者異軌同趨，遞相師祖。以愚考之，其所謂卜人之名，與<u>帝某</u>、<u>子某</u>之號，檢之卜辭，皆為方名，徵之彝器，有其姓氏。然則所謂卜人之名者，皆為因方而氏。所謂<u>帝某</u>、<u>子某</u>者，為其封域。猶之<u>殷</u>之羣臣，若<u>伊尹</u>、<u>伊陟</u>、<u>甘盤</u>、<u>比干</u>之倫，亦為因生地而姓，因采邑而氏，姓氏連偶，故曰<u>伊尹</u>與<u>比干</u>也。【注】《左傳隱八年》云「天子建德，因生以賜姓，胙之土而命之氏」。亦猶<u>殷</u>之先祖，若<u>爰甲</u>、<u>龜甲</u>、<u>羌甲</u>、<u>般庚</u>之屬，乃以方國與生日之名，相綴為號者也。

<u>殷氏</u>：所以知<u>殷</u>為方名者，卜辭云「戊戌卜<u>殷</u>

貞，牿罘殼凵曲曲告」《乙編》3212 片，凵曲曲告，讀
如凵咎遽告，此卜牿方及殼方是否加害於遽告使也
說詳下文。【注】遽，傳車，驛馬，古代傳遞公文信息之快車。遽
告謂傳車上報也。《左傳僖三十三年》云「秦師過周北門（秦將侵
鄭），⋯鄭商人弦高，將市於周；遇之，⋯且使遽告於鄭」。杜預
注「遽，傳車」。其云「辛丑卜宁貞，牿罘殼氐羌，　貞
牿罘殼不其氐羌」《乙編》6373 片，此卜牿方及殼方是
否致送羌人也。氐亦讀如抵，則謂此辭乃卜牿方及
殼方是否抵擊羌方，或卜其抵擊羌方之宜否，義亦
可通。其云「甲戌卜殼貞，我勿㞢絲邑殼已乍《前編》
4.4.3 片，㞢乃將之古文，乍義如《小雅十月之交》
「作都于向」之作，此卜我勿扶助殼方，畢其所作
都邑之宜否也。其云「戊戌卜殼貞，我勿㞢自絲邑，
殼、宁已乍」《續編》6.9.5 片，「甲戌卜爭貞，我勿㞢
自絲邑，殼、宁已乍若」《粹編》1117 片，㞢自讀如將
助自助古音同屬從紐，此卜我勿扶助殼、宁二方，畢其
所作都邑之宜否也。甲橋之辭曰「我來十，　殼」
《乙編》2306 片，「我來千，　帚丙來百，　殼」《乙編》
2684 片，「貯入廿，　殼」《乙編》4954 片，「帚井示百，
殼」《乙編》7131 片，「唐入十，　殼」《丙編》410 片。骨

白之辭曰「癸卯帚井示四矛，　　殼」《續存上》62 片，「帚井示三矛，　　殼」《續存上》63 片，「帚井示四矛出一口，　　殼」《外編》5 片，「癸卯帚井示四矛自亞，殼」《外編》459 片，「㞢示十四矛出一〈，　　殼」《京都》1095 片，「畫示四矛，　　殼」《粹編》1498，「己巳晏一矛，　　殼」《南北誠明》6 片，是皆紀諸方貢物之辭。矛為茅之初文，古者以茅裹物，故偁物之成裹者曰茅。署曰殼者，乃驗收者之氏。其同氏者，非必同人，尤非必與貞卜之殼為一人也。彝器有〈阝殼〉《三代》六卷 3 葉，〈賡觚〉《錄遺》308 圖，是皆殼氏之器，蓋因穀水，或齊之穀邑而氏見《水經穀水注》，齊穀見《春秋莊七年》。別有〈殼鼎〉《三代》二卷 14 葉，〈賡甗〉《三代》五卷 9 葉，其初殆為子殼之合文，其後則專以穀為氏也。【注】《水經穀水注》云「穀水出宏農黽池縣南墦冢林，穀陽谷」。《山海經》云「傅山之西有林焉，曰墦冢，穀水出焉。」《春秋莊七年》云「冬，夫人姜氏會齊侯于穀」。杜預注「穀，齊地也，今濟北穀城縣也」。

丂氏：所以知丂為方名者，卜辭云「庚申卜殼貞，乍丂」《乙編》7237 片，「庚申卜殼貞，勿乍丂」《乙編》1873 片，「戊口卜殼貞，我勿乍丂」《林氏》2.7.8 片，

「癸酉卜爭貞，宙宁為，　貞勿隹宁為，　貞宙宁為，　勿隹宁為」《丙編》275片，「壬戌卜爭貞，我為宁」《乙編》3018片，「丁未卜殼貞，我為宁，　丁未卜殼貞，勿為宁，　乙丑口貞，我宙宁為，　乙丑卜殼貞，我勿為宁，　丁卯口我宙宁為，　丁卯卜殼貞，口我勿為宁」《明氏後編》1589片，「丙申卜殼貞，宙宁為，　丁酉卜殼貞，宙宁為，」《前編》5.30.4片，「乙丑卜殼貞，我宙宁為，　丁未卜殼貞，我為」《後編下》10.13片，「宙為宁，　貞勿為宁」《後編下》10.11片，是皆卜營作宁方城邑之宜否也。「為宁」猶「乍宁」，惟乍於卜辭，乃製作之通名，為於卜辭，僅用之土功大役。【注】土功，謂治水、築城、營造宮殿等工程。《尚書皋陶謨》云「禹娶于塗山，辛丑癸甲；啓呱呱而泣，予弗子，惟荒度土功」。予弗子，謂禹無法愛養其子也。荒度土功，忙於計劃治水之工作也。大役，謂需大量勞力方能完成之徭役。《周禮地官鄉師》云「大役則帥民徒而至，治其政令」。賈公彥疏「大役者謂築作堤防、城郭等」。良以為從又象，示服象以任劇勞，是故用之以事大役，異乎乍從㭬入，以示耕作之義也乍義說見上文。【注】為從又象，於卜辭作𤔗，於金文作𤔗。逮乎周世儕鑄器而曰為者，則有〈益公鐘〉

《三代》一卷 3 葉、〈公孫班鎛〉《三代》一卷 35 葉、〈宗婦鼎〉《三代》四卷 4 葉、〈非余鼎〉《三代》四卷 7 葉、〈兄人鼎〉《三代》四卷 10 葉、〈立盨〉《三代》十卷 28 葉、〈歸父盤〉《三代》十七卷 14 葉。其以乍為疊用者，則有〈邵鐘〉《三代》一卷 54 葉、〈姑氏段〉《三代》七卷 48 葉、〈陳逆段〉《三代》八卷 28 葉、〈嗣寇良父壺〉《三代》十二卷 15 葉、〈匽公匜〉《三代》十七卷 31 葉、〈亦男父匜〉《三代》十七卷 38 葉，凡此皆東周之器。【注】鑄器而曰為者，若〈益公鐘〉云「益公為楚氏穌鐘」。乍為疊用者，若〈邵鐘〉云「邵黛曰余畢公之孫，邵伯之子，余頡岡事君，余彊娶武，乍為余鐘」。是猶春秋之後，以追逐互用，舉悖於初義。蓋以去古旣遠，字義失真。觀於戰國之時，或以音義相同之字，贅複成文，而於調音飾句，杳無聯屬，可徵麟經以後，摛辭已昧初義。【注】麟經卽麟史，指《春秋》也。唐黃滔《與羅隱郎中書》云「誠以麟經下筆，諸生不合措辭；而史馬抽毫，漢代而還陳別錄」。清招槤《嘯亭續錄古今史闕》云「周末自麟經絕筆後，至蘇、張遊說，中間一百四十四年，史簡遺闕，無以詳其梗概」。唐李商隱《賀相國汝南公啟》云「仲尼麟史，不令游、夏措辭」。益以借義溥行，本義多晦，此詩書之所以自漢迄今，注釋百家，尟不誤解者矣。

《說文爪部》云「爲，母猴也，其為禽好爪，下腹為母猴形」。斯乃誤釋字形之謬說也。卜辭云「辛卯卜殼貞，我勿已疛，不若」《佚存》119片，「囗卜殼貞，我其已疛乍，帝降若，　囗殼貞，我勿已疛乍，帝降不若」《粹編》1113片，「囗我其已疛乍，帝降若，　囗我勿已疛乍，帝降不若」《前編》7.38.1片，「辛卯囗貞，我已疛若」《粹編》1114片，「辛卯卜殼貞，已疛若」《粹編》1115片，此卜休止疛方之營作，上帝是否降吉祥也。或釋已為祀，讀乍為則胡光煒《甲骨文例》，或釋疛為家，釋帝為禘葉氏《前編集釋》七卷27葉，或釋疛為卜人疛，已疛者謂其官職《粹編考釋》134葉，是皆未知疛為方名之謬說也。其云「貞王往天、戈，至于疛、剢」《乙編》768片，剢乃屠之古文說詳釋剢，此卜王往天、戈二邑，至于疛、剢二邑也。其云「貞于疛，　囗亥卜囗于疛」《鄴羽初集》40.6片，此卜王往疛方之吉凶也。其云「叀𨷲田囗日亾戈」《粹編》1569片，𨷲從重口，乃疛之縠文，日上蓋闕湄字，湄日即《後漢書邊讓傳》之彌日，【注】彌日，終日也。〈邊讓傳〉云「登瑤臺以回望兮，冀彌日而消憂」。李賢注「彌，終也」。此卜于疛方田狩，是否無戈也。其云「比田𨷲，其

每」《後編上》14.5 片，囿乃從重口之省，每讀如痗，此卜備田于丂方，是否凶戋也。或釋每為敏《戩壽考釋》24 葉，或釋每為晦《粹編考釋》91 葉，說并非是。其云「貞乎囗眔丂入钔事」《前編》4.28.3 片，囗乃暴之古文說詳下文，钔事義如〈牧誓〉之御事，此卜召暴、丂二氏，入為治事之臣也。【注】《尚書牧誓》云「嗟！我友邦冢君，御事…」。鄭玄箋「御，治也」。御事謂治事大臣也。甲橋之辭曰「我氏千，帚井示冊，丂」《乙編》6967 片，「帚閃口，丂」《乙編》7134 片，「奴入五十，丂」《乙編》7200 片，骨臼之辭曰「犬示三矛，丂」《續存下》56 片，「帚杏示七矛，丂」《續存下》65 片，「帚杏示七矛又一（，丂」《後編下》33.10 片，「帚娃示十矛，丂」《續存下》67 片，案矛丂二字倒刻，「帚景示七矛，丂」《戩壽》35.5 片，「利示三矛屮一」，丂」《佚存》457 片，「甴示十矛屮一」，丂」《粹編》1504 片，「秝示三矛屮一」，丂」《林氏》1.18.14 片，

【注】案氏、示疊韻，并為底之初文，皆為送詣之致。義同《左傳昭元年》「底祿以德」之底，杜預注「底，致也」。義謂致祿當以德之厚薄為高下也。彝器有〈阁祖戊卣〉《三代》十二卷46 葉、〈囗阁鼎〉《錄遺》64 圖，是皆丂氏之器。〈阁女

觚〉《錄遺》323 圖，則為丂方女氏之器。〈乃孫鼎〉銘末有匸仚二文《三代》三卷 21 葉，義為方邑丂氏，斯乃鑄工之氏，而非有器之氏也。【注】鑄工，古鑄造彝器之工作者。《禮記月令》云「物勒工名，以考其誠」。孔穎達疏「每物之上刻勒所造工匠之名，於後以考其誠信。」周人有賓滑《左傳昭九年》、賓起《左傳昭二十二年》，其先蓋因賓溪水而氏見《水經濟水注》。【注】〈昭九年〉云「王亦使賓滑執甘大夫襄以說於晉」。杜預注「賓滑，周大夫」。〈昭二十二年〉云「王子朝、賓起有寵於景王，王與賓孟說之，欲立之」。杜預注「子朝，景王之長庶子，賓起，子朝之傅也。孟卽起也，王語賓孟欲立子朝為太子也」。丂於卜辭作仌仌，彝銘與之同體，并從人宀會意，以示嘉賓竦止。彝銘作仚者，示執贄而見之形，【注】執贄，古代禮制，謁見人時攜禮物相贈。漢劉向《說苑尊賢篇》云「周公攝天子位七年，布衣之士執贄所師者十二人」。或釋為廏《古籀篇》七十三卷 17 葉，則乖於字形矣。逮周之彝器，始有從貝作賓，其文於〈保卣〉作仚《錄遺》276 圖，凡彝器之賓字，胥與同體，皆為從貝丂聲。所以從貝者，乃示朝聘之禮，有贈賄之制。以賓必有贈賄，故引伸儐贈賄曰賓。【注】贈賄，謂贈送財物。《左傳昭五年》云「入有郊勞，出有贈賄」。杜預注

「去則贈以貨賄」。郊勞，謂到郊外迎接賓客並慰勞也。《左傳昭五年》云「叔弓聘于晉，報宣子也。晉侯使郊勞」。杜預引《聘禮》云「賓至近郊，君使卿郊勞」。卜辭及殷器俱無從貝之賓字，蓋以殷時於朝聘，不及周制之備禮，則丂字無贈賄之義。唯〈卯其卣〉云「丂貝五朋」《錄遺》247 圖，是殷商銘文，而雜以姬周字義，其為贗品，固已昭彰說詳釋卯。賓於篆文作賓者，乃晚周之譌體。卜辭亦有𡨾𡨾二字《續編》5.12.7 片、《乙編》1091 片，則為賓之絲文，非賓之古文也。

　　爭氏：所以知爭為方名者，甲橋之辭曰「般入十，　　爭」《乙編》962 片、1400 片，「壹入十，　　爭」《乙編》4514 片，「帚井示卅，　　爭」《乙編》1053 片，「子𡥜入一，　　爭」《乙編》7036 片，「蟲入五十，帚良示十，爭」《乙編》7127 片，骨臼之辭曰「乙未帚妹示口矛，爭」《戩壽》35.8 片，「帚八口矛，　　爭」《粹編》1485，「利示六矛，　　爭」《粹編》1505 片，「利示十矛，　　爭」《京都》1094 片，「自、亞一矛，　　爭」《南北明氏》2 片，凡諸貢物之辭，多見爭氏。與佗辭所署殷、丂、韋、岳、屰、叔、丙、亘之屬，俱為因方受氏，固可塙知。爭氏雖於書傳無徵，而於漢印有〈爭同〉、〈爭

不識〉《集古印譜》三卷 42 葉，〈爭毋妮〉《十鐘》，是漢世猶有爭氏之遺胤，其先殆因崢丘而氏見《管子輕重丁篇》，而為《王符氏姓》所勿及也。

　　箙氏：所以知箙為方名者，卜辭云「甲戌卜𐎟口，吕方其䢅𐎟、𐎟」《鐵雲》55.2 片，𐎟𐎟乃丘箙之絲文，此卜吕方是否䢅伐丘、箙二方也。其云「丁亥卜殼貞，䝃乙酉𐎟旋，卲口大甲、祖乙，百牛、百羌，卯三百口」《後編上》28.3 片，「貞䝃乙酉𐎟旋口乙，百牛、百羌，卯三百窂口」《佚存》543 片，此因箙氏之歸，卜祭先祖，以答神祐也。其云「貞𐎟曲𠂤，出𐎟，十二月」《前編》5.10.1 片，曲𠂤讀如鞠般，𐎟讀如愴，此卜箙方告還師，是否有傷害也。其云「𐎟受季，　不其受」《乙編》7009 片，此卜箙方是否受祐有年穀之穫也。其云「取于𐎟」《遺珠》25 片，此卜取氏往箙方氏宜否也。取於卜辭亦為祭名，而為楸之初文，義謂焚楸以祭，則謂此辭乃卜行楸祭于箙方，義亦可通。其云「辛巳卜吐入，令竝、𐎟」《契卜》141 片，此卜班令竝、箙二方也。其云「𐎟多𐎟」《遺珠》25 片，𐎟乃登之省體，讀如徵，此蓋卜徵箙方之多人，以事繇役也。彝器有〈𐎟父庚鼎〉《三代》

二卷 26 葉，〈⿰父癸甗〉《三代》五卷 4 葉，〈戍⿰父辛卣〉
《綴遺》十一卷 6 葉，〈⿰祖乙卣〉《三代》十三卷 1 葉，〈⿰
觚〉《三代》十四卷 17 葉，〈⿰鼎〉《錄遺》31 圖，〈⿰卣〉
《錄遺》236 圖，〈⿰盤〉《錄遺》481 圖，是皆箙氏之器。
〈⿰卣〉《三代》十三卷 1 葉，〈⿰父乙盉〉《三代》十
四卷 6 葉，〈⿰爵〉《三代》十五卷 31 葉，則箙為其邑，
戍、參、氏為其氏。卜辭之⿰與〈毛公鼎〉之魚⿰
《三代》四卷 49 葉，〈番生𣪘〉之魚⿰《三代》九卷 37 葉，
并象盛矢於箙，而為從矢之合體象形，即箙之古文。
〈毛公鼎〉之魚⿰，亦即詩之魚服見《小雅采薇、采芑》，
篆文作葡者，乃⿰之譌變。《說文用部》云「葡，具
也，从用苟省」。是據譌變之體，而誤以象形為會意，
誤以假借為本義矣。卜辭之⿰於方名之外，亦假為
用牲之副。其訓具者，卜辭假比為之，而未嘗假⿰
為之。蓋以比箙同為脣音古音同屬並紐，書傳有訓具
之葡，故《說文》遂以具義釋葡也。說者釋彝銘之
⿰為葡吳氏《古籀補》，而未知篆文之葡乃古文箙之譌
變，是亦昧其本柢矣。

　　亘氏：所以知亘為方名者，卜辭云「戊午卜㲌
貞，雀追亘⿰獲，　庚午卜爭貞，亘牵，　庚午卜

爭貞，亘不其牵，　貞亘其果隹執，　貞亘不果隹執」《乙編》5303 片，「辛丑卜㱿貞，戉不其獲亘，　貞戉獲執亘，　乙巳卜爭貞，雀獲亘，　乙巳卜爭貞，雀弗其獲亘，　辛亥卜㱿囗，雀獲亘」《乙編》4693 片，「癸亥卜亘弗月雀，　丁卯卜雀獲亘」《粹編》1553 片，「辛亥貞，雀牵亘受又」《續存上》638 片，此卜雀方及戉方，能否俘獲亘方也。其云「貞令雀章亘」《微文人名》40 片，「辛巳卜㱿貞，雀尋亘、我，　辛巳卜㱿貞，雀弗其尋亘、我」《丙編》119 片，此卜令雀方伐亘方，及卜雀方能否得亘、我二方也。其云「癸卯卜㱿貞，乎雀、衍伐亘戈，　勿乎雀、衍伐亘，弗其戈」《乙編》6130 片，衍與它辭之宇，并為午之緐文，此卜令雀、衍二方伐亘方是否無戈也。其云「貞犬追亘出及，　犬追亘凶其及」《乙編》5311 片，此卜犬方能否追及亘方也。其云「壬申卜㱿貞，亘、東其戈我，　壬申卜㱿貞，亘、東不我戈，　癸酉卜㱿貞，宣凶才亘」《丙編》306 片，壬申二辭之東，乃戈之緐文說詳釋戈，此卜亘、戈二方，是否加戈於我方也。癸酉一辭之才讀如戈，此卜宣方是否不戈亘方也。其云「壬午卜㱿貞，亘允其戈鼓，　壬午卜

殷貞，亘弗戋鼓」《丙編》177 片，此卜亘方是否加戋鼓方也。其云「囗戍卜方貞，戈夆亘」《粹編》1165 片，「貞亘夆寇，　貞亘弗其夆寇」《乙編》2572 片，此卜戈方能否執獲亘方，卜亘方能否執獲寇方也。其云「壬辰卜貞亘凵凷」《乙編》2443 片，「貞亘其㞢凷」《乙編》6698 片，此卜亘方有無巛咎也。其云「貞至亘方」《粹編》193 片，「貞亘獲」《乙編》4815 片，「囗卜爭貞，洹其乍丝邑，　癸亥卜爭貞，洹弗乍囗」《南北坊》5.39 片，是皆洹為方名之證。其云「辛卯卜大貞，洹、弘弗韋邑」《遺珠》393 片，此卜洹、弘二方，是否不韋伐邑方也。骨臼之辭曰「畫示四矛，　亘」《粹編》1499 片，「帝井示五矛，　亘」《林氏》1.8.2 片，「丙戌帝旻示囗，　亘自亞气」《明氏》2339 片，「利示六矛，亘」《南北師友》二.25 片，肋骨之辭曰「囗㞢示，　🔲」《前編》4.37.3 片，是皆紀方國貢物之辭。彝器有〈🔲爵〉《三代》十六卷 40 葉，🔲與卜辭之🔲并亘之緐文。若〈🔲父丁爵〉《三代》十六卷 29 葉，則為丘方亘氏之器。若〈🔲从鼎〉《三代》二卷 15 葉、〈🔲从甗〉《三代》五卷 1 葉、〈🔲从殷〉《三代》六卷 10 葉、〈🔲从尊〉《三代》十一卷 5 葉、〈🔲从卣〉《三代》十二卷 43 葉、〈🔲从罍〉《三

代》十三卷 50 葉、〈⃞訛舟〉《三代》十四卷 22 葉、〈⃞訛爵〉《三代》十五卷 33 葉，則為亘方征氏之器。文作訛訛者，與卜辭之祉衒，皆延之古文，非辵之異體也《孫海波文編》釋訛為辵。東周有〈垣圜泉〉《奇觚》二十卷 1 葉、14 葉凡十四品，春秋時有桓跳《左傳襄二十三年》，是當與古之亘方，俱因洹水而氏見《水經洹水篇》。從土作垣，及從木作桓者，皆亘之緐文也。【注】〈襄二十三年〉云「肱商子車御侯朝，桓跳為右」。〈洹水篇〉云「洹水出上黨泫氏縣，水出洹山，山在長子縣也」。

丙氏：所以知丙為方名者，卜辭云「辛酉卜王貞，余、丙、示旋于顯」《後編下》35.5 片，此卜余、丙、示三方，是否旋于正邑也。其云「辛卯貞从獸、丙、涉」《京津》4409 片，此卜追獸、丙、涉三方之一否也。其云「庚申卜吉貞，王令、丙」《乙編》4256 片，「貞令犬、丙」《佚存》108 片，此卜班令丙方，及犬、丙二方也。其云「貞乎衞从丙」《續編》5.15.10 片，「貞乎衞从丙、北」《續編》5.23.10 片，此卜召衞追丙邑，及追丙、北二邑之宜否也。丙從重口，乃方名丙之緐文也。其云「在丙不易日」《拾掇二編》160 片，乃於丙邑，卜氣象是否變易也易日之義說詳釋易。其云「甲寅

卜王曰貞，王其步自丙，又去自雨，在四月」《文錄》703片，丙乃㘝之省體，去下自字讀如徂，此卜王由丙邑啟行去往雨邑之宜否也雨為方名說見上文。其云「貞凶尤，在自丙卜」《文錄》718片，自丙猶它辭之自繇《後編下》15.1片，自鬲《佚存》318片，自寮《文錄》182片，自袋《文錄》190片，自受《文錄》225片，自湟《文錄》561片，自霝《文錄》667片，自喜《文錄》681片，自滴《文錄》682片，自罘《文錄》683片，自般《文錄》710片，自酱《文錄》716片，自非《文錄》717片，自析《文錄》735片，自追《京津》3326片，自木《京津》3466片，并於方名之上冠之以自，或於方名之下綴之以自，皆以示其為大邑。《尚書大傳》云「五里為邑，十邑為都，十都為師」《御覽》一百五十七引，是即方國而偁自之義。丙為丙之冗體，自丙亦即丙方也。其云「丁卯貞，王令鬼、㘝、剛于宣」《續存下》846片，此卜令鬼、丙、剛三族往宣方之宜否。㘝者丙之複體，剛者剛之古文，從刀网聲，示破罣网以昭彊斷之義，篆文從山作剛者，乃剛之絲文，而為方名之本字，非彊斷之本字也。《說文刀部》云「剛，彊斷也，从刀岡聲」。是以彊斷而釋方名，非其義矣。篆文之罰，

早見於西周彝器之〈師旂鼎〉、〈盂鼎〉、〈曶鼎〉、〈
毁〉及〈散盤〉。字從言网會意，以示言之剛愎無禮，則施譴謫。【注】案上舉諸器之罰字，於銘文同作𧦝，從言网會意，許氏釋為从刀詈，非是。《說文刀部》云「罰，辠之小者，从刀詈」。是許氏未識网為剛之初文，故誤以刀詈釋罰也。其云「庚戌卜王貞，白𡆧允其𠬝角」《佚存》91片，此卜白、丙二方或丙方之伯爵能否降服角方也。其云「壬戌卜伐𡆧𢦏」《京津》1325片，「辛酉卜我伐𡆧若，六月」《南北無想》1.75片，此卜丙方是否有𢦏，是否順利也。其云「甲午卜爭貞，往芻𡆧𣍘」《續編》1.29.1片，此卜往刈艸于丙方，是否有得也。其云「乙丑卜𡆧其𢦔眔，旋」《後編下》38.41片，𢦔乃戈之緐文，義如〈湯誓〉「割正」之割說詳釋戈，【注】割正，《說文刀部》云「割，剝也」，引伸有殺戮之義。正卽征伐之征，割正，同義詞。義詞《尚書湯誓》云「我后不恤我眾，舍我穡事，而割正夏」。意謂我君王不憐憫我大眾，廢棄我農事，而征伐夏朝。此卜丙方是否伐眔，旋二方也。其云「丁亥卜𡆧其𦎫眔、𥝩，五月」《徵文典禮》102片，「𡆧弗𦎫𥝩」《前編》6.29.2片，𥝩者休之初文，亦卽庥之或體，此卜丙方是否𦎫伐休方也。其云「辛卯卜貞，

☒其來」《庫方》504 片，此卜丙方是否來侵，或卜其
是否來朝也。其云「貞㠯☒其㞢㞢」《乙編》3522 片，
此卜丙方，或㠯、丙二方，是否有咎也。甲橋之辭
曰「帚☒示」《乙編》1541 片，「帚☒示四」《乙編》2719
片，「帚☒示百，　殼」《乙編》2684 片，「帚☒示」《乙
編》4605 片，「帚☒示，　宁」《乙編》7134 片，示讀如
致，此紀婦丙致貢方物也。古有〈☒布〉《辭典上》611
圖、612 圖，是乃丙邑之貨。彝器之氏丙者，尤為多
見引見上文。春秋時齊有邴歜《左傳文十八年》，晉有邴
豫《左傳襄二十一年》，魯有邴洩《左傳哀十一年》，益因宋
之邴邑而氏見《說文邑部》，【注】〈文十八年〉云「齊懿公之
為公子也，與邴歜之父爭田弗勝」。〈襄二十一年〉云「宣子殺箕
遺、黃淵、嘉父、司空靖、邴豫、董叔、邴師、申書、羊舌虎、
叔熊」。杜預注「十子皆晉大夫也」。〈哀十一年〉云「孟孺子洩帥
右師，顏羽御，邴洩為右」。《說文邑部》云「邴，宋下邑，從邑
丙聲」。下邑，謂國都以外之城邑。《春秋莊二十八年》云「冬，
築郿」。杜預注「郿，魯下邑也，傳例曰邑曰築也」。孔穎達疏「國
都為上，邑為下，故云魯下邑」。

　　㞢氏：所以知㞢為方名者，卜辭云「㞢來馬，
不其來馬，　貞㞢來犬，　不其來犬」《乙編》5305

片，此卜凿方是否致貢犬馬也。其云「凿不其來」《金璋》699片，此卜凿方是否來朝也。其云「貞凿口季」《乙編》4635片，季上當闕受字，此卜凿方是否有穫也。骨臼之辭曰「庚申帚八示八矛，　凿」《續存下》62片，「癸未帚喜示口矛，　凿」《粹編》1486片，「晏示二矛，　凿」《粹編》1481片，此皆凿氏所題諸方貢物之辭也。其云「凿示十口屮一口，　凿」《南北坊閒》1.6片，此則貢物之方，與驗收之氏相同，其非一人之名，又可知也。其云「乙酉晏口二矛，凿自亞气」《明氏》2341片，「丁卯晏示二矛，　自凿气，　小敊」《續編》5.16.3片，所謂「凿自亞气」者，气乃匄之假借，言凿氏由亞方匄得之也。所謂「自凿气」者，言由凿氏匄得之也。其云「甲子帚鑄示三矛，　敊，　屮」《後編下》27.10片，「乙丑帚笍示矛，　敊，　屮《續存上》65片，「庚口帚晏示囗，　屮，　丂」《粹編》1482片，所題之屮乃凿之初文。彝器有〈囧父己盉〉《三代》十四卷5葉，屮氏之器，所見益多引見上文。成湯時有仲虺《左傳定元年》，是當以中方為氏。

【注】《左傳定元年》云「仲虺居薛，為湯左相」。杜預注「仲虺，奚仲之後也」。卜辭之凿，彝銘之凿，皆中之緐文，亦

即方名與姓氏之本字。其從口者，猶邑或二字之從
口，乃以示其為城亶之義。古之氏族聚居，必有城
亶為蔽，故卜辭於「王族」之族，或從口作🔾《明氏
後編》2630 片。蓋以<u>殷世</u>方名之從口，猶<u>東周</u>方名之
從邑，此所以卜辭方國，率多從口，而未一見從邑。
然則口者乃國邑之名，引伸為凡圍際之義。《周頌常
長發》云「帝命式于九圍」，儷九州而曰九圍，是即
口之引伸義，其作圍者，乃口之後起字也。或謂卜
辭之殷作🔾，出作🔾，從口與皿同意，皆象盛物之
器<u>王國維</u>《戠壽考釋》70 葉。則以未諦析辭義，及綜覈
觠文，非通方之論矣。【注】案卜辭出作🔾，乃從止從口會
意，彝銘作🔾，則為從口省，非從口，從止從口以示人違離都邑
也。出之從口作🔾，猶各之作🔾，從夂口會意，示倒止入邑，以
至為本義。

　　<u>🔾</u>氏：所以知🔾為方名者，🔾乃口之觠文，口
之作🔾，猶每之作🔾《前編》6.27.3 片，言之作🔾《乙
編》4477 片，奠之作🔾《前編》6.66.1 片，女之作🔾引見
下文，丙之作🔾其文多見，亥之作🔾《乙編》3261 片、7569
片，皆從重口，以示方國之義。或釋🔾為品《栔文舉
例上》10 葉，然卜辭之品，明從三口作🔾或🔾，與🔾

形互異。其或釋𦥑為臨者陳晉《龜甲文字概論》34 葉，說
益乖妄矣。卜辭云「庚午卜丙貞，王比乍邑在囗，
丝帝若」《乙編》6750 片，比讀如庀，此卜王庀作邑於
囗方，卜問帝是否順從也。其云「丙戌子卜貞，我
凶乍囗， 丙戌子卜貞，囗不芻我」《乙編》6092 片，
此卜不為囗方作邑之宜否，及卜囗方是否來芻于我
邑也。其云「癸亥卜行貞，王其步自囗于羊，凶𻝆，
在正月」《京津》3475 片，此卜由囗方首途往羊方之吉
凶也。其云「丁亥卜弔，令囗方其至」《南北坊》5.23
片，弔下省貞字，此以班令囗方，卜其是否將至也。
其云「宙翌囗王其往囗」《京津》4604 片，此卜王往囗
方之宜否也。其云「乙巳卜叀囗令」《後編下》36.6 片，
此卜班令于囗方也。其云「癸巳卜貞，帚𦦣凶至囗」
《乙編》8713 片，𦦣乃方名女之鯀文，此婦之氏女者，
至囗方之宜否，或卜其是否不至囗方也。其云「丙
申卜囗其入囗」《乙編》466 片，此辭卜下之囗，蓋卜
人之氏，囗貞之辭至為多見，與𦥑為一字，此卜入
囗方之宜否也。其云「貞麤、魚、多、囗凶曲」《乙
編》8892 片，此卜四方有否𻝆咎也。其云「其戈囗方」
《後編上》22.13 片，此卜伐囗方之宜否也。其云「丁

巳卜叀，小臣囗㠯勾于中室」《甲編》624 片，㠯讀如
有，勾義如祈，中室乃宗廟之室，此令小臣囗氏有
所祈勾于中室，卜以問其宜否也。古器有〈囗尊〉《三
代》十一卷 3 葉，〈囗父辛觚〉《善齋禮器錄》四卷 30 葉，〈凵
乍矢車鑾〉《三代》十八卷 37 葉，〈囗布〉《辭典上》566 圖、
567 圖，〈囙印〉《共墨齋古鉥印譜》，此皆囗氏之物。古
之囗方，當即漢藍田縣之郖鄉見《說文邑部》。【注】《說
文邑部》云「郖，京兆藍田鄉」。段注「京兆藍田，今陝西西安府
藍田縣，縣治西十一里有藍田故城，郖者鄉名」。

奚氏：所以知奚為方名者，卜辭云「壬申卜貞，
王田奚，往來亡巛，王卟曰吉，獲狐十三」《前編》2.42.3
片，「戊辰王卜貞，田奚，往來亡巛，獲狐七」《前編》
2.43.3 片，奚乃奚之緐文，奚即奚之異體，或釋奚為
率，其說失之。其云「令奚从宋、家」《甲編》208 片，
此卜令奚方隨宋、家二方以任某事，或卜令奚方追
宋、家二方之宜否也家為方名，說見上文。其云「乙丑
貞叀奚令袜、黃」《戩壽》49.3 片，此卜奚氏班令袜、
黃二方宜否，奚氏於此辭，蓋執政之臣也。其云「己
巳卜㱿貞，奚不囗，　　己巳卜奚其囗」《丙編》438 片，
囗乃因之異體說見釋因，此卜奚方是否親附王朝，或

卜其是否來朝也。【注】案因，卽《說文》訓就之因，從口從大，示人就居室之義。卜辭之義如《大雅皇矣》「因心則友」之因，親附也。引見《殷栔新詮釋因》。其云「甲辰卜䣄貞，𝍊來白馬，王固曰其來， 甲辰卜䣄貞，𝍊不其來白馬」《丙編》157 片，此卜䧹方是否以白馬入貢也。其云「癸丑卜亘貞，王从𝍊伐人」《乙編》7741 片，案人於此辭作𝍊，唐蘭釋巴謬甚。，「癸丑卜亘貞，王从𝍊伐人」《丙編》7741 片，此卜王隨䧹方伐人方之宜否。或者从義為由，謂卜取道於䧹方以伐人方，義亦可通。其云「壬午口貞，隹我、𝍊不正」《丙編》7741 片，此卜我、䧹二方是否不善也。彝器有〈𝍊段〉《三代》六卷 6 葉，〈𝍊卣〉《錄遺》237 圖，〈𝍊卣〉《三代》十二卷 35 葉，〈𝍊罟〉《三代》十三卷 47 葉，〈𝍊罟〉《三代》十五卷 2 葉，〈𝍊瓿〉《攈古》一之一卷 16 葉，〈朵𝍊段〉《三代》七卷 11 葉，〈乍冊𝍊卣〉《三代》十三卷 39 葉，〈白𝍊盂〉《錄遺》292 圖，〈𝍊仲段〉《三代》七卷 17 葉，是皆䧹氏之器。𝍊與卜辭之𝍊𝍊，并示係虜奴役，當以䧹奴為本義。《墨子天志下篇》云「民之不格者，則係操而歸，大夫以為僕圉」，【注】僕圉，駕車養馬。《左傳文十八年》云「而使歜僕」。杜預注「僕，御也」。《周里夏官敘官》

云「圉師」。鄭注「養馬曰圉繢關」。《周李秋官禁暴氏》云
「凡奚隸聚而出入者，則司牧之」，注曰「奚隸女奴
男奴也」。《周易隨》云「拘係之乃從」，《淮南子本
經篇》云「儓人之子女」，據此則奚與係儓，乃音義
相同之字，俱為徒隸，固無男女之別。古之奚奴，
無意禽獸。故卜辭稱田獵得獸曰獲，其稱征伐得敵
亦曰獲。禽獸用為犧牲，奚奴亦用為犧牲。卜辭云
「己丑卜爭貞，王其𢦏， 貞勿𢦏」郭氏《綴合》255
片，「丙寅卜亙貞，王𢦏多矛若口， 貞王𢦏多矛若
于下乙」《乙編》4119 片，「酚萑至卯小辛三牢，又𢦏
二」《前編》1.16.5 片，凡此諸文，并從戊奚聲，隸定
為𢦏，而讀如犧，乃用人為犧之本字奚義同屬淺喉音。
此可證奚之本義為奚奴，奚奴用為祭品，故其字從
戊作𢦏。彝銘之𢦏𢦏并為奚之緐文，從田者示其為
農桑之族，從女者其為姓氏。其曰「朵𢦏」者，斯
為梁方奚氏之器。〈白𢦏盉〉則為白方奚氏之器。其
曰「乍冊𢦏」者，乍冊為其官，𢦏乃其氏也。夏有
奚仲《左傳定元年》，春秋時吳有奚斯《國語吳語》，是當
與卜人奚俱因奚邑而氏奚見《春秋桓十七年》。【注】《左傳
定元年》云「薛之皇祖奚仲居薛，以為夏車正」。《國語吳語》云

「吳王夫差既勝齊人於艾陵，乃使行人奚斯釋言於齊」。韋氏解云「奚斯，吳大夫也」。《春秋桓十七年》云「夏五月丙午，及齊師戰于奚」。杜預注「奚，魯地也」。《說文大部》云「奚，大腹也」，〈女部〉云「嫨，女隸也」，是乃見奚之從大，而以大腹釋之，見嫨之從女，而以女隸釋之，舉失其本義矣。通考凡從系聲之字，胥無大腹之義，而許氏云然，是猶以擇菜釋若，以母猴釋為，皆為曲解字形之謬說。說卜辭者，釋奚為縅《古籀篇》六十八卷 37 葉，或疑為奚之異體《商氏類編》，或疑為奚戊合文王襄《徵文考釋人名》10 葉，或疑為古文繫字葉氏《前編集釋》一卷 71 葉，是皆未明奚之義蘊也。

　　史氏：所以知史為方名者，卜辭云「貞才北史，獲羌，　貞才北史，匃其獲羌」《乙編》6400 片，才讀如哉，此卜加兵于史方之北，是否可獲羌人也。其云「貞勿至史」《遺珠》305 片，此卜是否至史方，或不至史方之宜否也。骨臼之辭曰「己丑史示三矛，岳」《粹編》1506 片，此紀史方貢物之辭也。彝器有〈史鼎〉《三代》二卷 4 葉、5 葉凡六器、〈史殷〉《三代》六卷 3 葉凡二器、〈史尊〉《三代》十一卷 1 葉凡五器、〈史爵〉《三代》十五卷 7 葉凡二器、〈史戈〉《三代》十九卷 9 葉、〈史父

庚鼎〉《三代》二卷 25 葉、26 葉凡二器、〈□父丁卣〉《三代》十二卷 50 葉、〈□父丁觶〉《三代》十四卷 43 葉、〈□祖乙觶〉《三代》十四卷 39 葉、〈□父癸觶〉《三代》十四卷 47 葉、〈□父辛爵〉《三代》十六卷 18 葉、〈□宜父鼎〉《三代》三卷 30 葉，是皆史氏之器，當因史水而氏見《水經決水注》。【注】〈決水注〉云「決水出廬江雩婁縣南大別山」。若〈□□殷〉《錄遺》154 圖，則為史方又氏之器，從口作□，從宀口作□者，乃方國與姓氏之緐文也。史於卜辭作□□從又中會意，中象錐牘之形，當以圖書為本義，引伸為凡簿籍簡冊之名。【注】錐牘謂書寫之筆及書版也。《周禮春官天府》云「凡官府鄉州及都鄙之治中，受而藏之」，鄭司農注曰「治中謂其治職簿書之要」。〈秋官小司寇〉云「以三刺斷庶民獄訟之中」，又云「歲終則令羣士計獄弊訟，登中于天府」。〈鄉士、遂士、縣士、方士〉并云「獄訟成，士師受中」，凡此諸中皆謂獄訟之簿書。《國語楚語上》云「余左執鬼中，右執殤宮，凡百箴諫，吾盡聞之矣」。所謂「鬼中」，乃記死者之簿籍，即前代之舊史。所謂「殤宮」，乃為死者之宗廟。宗廟者，凡盟約、獄訟、官府之簿書，及萬民生齒之版，皆所守藏見《周禮天府、

大司寇、小司寇、司民》，【注】生齒，嬰兒長出乳齒也。古代以嬰兒長乳齒始登版籍，《周禮秋官司民》云「掌登萬民之數，自生齒以上，皆書於版」。鄭玄注「男八月，女七月而生齒」。二者俱饒箴諫，故曰「凡百箴諫，吾盡聞之」【注】箴諫，謂規戒勸諫之言。。是乃用中為史籍之義，斯皆中之引伸義也。惟書牘之中，於卜辭彝銘并作中，中央之中於彝銘作𝕩，射中之中於彝銘作中或中 說見上文，三文形近音同，逮篆文始省𝕩為中，經傳亦殽合三文為一字，以是三文之初義，遂幽隱不彰。《周禮小司寇》注曰「中謂罪正所定」，〈鄉士〉注曰「受中謂受獄訟之成」，鄭司農云「中者刑罰之中」，《國語》韋注曰「中，身也」，是皆昧於中之本義。鄭司農於〈天府〉之治中，獨以簿書釋之者，則以審其文義而知之也。史從又中者，示刻書於牘，而以書契記事為本義。傳言倉頡作書 見《荀子解蔽篇》，爾時既無刻木之刀，亦無和墨之筆，故史所從之中，文不從辛，亦不從聿 辛為剞劂之象形，聿為筆之初文，說見上文。，唯象錐牘之形而作中。錐而引於牘下者，所以別於叶之古文作屮 卜辭叶作屮，非取穿通之義。卜辭或作中者，與中義不殊。所從之中，乃象錐之上大下銳，

〈史尊〉作⊞，亦與錐形宛肖。或釋ᛜᛜ為史事二
文_{孫海波《甲骨文編》}，此未知卜辭二文通作，亦多見
用ᛜ為事。良以史本記事之名，故引伸為凡行事之
義，非若彝銘事之作ᛜᛜ，以示有別於史也。虞夏
以前錐必骨石，殷虛出土者，雖有銅錐，尤多骨角
之錐<sub>殷虛出土銅錐二枚，其一見 1003 號《大墓圖版》玖伍葉第
二圖，其一見 1217 號《大墓圖版》捌壹葉第三圖。骨角之錐益為
多見，1001 號大墓出骨錐 23 枚，角錐 2 枚，見圖版壹陸陸葉至壹
陸捌葉。1002 號大墓出骨錐 13 枚，角錐一枚，見圖版伍陸葉。1003
號大墓出骨錐一枚，見圖版伍肆葉。1004 號大墓出骨錐 25 枚，角
錐一枚，見圖版捌叁葉。1217 號大墓出骨錐五枚，見圖版陸叁葉。</sub>，
可徵卜辭已有辛刀聿諸文，亦有丹墨書字，然仍骨
錐刻牘，尚存古制。殷虛卜辭，數累萬版，字之大
者如蠶豆，小者如粟米，點畫鉤勒，無論洪纖，靡
不用刀如筆，絕無濡滯補刻之迹，斯正古之書契。
而以甲骨之堅礐，決非骨錐可任刻鏤。夫以骨錐表
暴之多，因知殷之牒讀，多於卜辭，非僅倍蓰。【注】
牒牘，謂公文也，卽處理或連繫公務之文字。倍蓰，謂數倍也。《孟
子滕文公上》「夫物之不齊，物之情也。或相倍蓰，或相什百，或
相千萬」。亦如錐刀絜字，固在丹墨作書之前。此所以

史之古文作㱿，以示刻牘之義，而書牘之古名曰中
者，亦必傳自虞夏之前。若夫丹墨作書，必須掘地
出丹，和煙作墨，又必削管聚毫，而後施之竹帛。
以視骨錐栔字，臨書雖易，用物實緐，其在錐栔之
後，斷乎無疑矣。自丹墨作書，世趨簡易，因而經
傳徒見書契之名，而無刻文之實。蓋自西周以降，
凡簿書文牒，尟有如古之書栔者。是以載籍未見錐
刀鏤版，而於中㱿二文，自漢以來靡能諦知初義。
後世以筆代錐，而偁筆曰毛錐見《五代史史弘肇傳》，是
蓋古語流傳，猶可藉窺古制者也。【注】〈史弘肇傳〉云
「安朝廷，定禍亂，直須長槍大劍，若『毛錐子』安足用哉？…
『毛錐子』，蓋言筆也」。凡殷虛之錐，俱出大墓，蓋與
版牘同瘞墓，猶之汲郡之魏王冢，襄陽之楚王墓，
并有竹書從葬見《晉書束皙傳》、《南齊書文惠太子傳》，【注】
〈束皙傳〉云「太康二年，汲郡人不準盜發魏襄王墓，或言安釐
王，得竹書數十車」。案王隱《晉書束皙傳》作「魏安釐王」。〈文
惠太子傳〉云「時襄陽有盜發古塚者，相傳云是楚王塚，大獲寶
物玉屐、玉屏風、竹簡書、青絲編」。殷虛版牘悉無孑遺，【注】
孑遺，謂遺留；殘存也。《大雅雲漢》云「周餘黎民，靡有孑遺」。
或為前代椎藐者所揚棄，或以竹木易朽，固唯存其

絜牘之椎。顧未見工匠之物，是知銅骨之椎，決非《管子》所謂軺輂，與女工之器也見《管子海王篇、輕重乙篇》。以史之本義，為書絜記事，《世本》云「沮誦、蒼頡作書」《廣韻九魚》引，沮誦讀如祖辭頌辭同屬邪紐，義謂始作文辭。蒼頡讀如叛絜叛絜同屬牙音，義謂叛為書絜，是皆以事為名。猶之構木為巢，而曰有巢。鑽燧取火，而曰燧人見《韓非子五蠹篇》。始伏禽獸以充庖廚、而曰包犧。始作耒耜以興農事，而曰神農見《易繫辭下》。亦皆以事為名，非以沮蒼為姓氏也。然則書絜者乃謂文字絜木，則與祖辭之義，同實而異名，非謂契約也。始作書絜者名為史皇見《呂覽勿躬篇》、《淮南子脩務篇》，彫琢文書者名曰約史匠見《論衡量知篇》，《後漢書北海靖王傳》云「又善史書，當世以為楷則」，《抱朴子辨問篇》云「善史書之絕時者，謂之書聖」，則俌執筆作書，而曰史書，是亦承書絜記事而為名，固亦漢晉所傳古義。書絜錐刀，而文字與圖畫同原，故刀錐刻物，其名曰劃見《說文刀部》，圖畫之工其名曰史見《莊子田子方篇字》。考之《周禮序官》、自〈天官大宰〉，以至〈秋官都士〉，凡官之有府者亦必有史〈地官之角人羽人〉并有府無史，蓋為闕

文。府者掌官栔之藏，史者掌官書之職見〈天官宰夫〉，推而至於女史〈天官〉、大史、小史、內史、外史、御史〈春官〉、左史、右史《禮記玉藻》、侍史《史記孟嘗君傳》，凡此雖多後起之名，然而俱司文書記事，〈曲禮〉云「史載筆」，《左氏》云「史為書」〈襄十四年〉，是皆史之本義。《說文史部》云「史，記事者也，从又持中，中，正也」。以史記事，說無可易。惟以正釋中，則誤以𢆶義而釋中矣。或據《周禮大史》所云「凡射事飾中舍算」，而謂中為盛算之器，史字从又持𠱾，義為持書之人王國維《觀堂集林》卷六〈釋史〉。然案〈射禮〉而有「大史飾中」之文者，是猶大史之主若時令見《禮記月令》、《左傳昭十七年》、《國語周語上》，或司卜筮見《禮記月令》、《左傳僖十五年、文十三年、成十六年、襄九年》，皆與記事之職不倫，決為後世增衍。若書栔之制，肇於文字初興，虞夏之書皆賴栔牘傳世，則史中二文，必在虞夏以前。爾時既無射禮，何有盛算之中。而乃云然，此其顛亂前後者一也。射者期於中的有獲，故名盛算之器曰中，名計射之算曰獲算亦曰獲見《儀禮鄉射禮、大射禮》。依名索義，則盛算之中，當以𠱾為本字，而讀如仲。𠱾非以盛算器為

本義，猶非以籌筭為本義。乃謂書牘之中為盛筭之
器，此其昧於名義者二也。藉曰中象筭器之形，則
筭凡八枚，何以卜辭彝銘，所見史字多至百數，而
其文皆從中或中，竟無一見如箟之作𠈇者。且也筭
盛於中，尤不宜筭貫器底，亦如兵器之秘。乃曰「中
之上橫鑿空以立筭，達於下橫，其中央一直，乃所
以持之」。信如所言，則為一切盛物之器所無，乃謂
獨筭器如斯，何能徵信，此其曲說字形者三也。自
餘異說，謬戾益甚，要皆等酈以下矣。

　　韋氏：所以知韋為方名者，卜辭云「丁亥卜殼
貞，乎㠱从韋取夾、臣」《乙編》108 片，此卜令㠱隨
韋方伐取夾、臣二邑之宜否也。从亦方名，則謂此
辭乃卜召㠱、从、韋三方伐取二邑，義亦可通。其
云「戊寅卜在韋𫝅，自人凶戈，異其秜」《京都》21.
41 片，韋𫝅乃韋之師次，謂師旅止宿之地。異為祭
祀之本字，秜為秬之古文，此於韋𫝅，卜師旅是否
凶戈，并卜因祭祀而秬田之宜否也。【注】𫝅於經傳作
次，《左傳莊三年》云「凡師一宿為舍，再宿為信，過信為次」，
斯乃次之假借義。其云「甲子卜宍貞，乎屮、韋」《京津》
566 片，此卜召屮、韋二方也。甲橋之辭曰「帚井示，

韋」《乙編》3330 片，此紀婦井入貢方物，韋為驗收之
氏也。其云「癸丑卜子凶、子韋口」《後編下》18.2 片，
凶為囪之古文，子囪、子韋皆子姓分封之氏也。彝
器有〈🔲鼎〉《三代》二卷 5 葉、〈🔲父丁鼎〉《三代》二卷
22 葉、〈🔲殷〉《三代》六卷 3 葉、〈🔲父丁尊〉《三代》十
一卷 8 葉、〈🔲爵〉《三代》十五卷 9 葉凡二器、〈🔲戈〉《三
代》十九卷 8 葉、〈🔲父丁鼎〉《三代》三卷 2 葉，此皆韋
氏之物。若〈弓🔲祖己爵〉《三代》十六卷 27 葉、〈弓🔲
父庚爵〉《三代》十六卷 30 葉，則為弓方韋氏之器。〈🔲
癸爵〉《三代》十五卷 28 葉，則為韋方癸氏之器。若〈子
🔲爵〉《錄遺》420 圖、431 圖葉，與子韋同名，乃子韋氏
之器。蓋因漢之韋鄉而氏《續漢志》東郡白馬縣有韋鄉。
彝銘之🔲於卜辭作🔲者，是猶鼎銘之✤《三代》二卷
15 葉，於卜辭作🔲，乃其省體也。或釋✤為亞馬敘倫
《說文疏證》卷十四，是不知文字之構形，而恣為妄說
者矣。卜辭之🔲，從二止口聲，彝銘從四止口聲，
是示異道背行之義，而為違、戣與衛之初文。以韋
借為皮韋，故自韋而孳乳為違與戣。猶之來孳乳為
秾，西之孳乳為棲，皆以示別於假借之轉注字也。《說
文韋部》云「韋，相背也，从舛口聲。獸皮之韋可

㠯束物，枉戾相違背，故借以為皮韋」。釋義不誤，惟謂從舛，則說殊未然。蓋以彝銘之⊕非從四止之𣥂，因知韋非從二止之舛也《說文》釋舛形義并誤。【注】案舛從二止會意，而象相背嚮之形。說詳《文字析義注》下冊釋〈舛〉。韋之借為皮韋，猶來之借為往來，西之借為東西，皆假借之義，劃然異揆。若朋於卜辭象貫貝之形而作拜，朋友之字，於卜辭從人作伊《續編》3.47.1片，彝銘與卜辭同體，即《說文》訓輔之倗，二字并與鳳形迥異。勿之借為㤅遽，乃蓔之假借，能之借為賢能，乃㚢之假借。而《說文》於來西勿能之假借義，俱以引伸說之，是皆謬為委說，與釋韋相同也。若鳳之與朋，古無通借之證，而《說文鳥部》云「鳳飛羣鳥從以萬數，故以為朋黨字」。斯乃誤以鳳朋為一字，而又誤以引伸而說假借，益為重悖矣。

　　遝氏：所以知遝為方名者，卜辭云「戊辰卜𠃎貞，令𠦪㞢田于🏵」《前編》2.37.6片，㞢即篆文之㘿，義如《國語》「墾田若蓺」之墾〈周語中〉，【注】〈周語中〉云「道無列樹，墾田若蓺」，韋氏解「發田曰墾，蓺猶蒔，言稀少若蓺物也」。🏵乃🏵之省，而為方名之絲文，此卜令遝族闢田于羊方之宜否也。其云「丁丑卜爭貞，

來乙酉囚，用彳來羌囗自元囗」《續存下》265片，囚隸
定為昧，義如〈堯典〉之類說詳釋昧，此以昧祭，用
迊方所來之羌人為牲，卜以問其宜否也。【注】〈堯典〉
云「肆類于上帝」，義謂於是行類祭祭上帝。其云「辛未卜行
貞，其乎坓才行又冓，　　貞凵冓」《粹編》511片，才
讀如戈，冓義如《小雅四月》「我日構禍」之構，【注】
〈四月〉云「我日構禍，曷云能穀」。構禍，造成禍亂也。穀，善
也。意謂我日日造成災禍，何時纔能好好生活。此卜命迊方加
戈於行方，卜其有成與否也。或釋為在，而以屬之
別一辭見《粹編考釋》，失其義矣。其云「辛卯卜貞，
令圉从彳、止，八月」《林氏》1.26.18片，此卜令周方
隨迊、止二方之宜否，或卜令周方追迊、止二方也。
其云「貞冓眔坓獲鹿，　　允獲，　　貞冓眔坓不其獲
鹿」《丙編》546片，此卜冓氏及迊氏能否獲鹿也。骨
臼之辭曰「戊申帚自示二矛，　　卜」《續編》6.9.4片，
「癸酉帚臽示一矛，　　卜」《南北師友》2.15片，「奠示
十矛屮一口，　　卜」《外編》9片，是皆迊氏驗收方物
之辭。甲橋之辭曰「卜入十，　　帚閄示，　　丂」《丙
編》378片，此紀迊方入貢之辭，云「帚閄示」者，
謂婦丙所致送也。彝器有〈彳父辛爵〉《錄遺》454圖、

〈◇日戊尊〉《三代》十一卷 26 葉，是皆遜氏之器。從
口作遜者，乃其絲文。〈父戊彝〉銘末有「告灬」二
文《錄遺》507 圖、508 圖，斯乃鑄工之氏，義謂告方遜
氏所作之器。卜辭之◇◇隸定為从，乃從人從行省
會意，以示人行過歷之意，而為遜之古文，字亦從
行而作◇。其從彡作◇者，與彝銘之◇◇同體，隸
定為彶。文從彡者，猶彤之從彡，所以示進行之義。
卜辭從口作◇◇與◇者，乃遜之絲文。其作◇◇者，
乃從重口之省，所以示方國之義，非從水也。〈中再
段〉云「用饗王逆◇」《三代》六卷 45 葉，義謂用饗王
之來過也。〈萬尊〉云「用歡侃多友」《三代》十一卷 35
葉，〈大保段〉云「王◇大保」《三代》八卷 40 葉，則假
侃遜為衍，其義與〈中再段〉互殊矣。【注】案《說文》
云「衍，喜兒」，〈萬尊〉云「用歡侃多友」者，謂用歡以喜樂多
朋友也。〈大保段〉云「王遜大保」者，謂王嘉美大保也。以◇
為遜之古文，遜克雙聲二字同屬溪紐，故卜辭之遜有
從克聲而作◇◇者《續編》6.24.13 片、《佚存》980 片，彝
器有〈◇瓠〉《三代》十四卷 22 葉，亦從克聲，而為遜
氏之器。克而從又作◇者，乃克之絲文，猶之刀於
彝銘作◇◇，耒於彝銘作◇◇引見上文，亦刀耒之絲

文也。卜辭之⿺辶𠂢於方國及姓氏之外，復有二義，其一讀如遣，如云「囚又囚女我，王□<u>克</u>、<u>□</u>二人」《郭氏綴合》359片，□乃子之緐文，此卜遣<u>克</u>、<u>子</u>二人之宜否也。其二讀如衍，如云「辛未卜貴貞，今日亡□」《七集》P81片，「于戊田，湄日亾𢦏□，王囗，　王其田叀乙，湄日亾𢦏□，王畢，　囗戊田湄囗亾𢦏□，王畢」《續存上》1965片，此皆卜是否有愆尤。𢦏□為同義疊語，云「亾𢦏□」者，乃卜是否無𢦏害也。良以⿺辶𠂢與遣愆同音，故相通借⿺辶𠂢遣愆古音同屬安攝溪紐。此考之□□之構體，及卜辭彝銘□□之文義，與夫從克聲之□，固可塙知卜辭之□□及□□，皆⿺辶𠂢之古文。說者乃釋□為永《契文舉例上》10葉，或釋□□為辰《增訂考釋中》9葉，或釋□□為行《徵文天象考釋》8葉，或釋□□為泳，釋□為祴《古籀篇》四卷3葉、五卷17葉，或釋□為衍<u>柯昌濟</u>《殷契補》，或釋〈日戊尊〉之□為咏《筠清》二卷20葉，或釋〈父辛爵〉之□為永<u>于省吾</u>《錄遺目錄》，其於〈大保設〉之□，亦多異說說詳下文，要皆悖其塙詁。行於《石鼓文》作□，雖與卜辭之□同體，而其聲義迥異。未可據<u>東周</u>之文，以上考卜辭也《石鼓文》當作於<u>戰國</u>時，舊說

以為春秋之前，皆謬。

　　屮氏：所以知屮為方名者，卜辭云「戊午卜丙貞，屮若，　貞屮不若」《郭氏綴合》141片，「戊寅貞，屮凵屮」《粹編》1545片，此卜屮是否吉利，是否無咎也。其云「貞勿令屮」《鐵雲》108.4片，此卜勿班令于屮方也。其云「貞卸屮」《乙編》656片，此卜禦屮方，或卜饗燕屮氏也。甲橋之辭曰「屮氏五」《乙編》2018片，此紀屮方致方物也。

　　宁氏：所以知宁為方名者　，卜辭云「壬辰卜王貞，令陕取馬、宁、涉」《鐵雲》62.1片，陕為矢之絫文，此卜令陕方伐取馬、宁、涉三方，或卜令陕方伐取馬於宁、涉二方也，其云「己巳卜我貞，史豕、宁」《乙編》4949片，「壬寅余卜口史豕、宁」《庫方》12片，此卜遣使于豕、宁二方之宜否也。其云「貞令宁氏尧，　貞勿令宁氏射、尧」《甲編》3656片，氏讀如抵，此卜令宁方抵擊射、尧二方之宜否也。或釋此辭之射為射官，而謂氏為招致見屈萬里《甲編考釋》，是未知氏亦讀如抵，且未知射、尧皆為方名也。其云「貞勿乎宁、壴、眔」《續編》5.24.5片，此卜不召宁、壴、眔三方之宜否也。其云「宁不其獲」《續編》

3.41.8 片，「甲午卜爭貞，囟其㞢曲，　貞囟凵曲」《乙編》7258 片，「己亥囟受又」《續編》2.30.6 片，「貞乎奴囟臼」《乙編》7806 片，甲橋貢物之辭曰「囟入一」《乙編》4539 片，「囟入二」《乙編》2588 片、6752 片，「囟入三」《乙編》752 片、4517 片，「囟入四」《乙編》2281 片，「囟入十」《乙編》1578 片、1955 片、3477 片、5254 片，「囟入廿」《乙編》4954 片、7337 片，是皆宁為方名之證。其作囝者，象積貝於宁中，〈頌鼎〉作𧶏，〈尹氏匡〉作𧶏，篆文作貯，則皆形義未能密合。古物有〈𠁁鼎〉《三代》二卷 7 葉、〈𡪄鐃〉《三代》十八卷 7 葉、〈囟爵〉《錄遺》415 圖、〈𡪄斧〉《錄遺》603 圖、〈囝壺〉《三代》十二卷 1 葉、〈𡧇鼎〉《錄遺》24 圖、〈𡧇爵〉《錄遺》503 圖、〈𡧇錇〉《錄遺》515 圖、〈囟卣〉《筠清》二卷 46 葉、〈囟戈〉《續殷下》81 葉、〈宁布〉《辭典上》410 圖，是皆宁氏之器，與宁方之物。若〈宁未父乙盂〉《三代》十四卷 7 葉、〈囝乙爵〉《續殷下》1 葉、〈𡧇犬父乙爵〉《三代》十六卷 28 葉、則宁為其邑，未乙犬皆其氏。文作囝者，象積刀貨於宁，與從貝之囟其義無異。傳世刀貨，多為東周齊國之物，其非齊國者，要亦不出東周。然囝之構形古樸，決為周初之文，可徵周

初已有刀貨。《漢書食貨志下》云「太公為周立九府圜法，貨寶於金，利於刀，流於泉，布於布，太公退又行之於齊」。《管子地數篇》云「珠玉為上幣，黃金為中幣，刀布為下幣，先王高下其中幣，而制上下之用，則文、武是也」。【注】〈地數篇〉云「故先王各用於其重，珠玉為上幣，黃金為中幣，刀布為下幣。令疾則黃金重，令徐則黃金輕，先王權度其號令之徐疾，高下其中幣，而制下上之用，則文武是也。」所謂文武、謂周文王與周武王也。據此則周初已有刀泉與布，證之囧之一文，是知《漢志》與《管氏》所記，非虛言也。文作囧者，象分別積物之形，與《說文》訓之宁之義相合，是亦貯之異體。其作囧者，文飾旁出宁外， 乃象障隔內外之屏，《爾雅釋宮》云「門屏之閒謂之宁」，蓋其初義，本偁蔽門之屏為宁，引伸則為門屏閒之名，及宁立之義。【注】門屏謂門與屏之間。〈釋宮〉郭璞注「人君視朝所宁立處」。蔽門之宁，取象於積物之宁，比擬為名，故其名偁無異，其於姓氏，亦二文相通。以宁亦為門屏，故宁於卜辭或從貝作𫩏，蓋以示別於門屏之轉注字。或釋囧為邑《筠清》二卷引陳介祺說，或釋囧為格中刀《西清古鑑》十卷15葉，或并釋二文為

匿《古籀篇》二十一卷 31 葉，是皆不識古文，而徒謬說
形義者也。或釋囷為大盾之櫓郭某《金文叢攷》198 葉，
然案干於彝銘作 ⬛ 申 引見上文，櫓之與干，形當相類。
乃謂上下三出之囷，為櫓之象形，說益妄謬矣。

　　記氏：所以知記為方名者，卜辭云「丁亥卜殷
貞，氏屮、正」《乙編》3767 片，「貞弗其氏屮、
正」《乙編》8227 片，此卜記方是否抵擊屮、正二方
也。其云「貞㞢，　貞勿㞢」《乙編》8227 片，
㞢卽篆文之將，此卜是否扶助記方也。其云「貞
亾曲，　貞其屮曲」《乙編》6728 片，此卜記方是
否有咎也。其云「貞勿乎取」《遺珠》23 片，此卜
不命伐取記方也。其云「叶王口」《乙編》6348 片，
此卜記方是否勤王事也。記於卜辭或作，從二人
前後相攘，示不敢相竝之意，當為慫之古文。《說
文卩部》云「記，二卩也，巽从此，闕」，是以從
人為從卩，而又未知其音義也。

　　先氏：所以知先為方名者，卜辭云「己丑卜殷
貞，子肙其弗獲半」《乙編》6702 片、7795 片，此卜子
商是否可獲先方也。其云「乙未卜貞，乎半取寇于
口、　貞勿乎」《甲編考釋》圖版零柒玖，此卜是否命

先方，伐取寇方于某地也。其云「辛未卜亘貞，乎
羊、官」《續存下》484 片，「乎羊于叀」《續編》5.26.10
片，叀乃炎之緐文，此卜召先、官二方，及卜令先
方往炎方也。其云「乙卯王卜貞，亘、乎、羊叀今
歲若，在六月」《京都》2945 片，此卜亘、乎、先三
方，今歲是否順利。彝器有〈乎毁〉《三代》七卷 30
葉，是卽乎為姓氏之證也。其云「戊午卜爭，羊尋」
《乙編》7094 片，「貞今十一月羊不其尋」《續編》5.35.6
片，此卜先方是否有所得也。其云「貞乎絫、羊、
尋，　貞乎絫、羊从東尋」《丙編》63 片，二辭之尋
皆為方名，上辭乃卜召三方，下辭卜令絫、先二方，
隨東尋以任事也。其云「貞羊獲羌」《京都》366 片，
此卜先方能否獲羌人也。其云「壬戌卜爭貞，气令
戌田于羊、厌，十月」《前編》2.28.2 片，戌為臤之緐
文，此卜令臤族田於先、厌二方也。其云「己卯卜
王貞，余乎比壹羊，余弗覺比」《續存下》319 片，覺
乃攬之古文讀如邐，余於此辭為殷王自偁，此卜令
比方壹伐先方，殷王不協迫比方之宜否也。其云「乙
亥卜奎羊，　乙亥卜弗奎羊」《摭佚續》142 片，此卜
能否執獲先方也。其云「其伐羊，　不利」《前編》

2.3.1 片，「丙戌卜貞，<u>比</u><u>自</u>才✦不〢〢」《_{前編}》2.4.3 片，「戊戌卜今一月✦戈」《_{續編}》5.30.5 片，「乙巳卜叀✦令」《_{續編下}》36.6 片，「貞乎✦取<u>羊</u>不口」《_{零拾}》1325 片，是皆<u>先</u>為方名之證。文作✦者乃先之絲文，其作✦✦者，亦先之異體。或釋✦為尤<u>王襄</u>《_{殷契類纂}》，或釋為尤<u>鮑鼎</u>《_{春秋國名考釋}》，說俱非是。彝器有〈✦壺〉《_{三代}》十二卷 1 葉、〈✦鼎〉《_{三代}》二卷 2 葉、〈✦罕〉《_{三代}》十三卷 47 葉、〈✦爵〉《_{三代}》十五卷 2 葉、〈✦爵〉《_{三代}》十六卷 4 葉，是皆<u>先氏</u>之器。《<u>左傳昭元年</u>》云「<u>商有姺、邳</u>」，【注】〈昭元年云〉「<u>商有姺、邳</u>」。<u>杜預</u>注「二國<u>商</u>諸侯也」。<u>邳</u>，今<u>下邳</u>縣也。<u>姺</u>卽《<u>呂覽本味篇</u>》之<u>侁</u>，【注】〈本味篇〉云「<u>有侁</u>氏女子採桑，得嬰兒于空桑之中，獻之其君」。從女作<u>姺</u>，或從人作<u>侁</u>者，乃先之絲文，亦卽先之本字。<u>春秋</u>時<u>晉</u>有<u>先友</u>、<u>先丹木</u>《_{左傳閔二年}》，【注】〈閔二年〉云「<u>狐突</u>御戎，<u>先友</u>為右，<u>梁餘子養</u>御<u>罕夷</u>，<u>先丹木</u>為右」。是亦因<u>先方</u>而氏。卜辭及彝銘之先，并從止在人上，猶肯之從止在舟上，俱以示前進之義。止屮音同形似，故篆文作✦。《說文先部》云「先从儿之」，是誤以止為之也。

旅氏：所以知旅為方名者，卜辭云「庚辰王卜在🔲貞，今日其逆旅、𠮟、🔲于東單，囚𫝀」《續存下》917 片，🔲非篆文之繫，而為方名執之絲文，此卜逆伐旅、𠮟、執三邑于東單也。其云「己巳卜王乎取旅」《佚存》735 片，「貞我才旅」《前編》4.31.7 片，才讀如戈，此卜取旅邑，及加戈於旅邑也。其云「🔲旬二日辛亥，告王韋旅🔲」《遺珠》991 片，此蓋以韋伐旅邑告祀先祖也。其云「王其乍𫝀于旅邑，受又」《後編下》4.8 片，𫝀乃從土俑聲，而讀如城俑於古音屬透紐，城屬定紐，同為舌音。，此卜作城郭于旅邑，是否受祐也。彝器有〈🔲鼎〉《三代》二卷 2 葉、〈🔲祖丁甗〉《三代》五卷 2 葉、〈🔲父乙卣〉《三代》十二卷 49 葉、〈🔲父辛卣〉《三代》十二卷 54 葉、〈🔲觚〉《三代》十四卷 13 葉、〈🔲父辛觚〉《三代》十四卷 26 葉、〈🔲觶〉《三代》十四卷 32 葉、〈🔲爵〉《三代》十五卷 3 葉、〈🔲尊〉《錄遺》186 圖、187 圖、〈🔲觚〉、〈🔲觚〉《錄遺》300 圖、301 圖、〈🔲觚〉《錄遺》300 圖、301 圖、〈🔲觚〉《攗古》一之二卷 23 葉，是皆旅氏之器。周有子旅氏《左傳昭二十二年》，當為殷人之胤。

【注】〈昭二十二年〉云「十一月己丑，敬王即位，館于子旅氏」。

杜預注「子旅，周大夫也」。《史記殷本記》云「殷契封于商。賜姓子氏」，故子姓為殷人之胤。漢有旅卿、旅罷師見《漢書高惠高后孝文功臣表》案史表旅作盧，乃旅氏之僅見載籍者也。彝銘之旅氏，文多從㫃從癶，以示旌旗率眾，是旅當以師旅為本義，引伸則有眾多之義。旅於卜辭作[字][字]，〈白晨鼎〉作[字]《三代》四卷 36 葉，皆其省文，卜辭從癶作[字]者《粹編》10 片，則為本字。《周禮小司徒》云「五人為伍，五伍為兩，四兩為卒，伍卒為旅」，此以五百人為旅也。《管子小匡篇》則云「二千人為旅」，是古之軍制，非有不易之定法。《說文㫃部》云「旅，軍五百人，從㫃從从，从俱也」。是囿於《周禮》而而言軍制，拘於省體而釋字形，其非朔矣。或據〈廣彝〉之[字]《三代》六卷 39 葉，而謂所從之[字]即旅省，下象三人推車與輂字相合。又曰[字]即輂，凡言旅輂即是旅棟，皆謂祭品《奇觚》一卷 18 葉。彝器有〈[字]卣〉《三代》十三卷 13葉，彝器有〈[字]妣癸卣〉《錄遺》266 圖，并於軓下從二大，亦即篆文之夶，象軡車之形，斯為輂氏之器。葢因周之鄻邑而氏鄻見《左傳昭二十九年》，【注】〈昭二十九年〉云「王子趙車入于鄻以叛」。杜預注「鄻，周邑也」。

其形與 ▨ 大別。若 ▨ 乃車之象形，左象車之輪輿，右象車之轅衡，衡所附者為軛，非從二大。而乃割裂字形，強為比附，以實其謬，此固說彝銘者之通蔽也。古器有旅鼎、旅甗、旅鬲、旅殷、旅簠、旅盨與從鼎、行鼎，義皆如鄭游吉所謂「行器」見《左傳昭元年》，旅卽《孟子》「行旅」之旅見〈梁惠王上篇〉，【注】〈昭元年〉「鄭游吉如楚葬郟敖，歸謂子產曰具行器矣」。杜預注「行器謂會備也」。〈梁惠王上篇〉云「行旅皆欲出於王之塗」。行旅謂旅客也。〈陳公子甗〉云「乍旅獻，用征用行」《三代》五卷 12 葉，〈史免簠〉云「史免乍旅匡，從王征行」《三代》十卷 19 葉，〈曾白簠〉云「曾白自乍遊簠，以征以行」《三代》十卷 26 葉，〈甫人盨〉云「為甫人行盨，用征用行」《三代》十卷 30 葉，是卽名器曰旅或曰行之義。以旅為從行之器，故亦從辵作遊，或從車作輂。從車之輂，與旅音義不殊，宋人誤釋輂為旅車二文《博古圖》卷十七，說者復誤釋輂為旅輦二文，且謂「旅輦卽是旅梐」，此則昧於文義，尤甚宋人。攷彝器無名梐者，《禮記明堂位》云「有虞氏之兩敦，夏后氏之四連，殷之六瑚，周之八簋」，連乃鬲之借字，瑚乃簠之借字

連鬲同屬來扭，瑚簠同屬烏攝。，篆文之槤當為連輦之或
體，非以禮器為本義。《論語公冶長篇》包咸注曰
「夏曰瑚，殷曰璉，周曰簠簋」，此未知〈明堂位〉
所云「兩敦，四連，六瑚，八簋」，乃謂饗食之禮
後盛於前。包咸非僅誤於夏殷倒易，且誤以瑚璉與
簠簋為一物之異名，而又臆增簠字，則與瑚義相重，
殊非經恉。《說文木部》云「槤，胡槤也」，則承
《禮記》、《論語》假借之字而言，亦乖本義。說
者未諳彝銘，而徒沿襲包咸及《說文》之說，故誤
釋彝銘之旅為旅輦二文，且以祭器釋之，悖謬益甚。
若〈廣彝〉銘末之𤕝，乃鑄工之氏，非謂行器，說
者亦釋為旅輦二文，是又未識彝銘文例矣。旅器亦
用之祭祀，然彝銘所云旅鼎諸名，則非取祭祀之義。
或曰「用旅車，言用以臚列主車之器」《積古》一卷
34 葉，是亦誤釋肇為旅車二文也。

　　兄氏：所以知兄為方名者，卜辭云「辛丑卜殷，
乎从、來、取屮𤔔、氏」《乙編》5786 片，此辭殷下
省貞字，从來取氏於卜辭皆有方名之義，此葢卜令
从、來、取三氏，往兄、氏二方之宜否也。屮亦為
方名，然則謂此辭乃卜令从、來二方伐取屮、兄、

氏三方，義亦可通。要之此辭可陳數義，而必以兄
為方名。其云「囗三巡八日囗子**𡆥**囗」《庫方》227片，
「子**𡆥**凵徝」《郭氏綴合》390片，子兄猶它辭之子曲、
子**𢧵**，亦姓氏連偁。徝乃直之緐文，讀如惐，所謂
「子**𡆥**凵徝」者，乃卜子兄氏有否差惐也。【注】差
惐，差錯也。《呂氏春秋季夏》云「是月也，命婦官染采，黼黻
文章，必以法故，無或差惐」。其云「戊午卜貞，王田于
𥳑，往來凵巛，丝卟，獲狐二」《前編》2.32.5片，**𥳑**
隸定為祝，乃方名兄之緐文，考卜辭祭名之祝，多
省作兄，然則方名與姓氏之兄，當亦祝之初文。周
初封黃帝之後於祝《史記周本紀》，或云封帝堯之後於
祝《禮記樂記》，【注】〈周本紀〉云「武王追思先聖王，乃襃
封神農之後於焦，黃帝之後于祝，帝堯之後於薊，帝舜之後於陳，
大禹之後於杞」。〈樂記〉云「武王克殷反商，而封黃帝之後於
薊，封帝堯之後於祝，封帝舜之後於陳，封夏后氏之後於杞」。
春秋時魯有祝丘《春秋桓五年》，齊有祝柯《春秋襄十九
年》，漢之東海郡有祝其《漢書地理志》，祝丘在今山
東臨沂縣，祝柯在今山東長清縣，祝其在今江蘇贛
榆縣，而以祝柯地近殷虛，蓋即卜辭之兄方也。霥，
器有〈兄人鼎〉、〈兄人殷〉其銘曰「**𠭰**人師眉見

王，為周𥁕」《三代》四卷 10 葉、八卷 31 葉，𢀭 亦祝之
初文，師為其官，眉為其氏，𥁕 乃從宮各聲，而為
客之古文。良以祝為王者之後，於周為客，故銘云
「見王為周客」也。【注】「見王為周客」者，謂祝之師眉
覲見周天子，而天子以客禮待之也。審此則〈兄人鼎〉卽卜
辭兄方之器。彝器之〈子𦡳爵〉《三代》十五卷 30 葉，
則與卜辭之子兄為同族。說者疑 𢀭 為启，釋 𥁕 為窻，
而謂疑為微子之器吳氏《窻齋》四冊 21 葉。或釋人為卪，
而謂兄讀為既，眉與微通，要為微子之器無疑楊樹達
《金文說》79 葉。釋文旣誤，陳義益非。且偁鑄作曰
為，此豈周初文例說見上文。【注】周初彝器之鑄作，其文
曰「乍」，而〈兄人鼎〉銘文曰「賜貝五朋，用為寶器」。其銘
偁「為」，非周初文例。《史記周本紀》云「周公奉成王命，伐
誅武庚、管叔，放蔡叔，以微子開代殷後，國於宋」。是知微子
啟為周初之宋國始祖，器非周初之物，則銘文所云「師眉」非微
子啟，其義甚明。啟，《史記》作開，乃避漢景帝名劉啟之諱也。
或釋 𢀭 為冔，釋 𦡳 為孫《奇觚》二卷 3 葉、七卷 8 葉，或
釋 𢀭 為邑《古籀篇》二十卷 3 葉，說益謬戾。考卜辭之
祝其省作兄者，或作 𠂤 𠱾，卜辭之人或作 𠂇 𠂋，是
皆象其手指，彝銘之 𢀭 𦡳，與卜辭知 𠂤，其例無殊。

而說者於ㄨ𠬝二文既多誤解，於卜辭之𠂤或釋為巴，是皆未知象形之文，其構體固有詳略也。

　　即氏：所以知即為方名者，卜辭云「己丑卜𣪊貞，即氏芻，其五百隹六，　貞即氏芻，不其五百隹六」《丙編》398片，氏讀如致，此卜即方是否致芻凡五百又六束也。卜辭多見氏羌、氏牛、氏馬、氏芻、取牛、取馬、取羊、取芻、來羌、來牛、來馬、來芻，凡此皆為賦犧牲薪芻，以供祭祀。《禮記月令》云「季冬之月，乃命四監收秩薪柴，以共郊廟及百祀之薪燎」。又云「乃命大史次諸侯之列，賦之犧牲，以共皇天上帝社稷之饗。乃命同姓之邦，共寢廟之芻豢」。【注】芻豢，牛羊犬豕類之家畜，《孟子告子上》云「故義理之悅我心，猶芻豢之悅我口」。朱熹集注「草食曰芻，牛羊是也；穀食曰豢，犬豕是也」。是亦賦犧牲於蕃國，固殷之遺制也。其云「庚子王卜，在淒𣂪貞，今日步于𡈼，亾𡿧，在五月，獲狐十又一，　辛丑王卜在𡈼𣂪貞，今日步于𡈼，亾𡿧」《曾氏綴合》218片，𡈼者即之絲文，從山水木，乃方名絲文緟複之例。或釋為《管子弟子職》之櫛《殷虛文字續考》王國維說，是囿於後世文字，以考卜辭矣。古器有〈

量〉《三代》十八卷 26 葉，古印有〈郘成〉《魏石經室古
鈢印景》，〈郘相若〉《續齊魯古印攈》弟六，漢印有〈郘
林〉《共墨齋古鈢印譜》，〈郘則〉《續封泥攷略》六卷 10
葉，〈郘中卿〉《匋齋藏印》第四集，葢與卜人郘皆因
郘丘而氏也漢東海郡郘丘縣，見《漢志》。

　　尹氏：所以知尹為方名者，卜辭云「壬午卜𤔲
貞，𦥑其𠚬齒」《福氏》3 片，此卜尹方是否有咎也。
其云「癸亥貞，王令多𦥑𡍺𤰫于酉，受禾，　癸亥
貞，多𦥑比乍受禾」《京都》2363 片，𡈼乃田之異體，
比乍讀如庀作，此卜令尹方之多人墾田于西邑，并
卜其庀事勞作之日，是否受祐有禾穀之穫也。其云
「甲午貞，其令多𦥑乍王帝」《戩壽》25.13 片，此卜
令尹方多人，營作王之寢宮，卜以擇日也。其云「甲
申卜爭貞，𦥑氏𣆟子，　貞𦥑弗其氏𣆟子」《前編》
7.43.1 片，𣆟從人又會意，而為殷之古文，此卜尹方
是否抵擊殷方之子爵，或卜是否抵擊殷、子二方也。
商之大邑曰殷，於卜辭作衣，𣆟衣當非一地，故卜
辭有「尹氏𣆟子」之文。殷於彝銘作𣪘𣪘，乃從身
殳會意。人身音同義通，殳又古相通作，是以彝銘
之殷，字從身殳，非從反身之𠃬。考之卜辭，凡文

字反書而成別一音義者，唯有ᐸ ᒐ ᑊᔿ ᒐ四文，然亦象形構字，非因反又為ナ，反ᑊᔿ為ᒐ也。逮春秋之時，始有反正為乏之說《左傳宣十五年》，【注】〈宣十五年〉伯宗曰「天反時為災，地反物為妖，民反德為亂，亂則妖災生，故文反正為乏」。斯為東周以後，文字孳乳之別例，而於東周以前無所多見。然則《說文》所云「反身」之身，亦猶反止為ㄓ見《說文止部》，反丂為ㄎ見《說文丂部》，皆許氏之謬說，非季世之孳乳。西周彝器多見殷字，然西周之時絕無訓歸之身，斯則覈觀古文，固可塙知者。考卜辭之及作ᒐ艮作ᒐ，二字亦從人又會意，與身構體相同者，是猶古叶俱從十口，杲杳俱從日木，其會意之文相同，而其聲義亦別。或釋身為守葉氏《前編》七卷30葉，然案守於觥銘作ᐁ《三代》十四卷18葉，〈父乙觥〉作ᐁ《三代》十四卷28葉，〈父己爵〉作ᐁ《三代》十六卷30葉，〈守婦殷〉作ᐁ《三代》六卷1葉，〈守婦觶〉作ᐁ《三代》十四卷38葉，〈小臣守殷〉作ᐁ《三代》八卷48葉，字并從冂或宀，與從人之身非可同義相通，則知身非守之古文也。其云「令ᒐ乍大田， 勿令ᒐ乍大田」《丙編》78片，大田官名，見《晏子春秋問篇》、《韓

非子外儲說左》、《呂氏春秋勿躬篇》，卽《管子小匡篇》之大司田，【注】大田，田官之長也。〈問篇〉云「君過于康莊，聞甯戚歌，止車而聽之，則賢人之風也，舉以為大田」。〈外儲說左〉云「桓公問置吏於管仲，管仲曰『墾草刱邑，辟地生粟，臣不如甯戚，請立以為大田』」。〈勿躬篇〉云「墾田大邑，辟土藝粟，盡地力之利，臣不若甯速，請置以為大田」。〈小匡篇〉管仲曰：「入邑墾草闢土，聚粟眾多，盡地之利，臣不如甯戚，請立為大司田」。此卜令尹氏任大田一職之可否也。田狩之名於卜辭至為多見，其名曰田與戰，或曰田戰，或曰田箐，而未一見大田，大戰與大箐之名。唯於此辭之「大田」，載及姓氏，則知決非《周禮大宗伯》所謂「大田之禮」。說者乃據《周禮》而釋此辭見《丙編》78 片考釋，是不明文義，而徒謬為牽合者矣。其云「癸酉卜王貞，𠂤大囗」《前編》6.58.2 片，「囗往西、多、𠂤，其氏伐」《乙編》7042 片，𠂤者尹之繇文，癸酉一辭其文殘闕，義旨未詳。所謂「囗往西、多、𠂤，其氏伐」者，謂往西、多、紣三邑，抵擊伐方，卜以問其宜否也。古器有〈𠂤觚〉《三代》十四卷 16 葉，〈𥟇爵〉《三代》五卷 2 葉，〈伐布〉《辭典上》652 圖、653 圖，漢有〈𠂤

印〉是卽伐氏之器，伐方之貨，與伐氏之印，此伐
為方名之證也。彝器有〈冎未鼎〉《三代》三卷 9 葉、
〈冎白甗〉《三代》五卷 8 葉、〈冎殷〉《三代》六卷 25
葉、〈尺氏貯良簠〉《三代》十卷 13 葉、〈冎父丁尊〉
《三代》十一卷 8 葉，成湯時有尹諧《荀子宥坐篇》，【注】
〈宥坐篇〉云「孔子曰：小人之桀雄也，不可不誅也。是以湯誅
尹諧，文王誅潘止，周公誅管叔…」。是當與卜人尹，皆因
周之尹邑而氏尹邑見《左傳昭二十三年》。【注】〈昭二十
三年〉云「六月壬午，王子朝入于尹氏」。杜預注「自京入尹氏
之邑也」。尹者君之初文，當以百吏之正長為本義。
《尚書皋陶謨》云「庶尹允諧」，〈洪範〉云「師
尹惟日」，〈顧命〉云「百尹御事」，是皆尹之本
義，引伸為治事之名。【注】〈皋陶謨〉云「庶尹允諧」，
謂百官誠信和樂相處也。〈洪範〉云「師尹惟日」，師，眾也。
義謂各級長官考察所屬行政，以日為主也。〈顧命〉云「百尹、
御事」。百尹，謂各官之長。御事，謂眾治事者。象持杖以事
指麾，與設之從殳，牧之從攴同意，於文為從又之
合體象形。《楚辭天問》云「伯昌号衰，秉鞭作牧」，
《淮南子齊俗篇》云「武王勝殷，揖笏杖殳以臨朝」，
《戰國策燕策一》云「馮几據杖，眄視指使，則厮

役之人至」，此尹所以象持杖之義也。【注】〈天問〉
王逸章句云「伯昌謂文王也。号衰，紂王號令旣衰，文王鞭持政
為雍州之牧也」。〈齊俗篇〉云「搢笏杖殳以臨朝」，搢笏，插
笏也，古代君臣朝見時均執笏，用以記事備忘，不用時插於腰帶
上。〈燕策一〉云「眄視指使」，謂目光斜視，隨手指點，形容
神態驕傲也。《說文又部》云「尹，治也，從又ノ，
握事者也」，是誤以引伸為本義，誤以象形為指事
矣。

大氏：所以知大為方名者，卜辭云「癸亥卜王，
方其重大邑」《前編》8.12.2片，王下省貞字，此卜方
邑是否重伐大邑也。其云「丁酉卜王，今車大方」
《南北坊閒》3.61片，車乃戈之緐文，於此辭義如〈湯
誓〉之割說詳釋戈，此卜令征伐大方也。【注】《尚書
湯誓》云「汝曰：『我后不恤我眾，舍我穡事，而割正夏』」。
割正，同義詞，猶言征伐也。義謂你們都說：我君王不憐憫我大
眾，廢棄我農事，因而征伐夏朝。其云「乎取大，　貞重
氏大，　貞重弗其氏大」《郭氏綴合》211片，此卜伐
大方，并卜重方是否抵擊大方也。其云「貞于重、
大芻」《前編》4.35.1片，「囗卜貞囗田大，往來囗巛
王囗曰吉」《前編》2.28.1片，此卜往重、大二方刈艸，

及卜田於<u>大方</u>也。其云「貞由<u>大史</u>★、<u>令</u>，七月」
《甲編》3536 片，史讀如使，★乃夾之省體，此卜<u>大</u>
<u>氏</u>使于<u>夾</u>、<u>令</u>二方之宜否也。其云「辛酉卜七月★
<u>方</u>不其來屈」《郭氏綴合》87 片，「囗來告<u>大方</u>出伐<u>我</u>
<u>自</u>，叀馬小臣囗」《粹編》1152 片，「<u>大方</u>伐口㠱廿
邑，庚寅雨自南，二月卜」《粹編》801 片，「甲子貞，
<u>大邑</u>又入才★」《粹編》1220 片，才葢讀如弋，此皆
卜<u>大邑</u>入寇之辭，文作★者，乃大之緐文也。其云
「丙辰卜<u>亞</u>、★一月至」《佚存》429 片，★亦大之緐
文，此卜<u>亞</u>、<u>大</u>二方，是否于一月至也。其云「貞
勿卬<u>子大</u>」《明氏》1837 片，「貞翌甲申<u>子大</u>㠯曲」《鐵
雲》149.4 片，是亦<u>子氏</u>而以<u>大</u>為封邑者也。彝器有〈★
鼎〉《三代》二卷 1 葉、〈★乍戲鬲〉《三代》五卷 18 葉、
〈★尊〉《三代》十一卷 12 葉、〈★觶〉《三代》十四卷
32 葉、〈★觶〉《三代》十四卷 49 葉、〈★爵〉《三代》
十五卷 2 葉、〈★父戊尊〉《三代》十一卷 9 葉、〈★父
癸尊〉《三代》十一卷 11 葉、〈★父乙卣〉《三代》十二
卷 48 葉、〈★父辛卣〉《三代》十二卷 54 葉、〈★父乙
觶〉《三代》十四卷 40 葉、〈★父乙壺〉《積古》五卷 14
葉、〈★父己爵〉《三代》十六卷 12 葉、〈★父癸爵〉

《三代》十六卷 24 葉、〈🔲爵〉《三代》十五卷 32 葉、

〈🔲父辛爵〉《三代》十六卷 40 葉，是皆大氏之器。

周初有大顛見《漢書古今人表、董仲舒傳》，案《尚書君奭》

作泰顛，蓋因太水而氏也太水見《山海經中山經》。【注】

〈中山經〉云「太水出于太山陽，而東南流注于役水」。

　　卯氏：所以知卯為方名者，卜辭云「丁未貞，

王令卯金旨方」《佚存》387 片，金義如《大雅桑柔》

「寧為荼毒」之荼，此卜王令卯方加裁難于旨方也。

其云「囗卯卜其疫囗其令卯曰囗」《甲編》597 片，「囗

其令卯曰🔲囗」《寧滬卜》502 片，「貞叀卯令」《京都》

944 片，此皆卜班令于卯方也。其云「壬戌卜貞，今

從卯、羽」《續存下》146 片，今、羽于此辭俱為方名，

古有〈𠂤布〉《辭典上》647 圖，是卽羽方之貨，此卜

今方隨卯、羽二方，或卜其追卯、羽二方也。其云

「令重🔲卯」《乙編》7799 片，重🔲為戈正之緐文，

此卜令戈方征伐卯方也。其云「囗卜在卯貞，囗王

步囗🔲，𠙻𡿧」《前編》2.10.4 片，🔲乃方名非之緐文，

此於卯方卜問，王步于非方之宜否也。其云「囗酉

卜王，囗月，在𠂤🔲卜」《文錄》710 片，「囗酉卜王，

在𠂤🔲」《文錄》711 片，此于卯方卜王之是否無𡿧，

從殳作戠者，乃卯之緐文也。古有〈卯鼎〉《三代》
二卷 8 葉，〈卯殷〉《三代》九卷 37 葉，〈右卯戈〉《三
代》二十卷 4 葉，〈卯布〉《辭典上》614 圖、615 圖，是皆
卯氏之物。〈卯爵〉《三代》十五卷 36 葉，則為風方
卯氏之物。載籍未見卯方、卯氏，蓋自卯而孳乳為
留或貿，故其初文無徵。彝器有〈鐘〉《三代》一
卷 2 葉，古貨有〈布〉《辭典上》759 圖至 761 圖，〈
布〉《辭典上》791 圖、至 792 圖，攷之經傳，周邑有劉，
宋邑有留見《左傳昭二十三年、襄元年》，亦有貿戎見《公
羊、穀梁元年》，《左氏》作茅戎，蓋古之卯方當於三地
居其一也。卯於卜辭作卯卯，彝銘亦與同體，并象
二卩相合之形。古有〈卩殷〉《三代》六卷 5 葉，乃卩
之古文，古之易財合卩為信，故卯從二卩會意，而
為貿之初文。《周禮天官小宰》云，「聽賣買以質
劑」，〈地官司市〉云「以質劑結信而止訟」，〈質
人〉云「大市以質，小市以劑」，〈小宰〉注曰「質
劑謂兩書一札，同而別之，長曰質，短曰劑」。劑
乃卩之後起字，以卩齊音近，故自卩而孳乳為劑卩
齊古音同屬衣攝齒音。劑從刀者，示中分其物，可相合
以取信。從齊聲者，取齊同之義也。以劑為取信之

物，故引伸為凡契約之名。《周禮春官大史》云「凡邦國都鄙，及萬民有約劑者藏焉」，〈秋官大司寇〉云「以兩劑禁民獄」，〈士師〉云「凡以財獄訟者，正之以傅別約劑」，〈司約〉云「凡大約劑書於宗彝，小約劑書於丹圖」，〈司盟〉云「凡民之有約劑者，其貳在司盟」，此劑為契約之證。以卩孳乳為劑，故復借節為卩，《孟子》云「若合符節」〈離婁下篇〉，此借節為卩之證。【注】〈離婁下篇〉云「得志行乎中國，若合符節，先聖後聖，其揆一也」。符節，古代符信之一種。楊伯峻釋注「符和信都是古代表示印信之物，原料有玉、角、銅、竹之不同、形狀也有虎、龍、人之別，隨用途而異，一般是可剖為兩半，各執其一，相合無差，以代印信」。《周禮地官掌節》云「守邦國者用玉節，守都鄙者用角節，凡邦國之使節，山國用虎節，土國用人節，澤國用龍節，門關用符節，貨賄用璽節，道路用旌節」。凡此諸節，皆非中剖而兩分之，是乃卩之引伸義，故異乎合二卩之為卯也。《說文》據掌節之文以釋卩，雖乖初義，說尚近之。惟謂「卩象相合之形」，則誤以卯而釋卩矣。《說文卯部》云「卯，冒也，二月萬物冒地而出，象開門之形，故二月為天門，

㧱古文卯」，是亦彊合月建之謬說。【注】月建，指舊
曆每月所建之辰。古代以北斗七星斗柄之運轉作為定季節之標准，
將十二地支和十二個月相配，用以紀月，以通常冬至所在之十一
月配子，偁建子之月，類推，十二月建丑，正月建寅，二月建卯，
直到十月建亥，如此周而復始。《後漢書郎顗傳》「詩氾
歷樞曰神在天門，出入候聽，言神在戌亥，司候帝
王興衰得失」。此乃《緯候》之書，以天門為戌亥，
非如許氏所謂建卯之月。通考卜辭以降之古物，凡
卯及從卯之字，無作㧱者，唯《魏石經》所載古文
作㧱，葢晚周變體。乃以象二卯所刻之齒，《管子
國准篇》云「子與之定其券契之齒」，《列子說符
篇》云「宋人有游於道，得人遺契者，數其齒，告
鄰人曰我富可待矣」。《易林》卷十五云「符左契
右，相與合齒」，《管子》之券契，《易林》之符
契，卽待合之卩，審如其說，是卩有刻齒，其形與
合二卩之㧱相同。此亦可證卯乃象二卩相合之形，
彝銘作㫐者，其卩形與後世異制也。或據「兵銘之
㧱，而釋為卯，因謂合兩刀而為卯，卽〈顧命〉之
劉《綴遺》二十九卷 13 葉。【注】《尚書顧命》云「一人冕執
劉，立于東堂。一人冕執鉞，立于西堂」。案劉為鉞屬，尖銳之

斧，鉞為大斧。此誤彝銘文外之繁飾「▨」為文字，其說非是。
習卜辭者，掩襲其說，而謂卯為雙刀對植之形_{吳其昌}
《殷栔解詁》第 131 條。然卜辭彝銘之卯，無一象鏠刃
之刀者。古戈之▨▨，猶古戈之▨▨，與彝器之▨
▨，皆文外之緣飾，而非文字，乃以為卯之古文，
憒眜之甚矣。或謂卯鍪同音，▨象兜鍪之形_{林義光《文}
_{源》}。然案殷虛出土首鎧曰胄，於卜辭作▨《文錄》
650 片，胄亦見《盂鼎》、《白晨鼎》及《虢段》，
見於經傳者，多不勝數。其初文為由，於卜辭作▨
▨，乃胄之象形_{說詳釋由}。《戰國策韓策》始有鞮鍪
之名，《墨子備水篇》作鞮瞀，西漢木簡并與《墨
子》相同_{見《流沙墜簡器物類》33 簡、34 簡，《居延漢簡》577}
_{簡、2315 簡、8263 簡}，其曰兜鍪，始見後漢建武之時_見
_{《御覽》三百五十六引《東觀漢記》}，蓋皆承頭冃之義而名
_{頭兜古音同屬謳攝舌音，冃鍪同屬幽攝明紐，鞮兜同屬端紐}。《說
文兆部》以兜鍪釋兜者，則承後漢之名以釋字，非
兜之本義。案《荀子禮論篇》云「薦器則冠有鍪而
毋縰」，蓋俆頭衣曰鍪，始見於此，非戰國以前之
古名。此證之卜辭彝器，及先秦載籍，可知殷商之
時，決不名胄曰鍪或卯。乃謂卯為鍪之初文，非唯

其形不肖，且於名物演變之迹，亦懵無所知也。或疑「卯象門有雙環，雙環外嚮，乃開門形」葉氏《前編集釋》一卷 37 葉。或謂「卯為門閉之象形」朱芳圃《殷周文字釋叢》卷中，尤為無義之妄說，不待舉謫，可識其非矣。

　　出氏：所以知出為方名者，卜辭云「丙午卜，乎雀、出于伐征、龍，五月」《佚存》132 片，此卜雀、出二方往伐征、龍二方之宜否也。其云「庚戌卜雀于矛、出」《續編》3.34.1 片，此卜雀方是否往矛、出二方，或卜往矛、出二方之宜否也。其云「囗至，令于八、出夐」《乙編》3523 片，此卜令往八、出二方行夐祭也。其云「癸丑貞、王令利出田，告于父丁，一牛，絲用」《粹編》933 片，利乃剖之古文，此卜剖分出方之田，行告祭于父丁。《左傳襄十四年》云「我先君惠公有不腆之田，與女剖分而食之」，此即卜辭「剖出田」之義也。【注】杜預注「腆，厚也。剖，中分也」。不腆，謙詞，謂不豐厚也。其云「丙午卜㱾貞，王往出田若」《乙編》4218 片，「辛亥卜殻貞，王勿往出戰」《七集》T14 片，「貞王往出田」《天壤》73 片，「往出田」《鐵雲》10.3 片，「甲午卜㱾貞，王

往出」《後編上》29.8 片，「乙酉卜宁貞，王往出」《金璋》596 片，「貞王往出」《粹編》1055 片，「貞王勿往出」《後編下》40.9 片，「甲戌卜꿈貞，其屮出」《鐵雲》62.2 片，「囗申卜亘貞，王往出」《栔卜》60 片，「囗戌貞，王往出」《乙編》1886 片，「貞勿往出」《鐵雲》137.3 片，「貞不往出」《續存上》780 片，「王往出，王勿往出」《乙編》7774 片，「戊子卜㱿貞，王勿由登往出」《遺珠》403 片，「貞王勿往出由登」《京都》134 片，「戊子卜㱿貞，王往出囗」《金璋》488 片，「貞王往出箐《京津》1525 片，「貞王其往出箐从西，告于祖丁」《佚存》558 片，「戊午卜宁貞，王往出去」《前編》7.28.3 片，「壬辰卜亘貞，王往出于囗」《佚存》997 片，「貞王往出于臺」《徵文游田》13 片，「貞王勿往出于臺」《徵文游田》20 片，「貞王往出于鹿」《續存上》616 片，「王往出于甘」《後編上》12.4 片，「貞王往出于𤈷」《佚存》538 片，「王于出𤉡」《後編上》12.11 片，案𤈷𤉡乃宿之古文，「王往出，　貞王勿往出」《京津》1524 片，「貞庚申王徝出，　貞庚申勿徝出」《佚存》57 片，「王由出徝，　王勿隹出徝」《乙編》1986 片，凡此皆卜王往出方游田之辭也。徝義如《周

南卷耳》「陟彼崔嵬」之陟，謂登臨其地也直陟古音同屬噫攝舌音。循者直之緐文，直于卜辭作𢓊，字從十目會意，以示周覽十方，則得其正。案《周易說卦》以八卦分置八方，魯眾仲之說舞曰「夫舞所以節八音，而行八風」《左傳隱五年》，吳季札之論樂曰「五聲和，八風平」《左傳襄二十九年》，義謂八方之風，故曰八風，其名見《呂氏春秋有始覽》。又《呂覽古樂篇》云「帝顓頊令飛龍作效八風之音」，是八風之名，由來已古。因是而有八殥八紘八極之名見《淮南子墬形篇》，益以上下則為十方。猶之四方而兼上下，則曰六合與六極六合見《莊子齊物論》，六極見〈大宗師、應帝王〉。然則禹域載籍，雖無十方之名，而先民必有十方之意，固非唯釋氏為然。【注】十方，佛教謂東西南北及四維上下。陳徐陵《為貞陽侯重與王太尉書》云「菩薩之化行於十方，仁壽之功霑於萬國」。若夫《周禮保章氏》而有十二風者，則為戰國之說，非古制也。直於篆文作直，乃𢓊之譌易，《說文》以直入乚部，是昧其字形矣。直於卜辭有四義，其一為祭名。如云「庚戌王𢦏𢓊大乙，　庚戌卜王𢦏𢓊祖乙，　庚戌卜王𢦏𢓊大甲」《拾掇》594片，「甲午卜王貞，我

屮 𡥘 于大乙，酚翌乙未」《金璋》409 片，「己卯卜殻貞，屮奏 𡥘 上下若，　己卯卜囗貞，屮奏 𡥘 上下弗若」《乙編》4055 片，凡此諸辭之 屮 與 𡥘，義并如《禮記郊特牲》「直祭祝于主」之直。直之弟二義讀如惑，如云「子𤔲 乚 仙，　子兄 乚 𡥘，　子先 乚 𡥘，子囗王 𡥘，　子鼠 乚 𡥘，子大 乚 𡥘，　子曲 乚 𡥘」《郭氏綴合》390 片，諸辭之徝，并讀如惑直惑古音同屬噫攝，乚 徝義如詩之「不惑」見《檜風鳲鳩》、《大雅抑篇》、《魯頌閟宮》，此卜諸氏是否無差惑也。直之弟三為征伐之義。如云「庚申卜殻貞，今葺王 𡥘 伐土方」《林氏》1.27.11 片，「囗亥卜爭貞，王 𡥘 伐方，　貞王 𡥘 伐方，受屮又」《京都》891 片，「囗貞多囗不其 𡥘 伐呂方」《鐵雲》192.3 片，諸辭之徝伐，義如《小雅采芑》之「征伐」，【注】〈采芑〉云「顯允方叔，征伐玁狁，荊蠻來威」。征伐者謂正其辠而伐之，直正同義，故卜辭名征伐而曰直伐也。直之弟四為游陟之義。如云「貞王勿 𡥘 方，　貞王 𡥘 方」《遺珠》467 片，「己亥卜仈貞，𢀱 𡥘」《後編下》14.14 片，「貞不其 𢀱 𡥘」《佚存》134 片，所謂「徝方」，當卽〈堯典〉之「陟方」。𢀱 與《說文放部》所在之𢓡，并

為游之古文，卜辭之「𐤀𐤀」讀如游陟，於卜辭為同義疊語，亦如夏諺之遊豫見《孟子梁惠王下》，亦構為同義疊語遊豫始見曹植〈蟬賦〉。【注】遊豫，猶遊樂也。〈梁惠王下篇〉引夏諺曰「吾王不遊，吾何以休？吾王不豫，吾何以助？一遊一豫，為諸侯度」。趙岐注「豫亦遊也」。〈蟬賦〉云「在盛陽之仲夏兮，始遊豫乎芳林」。良以徝豫雙聲徝讀如直，與豫古音同屬定紐，是以卜辭之徝，於夏諺作豫。徝陟音近徝陟古音同屬噫攝舌音，故於〈堯典〉作陟。〈堯典〉云「陟方乃死」者，謂帝舜遊行方國而死，《偽孔傳》釋陟為升，釋方為道，非其義矣。或釋𐤀為德《栔文舉例下》，或釋為循《殷契鉤沈》，或釋為省王襄《微文考釋游田》一葉，說并非是。所以知者，攷音讀如省者，於卜辭作𐤀及徝，𐤀即篆文之眚，徝乃眚之緐文，猶屮之緐文作𐤀。眚於卜辭有三義，其一為省視之義。如云「丙午卜𡧊貞，乎𐤀牛于多奠， 貞勿乎𐤀牛于多奠」《丙編》353片，「丙寅卜殻貞，王往𐤀牛于𠦝， 貞王勿往𐤀牛」《南北輔仁》7片，「囗卯卜𡧊囗，𐤀牛不彔」《後編下》27.5片，「貞王勿𐤀黍」《栔卜》492片，「往𐤀黍祀若」《乙編》5335片，「貞王往𐤀牛， 貞勿往𐤀牛， 貞囗

牛百」《前編》3.23.3 片，諸辭之眚，義同於眎，故有
「⇃牛」及「⇟牛」，并見一版者。其云眎者，則
云「丙午卜爭貞，⇟羊于螽」《續存下》332 片，「貞
⇟勿牛」《佚存》333 片、381 片，是皆卜省視犧牲祭品，
〈月令〉云「乃命宰祝循行犧牲」，卽其遺制也。
眚之弟二義為玁之借字。如云「囗卜翌日戊，王其
⇃霝，大吉，不冓雨」《外編》74 片，「叀霝⇃凶戋」
《林氏》1.9.11 片，「叀霝田⇃凶戋」《粹編》967 片，
「翌日辛，王其⇃田，執入不雨」《佚存》247 片，「貞
王勿徝」《甲編》2840 片，「比⇃其雨」《續存上》1737
片，「丙辰卜狄貞，乎⇃田」《前編》5.26.1 片，「勿
乎⇃田」《契卜》203 片，「辛王比⇃田，其每」《後
編上》30.6 片，「王其⇃田，不冓大雨」《粹編》1002
片，「辛巳卜，翌日壬王叀田⇃，湄日凶戋」《外編》
48 片，「囗辰卜翌日乙，王叀田⇃，湄日凶戋」《鄴
羽三集》41.8 片，「壬戌卜，今日王⇃，　于癸亥⇃
象，易日」《粹編》610 片，「辛酉卜，王其田，叀⇃
虎」《粹編》987 片，諸辭之眚，卽《說文》訓秋田之
玁，隸定作玁，以眚玁雙聲，故假眚為玁眚省同為疏
紐，古音與玁并屬心紐。《禮記玉藻》云「唯君有黼裘

已誓省」，注曰「省當為獮」，〈明堂位〉云「春
社秋省」，注曰「省讀為獮」，是經傳亦或假省為
獮。卜辭云「眚田」，或云「田眚」，皆同義疊語。
其云「眚象」，或云「眚虎」，義謂獵象獵虎也。
眚之弟三義為方名，如云「貞𩰊氏眚、白、由，　貞
𩰊弗其氏由」《前編》1.46.3片，此卜𩰊方是否抵擊眚、
白、由三方也。〈父乙鼎〉云「公違眚自東在新邑」
《三代》三卷41葉，〈戍甬鼎〉云「丁卯王令圖子造
西方于眚」《三代》四卷7葉，二器之眚與卜辭之眚，
當為一地。彝器有〈眚父丁觚〉《三代》十四卷29葉，
〈小子眚卣〉《三代》十三卷38葉，是皆眚氏之器，小
子乃其官名。春秋時齊人有消竈《左傳襄三十一年》，
當與眚氏同族。審此則卜辭之眚𡿧與眚徝，其字構
形互異，其辭義訓各殊，說者乃釋𡿧為循，或并眚
𡿧二文皆釋為省孫氏《甲骨文編》，是俱未能明辨字形
與辭義者矣。卜辭之眚於彝銘作眚眚或眚，俱隸定
為眚。於彝銘借為「生霸」之名，【注】〈舀鼎〉云「隹
王四月既眚霸」《三代》四卷45葉，〈豆閉設〉云「隹王二月既
眚霸」《三代》九卷18葉，〈揚設〉云「隹王九月既眚霸庚寅」
《三代》九卷24葉，諸器并借眚為生。「生霸」者，謂月之生明，

在朔日之後，《說文》云「霸，月始生魄然也，承大月二日，承小月三日，从月䨣聲」。亦用為省察之義。〈寰鼎〉云「◯于人身孚戈」《積古》四卷 23 葉，義謂眚視敵人之身，因俘獲其戈也。是卜辭與彝銘之眚，俱有察視之義，篆文之省不見<u>先秦</u>古器，卽眚之譌易。《說文眉部》云「眚，視也，从眉省从中，省古文省从少囧」。是據譌文誤別眚省為二字，而未知從眉於義訓不符。或曰「省从眉者未形於目，古文从少目者，少用其目」《說文》<u>段</u>注，或曰「省从眉者，炒小之物必蹙眉目以省之」<u>蕭道管</u>《說文重文管見》，是皆曲從<u>許氏</u>之謬說也。彝器有〈◯從觶〉《三代》十四卷 55 葉，〈◯爵〉《三代》十五卷葉，乃<u>旨方出氏</u>，及<u>主方出氏</u>之器。是當與卜人<u>出</u>，皆因<u>屈邑</u>而氏《<u>左傳僖四年</u>》。【注】<u>屈邑</u>，一在今<u>山西鄉寧</u>北，一在今<u>山西吉縣</u>。<u>春秋</u>時<u>晉</u>公子<u>夷吾</u>采邑。〈僖四年〉云「<u>重耳奔蒲</u>，<u>夷吾奔屈</u>」。出於卜辭作◯◯，其繇文作◯◯，彝銘之◯與◯同，彝銘之◯與◯同，字從止口會意，當以人違都邑為本義。反止則為◯，以示人之入邑，故各之本義為至，彝銘多見各字，為其本義。至則必告祀宗廟，故卜辭用各為祭名，引伸為凡祭祀之義。〈堯典〉

云「歸格于藝祖用特」，此正假格為各，而用為返
行告祭之義。〈宗周鐘〉云「用卲各不顯祖考先王」
《三代》一卷65葉，〈寧殷〉云「其用各百神」《錄遺》
152圖，〈沈子它殷〉云「用格多公」《三代》九卷38
葉，是乃各之引伸義。【注】〈堯典〉云「歸，格于藝祖，
用特」。藝，文也，藝祖謂有文德之祖也。特，公牛也。意謂巡
守歸來，行祭禮于文祖之廟，用公牛致祭也。〈宗周鐘〉云「用
卲各不顯祖考先王」。卲各謂備禮儀之盛祭也。不顯卽丕顯，謂
偉大光明也。「用卲各不顯祖考先王」者，謂以備禮儀之大祭，
祭祀偉大光明之祖先也。㞢於卜辭或作㞢，各於卜辭或
作㿝，㿟於卜辭或作㿞，是皆口之省體。㿟從大口，
與㞢從止口，并以示人違都邑，其構字同科，故亦
義訓相近。㞢於篆文作㞢者，卽卜辭之㞢。《說文
出部》云「出，進也，象艸木益滋上出達也」。〈口
部〉云「各，異辭也，从口夂」。〈㿟部〉云「㿟，
人相違也，从大凵聲」。斯并據省變之體，而謬為
之說。所釋出各二字，失之形義俱非。所釋去字，
則又誤以會意為諧聲矣。以出於卜辭多省作㞢㞢，
彝銘因之，而作㞢㞢或㞢，說者乃謂㞢所從之⌣象
納屨形吳氏《說文古籀補》，或謂㞢從止，止者不進，

∪象屈曲而漸進《古籀篇》六十二卷 35 葉，或謂足之出
于∪容庚《金文編》，或謂卜辭之 𡳿 𡳿 乃足所箸之履，
郭某《殷周青銅器銘文研究》141 葉，或謂各乃从口自名羅
氏《增訂考釋中》64 葉，是未知各於卜辭亦作 𡴂 𡴂《鐵雲》
190.3 片、《前編》4.31.2 片，文正从口，非若名之從口。
如此之流，胥為觀形而不知義。前此之釋出者，乖
剌益甚，尤無庸一辨矣。

行氏：所以知行為方名者，卜辭云「癸巳卜韋
貞，行氏业自眔邑，　貞行弗其氏口眔邑」《丙編》
500 片，「貞行氏业自眔业邑」《乙編》7385 片，此卜
行方是否抵擊业方之師旅，及业方之都邑也。其云
「貞行叶王事，　貞宙戉、行叶」《佚存》1 片，「貞
行弗其叶王事，　貞行叶王事，　口戉、行叶」《曾
氏綴合》137 片，此卜行方是否協勤王事，并卜戉、行
二方是否協和也。其云「其先行至自戉，　其先戉
至自行」《佚存》7 片，自讀為徂，此卜是否前於行方
而至戉邑，或前於戉方而至行邑也。其云「貞行业
𡆥」《遺珠》70 片，此卜行方是否有巛也。其云「貞
行𡘅多」《南北明氏》268 片，此卜行方是否執獲多方
也。其云「貞令行若」《金璋》618 片，此卜班令于行

方是否順利，或卜班令于行、若二方也。其云「癸
未卜王曰貞，又兇在行，其又射囗」《前編》3.31.1
片，此謂有兇在行方，卜其能否射獲也。其云「囗
爭貞，乎行从戠、屮，九月」《前編》4.11.2片，此卜
命行方隨戠、屮二方，或卜其追二方也。其云「貞
行、取不隹娃」《拾遺》8.18片，此卜行、取二方是
否無艱陒也。其云「叀行用繞囗，　比、用、義戍
行，弗遘方」《後編下》13.5片，此卜比、用、義三族
戍守行方是否不遘方邑也。其云「貞勿乎征、复屮
行从迺」《金璋》569片，此卜不命征、复二族往行从
迺三方之宜否也。其云「貞𤴙、行、用戈，不雉眾」
《粹編》1158片，𤴙與它辭之𤴙𤴙，并為方名非之緐
文。「不雉眾」它辭作「不雝眾」《前編》5.6.1片、
《林氏》1.24.16片、《甲編》2562片，或作「不矢眾」《鐵
雲》233.1片，及「不妷眾」《後編下》22.2片，雝矢并
讀如弛矢弛同屬審紐，矢至同屬衣攝舌音，義如《周禮大
司徒》「弛力」之弛。此辭乃卜非、行、用三方有
兵戈，卜問不弛廢傜役之宜否也。【注】弛力，止息勞
役也。〈大司徒〉云「以荒政十有二聚萬民…四曰弛力」。鄭玄
引鄭司農云「弛力，息繇役也」。或釋雝為鷗《古籀篇》九十

四卷 21 葉，或疑雗為鷙之古文，訓執與擊葉氏《前編集釋》二卷 18 葉，或謂雗讀如夷，夷謂夷滅于省吾《殷栔駢枝三編》，或疑雗眾為編理人眾陳夢家《卜辭綜述》609 葉，或疑雗為《周禮大司馬》及致之致屈萬里《甲編考釋》325 葉，是皆不明辭義之謬說也。古器有〈𢆶父辛觶〉《積古》二卷 14 葉，〈𢆶布〉《辭典上》644 圖致 646 圖，〈𢆶刀〉、〈𢆶刀〉《奇觚》十三卷 8 葉、十四卷 13 葉、十九卷 49 葉，凡五品，是乃<u>行氏</u>之器，與<u>行方</u>之貨。若〈𢆶𡗜父癸卣〉《西清古鑑》十六卷 17 葉，則<u>行方大氏</u>之器。古印有〈行公〉《印統》八卷 44 葉、〈行痞〉《十鐘》一卷 26 葉，<u>漢印</u>有〈行嘉〉《十鐘》，〈行鳳〉《二百蘭亭古銅印存》卷八，〈行慶〉、〈行羊子慶〉、〈行子真〉《印統》五卷 22 葉，可徵<u>行氏</u>於<u>漢世</u>，族類緜衍。行於卜辭作𢆶，與〈父辛觶〉之𢆶，并象交道之形，當以道路為本義，引伸為人步趨之義。《豳風七月》云〈遵彼微行〉，《小雅小弁》云〈行有死人〉，《召南》之〈行露〉，《大雅》之〈行葦〉，俱以行為道路之名。【注】微行，小路也。行有死人，為路有死人也。行露，道路上之露水。行葦，路旁之蘆葦。《左傳襄九年》云「<u>魏絳</u>斬行栗」，此謂常行之道

為行，是皆行之本義也。【注】〈襄九年〉云「魏絳斬行栗」，杜預注「行栗，表道樹」。以行為道路，故道路之神曰國行見《禮記祭法》，亦自行而孳乳為術、街、衢、衛諸文。卜辭云「己丑王不行自雀」《乙編》947 片，乃卜王步往雀方之宜否也。其云「貞勿行出，　貞行出」《乙編》7771 片，乃卜往出方之宜否，是皆行之引伸義也。《說文行部》云「行，人之步趨也，從彳亍」。此誤以引伸為本義，誤以象形為會意矣。推此而言，凡字之從彳亍者，皆為行省。《說文彳部》云「彳，小步也，象人脛三屬相連也」，又云「亍，步止也，從反彳，讀若畜」，是誤析行為彳亍二文矣。其所釋彳亍之音義，則為傅合躑躅二字而言。張衡〈舞賦〉始有亍字引見《文選射雉賦》注，可證彳亍之音義，乃漢人俗說，而許氏據之。非相承之古義，亦非相承之古音。許氏釋彳為「象人脛三屬相連」，尤為悖於字形之曲說也。

　　曲氏：所以知曲為方名者，卜辭云「囗巳卜矣貞，旦其入，王曰入，允入」《文錄》519 片，此卜曲方是否入朝也。其云「貞医氏凵芻，　允氏」《丙編》487 片，此卜医方是否致送曲方之芻也。其云「己

囗卜㱿貞，方、囗、馬取，乎卲事，　貞勿乎取方、
囗、馬」《乙編》7360 片，此卜是否伐取方、囷、馬
三方，或卜是否取方、囷二方之馬也。其云「戌囗，
弗雉王眾」《鄴羽三集》38.2 片，此卜戌守囷方，不弛
王師傜役之宜否也。其云「囗亥卜㱿貞，王其奴囗、
白、出牛，允正」《乙編》3328 片，奴乃登省讀如徵，
此卜徵囷、白、出三方之牛，「允正」者，義謂允
善也。其云「己卯卜王貞，鼓其取宋、白、歪，鼓
囗叶朕事，宋、白、歪从鼓，二月」《佚存》106 片，
歪者方名不之繇文，此以鼓方伐取宋、白、不三方，
鼓、囷二方協勤王事，卜宋、白、不三方是否隨鼓、
囷二方，而勤王事也。其云「貞㺸弗其牵囗」《京津》
1324 片，「囗卲囗」《續存下》200 片，囗者長之繇文，
此卜㺸方是否不執獲囷方，卜囷方是否禦長方，或
卜其禦長方之吉凶也。以囷為方名，故有小臣囷、
子囷、帚囷之名，是皆以囷為氏者也。其辭曰「囗
小臣囗立」《甲編》2781 片，立卽《尚書金滕》「周
公立焉」之立，亦卽《左傳襄二十八年》「慶舍涖
事」之涖。【注】〈襄二十八年〉「十一月乙亥嘗于大公之廟，
慶舍涖事」。嘗，古代秋祭名也。涖事，杜預注「臨祭事也」。

此辭乃卜<u>小臣曲</u>洇臨祭事之宜否也。洇乃肂之俗字，立則肂之初文。《僞孔傳》釋〈金縢〉曰「立壇上對三王」，非其義矣。卜辭云「<u>子⊟凵徝</u>」《郭氏綴合》390片，徝讀如忒，此卜<u>子曲</u>是否無差忒也。其云「囗不囗<u>子⊟</u>囗曰比⦶」《海外》1.21片，「壬午卜<u>殼</u>貞，帚⊟囗」《乙編》7345片，辭皆殘闕，文義不詳，然律以它辭，則<u>帚曲</u>乃婦之<u>氏曲</u>者，固可壻知。彝銘有〈⊠<u>父丁爵</u>〉《三代》十六卷10葉，是為<u>曲</u><u>氏</u>之器。<u>漢</u>有<u>曲叔</u>《史記貨殖傳》，葢古<u>曲氏</u>之遺胤，皆因<u>曲方</u>而氏。古之<u>曲方</u>，當卽<u>漢山陽郡</u>之<u>曲鄉</u>也見《漢志》。卜辭之⊟⊟⊟⊟，彝銘之⊠，皆象盛物之器，而為曲之古文。曲於方國及姓氏之外，別有五義，其一為盛物之曲。如云「旻示四矛出一⊟」《林氏》2.30.12片，「己巳𡕥三暴⊟三」《鄴羽三集》35.12片，「壬辰𡕥三⊟三暴」《南北明氏》419片，「囗𡕥三⊟三暴」《寧滬》1.527片，「囗𡕥三暴三⊟」《續編》6.14.1片，「囗三暴⊟八」《粹編》1526片，凡此皆紀貢物之辭。𡕥者矢之緐文，義如骨白刻辭之示矢示古音同屬衣攝，其云「𡕥三暴⊟三」者，謂陳獻貨貝三暴，及方物三曲。曲猶〈禹貢〉之筐，及詩之筐，

而為<u>盛</u>物之器。【注】〈禹貢〉云「厥貢漆絲，厥篚織文」。篚謂盛物之筐子，織文謂錦綺等絲職品。意謂所進貢之漆和絲，以及篚所包裝之錦綺等品也。《召南采蘋》云「于以<u>盛</u>之，維筐及筥」。<u>毛傳</u>「方曰筐，圓曰筥」。意謂用何物以<u>盛</u>之？是用方底筐子，及圓底筥箕。此類之辭僅云幾何曲，而於數名之下不云暴者，乃省文也。曲之第二義讀如咎_{曲咎古音同屬溪紐}，如云：止囗、不囗、凵囗、隹囗、勿隹囗、不隹囗、止乍囗、不冓囗、不至囗、其至囗、凵至囗，如此之屬，其數良多，乃卜有無災咎也。其云「丁未貞凵壱才囗」《金璋》393 片，「癸酉卜又壱才囗」《明藏》2455 片，壱義如《鄘風柏舟》「靡它」之它， 才囗讀如裁咎，此則以裁咎為同義疊語，亦猶它辭之「凵徣才囗」，及「凵壱自囗」_{引見下文}，并為同義疊語也。曲之第三義為疢_{曲疢同屬淺喉音}，如云「庚戌卜亘貞，王其狀囗」《乙編》7163 片，「貞王弗狀囗，王固曰勿狀」《乙編》7452 片，「貞狀囗，不隹壱， 貞出狀囗隹壱」《乙編》3864 片，「貞狀囗，隹出壱」《金璋》614 片，狀曲讀如愴疢，此卜王是否傷於病，或卜傷於病，是否有災也。曲之第四義，讀如「乘遽」之遽_{乘遽見《左傳昭二年》}，曲

遽古音亦同溪紐。【注】〈昭二年〉云「駟氏與諸大夫欲殺之，子產在鄙聞之，懼弗及，乘遽而至」。杜預注「遽，傳驛也」。如云「戊戌卜殻貞，㩟眔殻凵日□告，　㩟眔殻凵日□告」《乙編》3212 片，此云「凵日□告」，讀如凵咎遽告，義同《左傳僖三十三年》之「遽告」，此辭乃卜㩟、殻二方，是否加災害於遽告之使也。【注】〈僖三十三年〉云「及滑，鄭商人弦高將市於周，遇之，……且使遽告於鄭」。杜預注「遽，傳車也」。驛車，古代傳遞公文信息之快車，每過一站，就換馬接力，以保持速度。其云「庚申卜貞，雀凵□南土日告史，　庚申卜貞，雀凵日日告史，　辛酉卜貞，雀凵□南土日告史，　貞雀凵日日告史」《甲編》2902 片，此所言「南土日告史」乃司事之名，義謂出使於南方之遽告使。以其乘傳告事，故以遽告使為名。戊戌一辭之「遽告」，乃遽告使之省。其職卽《國語》之遽人見〈晉語九〉。【注】遽人，謂驛使；驛卒，〈晉語九〉云「趙襄子使新稚穆子伐狄，勝左人、中人，遽人來告，襄子將食，尋飯有恐色」。韋氏解「遽，傳也」。所謂「雀凵□南土日告史」，讀為雀凵咎南土遽告使，八字為一句，此四辭乃卜雀方是否加災於南土遽告使，僅云「遽告史」者，則其省稱也。

或釋此辭以「雀亾𠕁」為句，以「南土𠕁」為句，以「告史」為句屈萬里《甲編考釋》374 葉。破句讀之，而又不識𠕁字，以是其辭義遂不可通矣。其云「丙子卜穷貞，令蠢、𠕁、我于㞢𠂤，𠕁告不因」《續編》5.4.3 片，𠕁者方名爿之緐文，此以蠢、爿、我三氏往㞢邑，遽告其不親王朝，卜問其宜否也。其云「貞蠢不其𠕁告，其因，十一月」《寧滬》3.122 片，此卜是否遣遽告使以至蠢方，并卜蠢方是否來朝也。其云「丁未貞尧𠕁告，　丁未貞𠕁𠕁告王」《乙編》9075 片，此卜遣尧、庚二氏遽告於王之宜否也。𠕁從大庚聲，而為廣之古文庚廣古音同屬央攝見紐，彝器有〈𠕁父己設〉《三代》六卷 39 葉，〈𠕁設〉《三代》七卷 44 葉，乃因廣方而氏，古之廣方蓋卽漢齊郡之廣縣見《漢志》。其云「癸酉卜王，比𠕁告，六月」《拾遺》8.10 片，「丁亥貞先𠕁告」《乙編》443 片，「貞大𠕁告，二月」《前編》5.3.3 片，癸酉一辭王下當省貞字，此三辭乃卜比、先、大三氏任遽告使之宜否也。曲之第五義，讀如「遽歸」之遽見《國語周語下》。【注】〈周語下〉云「遽歸告王」。韋氏解「遽，猶疾也」。如云「己酉卜穷貞，𡚱𠕁凡，㞢𠕁」《續編》4.15.1 片，「丁卯卜王貞，宁、

壴𠮟凡，㞢𤺄，十二月」《文錄》547片，「戊申卜貞，
雀𠮟凡，㞢𤺄，　戊申卜貞，雀弗其𠮟凡，㞢𤺄」
《曾氏綴合》139片，「貞今弗其𠮟凡，㞢𤺄」《前編》
7.21.2片，「貞簴𠮟凡，㞢𤺄，十二月」《前編》5.10.1
片，「庚辰卜丙貞，厎宙𠮟凡，㞢𤺄」《佚存》8片，
「壬午卜㝆貞，畢𠮟凡，㞢𤺄」《林氏》2.2.4片，「丁
酉卜殸貞，杏厎光弗其𠮟凡，㞢𤺄」《後編下》37.5
片，「貞帚好𠮟凡㞢𤺄，　貞帚好弗其𠮟凡㞢𤺄」
《乙編》7163片，「癸未卜口貞，査弗𤺄，㞢𤺄，𠮟
凡」《前編》8.6.1片，「貞翌乙巳子漁𠮟凡，窒㞢祖
戊」《續編》3.47.7片，「辛酉卜貞，勺不其𠮟凡」《前
編》6.65.1片，「子妥𠮟凡」《乙編》6273片，「王固曰
𠮟凡」《前編》1.43.6片，「癸亥卜子口𠮟凡」《前編》
5.21.7片，諸辭之凡，與《爾雅》訓還之般，及《左
傳襄十年》「班師」之班，并為返之假借凡般返古音
同屬幫並二紐。卜辭之凡本為槃之象形，借為𠬵括之
凡說見上文，是以於諸辭讀如般，文作𠮟者乃其緐文。
所謂「遶般」者，義謂速歸，或謂乘遶而歸，「㞢
𤺄」讀如有愴，所謂「姞遶般㞢𤺄」，及「宁、壴
遶般㞢𤺄」者，乃卜姞氏及宁、壴二氏遶爾而歸，

是否有傷也。諸辭之「遘般」，其為卜諸族之班師，
或為卜一人之乘遘，則未可質言矣。

　　卜辭多見「王☒曰」，字亦作☒或☒，☒☒乃
從口曲聲案☒☒非從占，而為卟之古文曲卟古音同屬溪紐。
文作☒者，乃從☒乀聲，乀者及之古文見《說文又部》，
見於骨臼刻辭，其義如帗見《佚存》418 片、《後編下》
33.1 片，及曲雙聲，故卟於卜辭亦從乀聲作☒。卜辭
多見「旬凵☒」，或曰「凵徛才☒」《前編》3.28.1
片、《甲編》2416 片、3659 片，或曰「凵壱自☒」《前編》
3.27.7 片、《後編上》20.7 片，字乃從犬曲聲，而為狗之
古文，於姓氏之外，亦假為咎。才自并讀如哉，其
云「凵徛才犾」者，乃卜問是否無它哉咎也。〈明
公段〉云「魯厌又☒工」《三代》六卷 49 葉，☒即卜
辭之☒，又曲工讀如有劬功曲劬古音同屬謳攝溪紐，劬
功亦猶詩之劬勞見《邶風凱風》，《小雅鴻雁、蓼莪、北山》，
【注】劬勞，謂勞累，勞苦也。〈凱風〉云「棘心夭夭，母氏劬
勞」。〈鴻雁〉云「之子于征，劬勞于野」。〈蓼莪〉云「哀哀
父母，生我劬勞」。〈北山〉云「或不知叫號，或慘慘劬勞」。
其義乃謂魯侯有特異之功也。此證以☒☒之構形，
☒☒之辭義，乃從☒為聲之☒☒二字，與〈明公段〉

之假□為劬，乃知□□為曲之古文，确切無疑。<u>先
秦</u>古璽多見「正行亡□」四字，文作□□獲□□，
是亦曲之古文，「正行亡曲」者，義謂行無骪頗也。
說栔者釋□為皿《增訂考釋中》39 葉，釋□為卜<u>王襄</u>《類
纂正編》引<u>華學涑</u>說，釋□為豆《古籀篇》二十二卷 24 葉，
疑□□為輡《古籀篇》五十九卷 13 葉，疑□□為卜《古籀
篇》二十九卷 20 葉，疑□為卦《古籀篇》二十九卷 19 葉，
釋□為狆《古籀篇》九十卷 27 葉，或釋□為戾《殷栔鉤沈》，
或釋□□為繇兆之繇<u>郭某</u>《甲骨文字研究釋繇》，復釋□
□為丹，釋□為猓，而謂俱假為䯏<u>郭某</u>《粹編考釋》89
葉，或釋□為凶，疑□為悔<u>柯昌濟</u>《殷栔補釋》，或釋
□□為卣之象形，而謂□月即〈禹貢〉之攸同，□
告讀如〈多士〉猷告<u>唐蘭</u>《天壤》5 片釋文，或釋〈明
公𣪘〉之□為猷<u>郭某</u>《殷周青銅器銘文研究》一卷 39 葉，
說古璽者，釋□為姦衺之厶<u>吳氏</u>《說文古籀補》，凡此
無一近是。復有衍述謬說，而別益頗辭者，乃謂卜
辭之□象卜骨上有卜兆之形，篆文之丹為□之譌變
《考古社刊第五期》<u>陳夢家</u>說。或謂丹即骨之初文，因謂
卜辭之□象牛胛骨之形<u>李孝定</u>《集釋》1491 葉至 1499 葉，
說益悖謬。案《說文丹部》云「丹，剔人肉置其骨

也，象形，頭隆骨也」。自冎而省體孳乳，則為骨殘之冎猶羊之省作丷，飛之省作非，從冎之叭，以示殘穿之義，自餘從冎之字，則以示人歺之義。自冎而益形者孳乳，則為分解之別，此證以冎別二文，而知冎之釋義，許說無可非疑。上世多以鍼砭療疾，鍼砭須知筋脈孔穴。彝器有〈夕父癸鼎〉《三代》二卷48葉，夕象指百會穴之形，卽《素問》所謂「頂中央一穴」〈氣穴論篇〉，於文為從子之合體指事，當以頭會氣穴為本義，引伸為凡氣穴之名，及空竅通達之義《說文》釋孔形義俱非。觀其字體，葢殷或周初之器，是則殷時已知人身氣穴，斯必有賴解剖，故醫經有解剖之名見《靈樞經經水篇》，新莽之時，亦有竹筵導脈之事見《漢書王莽傳中》。【注】竹筵，細竹枝也。〈王莽傳中〉云「翟義黨王孫慶捕得，莽使太醫、尚方與巧屠共刳剝之，量度五臟，以竹筵導其脈，知所終始」。解剖之剔經析肉，亦若轘醢之斷骨斬骸轘見《左傳桓十八年，宣十一年，襄二十二年》，醢見《左傳莊十二年，襄十九年》，此所以有剔肉置骨之冎。【注】轘，古代酷刑，卽車裂也。〈桓十八年〉云「七月戊戌，殺子亹而轘高渠彌」。杜預注「車裂曰轘」。〈宣十一年〉云「冬，楚子為陳夏氏亂故，伐陳，遂入陳，

殺夏徵舒，轘諸栗門」。杜預注「栗門，陳城門」。〈襄二十二年〉云「王遂殺子南於朝，轘觀起於四竟」。箋曰「車裂以殉於四竟。用刑之酷也」。醢，肉醬也。〈莊十二年〉云「南宮萬奔陳，…陳人使婦人飲之酒，而以犀甲裹之。比及宋，手足皆見。宋人皆醢之」。服云「醢，肉醬也」。〈襄十九年〉云「醢衛于軍」。凸之俗字作剮，其文始見《玉篇》，凌遲之刑，亦名臠剮，其名始見《宋史》《宋史刑法志》卷一。剮辜音近，蓋《周禮掌戮》之辜，亦卽《宋史》之剮。案《呂覽行論篇》云「紂殺梅伯而醢之，殺鬼侯而脯之」。《史記殷本紀》云「紂醢九侯，并脯鄂侯」《戰國策趙策三》作鬼侯，《淮南子俶真篇》云「殷紂醢鬼侯之女，菹梅伯之骸」，然則徵之刑制，殷有葅醢之刑，固亦宜有剔肉之凸。或曰剔人肉之義，起於後世刑罪凌遲饒炯《說文部首訂》，是未知古有辜醢之刑，何殊凌遲之法，古有解剖之制，固有凸之一文。說者乃疑剔人肉非凸之本義，是亦不省書傳，而臆說文字者矣。若夫卜辭之囘日，乃囘之變體，文非從卜，而謂象卜骨之形，其謬一也。藉如其說，以囘象卜兆之牛胛骨，而為凸與骨之古文，則何以凡從冎凸與骨之字，多與人事相屬，竟無一與牛及

占卜相聯。且也牛之脛骨，從牛作牼，而不從骨，是知骨之構字，決非出自牛身。此求之文字孳乳，而知其說之謬者二也。卜辭亦有同字從口作「□」，而未一見「□月」同連文，乃謂「□月」卽〈禹貢〉之攸同，非唯謬為附合，且於文義不通。或釋「□月」為骨痛_{李孝定}《集釋》1498 葉，是亦誤釋「月」為同。苟如所言，則卜辭云「王固曰吉□月」《乙編》7164 片，則是骨痛，而非卜兆云吉，於理不通矣。卜辭又云「貞雀日月，雀不其日月」《乙編》5314 片，則是卜雀氏是否骨痛，斯亦文不成義矣。要之凡誤釋屵為它文者，陳義益絲，謬戾益甚，固不勝辨詰也。

　　<u>尧氏</u>：所以知<u>尧</u>為方名者，卜辭云「丁巳卜貞，乎取尧芻，　勿乎取尧芻」《郭氏綴合》224 片，此卜是否命取<u>尧</u>方之芻也。其云「貞尋氏羌」《乙編》3795 片，「貞尋不其氏羌」《乙編》2659 片，此卜<u>尧</u>方是否致送<u>羌人</u>，或卜其是否抵擊<u>羌人</u>也。其云「貞令口取尧」《林氏》2.8.4 片，此卜令伐取<u>尧方</u>也。其云「壬辰卜曰方其鞏見、尧」《續編》6.9.6 片，「口辰卜方其鞏見、尧，允其鞏」《栔卜》88 片，「貞方其鞏見、尧」《續編》5.29.5 片，此卜<u>方邑</u>是否鞏見、<u>尧</u>二方也。

其云「甲子卜贲□、岳，从雨」《粹編》791 片，此卜
行贲祭于尧、岳二方，是否有順時之雨也。其云「貞
令□允子□，　勿令□允子□」《丙編》255 片，□為
□之異體，是猶鼎於卜辭作□□，所以示匕與□鼎
相依之義。允讀尹，此卜否令□氏治子尧也。其云
「貞王□今六月入」《續編》1.15.1 片，此卜尧方之王，
是否於六月入朝，或卜其是否入侵也。其云「口卜
宁貞，□、克□工、示、蟲取□」《外編》3 片，□乃
從攴易省聲，義如《大雅抑篇》「用逷蠻方」之逷，
【注】〈抑篇〉云「用戒戎作，用逷蠻方」。此卜尧、克二
方毆逷工、示、蟲三方，能否取得之也。其云「己
卯貞才□，□來告□王，　庚辰貞才□，□來告□」
《摭佚續》106 片，□為乃之繇文，卽有仍之仍見《左傳
昭二十八年》。【注】〈昭二十八年〉云「昔有仍氏生女黰黑，
而甚美光可以鑑」。杜預注「有仍古諸侯也，美髮為黰，髮膚光
色可以照人」。有仍古國，在今山東省濟寧市。

附錄一

曾 運 乾 教 授 古 音 三 十 攝 表		
陰聲噫攝第一	**噫攝入聲第二**	**陽聲應攝第三**
喉 意醫	肊ゝ	𡳿
牙 丌箕龜又友久疑亥己喜郵鼻牛丘灰戒	或棘亟黑克革茍戟丮𤰞戛	興厷弓兢肎冰𡳿
舌 里來𡥆爽而之媯止已耳史乃臺毒	戈力匿𠁵食敕陟直異戠質肄	蠅丞徵登乘再升夌承孕𡳿𡳿凵
齒 絲思才茲𣎆司宰子采辭辡士災再泲	則息嗇畟色仄矢曾𡳿	曾
唇 某母日不啚負婦	畐𡳿伏北麥牧畐	瞢朋仌凭

脣	佩 𢀐 否	𢀐	

	陰聲益攝第四	益攝入聲第五	陽聲嬰攝第六
喉		益	𠂇
牙	支 巂 圭 規 危 羈 企 解 兮 𡴎 醯 乖 屮	役 畫 設 覞 具	耕 巠 𡉈 熒 頃 殸 耿 刑 敬 幸 炅
舌	知 是 𣊡 乀 厄 兒 象 豸 只 鷹 磊 厽	易 鬲 狄 𢀐 帝 疒 秝	正 盈 贏 窨 霝 丁 壬 貞 泳 屮
齒	斯 徙	折 朿 脊 冊	青 晶 井 爭 生 省

脣	卑買弭羋	辟[illegible]系冖[illegible]	鳴名平幵冥甹

	陰聲阿攝第七	阿攝入聲第八	陽聲安攝第九
喉		廾[illegible]	安旻夗㕓焉燕冤
牙	乙哥奇咼為加我義[illegible]瓦禾科果戈臥厄[illegible][illegible]陸	匃衛[illegible]乂旛戉外欮[illegible]宔卒截桀月臬兀會巜[illegible]粵曰[illegible]孑孓丰曷蓋叏癸契介	袁[illegible]厂辛[illegible]邍暵原爰官間面見[illegible]莧く犬干𠃬柬吅肩毌閑縣元肙憲虤涀凡虔寒姦建雈[illegible]侃虤[illegible][illegible]官幻[illegible][illegible]擧看盥桀繭旋奐[illegible]專[illegible]款
	它也离多羅[illegible]詈	[illegible]別大[illegible][illegible][illegible][illegible]	單[illegible]廛丹肰[illegible]

舌	吹朵屮蒞那丽妥左	舌🔹🔹篮制摯贅劣🔹篡刺折兌	延衍線🔹羨象🔹盅耑叡斷栗扇穿善短聯妙卵連旦🔹🔹刊炫夐🔹
齒	🔹差沙坐く惢叉	祭最截竄く🔹🔹毳絕尐雪🔹	崔產朿穀山兯羑弟🔹羴纍贊算𥝱筭刪戔憇壽🔹屏🔹
脣	皮麻罷	🔹吠市友貝敗滅伐🔹末朵罰㕌🔹別八	🔹半🔹反曼弁🔹🔹般煩片🔹🔹困娩縣萬番🔹宀侖🔹

	陰聲威攝第十	威攝入聲第十一	陽聲🔹攝第十二
喉	威畏委	鬱🔹	🔹殷婷乚🔹曾
	鬼歸夒褢回虫贊	气旡貴棄胃位出	困緜𦧵君員罘

牙		彗 夆 惠 𰯀 自 白 計 喬 骨 季 繼 𰯀 器 𰯀 妓 叡 冢 𰯀	鯤 昆 云 巾 斤 堇 熏 筋 𰯀 困 衰 坤 軍 狄 圂 艮
舌	遺 追 靁 妥 隹 水	未 𰯀 四 眷 𰯀 隸 內 𰯀 聿 秫 𰯀 突 頪 𰯀 𰯀 對 豕	辰 𰯀 川 侖 盾 屯 刃 典 𰯀 豚 舛 疢 𰯀 尹 隼
齒	衰 夊 崔 奞 皐 罪 揣	卒 率 崇 帥 𰯀	先 西 孫 存 寸 尊 薦 飧
脣	飛 枚 𰯀 非 眉 妃 肥	未 𰯀 丿 乀 筆 卉 弗 訧 鼻 勿 𰯀 配 由 魋 閉 彎 弼 𰯀 𰯀	門 班 分 昏 𰯀 免 𰯀 冀 文 聘 豩 吻 焚 奮 本 奔
	陰聲衣攝第十三	衣攝入聲第十四	陽聲因攝第十

			五
喉	一 彡 伊 虚	一 抑 壹 乙	因 虚 印
牙	皆 几 禾 豈 幾 系 希 虚 癸 启 亝 口 火 卜 開 頁 毇 枅	吉 血 穴 肹	臣 匀 曾 玄 弦 丨 轟 臤 虚 秋 虚 虚
舌	示 夷 旨 尼 犀 辛 氏 耑 夂 尸 戾 利 虚 介 二 豐 矢 弟 履 盩 彝 虚 亖	至 失 替 實 日 栗 虚 中 徹 逸 銍 虚 聯 設 質 广 虚	真 昏 塵 申 閏 人 寅 胤 引 夊 舜 令 田 仁 奠 天 虚 身 陳
齒	厶 齊 師 虚 此 次 兕 笙 妻 臀	疾 七 卩 桼 悉	虚 秦 辛 桼 囟 信 千 旬 壻 蚩 虚 孔 晉 觶 齔 虚
	七 比 米 美 尾	必 畢 匹	命 民 頻 丙 便 扁

脣			辡 囚

	陰聲烏攝第十六	烏攝入聲第十七	陽聲央攝第十八
喉	烏於亞	或	央尤
牙	嘼瓜西下寡吳午五戶乎虎壺互夃古鼓凹蠱庫魚于羽雨禹圉車尻巨舁凵牙下夏𥄉冶𥅆	各舁號𥰩霍苦谷赫叀矍	香言向印強畺弜光竟亞霙王皇亢兄永禼行庚羹京誩慶競皂
舌	圖土兔鹵舁女旅宁鼠処如与與囗呂庶舍射奴予魯凵盧者	若叒走赤尺彳毛炙隻石亦卤	易羊𦍌象上章昌邕長丈量兩梁尚良亮

齒	麤初疋素且卸俎	索昔烏夕	相匠桑爽爿丙倉喪
脣	無毋巫父武普步莫巴馬	入白百	舜网壆方匚皿黽兵秉竝凵彭明

	陰聲謳攝第十九	謳攝入聲第二十	陽聲邕攝第二十一
喉		屋	邕
牙	俟厚后口寇冓禺區具句後	谷角局曲玉獄珏𦬸	公工孔共歺凶廾穴
舌	婁屆凵兜斗鬥豆屮朱彝壴几𧆞乳	彔鹿禿蜀辱豕丁冂	東童用冢充舂容弄茸穴舁庸

	戍臾俞晝需殳贝		茳
齒	走奏須取芻	束粟族足	芾从囪雙竦送叢嵩
脣	付侮	卜業㒳贝木	尨縫封丰豐冡

	陰聲幽攝第二十二	幽攝入聲第二十三	陽聲宮攝第二十四
喉	[illegible]麀幼㒳奥幺		
牙	休求丩九韭尤[illegible]簋臼臭㽞畜丂夰好告𠓛孝臯咎㒳	匊臼	躳夅

	内保		
舌	卤攸由褭卯牖秀 酋錐舟周州盩帚 肘守丑流鱻百手 夒䐈舀䖵討牢老 鳥匋柔酋首羑	未肉秕祝竹毒六 逐孰鬻	彤中冬眾蟲農 戎熊
齒	囟就宎讎䖵曹叉 爪棗早艸蒐夏酉 茜肅夙䖵		宋宗
脣	彪髟矛牟矗缶阜 戊孚勹報卯牡焱 勺䖵曰盪	目䀠复	

	陰聲天攝第二十五	天攝入聲第二十六	
喉	要晶杳窅皃天褱		

牙	爻垚囂梟顥号號敖 交㕭高杲羔僑喬	㓂虖𡙡	
舌	尞了料勞𡥈刀鬧盜 𡥈弔兆庫釗敫㴱𣪘 𪩘𥄉	桌勺弱龠樂翟炎𢆶 尸	
齒	巢𥄂小少笑	𡩡爵雀	
脣	苗㚟毛皃票𢑀暴		
		音攝入聲第二十	陽聲音攝第二十

		七	八
喉		邑	音
牙		合 及 劦 屮	今 琴 咸 衔 昜
舌		入 十 廿 疊 沓 喜 隊 立 𠂤 龖	尤 甚 王 男 𣦵 林 𤯔 閭 覃 燅
齒		習 集 耳 𢆉 厶 嬲 卅 臧	侵 心 森 旡 三 參

脣			品丸

		奄攝入聲第二十九	陽聲奄攝第三十
喉			弇奄猒
牙		曄業盍劫甲夾	兼僉广夕欠弓 甘敢风凵
舌		枼聶巤喦品聿业 涉双夲	占丵染圅閃炎 焱广詹甜

齒		妾 耴 而 畱 聿 🔲	🔲 苂 斬 麁
脣		法 乏	🔲 夐

附錄二

聲類	廣　韻　切　語　上　字　表
影	一乙握謁於央憶衣伊憂挹烏安煙愛依紆哀鷖
喻	弋羊以余餘予夷移營與翼
為	筠為清羽于雲雨云永有遠王韋榮
曉	火呼海呵休況許喜興虛荒虎香朽馨羲
匣	胡侯戶下何黃
見	九几居舉吉古公各兼俱規紀格姑佳詭過
溪	豈起綺羌去丘傾區驅枯康空牽謙口客恪楷苦墟祛詰窺欽
羣	求巨具臼其奇渠強曁衢
疑	虞疑魚牛宜語危玉俄吾研愚遇擬
端	丁冬多當都德得
透	土吐天台他託通湯
定	田同度唐堂徒陀地杜特

泥	乃內奴那諾嬭
來	力呂良里魯來盧賴洛勒落林郎練離
知	中卓追張豬知陟竹徵
澄	丈宅直柱佇遲除場持池治
娘	女尼挐
徹	丑癡褚楮抽敕恥
日	人耳兒而如汝仍儒
照	占旨正止之支章煮脂征諸職
穿	尺赤充昌春處叱
神	食乘神實
審	矢失式賞商書始釋詩舒傷施試識
禪	市常嘗蜀寔署氏是成臣視殖植時殊
精	子茲臧遵即將借醉姊祖作資
清	七千采青倉蒼遷親取醋此雌麁麤

從	才自在疾匠慈秦前藏徂昨酢情慚
心	司思悉息胥先寫辛桑相斯私雖須蘇速素
邪	夕旬寺詳祥徐辝辭似隨
莊	仄爭莊阻簪鄒側
初	叉初創瘡廁芻楚測
牀	牀士仕鋤鉏豺崱崇俟助查雛
疏	山生色沙砂史疎疏數所
幫	百布巴卑必兵筆畀邊補伯北博并彼陂鄙
滂	匹丕普譬滂披
並	白步平皮裴蒲薄便傍部婢毗阰弻
明	母眉美靡莫慕謨模摹綿莫明
非	方分甫府封
敷	孚芳峯撫妃拂敷
奉	父房苻符防附扶馮浮縛

| 微 | 文亡巫無武望 |

附錄三

古　音　正　聲　變　聲　表			
發音 部位	正　　　聲	變　　　聲	說　　明
喉	影	喻　為	清濁相變
	曉		
	匣		
牙	見		清濁相變
	溪	羣	
	疑		
舌	端	知照	輕重相變
	透	徹穿審	
	定	澄神禪	
	泥	娘日	
	來		

古　音　正　聲　變　聲　表			
發音部位	正　　　聲	變　　　聲	說　　　明
齒	精	莊	輕重相變
	清	初	
	從	牀	
	心	邪疏	
脣	幫	非	輕重相變
	滂	敷	
	並	奉	
	明	微	

　　一、喻紐斜紐古歸于定紐，見曾運乾喻紐古讀考，

　　　錢玄同斜母古歸定，戴君仁斜母古歸定補

　　　正。

二、曉紐匣紐屬淺喉音（牙音），見錢玄同文字
　　學音篇。

文獻研究叢書・出土文獻譯注研析叢刊 0902008

殷栔新詮引言注

作　者	魯實先	
注　者	王永誠	
責任編輯	翁承佑	

發 行 人	陳滿銘
總 經 理	梁錦興
總 編 輯	陳滿銘
副總編輯	張晏瑞
編 輯 所	萬卷樓圖書股份有限公司
印　刷	百通科技股份有限公司
封面設計	斐類設計工作室

發　行	萬卷樓圖書股份有限公司
	地址　臺北市羅斯福路二段 41 號 6 樓之 3
	電話　(02)23216565
	傳真　(02)23218698
	電郵　SERVICE@WANJUAN.COM.TW
大陸經銷	廈門外圖臺灣書店有限公司
	電郵　JKB188@188.COM
香港經銷	香港聯合書刊物流有限公司
	電話　(852)21502100
	傳真　(852)23560735

ISBN 978-986-478-123-2

2018 年 1 月初版一刷

定價：新臺幣 720 元

如何購買本書：

1. 劃撥購書，請透過以下郵政劃撥帳號：
　帳號：15624015
　戶名：萬卷樓圖書股份有限公司

2. 轉帳購書，請透過以下帳戶
　合作金庫銀行　古亭分行
　戶名：萬卷樓圖書股份有限公司
　帳號：0877717092596

3. 網路購書，請透過萬卷樓網站
　網址　WWW.WANJUAN.COM.TW

大量購書，請直接聯繫我們，將有專人為您服務。客服：(02)23216565 分機 10

如有缺頁、破損或裝訂錯誤，請寄回更換

國家圖書館出版品預行編目資料

殷栔新詮引言注 / 魯實先著；王永誠注. --
初版. -- 臺北市：萬卷樓, 2018.1
　面；　公分

ISBN 978-986-478-123-2(平裝)

1.甲骨文　2.注釋　3.研究考訂

792.2　　　　　　　　　　　106022754